The
Intellectual Tradition
of
Modern Germany

A Collection of Writings from the Eighteenth to
the Twentieth Century

Compiled by

RONALD TAYLOR

Professor of German, University of Sussex

Volume 2

History and Society

LONDON

G. Bell & Sons Ltd

1973

316124

ISBN 07135 1659 3 Hardback
ISBN 07135 1660 7 Paperback

Printed in Hungary by Franklin Printing House

The
Intellectual Tradition
of
Modern Germany

Volume 2

To KCJ
and to M *in memoriam*

CONTENTS

PREFACE

The intention of these two volumes is to offer a selection of original writings which shall represent the major concerns of German philosophers, poets, historians, political and social thinkers over the last two hundred years and reveal the issues and emphases that have shaped the intellectual life of modern Germany.

Any historical sequence that claims to constitute a 'tradition' cannot but present a complex surface and conceal an at times apparently contradictory nature. There may be movement in abundance, but no necessary progress. Culture may at times have been felt to be under attack, but there were different views on how—or whether—to defend it. A general spiritual malaise may even have been diagnosed, but there were varying opinions on how—or whether—to treat it: *quot medici, tot morbi*. Since, therefore, it has been my aim to assemble a body of source-material on widely different subjects and by widely different authors, the historical tradition of modern German thought is necessarily and deliberately preserved in its natural heterogeneity. A trend in philosophy may have its own momentum and its own set of influences, yet run counter to a contemporary trend in historiography or political theory. Moreover the history of German thought reveals an often destructive polarisation of rational and irrational principles.

At the same time, however, the tradition has within it certain recurrent factors, related responses to historical situations or psychological pressures, and it is these that I have sought to make explicit. Philosophical idealism; spiritual inwardness and the pursuit of an egocentric *Lebensanschauung*; the power of *Geist* and a faith in the organic wholeness of life and experience; devotion to art and to aesthetic modes of experience; political and cultural particularism, and the subsequent self-conscious aggressiveness of the search for a national identity; Prussian conservatism and militarism *versus* intellectual liberalism: these are some of the component values distinguishable within the tradition as a whole, and each has in turn its own sectional tradition. Inevitably these sectional traditions coalesce at many points, the one affecting the course of the other, but this does not invalidate their independent impulses and functions. At one moment a philosophical concern may predominate, at

another a political. The heavier concentration of eighteenth- and early nineteenth-century writers in the religious, philosophical and aesthetic spheres (Volume One), and of late nineteenth- and early twentieth-century writers in the fields of history, politics and sociology (Volume Two), reflects these fluctuations within the historical pattern itself. Likewise the tendency to spiritualisation and the recourse to the metaphor of the organic self-fulfilment of individual and corporate entities reveal themselves in figures as different as Goethe and Spengler, Herder and Hegel.

There is of course a certain arbitrariness in regarding one particular moment as the *fons et origo* of a tradition. Determined searching will always disclose arguable precedents, of varying validity, and the chronicler can only try to steer a course between the Scylla of uncritically accepted novelty and the Charybdis of infinite regression. I have been concerned, however, not to point to the alleged historical origins of important and persistent modes of thought but to illustrate this importance and persistence through the work of significant writers. Modern German history, political, social and intellectual, cannot be understood solely in terms of nineteenth-century industrialism, European balance-of-power politics since the Congress of Vienna and the belated unification of the Reich of 1871. One has to follow the line that leads back to Luther, and beyond Luther to the Middle Ages. For the purposes of this collection of writings, therefore, the presence of Luther (felt in Lessing, Nietzsche and others), as of the authoritarianism (Hegel, Nietzsche), mysticism (Novalis), Christian universalism (Herder, Hesse) and other forces of the medieval tradition, must be ensured, and I have tried to do this by drawing on thinkers in whose works the living influence of these historical forces is made explicit, works which may be as different as Novalis' *Die Christenheit oder Europa* (Vol. II, p. 17) and Thomas Mann's *Deutschland und die Deutschen* (Vol. II, p. 227). The same approach has been followed in other circumstances where this principle of historical continuity is at stake. Sometimes the continuity may be made explicit in the chosen text itself, sometimes it may be conveyed through the import of the writer's work as a whole—in which case the introduction will seek to indicate what this import is—and sometimes both. Thus in the absence of, for example, a piece of writing by Husserl, the importance of the phenomenological movement in the twentieth century can still be conveyed through Heidegger (Vol. I, p. 305), Jaspers (Vol. I, p. 277) and Max Scheler (Vol. II, p. 83).

The material *en bloc* has been conceived as a single unit, and its division into two volumes is basically a mere matter of convenience. However, if there is to be a division, one can fairly distinguish between, on the one hand, a body of writings, philosophical and aesthetic, centred on eighteenth- and nineteenth-century idealism and the subsequent reaction against it, and on the other hand, essays devoted to the social needs,

political responses and national aspirations of a succession of different
Germanys from the late eighteenth century to 1945. Clearly there are
areas of overlap, just as there are dominating personalities whose work
straddles any line of demarcation: Marx, for example, could be present-
ed *qua* philosopher as well as political agitator, and Brecht *qua* theo-
rist of drama as well as spokesman of Communist *engagement*. But again
it is with the centrality of recurrent themes that I have been most con-
cerned, so that alongside giants like Kant and Goethe I have needed to
include lesser figures who reveal quite different but equally significant
facets of German intellectual life.

Almost all the chosen texts were written as independent essays or
lectures. The few exceptions—the pieces by Schopenhauer, Nietzsche,
Friedrich Schlegel and Freud—were composed as self-contained parts
of larger works and have an equally demonstrable conceptual unity. All
the passages are complete: there are no excerpts or collages, so that each
author's trains of thought, and the style in which he couches them, may
be observed without distortion or editorial 'interpretation'. What matters
for an understanding both of specific content and of mood and style is
above all a personal experience of the writer's actual words, and the texts,
at the centre of attention, therefore stand complete as the primary utter-
ances that they are.

Because I have been concerned with the historical forces that have
helped to make the present what it is, I have not included examples of
the most modern manifestations of the various lines of thought. Marcuse
and Habermas, for instance, have their fashionable following today:
a few decades hence they too will have become parts of a tradition. This
book has rather the purpose of trying to present the elements of the tra-
ditions which these and other modern writers have inherited, and which
therefore help to explain contemporary attitudes. The focus is on the
immediate past rather than on the present. And one can, after all, only
understand the present in terms of the past.

Or to illustrate by another example: it may be possible to see Hitler
in the context of a specifically German historical continuity, but I have
not been concerned to dwell on the tawdry, un-original thoughts of *Mein
Kampf*—rather, to represent some of the main strands of thought, such
as nationalism and militarism, on which he drew, and to illustrate con-
trasting reactions to the Germany he created. There has been no dearth of
writers who have set themselves the task of demonstrating a continuity
in German history from the Middle Ages to the twentieth century, but
this book is not of that kind.

The introductory essays have as their point of focus that sphere of
the author's activity from which the text in question is drawn and that
aspect of German intellectual life which it exemplifies. With Kant, Hegel
or Marx, for example, whose impact on life and thought has been so

great, and whose influence has been felt in so many diverse spheres, it would have been worse than useless to attempt a summary characterisation in the space of a few pages. Similarly there would have been little point in trying to skim through the literary qualities of Thomas Mann as novelist when our attention is focused on the politico-cultural concerns of his *Deutschland und die Deutschen*. I have therefore restricted myself to suggesting the significance of the passage in the development of moral philosophy, aesthetics, political nationalism or whatever the subject may be. Biographical background is only brought into the discussion when it is helpful to know the circumstances in which the work was written—as with social revolutionary works like Büchner's *Hessischer Landbote* (Vol. II, p. 36) and Karl Marx's *Inauguraladresse* (Vol. II, p. 51)—or when the writer's career—one might think of Gottfried Benn (Vol. II, p. 167) or Thomas Mann (Vol. II, p. 277)—directly relates to the subject-matter of his essay.

The commentaries, as well as explaining references to persons and ideas that may not be immediately familiar, take up points which supplement the discussion in the corresponding introduction and have often been conceived as much as a continuation of this discussion as an appendage of footnotes to the text proper. Where it has seemed appropriate, therefore, certain issues have been held back in the introduction and left until an appropriate point in the commentary. Style, language and other technical matters proper to annotated editions are not discussed.

As the various strands that make up the complex web of this intellectual tradition intersect at many points, so there are moments of common interest in the accompanying introductions and commentaries. But since this is less a book with a continuous narrative than a panorama of highly diverse material from which students of different disciplines will probably tend in the first instance to take what is immediately relevant to their particular interests, I have let these moments stand. German thought is rich in the fusion of the aesthetic and the ethical, the idealistic and the egocentric, the analytically historical and the aspirationally national, and nothing is more misleading than false systematisation. I hope therefore that readers will not be too irked to find an occasional point made, or an occasional quotation used, more than once.

Although I believe that the writers represented in these volumes have both their individual interest and their representative importance, I do not deceive myself that people will not regret the omission of other authors. Indeed, in many ways it would have been easier to compile a four-volume than a two-volume work. However, for practical reasons I have had to keep within narrower limits. I can only console myself with the utilitarian hope that I may have satisfied most of the readers most of the time, and assembled a body of writings of both individual and corporate interest.

I am indebted to many friends and colleagues for their suggestions on authors to be included in these volumes, and for their critical reactions to my principles and procedures. In particular I wish to thank most warmly my old friend Mr Kenneth Case, formerly of Gonville and Caius College, Cambridge, with whom I had many discussions on the form the book should take, and whose keen observations were both a challenge and a reassurance to me.

My friends and colleagues Professor Zevedei Barbu, Dr Edmund Jephcott, Dr Laci Löb, and Dr John Osborne rendered me a great service by reading the proofs and making welcome suggestions for improvements in the text. I am also most grateful to my wife Alma and my son Mark for their careful and critical help at the proof-reading stage.

My sincere thanks, finally, to Mrs Erika Poole for typing and assembling a very long manuscript with such thoughtfulness and efficiency, and to Mr John Taylor of Bell's for his sympathetic handling of what we have envisioned as the first of a series of volumes devoted to the study of the intellectual traditions of modern nations.

ACKNOWLEDGMENTS

Thanks are due to the following for permission to use copyright material: C. H. Beck'sche Verlagsbuchhandlung, Munich, for Oswald Spengler, *Politische Pflichten der deutschen Jugend*; S. Fischer Verlag, Frankfurt-am-Main, for Thomas Mann, *Deutschland und die Deutschen*, from *Reden und Aufsätze II*, Stockholmer Gesamtausgabe der Werke von Thomas Mann, Copyright 1965 Katja Mann; Francke Verlag, Berne, for Max Scheler, *Über die Naion.ialideen der großen Nationen*; the Imago Publishing Co. Ltd., London, by permission of S. Fischer Verlag, for Sigmund Freud, *Vorlesungen zur Einführung in die Psychoanalyse: Einleitung*; Ernst Klett Verlag, Stuttgart, for Ernst Jünger, *Der Friede*; Limes Verlag, Wiesbaden, for Gottfried Benn, *Der neue Staat und die Intellektuellen* and *Züchtung II*; R. Piper Verlag, Munich, for Karl Jaspers, *Über Bedingungen und Möglichkeiten eines neuen Humanismus*; Rowohlt Verlag, Reinbek, for the texts from Kurt Tucholsky, *Gesammelte Werke II*, pages 138 and 787; Suhrkamp Verlag, Frankfurt, for Bertolt Brecht, *Rede auf dem Ersten Internationalen Schriftstellerkongreß*.

HERDER (1744–1803)

Idee zum ersten patriotischen Institut für den Allgemeingeist Deutschlands (1787)

In one form or another the theme of national unity, sometimes central and powerful, sometimes part of the implicit background, repeatedly re-emerges in German writings of the late eighteenth and early nineteenth centuries. Its character is sometimes political, as in Novalis' *Die Christenheit oder Europa* or Fichte's *Reden an die deutsche Nation*; sometimes its concerns are specifically literary, as in Herder's *Von Ähnlichkeit der mittleren englischen und deutschen Dichtkunst*, or folkloristic, as in the Grimms' *Kinder- und Hausmärchen, Deutsche Sagen*, etc., Herder's *Volkslieder, Briefwechsel über Ossian* and other pieces, and in the *Zeitung für Einsiedler*, journal of the Heidelberg Romantic circle from which sprang the Brentano-Arnim collection *Des Knaben Wunderhorn*.

More frequently, however, particularly in the eighteenth-century, the approach to the question of 'unity' remains general and intellectual, not to say theoretical. The eighteenth-century *philosophe*, man of science as well as man of letters, had a cosmopolitanism of outlook based on the assumption of interests common to the intellectuals of Europe. France was the arbiter of international taste. Frederick the Great, who acceded to the throne of Prussia in 1740, saw himself as the German counterpart of Louis XIV, 'le roi soleil', brought Voltaire, La Mettrie, Maupertuis, and other eminent Frenchmen to his palace of Sanssouci in Potsdam, revived the *Akademie der Wissenschaften zu Berlin* on the French model provided by Maupertuis and, scorning the German language as a vehicle for elevated discourse, took a French Classicist's glance at German letters in his *De la littérature allemande*. Nationalism, in the modern political sense, was born in the American and French Revolutions in the last decades of the century. There was no thought of pan-Germanism in Frederick's territorial aggrandisements, and his claim to be 'the first servant of his people' was the statement of a relationship virtually feudal in character.

At the same time there was a certain patriotism drawn from the cohesive power of a common language, and cultivated by intellectuals con-

cerned to establish the basis of a philosophical, literary and scientific culture. The *Académie française*, which shared the origin of the *Académie des sciences*, was the model before the eyes of eighteenth-century German men of letters: the *Societas Regia Scientiarum* was constituted in Berlin in 1700 under the presidency of Leibniz, followed by the *Akademie der Wissenschaften zu Mannheim*, founded by the Elector Palatine in 1755, and the Bavarian *Akademie der Wissenschaften zu München* in 1759.

The power to which intellectuals and scholars aspired in the establishment of a common German cause is revealed by Gottsched, but it is especially well exemplified by Klopstock's *Die deutsche Gelehrtenrepublik*, published in 1774—the year of Herder's *Auch eine Philosophie* and Goethe's *Die Leiden des jungen Werthers*. In this remarkable work Klopstock describes, in a manner full of sentimental whimsy and abstruse rhetoric, his utopian pattern for a Republic of Letters in Germany, an intellectual hierarchy at whose summit sit the *poetae vates*, poets in the role of prophets and visionaries. In spite of—or perhaps because of—its fanciful extravagancies it made a great impact on Herder, Goethe and other young writers of the time, though Goethe later admitted that few had understood the book, and that its success was really due to the universal but uncritical veneration in which Klopstock was held.

Thus accompanying the dissemination of knowledge and critical values in the Age of Enlightenment within the individual kingdoms, principalities, dukedoms and other independent states that made up the German-speaking world, there existed a tendency towards the establishment of a single set of common German intellectual and cultural desiderata. As Herder puts it in the essay here under particular discussion, the need was not only for 'the spread of illumination' but also for 'the concentration of illumination, so that a single flame may be kindled' (p. 4 below). This need was made all the greater by the wide divergences, social as well as cultural, between the German states, some of which showed little interest in the offerings of the mind while others—Prussia, for example, and Sachsen-Weimar under Karl August—took considerable pains to patronise the arts and sciences. No man could have been spiritually better suited to coordinate the efforts towards an all-embracing unity than Herder, who, his contemporary Jung-Stilling said, had but a single thought in his mind: the whole world. At the same time one must concede that his plan is idealistic in the extreme and has little regard to the practical, not to say financial, problems that his suggestion poses.

The impetus behind the move to establish an all-German academy came from the Markgraf Karl Friedrich von Baden, who approached Herder in Weimar on a number of occasions, asking him to provide a plan for the constitution and activities of such a body. At the end of 1787 Herder finally sent his scheme to the Markgraf in Karlsruhe and also told Karl August in Weimar of the planned academy. There was a good deal

of 'expert' doubt expressed about the wisdom and the feasibility of the idea, and neither ruler acted upon his suggestion.

As time went by, he realised that nothing would come of the project, at least in the form in which he had conceived it. 'Aus der Sache wird nichts werden', he wrote on February 3, 1788 to Georg Müller; 'fast wünsche ich auch selbst, daß lieber nichts daraus werde, als daß man sie verderbe'. A year later the French Revolution broke out, and the whole idea was abandoned. The essay was eventually published posthumously in the sixth volume of Herder's *Adrastea*, 1804.

BIBLIOGRAPHY

F. M. Barnard, *Herder's Social and Political Thought* (Oxford, 1965)
R. T. Clark, *Herder: His Life and Thought* (Berkeley, 1955)
A. Gillies, *Herder* (Oxford, 1945)
R. Haym, *Herder* (2 vols., Berlin, 1877–85: repr. 1954)
G. A. Wells, *Herder and After* (The Hague, 1959)

For other works on Herder see the Bibliography in Vol. I. p. 16.

Idee zum ersten patriotischen Institut
für den Allgemeingeist Deutschlands

1

Da Einheit und Mannigfaltigkeit die Vollkommenheiten sind, die alle daurenden Werke der Natur und ihrer Nachahmerin, der Kunst, bezeichnen, so ist es wohl unzweifelhaft, daß auch die höchste, schwerste und nützlichste Kunst der Menschen, die Einrichtung einer Nation zur allgemeinen Wohlfahrt, nach diesen Eigenschaften streben müsse und unvermerkt strebe. Je geteilter eine Nation ist, desto mehr Kräfte kann sie vielleicht haben; die Kräfte werden sich aber einander nicht kennen, mithin auch nicht auf einen gemeinschaftlichen Endzweck würken. Ein Beispiel davon gibt die mittlere europäische, insonderheit die deutsche Geschichte. An Mannigfaltigkeit und Kraft hat es unsrer Nation von jeher nicht gefehlet. Von jenen Zeiten an, da Deutschland ein Tummelplatz von Stämmen und ziehenden Völkern war, durch alle Jahrhunderte hin, da einzelne Gebiete und Provinzen kämpften, stritten, arbeiteten, strebten und erfanden, bis vielleicht selbst auf unsre Zeit war unser Vaterland ein Staatskörper, der seine eignen Kräfte nicht immer kannte, sie also auch nicht zu einem gemeinschaftlichen Zweck mit gehaltener Festigkeit anwenden konnte, ja vielmals zu falschen und fremden Zwecken, gegen sich selbst mißbrauchte.

Es ist also wohl kein Zweifel, daß, je mehr Licht in diesen ungeheuren Wald menschlicher Bemühungen kommt, je mehrere helle Köpfe und tätige Hände sich zu dem einen großen Endzweck, der Nationalwohlfahrt, verstehen und verbinden lernen, desto mehrere Festigkeit, Ordnung und gesetzmäßige Freiheit muß der Staat von innen, desto mehr bestimmte Macht, Würde und Weisheit muß er in seinen Wirkungen von außen gewinnen; und in beiden Fällen wird er dem höchsten Vorbilde einer belebten Maschine, dem menschlichen Körper selbst, nacheifern, in dessen sämtlichen Gliedern nur eine gemeinschaftliche Seele lebet. Nach unsrer deutschen Verfassung sind also alle Bemühungen ruhmwürdig, die nicht nur Licht zu verbreiten, sondern auch Licht zu vereinigen suchen, daß eine gemeinschaftliche Flamme werde. Alle Bemühungen, die dahin zwecken, daß die sämtlichen Völker und Provinzen Deutschlands sich in ihren besten Köpfen, in ihren tätigsten Gliedern einander kennen, verstehen und in ihren Arbeiten fürs Wohl des Ganzen helfen und beistehen lernen, damit allenthalben nur ein Gesetz der Vernunft und Billigkeit regiere und jede blinde Parteilichkeit entkräftet werde, sind unsterb-

liche Wohltaten für die gesamte Nation, die sich mit jedem Schritte mehr belohnen und tausendfache Früchte hervorbringen müssen.

2

Wenn irgendeine Zeit zu allgemeinen Versuchen und Anstalten dieses großen Werks vorbereitet und bequem war, so scheint es die unsrige. Die allgemeine Menschenvernunft hat Licht und Stimme gnug gewonnen, um aus dem Gemälde der Barbarei voriger Jahrhunderte, aus ihren tausendfachen Irrungen, Unordnungen und leeren Bemühungen die Lehre anzuerkennen und laut zu sagen, daß Finsternis und Vorurteil, daß gesetzwidrige Macht und Parteilichkeit, daß Verkennung seiner selbst und des Maßes seiner Kräfte, Vernachlässigung der unentbehrlichen Mittel zum Wohl des Ganzen keine gute Folgen haben können und nie gehabt haben. Das Beispiel großer Männer auf dem Thron und im Kabinett, auf Richterstühlen und in Schriften ist vor uns, die diese Lehre anerkannten und mit einer Wirksamkeit ausübten, die wir noch anstaunen und bewundern.

In alle Provinzen von Deutschland sind Strahlen dieses Lichts gedrungen; selbst wo man sie mit Gewalt zu verdrängen sucht, machen sie sich Bahn und glänzen in verborgenen Winkeln vielleicht desto stiller und reiner. Man siehet Werke des menschlichen Geistes in Gegenden erscheinen, wo man sie nicht erwartet hätte; und das Gründlichste und Beste entziehet sich vielleicht dem Auge des Publikum, entweder aus Mangel der Aufmunterung oder gar aus bescheidner Furcht und weil es in der Unterdrückung schmachtet. Man siehet hie und da Anstalten zum Vorschein kommen, die eine Reihe der aufgeklärtesten Überlegungen voraussetzen; und leider auch gutgemeinte Anstalten scheitern, denen vielleicht bloß eine fremde freundschaftliche Überlegung, eine glückliche Kommunikation mit anderweit gemachten Erfahrungen fehlte. Diese große Anzahl unsrer gelehrten und politischen Journale zeigt, welche Menge von Keimen sowohl der Wissenschaft als politischer Bemühung in Regung sei und sich entweder als Kraut oder als Unkraut zeige. [1]Die große Anzahl geheimer Gesellschaften, die meistens nur deswegen geheim sind, weil sie sich ans Licht hervorzutreten nicht wagen, zeigen auch in ihren Mißbräuchen und Verderbnissen, daß eine Gärung da sei, deren Wirkungen man nur dadurch zuvorkommt, daß man die Gemüter der Menschen öffentlich auf allgemeine, bessere Endzwecke leitet. [2]Das Mißverhältnis unsrer deutschen Provinzen gegeneinander in den Graden der Aufklärung, verglichen mit ihrer Lage und der Zeit, seitdem sie diese Aufklärung genossen haben, dringet noch mehr auf eine Vereinigung ihrer Stimmen und Einsichten. Große Provinzen, gegen welche sich andre Gegenden von Deutschland das ihnen ange-

stammete Recht erlauben, sie für Barbaren halten zu dürfen, wollen sich nicht mehr dafür halten lassen, sie murren und sind unzufrieden mit den Vorzügen, welche jene sich bloß deswegen anmaßen, weil das Licht der Aufklärung und guten Einrichtung sie früher traf. Sie wollen von der Einteilung Deutschlands in zwo Hälften, deren eine licht, die andre dunkel sei, nicht mehr wissen und sagen: «Was tut ihr jetzt denn mehr als wir?» Indessen hindert sie oft ihre geographische oder politische Lage nebst vielen anderen Umständen, unter welchen der Mangel an gelehrten Hülfsmitteln und an Kommunikation keine kleinen Hindernisse sind, hervorzutreten und sich der Reihe allgemeiner Bemühungen so anzuschließen, wie sie es wünschten. Jedem Landesherren und seinem Lande muß daran gelegen sein, daß dies Mißverhältnis der Provinzen Deutschlands gehoben werde. Es muß ihnen daran gelegen sein, daß allenthalben, wo man in Deutschland lebt, man auch zu Deutschland gehöre, die Sprache unsres Vaterlandes rein spreche und schreibe, in Bekanntschaft mit demjenigen sei, was auch außer unsern Grenzen Vorzügliches gedacht, getan, gewünscht und erstrebt werde, daß also von ihren Bezirken der Vorwurf der Barbarei und Winkelunwissenheit verbannet werde. Eine aufgeklärte Provinz hat vor einer unaufgeklärten eine ungeheure Übermacht, die sich auf alle Stücke der Staatshaushaltung, auf die kleinsten und größesten Geschäfte, folglich auch auf alle Zwecke des Landesherren verbreitet. Sein Sinn wird nur befolgt, nachdem Köpfe und Hände da sind, die ihn befolgen können; und selbst wenn er bei guten Vorsätzen in Ansehung der Mittel irrte, kann es ihm gewiß nicht gleichgültig sein, ob eine aufgeklärte Vernunft ihm ihre Zweifel und Gegengründe aus eigner oder fremder Erfahrung bescheiden und mit aller Stärke der hellen Wahrheit vorlegt oder ob ein blindes Vorurteil des alten Herkommens boshafteste Pasquille und Lästerungen gegen ihn schmiedet.

3

Schon unsre Sprache allein, sie möge als ein gelehrtes oder politisches Werkzeug angesehen werden, verdient einen Vereinigungspunkt ihrer verschiedenen Provinzen, der ihnen sämtlich eine neue Triebfeder zur Kultur dieses unentbehrlichen Werkzeuges würde.[3]Unsre Nation kann sich rühmen, daß sie von den ältesten Zeiten an, die wir kennen, ihre Sprache unvermischt mit andern erhalten habe, so wie sie auch selbst unüberwunden von andern Völkern geblieben und mit ihren Wanderungen vielmehr auch ihre Sprache weit umher in Europa angepflanzt hat. Es ist also billig, daß diese Sprache nicht nur daure, solange die Nation dauret, sondern sich auch aufkläre, läutere und befestige, wie sich die Nation in ihrer Verfassung befestiget und aufklärt.

Unglaublich viel trägt eine geläuterte, durch Regeln bestimmte Sprache

zur festen, bestimmten Denkart einer Nation bei, denn es ist ein Zeichen, daß wir uns selbst gering achten, solange wir uns gegen uns und gegen andre Nationen unsrer Sprache schämen. Die Geschichte zeigt, daß alle herrschende Völker der Weltperioden nicht durch Waffen allein, sondern vielmehr durch Verstand, Kunst und durch eine ausgebildetere Sprache über andre Völker oft Jahrtausende hin geherrschet haben, ja daß selbst, wenn ihre politische Macht verfallen war, das ausgebildete Werkzeug ihrer Gedanken und Einrichtungen andern Nationen als ein Vorbild und Heiligtum wert geblieben.

Die griechische, lateinische und arabische Sprache zeigen dieses in der alten und mittlern Zeit; in der neuern hat es zuerst die spanische, nachher die französische Sprache bewiesen, welche Vorteile, ja welch ein geheimes Übergewicht eine Nation erlange, deren Sprache sich gewissermaße zu einer herrschenden zu machen gewußt hat. Billig also ists, daß die deutsche Sprache, wenigstens innerhalb der Grenzen ihrer Nation, herrschend werde, daß deutsche Fürsten sie verstehen, rein sprechen und lieben und, durch ihr Exempel gereizt, der deutsche Adel sowohl als jede andre feinere Gesellschaft ihr die Biegsamkeit und den Glanz zu geben suchen, durch den sich die französische so sehr auszeichnet. Dies wird geschehen, wenn unsre reinere Büchersprache immer mehr die Sprache der feineren Gesellschaften und jedes öffentlichen Vortrages zu werden sucht, da sie bisher von diesem allgemeinen Gebrauch noch weit entfernt gewesen; denn bekanntermaßen wird unsre Büchersprache, im reinsten Sinne genommen, beinahe nirgend geredet. Sie ist ein künstliches Gewächs, das aus der Mundart mehrerer Provinzen durch angenehme und vorzügliche Schriftsteller allmählich heraufgesproßt ist. Eine Provinz hat daran mehr teil als die andere, keine aber darf sich eines ausschließenden Vorzuges rühmen, denn aus mehreren Gegenden Deutschlands haben merkwürdige Schriftsteller zu ihr beigetragen und fahren in diesem Verdienst fort.

Die wachsende Kultur unsres Vaterlandes kann also keinen andern Weg nehmen, als diese geläuterte Büchersprache unter feinern Menschen aller teutschen Provinzen gemein zu machen, über die Gesetze derselben von der Orthographie und Interpunktion an bis zu den feinsten Wendungen des Stils durch gute Vorbilder mehr als durch zwingende Regeln sich zu vereinigen und die Bekanntschaft dieser Muster mit wählender Sorgfalt weiter umher zu verbreiten. Da der Geschmack unsres Vaterlandes noch nichts weniger als bestimmt und sicher ist, indem in manchen Gegenden das Schlechte dem Guten gleich oder wohl gar höher als dieses geschätzt wird, und bei der großen Menge schlechter Schriftsteller, die dennoch Leser und Nachahmer finden, sich unsre neuere Literatur einer neuen Barbarei zu nähern scheinet, so muß jedem Manne von Geschmack jede öffentliche Anstalt willkommen sein, die ohne Despotismus, aber mit der ganzen Würde der Vernunft und Wahrheit

dem Bessern vor dem Schlechtern ihre Stimme gibt, jenes mit Ruhme nennet und dieses verschweiget, überhaupt aber in allen Feldern der Wissenschaft, die zum Wohl des Vaterlandes gehören, die noch ungebaueten Plätze sowohl als die glücklich angebaueten patriotisch bemerket, mithin dem Geschmack der Teutschen eine Ausbreitung, Richtigkeit und Festigkeit zu geben sucht, die ihm vielleicht noch fehlet. Die übertriebene Nachahmungssucht andrer Nationen, die man uns zur Last legt, würde dadurch eingeschränkt und in eine Nacheiferung verwandelt, die in einer Masse gesammleter Kräfte nicht anders als von gutem Erfolg sein könnte. Eine Menge Unkraut verlöre sich, wenn edlere Gewächse allein die öffentliche Aufmerksamkeit an sich zögen und den Anbau fänden, der ihnen gebühret.

4

Diese und andere Ursachen haben einige Fürsten Deutschlands auf den Gedanken gebracht, eine aus mehreren und vielleicht einst aus allen Provinzen gesammlete Teutsche Akademie mit ihrem Ansehen und ihrer Unterstützung zu bekräftigen. Es war schon unsres unsterblichen 'Leibniz' großer Gedanke, in mehreren Provinzen Deutschlands Akademien der Wissenschaften anzulegen und sie untereinander zu verbinden. In Berlin brachte er sein Werk zustande; Zeitumstände und endlich der Tod hinderten ihn, daß er in Dresden und Wien seinen Zweck nicht erreichen konnte. Das Bedürfnis der Zeit hat sich seitdem geändert, indem es an Akademien und Sozietäten der Wissenschaften in unserm Vaterlande weniger als an einem Vereinigungspunkt mehrerer Provinzen zur allgemeinern, praktischen Geistes- und Sittenkultur fehlt.

Die Teutsche Akademie tritt also keinem der schon vorhandenen ruhmwürdigen und verdienten Institute in den Weg, sie läßt jeder Akademie und Sozietät die Erweiterung und Bearbeitung der Wissenschaften, die für sie gehören; vielmehr hoffet sie von ihren Bemühungen selbst Nutzen zu ziehen, sofern solche zu ihrem Zweck dienen. Dieser ist kein andrer als Vereinigung der geteilten, zum Teil unbekannten und zerstreuten Kräfte zu einem Ziel der patriotischen Aufklärung. Alles was dahin abzweckt, gehört für diese Akademie, es betreffe solches das Werkzeug unsrer Gedanken, die Sprache, oder jede Wissenschaft, sofern sie nach der jetzigen Zeitenlage zum Wohl unsres Vaterlandes gehöret. Alle kleinfügige Parteilichkeit, jede Verachtung andrer Provinzen und Religionen wird von ihr ausgeschlossen sein, denn alles, was in Deutschland lebt, kann und soll für Deutschland wirken und denken. Kein geteiltes politisches Interesse einzelner Reichsstände soll wissentlich je die Ruhe ihres Kreises, die Klarheit ihres Urteils oder den reinen Eifer ihrer Bemühungen stören, denn Deutschland hat nur ein Interesse: das Leben und

die Glückseligkeit des Ganzen. Zu diesem Zweck ist es schwer, ausschließende Klassen ihrer Arbeiten und Bemühungen anzugeben, und zum Teil sind diese Klassen mißlich, weil sie meistens mit der Zeit zu drückenden Einschränkungen werden. Einige Linien indes wären diese:

1. *Die Sprache.* Die Glieder der Akademie werden sich nicht nur selbst bemühen, in ihren Schriften Muster der Reinigkeit, Stärke und jener ungekünstelten Einfalt zu werden, die unsre Nation ihrem Charakter gemäß am besten kleidet, sondern sie werden auch, jeder aus seiner Provinz, die Schriften nennen und mit dem ihnen gebührenden Ruhme bezeichnen, die dies Gepräge an sich tragen. Die Akademie hoffet dadurch und durch ihre gemeinschaftliche Bemühungen überhaupt zur Verbreitung dieser Schriften etwas beizutragen und, indem sie entweder ruhmwürdige Preise aussetzt oder vorzügliche Schriften, die ihr dargebracht werden, mit Preisen belohnt, auf mehrere Weise dem oft unterdrückten Guten emporzuhelfen. Für despotischen Gesetzen über die Sprache wird sie sich mit größester Sorgfalt hüten, dagegen sich desto mehr befleißigen, durch Beobachtungen, Vorschläge und kritische Regeln unsrer Sprache die schöne Sicherheit allmählich zu verschaffen, an der es ihr in Vergleich andrer Sprachen noch so sehr fehlet. Alles, was zur Geschichte der Sprache, zu ihrer Bildung in einzelnen Provinzen, zu ihrer Grammatik, ihrem Stil, ihren Wörterbüchern gehört, wird der Akademie wert sein; und kein Werk des teutschen Geistes und Fleißes, es sei poetisch oder in Prose, Übersetzung oder eigene Arbeit, wird, sofern es die Vollkommenheit unsrer Sprache betrifft, ihrer Aufmerksamkeit unwert scheinen.

2. *Deutschlands Geschichte.* So vielen Fleiß die Gelehrten unsres Vaterlandes zur Aufklärung einzelner Punkte und Perioden der teutschen Geschichte angewandt haben, so bekannt ist der Vorwurf, daß wir, sowohl über die Begebenheiten einzelner Länder als über die gesamte Geschichte Deutschlands, ohngeachtet einiger neuerer schätzbaren Werke, unsern Nachbarn noch weit nachstehn, wenigstens daß ein patriotisches Studium dieser Geschichte noch bei weitem nicht eine allgemeine Liebe der Nation sei. Und doch ist zum patriotischen Geist des gesamten Ganzen dieses Studium unentbehrlich. Die Poesie kann Szenen der Menschheit schildern, ja auch einzelne Auftritte der Begebenheiten unsrer Nation rührend und merkwürdig machen, da aber nach dem Zustande Deutschlands [5]ein allgemeines Nationaltheater in den Wirkungen, die man von ihm gehofft hat, beinahe unmöglich ist, so muß ohne Zweifel eine philosophische Geschichte ersetzen, was der Dichtkunst abgeht. Und sie kann dies reichlich, wenn sie, sowohl in Teilen als im Ganzen, ihrem Beruf treu bleibt, die Begebenheiten und Veränderungen dem Licht der unparteiischen Wahrheit darzustellen und jede derselben mit Patriotismus fürs Ganze, für die Heiligkeit der Gesetze sowohl als für die Rechte der Menschheit unparteiisch zu schildern. Die vortrefflichen

Proben, die einzelne Schriftsteller über Provinzen sowohl als über Teile der allgemeinen Geschichte gemacht haben, lassen hoffen, daß auch in den fehlenden Teilen die Mängel mit rühmlichem Fleiß werden ersetzt und das Ganze zu einer untadelhaften Vollkommenheit gebracht werden, sobald sich der öffentliche Blick des gesamten Vaterlandes darauf wendet. Wir erscheinen später, gegen andre Nationen betrachtet, aber wir kommen desto bereiteter und geprüfter. Die Hülfswissenschaften der Geschichte, Altertümer, Naturgeschichte, Erdbeschreibung, Gesetzgebung und Staatsverfassung in verschiedenen Zeiten sind zum Teil schon bearbeitet oder werden in jeder neuen Bemühung und Berichtigung der Akademie die wertesten Hülfsarbeiten sein, indes sich ihr Blick unverrückt auf eine patriotische Geschichte des gesamten Vaterlandes heftet. Je unparteiischer und redlicher diese bearbeitet wird, je brauchbarer alle mühsame Vorarbeiten zum allgemeinen Zweck des Gesamtgeistes und der öffentlichen Bildung eingeleitet werden, desto mehr wird die Akademie sich ihres Zweckes freuen und ihre Wünsche für erreicht achten. [6]Der Sektengeist einzelner Länder wird ersterben, die Finsternis, die in verschlossenen Winkeln herrscht, wird von dem Licht der Menschlichkeit, der Vernunft, Billigkeit und Wahrheit vetrieben werden, sobald es den Gemütern derer einleuchtet, die am Ruder der Wirksamkeit und des Staats sind.

3. *Alles, was zur tätigen Philosophie der Nationalbildung und Glückseligkeit gehört*, ist der letzte und höchste Zweck der Akademie; von welcher also auch nichts ausgeschlossen wird, was dazu dienet. Jede hellere Wahrheit, die herrschende Vorurteile und böse Gewohnheiten aufhebt oder vermindert, jeder praktische Versuch und Vorschlag zur bessern Erziehung der Fürsten, des Adels, des Landmannes und Bürgers, leichtere und bessere Einrichtungen in allen öffentlichen Anstalten, in Handhabung der Gerechtigkeit, im Umgange der Stände gegeneinander, in Einrichtung der Kirchen und Schulen, in einer vernünftigen Staatswirtschaft und menschlichen Staatsweisheit werden Gegenstände des Nachdenkens, der Überlegung und Erfahrung der Akademie werden. Denn niemand kann es leugnen, daß in unserm Vaterlande hie und da noch Vorurteile und Torheiten gelten, die in benachbarten Ländern öffentlich dafür erkannt sind und auch bei uns von jedem vernünftigen Herrn und Untertan dafür erkannt werden.

Niemand kann es leugnen, daß die Teilung in viele Staaten, Sekten und Religionen hie und da den allgemeinen Menschenverstand, die allgemeine Klugheit und Billigkeit aufhalte, deren Grundsätze in andern Ländern längst zu einem sittlichen und politischen Kalkül gebracht sind, an welchem niemand mehr zweifelt. Diese Grundsätze auch für uns immer mehr ins Licht zu setzen, sie auf einzelne Fälle und Erfahrungen abzuwenden, Ungerechtigkeiten und Barbareien entgegenzuarbeiten, die jeder Fremde bei uns mit Lächeln oder mit Verachtung siehet, dagegen

dem Licht der Wahrheit Wege zu bahnen, das sich allenthalben selbst läutert und mit der Zeit als Wahrheit zeiget — Bemühungen dieser Art setzet sich die Akademie vor. Aus allen Provinzen werden die Mitglieder bei ihrer Versammlung einen kurzen, wahren Bericht von dem erstatten, was in ihrer Provinz für die Menschheit an öffentlichem Guten gedacht, gewollt, bewirkt ist, sie werden dadurch die Mitglieder andrer Provinzen aufmuntern und belehren oder gegenseitig von ihnen aus Erfahrungen derselben freundschaftliche Berichtigung, Aufmunterung und Lehre annehmen. Die Landesherren oder ihre Räte, die vielleicht selbst der Akademie zuweilen beiwohnen oder durch die Mitglieder ihrer Provinz von den Ratschlägen und Überlegungen der Versammlung Nachricht erhalten, werden ohne Schmeichelei und Verleumdung wie auf einem freien Schauplatz die Stimme der Wahrheit auch aus andern Provinzen hören und sich gewöhnen, sie hören zu mögen. Denn von ihren edeln und guten Einrichtungen werden die Akten der Akademie gleichsam ein fortgehendes Tagebuch, mithin in einigen Jahren die Annalen der Menschlichkeit, allgemeinen Billigkeit und Weisheit unsrer Nation werden. Der Starke wird den Schwachen begeistern, der Erfahrne den Wohlmeinenden belehren, auch entfernte Provinzen und verschiedene Religionen werden sich einander kennen, ertragen und lieben lernen, so daß nicht nur manche gelehrte Streitigkeit, manches Vorurteil, das nur auf Unwissenheit beruhte, dadurch wegfallen, sondern auch eine Nacheiferung erweckt werden dürfte, an der die größeste und kleinste Provinz teilnimmt. Es verstehet sich von selbst, daß alle Anzüglichkeiten gegen Landesherren und ihre Diener, gegen Religionen und Gelehrte sowohl aus den Schriften als Unterredungen dieser Versammlung wegbleiben müssen, geschweige daß irgendeine Bitterkeit, ein literarischer oder politischer Groll in jene alte Zänkereien ausschlagen wollte, die nur für die Synoden dunkler Jahrhunderte gehörten. Der Zweck dieser Akademie ist reine, unparteiische Wahrheit, das Band ihrer Mitglieder ist Nationalinteresse, gegenseitige Achtung und Schonung.

5

Um diese angegebenen Zwecke der Akademie zu befördern, dörfte die Einrichtung derselben vielleicht folgende sein:

1. Jeder Landesherr, der an diesem patriotischen Institut Anteil nimmt, wählet aus seinem Lande oder aus seinen Ländern so viele Mitglieder, als er zum Besten seines Staats und zum Nutzen Deutschlands für notwendig erachtet. So wäre es bei der ersten Einrichtung; künftig aber dürfte es besser sein, wenn statt der abgegangenen Mitglieder die Akademie und besonders jede Provinzialdeputation neue Mitglieder bei ihrem Landesherrn in Vorschlag brächte.

2. Diese Glieder aus einer Provinz machen eine Provinzialdeputation aus; einer von ihnen hat den Namen des Ältesten oder Direktors, der zwar seinen Mitbrüdern keine Gesetze geben oder Arbeiten vorschreiben darf, sich doch aber mit ihnen über die Verteilung der Arbeiten vereinigen mag. An ihn gehen vom Sekretär der gesamten Akademie oder auch von den Deputationen andrer Provinzen Briefe, Anfragen u. dgl. ein, und er konsultiert darüber seine Mitbrüder oder eröffnet ihnen den Inhalt.

3. Jede dieser Provinzialdeputationen stattet der Akademie bei ihrer öffentlichen Versammlung in einem oder in mehreren Mitgliedern einen Bericht von dem ab, was ihr zum Zweck der Akademie in ihrem Bezirk Merkwürdiges vorgekommen ist. Diese Berichte von Einrichtungen, Unternehmungen, Vorschlägen, Wünschen, Büchern u. f., mit genauester Wahrheit und mit philosophischem Geist vorgetragen, machen die eigentlichen historischen Akten der Akademie aus. Aus allen Provinzen Deutschlands, die an diesem Institut teilnehmen, werden sie bei der öffentlichen Versammlung vorgelesen und als eine Geschichte der Akademie oder als ein Jahrbuch des deutschen Nationalgeistes zusammengedruckt; da übrigens alle andre Abhandlungen der Mitglieder entweder einzeln oder ihrem Inhalt nach in getrennten Teilen bekannt gemacht werden. Denn erschiene alles, was vorgelesen wird, in fortgehender, vermischter Reihe, so müßte hier sehr bald die Folge eintreten, die sich bei den Schriften andrer Akademien gezeigt hat, daß sie durch die große Anzahl ihrer Bände unübersehbar, mithin weniger nützlich werden.

4. Die Mitglieder der Akademie sind entweder ordentliche oder Ehrenmitglieder. Jene verbinden sich zu den Arbeiten und Bemühungen, die der Zweck des Instituts fordert, die Ehrenmitglieder werden zu diesem Zweck nach Belieben beitragen und ihn sonst auf alle Art zu befördern suchen; die kleinste und leichteste Beförderung wird diese sein, daß sie damit stillschweigend als Abonnenten der akademischen Denkschriften angesehen werden, womit sie aber nicht verbunden sind, jede einzeln gedruckte, in der Akademie vorgelesene Abhandlung oder jedes von der Akademie mit ihrem Beifall beehrte Werk zu kaufen, wenn sie, wie doch zu hoffen ist, der innere Wert desselben nicht selbst reizet. Sie sind nicht verbunden, jede öffentliche Versammlung der Akademie zu besuchen, ob es dieser gleich zur Ehre und Aufmunterung gereichen wird, sie in ihrem Kreise zu sehen. Die ordentlichen Mitglieder dagegen verbinden sich dazu, und ihre Landesherren, die sie zu diesem Geschäft bestimmt haben, werden ihnen nicht nur die Zeit zur Reise und die Reisekosten huldreich gönnen, sondern, da wahrscheinlich der größte Teil derselben in öffentlichen Geschäften ist, ihnen das Maß dieser Geschäfte sofern gnädig erleichtern, daß ihnen zu einigen Arbeiten der Akademie Raum bleibet. Übrigens wird auf den geistlichen oder weltlichen Stand dieser Mitglieder nicht gesehen; gnug, wenn sie imstande sind, die Zwecke der Akademie zu befördern.

5. Der Versammlungsort der Akademie wird mitten in Deutschland sein, damit von allen Seiten die Ankunft der Mitglieder oder andrer Zuhörer, die das Institut mit ihrer Gegenwart beehren wollen, erleichtert werde. Es wird ein Ort darzu erwählt werden, der nebst den Bequemlichkeiten des Aufenthalts auch den Vorteil habe, daß er unter den Einflüssen keines Hofes stehe. Zur Zusammenkunft wird eine bequeme Jahrszeit gewählt und solche vom Sekretär der Akademie den Direktoren der Provinzialdeputationen kundgetan werden. Die Dauer ihrer Zusammenkunft kann nicht bestimmt werden, da sie von den Geschäften und Beiträgen der Akademie abhangt. Es gehöret zu diesen Geschäften, daß jeder offene, patriotische Kopf, wenn er auch nicht als Mitglied der Akademie aufgenommen ist, Arbeiten, die zum Zweck des Instituts gehören, entweder der Akademie in ihrer Versammlung oder füglicher der Provinzialdeputation, zu welcher er ein Zutrauen hat, am Ort ihres Aufenthalts zur Bekanntmachung und Prüfung darlegen könne. Es stehet auch bei ihm, ob er dies bei mehr als einer Deputation tun wolle. Durch diese vorläufige Prüfung werden die Arbeiten der Akademie bei ihrer Versammlung verkürzt und erleichtert, weil es sonst gewöhnlich der Fall sein müßte, daß Werke, die bei der Versammlung selbst überreicht werden, erst zur Prüfung ausgesetzt und das Urteil über dieselbe oder die Belohnung derselben ein Jahr aufgeschoben würde. Diese Belohnung bestünde bei entschieden wichtigen Werken in einem Preise, der aber dem Verfasser das Recht über sein Manuskript, es gegen ein Honorarium selbst drucken zu lassen, nicht benähme. Bei andern Arbeiten wird die Belohnung bloß ein rühmliches Urteil sein können, das dem Verfasser zum Druck seiner Schrift teils den Weg bahnet, teils die gute Aufnahme derselben beim Publikum erleichtern dürfte. Wichtigen und nützlichen Werken, denen etwa ein Verleger fehlet, wird die Akademie gleichfalls auf eine oder andre Weise die Hand bieten, damit sie erscheinen. Bei alle diesem aber verstehet sich, daß die Akademie von Zudringlichkeiten frei und ihres Urteils mächtig bleibe. Jedes Mitglied, jede Deputation, der die Akademie die Prüfung eines Werks aufgetragen hat, muß für die unparteiische Treue und Wahrheit ihrer Berichte stehen; und auch nachdem diese erstattet sind, muß kein Mitglied oder keine Deputation die Akademie in der Entschließung stören, die sie darüber zu nehmen für gut findet. Die Stimmen in einem streitigen Fall werden durch [7]ein suffragium mit Kugeln entschieden, wenn nämlich die Frage bis auf Ja oder Nein gebracht worden. So wäre es auch der Unparteilichkeit gemäß, daß bei allen vorgeschlagenen neuen Mitgliedern die Stimme der Akademie durch ein gleiches suffragium gehört würde.

6. Das Ganze der Akademie bedarf eines Sekretärs und eines Präsidenten. Beide sind notwendig, damit das Zerstreute eine Einheit gewinne und erhalte, beide werden von der Akademie als solche auch besoldet. An den Präsidenten adressieren sich alle Geschäfte und An-

fragen, die das Ganze der Akademie angehen; und in nötigen Fällen tritt er mit den Direktoren einzelner oder aller Provinzialdeputationen in Unterhandlung. Vor Eröffnung der Akademie ordnet er die Geschäfte, eröffnet sie sodann durch eine Rede, in welcher Nachricht gegeben wird, was an jedem Tage vorkommen soll, und besorgt (außer der Pflichten eines ordentlichen Mitgliedes) die Stimmensammlung und die übrigen Geschäfte des Ganzen. Der Sekretär ist der Expeditor des Präsidenten in akademischen Sachen; außer der Versammlung besorget er die Korrespondenz, bei der Versammlung führt er das Protokoll, fertigt unter der Aufsicht der Präsidenten die Akten der Akademie zum Druck aus und besorget die Versendung derselben an die gehörigen Orte. Die Manuskripte und Bücher der Akademie hat er unter seiner Aufsicht, so wie er auch die eingesandten Berichte und Vorlesungen derer Mitglieder ablieset, die durch wichtige Ursachen verhindert worden sind, in Person zu erscheinen; es sei denn, daß sie ihr Geschäft einem Mitgliede ihrer oder einer andern Provinzialdeputation aufgetragen haben. So unterschreibt er auch mit dem Präsidenten der Akademie und dem Direktor der Deputation die Diplome neuer Mitglieder und fertigt solche denselben zu. Überhaupt besorget er das ganze Sekretariatsgeschäft, das bei einem Institut dieser Art vorfällt. Es wird also notwendig sein, daß er mit dem Präsidenten an einem Ort lebe.

7. Die ordentlichen Mitglieder der Akademie könne nicht wohl ohne Besoldung sein, es sei nun, daß diese an ihre Personen oder, was vielleicht besser ist, an ihre Arbeiten geknüpft werde. Denn da sie einmal dem Zweck der Akademie einen Teil ihrer Zeit, ihrer Kräfte und Mühe aufopfern und in Deutschland selten Plätze sind, wo man eins dieser Stücke verlieren oder aufgeben könnte, so hieße es das ganze Gebäude auf Sand bauen, wenn man ihnen nicht diese öffentliche Mühe belohnte. Bloß aus Notdurft würden sich die fähigsten und wirksamsten Männer der Ehre, akademische Mitglieder zu sein, entsagen müssen oder würden ihr Geschäft nur sehr säumig und beiläufig treiben. Es ist also ein Fonds der Akademie nötig, aus welchem nicht nur die Kosten bei ihrer Zusammenkunft, das Gehalt des Präsidenten und Sekretärs, die Aufmunterungen, die sie ausgezeichneten Werken angedeihen läßt, sondern auch die Belohnungen der ordentlichen Mitglieder der Akademie bestritten werden könnten. Die Bestimmung und Einrichtung dieses Fonds würde für die patriotischen Fürsten, denen dieses Institut sein Dasein zu danken hätte, eine Kleinigkeit sein, und Deutschland könnte sich rühmen, daß nach Jahrtausenden jetzt zum erstenmal seine Regenten aus freier Gnade eine gemeinnützige Anstalt für die Nachkommenschaft gegründet hätten. Alle ruhmwürdige und gute Anstalten dieser Art sind bisher in einzelne Provinzen eingeschränkt geblieben, und was fürs Ganze einer weitern Aufklärung und Kultur geschrieben und bewirkt worden, ist von Privatpersonen, vielleicht unter einer Last von Geschäften, un-

bemerket und unbelohnt oder vielleicht gar verfolgt und angefeindet getan worden. Es wäre also ein neuer und desto rühmlicherer Kranz für die Fürsten und Stände Deutschlands, wenn sie durch diesen patriotischen Beitrag das Versäumnis voriger Zeiten einholten und vielleicht für ewige Zeiten das erste Institut für den Allgemeingeist Deutsch- ((lands gründeten. Durch eine Kommunikation und Verbindung dieser Art würden hundert nützlicher Folgen entstehen, an die man jetzt selbst noch nicht denket.

COMMENTARY

Text: *Herder, Werke in 5 Bänden,* ed. W. Dobbek (Weimar, 1963), Vol. III, 361—76.

1. *Die große Anzahl geheimer Gesellschaften*: closed societies like the Freemasons and the Rosicrucians flourished in the eighteenth century, and their secret, often mystical rites—a reaction against the rationalistic values of the Age of Enlightenment—exerted great power over the minds of their members.

2. *Das Mißverhältnis unsrer deutschen Provinzen*: conditions, social as well as cultural, in the numerous states that made up eighteenth-century Germany, ranging from the large electoral states like Austria (23 million inhabitants at the end of the century) and Prussia (7.5 million) to little dukedoms like those of Anhalt (Anhalt-Dessau, Anhalt-Cöthen and Anhalt-Bernburg, each with about 30,000 inhabitants) and the independent *Reichsstädte*—some of which, like Hamburg (150,000), Nürnberg (100,000) and Frankfurt (50,000) were larger than many dukedoms—depended almost entirely on the personality of the ruler and/or his closest advisers. To reduce these discrepancies and bring 'enlightenment' to the whole country was the primary aim of Herder's 'Institute'.

3. *Unsre Nation kann sich rühmen* etc: to claim that the German language 'has not intermixed with other tongues since earliest times' is something of an overstatement: the Latin loan-words that came into the language during the Roman occupation of Germania (cf. Herder's 'unüberwunden von andern Völkern'!), the influence of French words and customs in the Middle Ages and in the eighteenth century, the Humanist Latin influence on vocabulary and syntax—these are only a few of the cases of 'intermixture' with other languages. Indeed, a linguistic group set in the middle of a continental mass is bound to be particularly susceptible to influences from the linguistic groups that surround it, whether by peaceful infiltration or by military conquest. Moreover Herder was all too conscious, as various phrases in the later course of this section show, of the intellectual and linguistic influence wielded by France over Germany in the eighteenth century.

4. *Leibniz*: first president of the Prussian *Akademie der Wissenschaften* in Berlin, founded, at his instance, in 1700. His attempts to establish similar academies in Vienna, Dresden and St. Petersburg in the course of his travels were unsuccessful.

5. *ein allgemeines Nationaltheater ... beinahe unmöglich ist*: Lessing, in his *Hamburgische Dramaturgie*, despaired of achieving a national German theatre as long as Germany was not a single nation (101.–104. Stück). Schiller, on the other hand, in his essay *Die Schaubühne als eine moralische Anstalt betrachtet*, put it the other way round: 'Wenn wir es erlebten, eine Nationalbühne zu haben, so würden wir auch eine Nation'. (see Vol. I, p. 77).

6. *Der Sektengeist einzelner Länder wird ersterben*: a characteristic statement of Herder's universalism: the individual parts must first come to their individual fruition, but the whole is greater than the sum of its parts. Separatism is harmful, as he says in the following paragraph, but when the strong help the weak, and experience is added to goodwill, unity will follow (p. 11 above).

7. *ein suffragium mit Kugeln*: a means of taking a vote, white and black balls representing assent and dissent respectively.

NOVALIS (1772–1801)

Die Christenheit oder Europa (1799)

This essay, written in 1799 but not published until the fourth edition of Novalis' *Schriften* in 1826, over 20 years after his death, is an interesting counterpart to the preceding essay of Herder's, in that it too is concerned with the establishment, or re-establishment, of a cultural and political unity. Where Herder, however, was set on drawing together the scattered threads of German national culture through an appeal to a common intellectual interest, Novalis' gaze was turned on a wider European unity sustained by the power of the Roman Catholic religion. And where Herder's practical proposal was for the establishment of an intellectual, analytical academy of sciences in the mould of 'enlightened Rationalism', Novalis sought a return to the allusive, spiritual values which, as he saw it, had held Europe together over the first fifteen centuries of its existence, and in which lay the only guarantee of its preservation from utter disintegration.

Die Christenheit oder Europa derives from the new, dynamic morphology of history through which Herder overcame the static conception of a uniform human nature on which the rationalistic historiography of the eighteenth century rested. On the one hand Herder believed in the organic development of autonomous cultures and in the historical evolution of the human mind within each such culture: the climax of his thought in this direction is the *Ideen zur Philosophie der Geschichte der Menschheit* (1784–91). On the other hand, under the stimulus of Rousseau, he sought to trace the historical roots of cultures as a research exercise in its own right: this found expression in *Über den Ursprung der Sprache* (1772), the *Briefwechsel über Ossian und die Lieder alter Völker* (1773), the *Volkslieder* (1778–9) and many other studies in the elemental sources of national literatures.

But although *Die Christenheit oder Europa* shares with Herder both a concern with an individual culture as such and a conception of organic evolution in which each element of the past—in this case the Middle Ages—has its unique place, Novalis has his starting point, not in historical appraisal but in faith, not in rationalistic exegesis but in an interpretation of the world built on trust in intuition and in the power of

the poetic symbol. The history of Europe becomes a theodicy, its unity symbolized by the Christian Middle Ages and, in the Golden Age to come, by the restoration of the *civitas dei:* 'It is religion alone that can rouse Europe and give the nations their security.' In his *Grundzüge des gegenwärtigen Zeitalters* of 1804 Fichte writes in similar terms of a 'Tendenz zu einer christlich-europäischen Universalmonarchie'.

The background to Novalis' thoughts, as to those of Herder, Fichte, Friedrich Schlegel and the many others who reflected on such matters, was the political and spiritual dividedness of Europe, in particular of Germany, in the eighteenth and nineteenth centuries. It was this, rather than any purely historical interest, which led Herder to enthuse over what he saw as the superior moral virtues of a unified Hindu civilisation, through which the Europe of his day could be set on the path of its own true destiny. And it was this which led so many German Romantics to follow Herder's lead. None, however, was so specific and direct in his vision of the attainment of a unified Western culture as Novalis, and *Die Christenheit oder Europa* became the starting-point for the Christian universalist school of historiography which found its greatest spokesman in Leopold von Ranke.

But for all its attractions Novalis' vision rested on quite unhistorical foundations, and many of his Romantic contemporaries knew it. Schleiermacher, for instance, who, with Friedrich Schlegel, had prevented the publication of Novalis' essay in the journal *Athenaeum*, pointed out that the collapse of medieval Catholicism was the consequence to a far greater extent of inner moral and political decadence than, as Novalis tried to make out, of the Protestant insistence on the Biblical letter of Christianity at the expense of its true spirit. Besides this, the medieval Christian unity which represented Novalis' ideal was not coterminous with European political unity, a concept of which the Middle Ages had no knowledge. Upon a highly personal view of what constituted medieval civilisation Novalis superimposed his idea of a culture governed by poetic values, offering this composite picture as a pattern for the salvation of the modern world.

The aura of mystical Christianity hovers over the whole of Novalis' work, from the intense personal melancholy of the *Hymnen an die Nacht* to the idealised symbolical autobiography of *Heinrich von Ofterdingen* and the public admonition of *Die Christenheit oder Europa*. Many have distrusted his work for this reason and seen it as representative of one of the more dubious tendencies in the German character—'daß sie sich so gern jedem Irrtum in die Arme werfen, wenn er nur irgendeinen Halt darzubieten scheint', as Grillparzer scornfully put it. The insecurity, and at the same time the independence, of his position were seen by Eichendorff, himself a firm Catholic, who wrote in his *Zur Geschichte der neueren romantischen Poesie in Deutschland* of 1846: 'Wir sehen also, er

hatte seine Sache unumwunden auf die katholische Wahrheit gestellt. Aber ebenso wenig können wir uns verhehlen, daß er selbst auf diesem heiligen Boden nicht fest stand'. *Die Christenheit oder Europa* may rest on 'unhistorical' foundations. But this cannot detract from its significance as a document of political Romanticism and as a reflection, both of the power of Catholicism in the Romantic tradition and of the urge to national unity which is so prominent a feature of German intellectual life in the nineteenth century.

BIBLIOGRAPHY

T. Haering, *Novalis als Philosoph* (Stuttgart, 1954)

F. Imle, *Novalis. Seine philosophische Weltanschauung* (Paderborn, 1928)

W. Malsch, *'Europa'. Politische Rede des Novalis* (Stuttgart, 1965)

H. S. Reiss, *The Political Thought of the German Romantics* (Oxford, 1955—contains an English translation of *Die Christenheit oder Europa*)

R. Samuel, *Die poetische Staats- und Geschichtsauffassung Friedrich von Hardenbergs* (Frankfurt, 1925)

H. J. Mähl, *Die Idee des goldenen Zeitalters im Werk des Novalis* (Heidelberg, 1965)

Die Christenheit oder Europa

Es waren schöne glänzende Zeiten, wo Europa ein christliches Land war, wo Eine Christenheit diesen menschlich gestalteten Weltteil bewohnte; Ein großes gemeinschaftliches Interesse verband die entlegensten Provinzen dieses weiten geistlichen Reichs. — Ohne große weltliche Besitztümer lenkte und vereinigte [1]Ein Oberhaupt die großen politischen Kräfte. — Eine zahlreiche Zunft, zu der jedermann den Zutritt hatte, stand unmittelbar unter demselben und vollführte seine Winke und strebte mit Eifer eine wohltätige Macht zu befestigen. Jedes Glied dieser Gesellschaft wurde allenthalben geehrt, und wenn die gemeinen Leute Trost oder Hülfe, Schutz oder Rat bei ihm suchten und gerne dafür seine mannigfaltigen Bedürfnisse reichlich versorgten, so fand es auch bei den Mächtigeren Schutz, Ansehn und Gehör, und alle pflegten diese auserwählten, mit wunderbaren Kräften ausgerüsteten Männer wie Kinder des Himmels, deren Gegenwart und Zuneigung mannigfachen Segen verbreitete. Kindliches Zutrauen knüpfte die Menschen an ihre Verkündigungen. — Wie heiter konnte jedermann sein irdisches Tagewerk vollbringen, da ihm durch diese heilige Menschen eine sichere Zukunft bereitet und jeder Fehltritt durch sie vergeben, jede mißfarbige Stelle des Lebens durch sie ausgelöscht und geklärt wurde. Sie waren die erfahrnen Steuerleute auf dem großen unbekannten Meere, in deren Obhut man alle Stürme geringschätzen und zuversichtlich auf eine sichre Gelangung und Landung an der Küste der eigentlichen vaterländischen Welt rechnen durfte.

Die wildesten, gefräßigsten Neigungen mußten der Ehrfurcht und dem Gehorsam gegen ihre Worte weichen. Friede.ging von ihnen aus. — Sie predigten nichts als [2]Liebe zu der heiligen, wunderschönen Frau der Christenheit, die mit göttlichen Kräften versehen, jeden Gläubigen aus den schrecklichsten Gefahren zu retten bereit war. Sie erzählten von längst verstorbenen himmlischen Menschen, die durch Anhänglichkeit und Treue an jene selige Mutter und ihr himmlisches, freundliches Kind die Versuchung der irdischen Welt bestanden, zu göttlichen Ehren gelangt und nun schützende, wohltätige Mächte ihrer lebenden Brüder, willige Helfer in der Not, Vertreter menschlicher Gebrechen und wirksame Freunde der Menschheit am himmlischen Throne geworden waren. Mit welcher Heiterkeit verließ man die schönen Versammlungen in den geheimnisvollen Kirchen, die mit ermunternden Bildern geschmückt, mit süßen Düften erfüllt und von heiliger erhebender Musik belebt waren. In ihnen wurden die geweihten Reste ehemaliger gottesfürchtiger Menschen dankbar, in köstlichen Behält-

nissen aufbewahrt. — Und an ihnen offenbarte sich die göttliche Güte und Allmacht, die mächtige Wohltätigkeit dieser glücklichen Frommen, durch herrliche Wunder und Zeichen. So bewahren liebende Seelen Locken oder Schriftzüge ihrer verstorbenen Geliebten und nähren die süße Glut damit, bis an den wiedervereinigenden Tod. Man sammelte mit inniger Sorgfalt überall, was diesen geliebten Seelen angehört hatte, und jeder pries sich glücklich, der eine so tröstliche Reliquie erhalten oder nur berühren konnte. Hin und wieder schien sich die himmlische Gnade vorzüglich auf ein seltsames Bild oder einen Grabhügel niedergelassen zu haben.

Dorthin strömten aus allen Gegenden Menschen mit schönen Gaben und brachten himmlische Gegengeschenke: Frieden der Seele und Gesundheit des Leibes, zurück. Emsig suchte diese mächtige friedenstiftende Gesellschaft alle Menschen dieses schönen Glaubens teilhaftig zu machen, und sandte ihre Genossen in alle Weltteile, um überall das Evangelium des Lebens zu verkündigen und das Himmelreich zum einzigen Reiche auf dieser Welt zu machen. Mit Recht widersetzte sich das weise Oberhaupt der Kirche frechen Ausbildungen menschlicher Anlagen auf Kosten des heiligen Sinns und unzeitigen gefährlichen Entdeckungen im Gebiete des Wissens. So wehrte er den kühnen Denkern öffentlich zu behaupten, daß die Erde ein unbedeutender Wandelstern sei, denn er wußte wohl, daß die Menschen mit der Achtung für ihren Wohnsitz und ihr irdisches Vaterland auch die Achtung vor der himmlischen Heimat und ihrem Geschlecht verlieren und das eingeschränkte Wissen dem unendlichen Glauben vorziehn und sich gewöhnen würden, alles Große und Wunderwürdige zu verachten und als tote Gesetzwirkung zu betrachten. An seinem Hofe versammelten sich alle klugen und ehrwürdigen Menschen aus Europa. Alle Schätze flossen dahin, das zerstörte Jerusalem hatte sich gerächt, und Rom selbst war Jerusalem, die heilige Residenz der göttlichen Regierung auf Erden geworden. Fürsten legten ihre Streitigkeiten dem Vater der Christenheit vor, willig ihm ihre Kronen und ihre Herrlichkeit zu Füßen, ja sie achteten es sich zum Ruhm, als Mitglieder dieser hohen Zunft den Abend ihres Lebens in göttlichen Betrachtungen zwischen einsamen Klostermauern zu beschließen. Wie wohltätig, wie angemessen der innern Natur der Menschen diese Regierung, diese Einrichtung war, zeigte das gewaltige Emporstreben aller andern menschlichen Kräfte, die harmonische Entwicklung aller Anlagen; die ungeheure Höhe, die einzelne Menschen in allen Fächern der Wissenschaften des Lebens und der Künste erreichten, und der überall blühende Handelsverkehr mit geistigen und irdischen Waren in dem Umkreis von Europa und bis in das fernste Indien hinaus. —

Das waren die schönen wesentlichen Züge der echtkatholischen oder echtchristlichen Zeiten. Noch war die Menschheit für dieses herrliche Reich nicht reif, nicht gebildet genug. Es war eine erste Liebe, die im

Drucke des Geschäftslebens entschlummerte, deren Andenken durch eigennützige Sorgen verdrängt, und deren Band nachher als Trug und Wahn ausgeschrien und nach spätern Erfahrungen beurteilt, — auf immer von einem großen Teil der Europäer zerrissen wurde. Diese innere große Spaltung, die zerstörende Kriege begleiteten, war ein merkwürdiges Zeichen der Schädlichkeit der Kultur für den Sinn des Unsichtbaren, wenigstens einer temporellen Schädlichkeit der Kultur einer gewissen Stufe. Vernichtet kann jener unsterbliche Sinn nicht werden, aber getrübt, gelähmt, von andern Sinnen verdrängt. — Eine längere Gemeinschaft der Menschen vermindert die Neigungen, den Glauben an ihr Geschlecht, und gewöhnt sie ihr ganzes Dichten und Trachten den Mitteln des Wohlbefindens allein zuzuwenden, die Bedürfnisse und die Künste ihrer Befriedigung werden verwickelter, der habsüchtige Mensch hat so viel Zeit nötig, sich mit ihnen bekannt zu machen und Fertigkeiten in ihnen sich zu erwerben, daß keine Zeit zum stillen Sammeln des Gemüts, zur aufmerksamen Betrachtung der innern Welt übrigbleibt.

In Kollisionsfällen scheint ihm das gegenwärtige Interesse näherzuliegen, und so fällt die schöne Blüte seiner Jugend, Glauben und Liebe, ab und macht den derbern Früchten, Wissen und Haben, Platz. Man gedenkt des Frühlings im Spätherbst wie eines kindischen Traums und hofft mit kindischer Einfalt, die vollen Speicher sollen auf immer aushalten. Eine gewisse Einsamkeit scheint dem Gedeihen der höhern Sinne notwendig zu sein, und daher muß ein zu ausgebreiteter Umgang der Menschen miteinander manchen heiligen Keim ersticken und die Götter, die den unruhigen Tumult zerstreuender Gesellschaften und die Verhandlungen kleinlicher Angelegenheiten fliehen, verscheuchen. Überdem haben wir ja mit Zeiten und Perioden zu tun, und ist diesen eine Oszillation, ein Wechsel entgegengesetzter Bewegungen nicht wesentlich? und ist diesen eine beschränkte Dauer nicht eigentümlich, ein Wachstum und Abnehmen nicht ihre Natur? aber auch eine Auferstehung, eine Verjüngung, in neuer, tüchtiger Gestalt, nicht auch von ihnen mit Gewißheit zu erwarten? Fortschreitende, immer mehr sich vergrößernde Evolutionen sind der Stoff der Geschichte. — Was jetzt nicht die Vollendung erreicht, wird sie bei einem künftigen Versuch erreichen oder bei einem abermaligen; vergänglich ist nichts, was die Geschichte ergriff, aus unzähligen Verwandlungen geht es in immer reicheren Gestalten erneut wieder hervor. Einmal war doch das Christentum mit voller Macht und Herrlichkeit erschienen, bis zu einer neuen Weltinspiration herrschte seine Ruine, sein Buchstabe mit immer zunehmender Ohnmacht und Verspottung. Unendliche Trägheit lag schwer auf der sicher gewordenen Zunft der Geistlichkeit. Sie war stehngeblieben im Gefühl ihres Ansehns und ihrer Bequemlichkeit, während die Laien ihr unter den Händen Erfahrung und Gelehrsamkeit entwandt

und mächtige Schritte auf dem Wege der Bildung vorausgetan hatten. | In der Vergessenheit ihres eigentlichen Amts, die Ersten unter den Menschen an Geist, Einsicht und Bildung zu sein, waren ihnen die niedrigen Begierden zu Kopf gewachsen, und die Gemeinheit und Niedrigkeit ihrer Denkungsart wurde durch ihre Kleidung und ihren Beruf noch widerlicher. So fielen Achtung und Zutrauen, die Stützen dieses und jedes Reichs, allmählich weg, und damit war jene Zunft vernichtet, und die eigentliche Herrschaft Roms hatte lange vor der gewaltsamen Insurrektion stillschweigend aufgehört. Nur kluge, also auch nur zeitliche Maßregeln hielten den Leichnam der Verfassung noch zusammen und bewahrten ihn vor zu schleuniger Auflösung, wohin denn zum Beispiel die Abschaffung der Priesterehe vorzüglich gehörte. — Eine Maßregel, | die analog angewandt auch dem ähnlichen Soldatenstand eine fürchterliche Konsistenz verleihen und sein Leben noch lange fristen könnte. Was war natürlicher, als daß endlich [3]ein feuerfangender Kopf öffentlichen Aufstand gegen den despotischen Buchstaben der ehemaligen Verfassung predigte, und mit um so größerm Glück, da er selbst Zunftgenosse war. —

Mit Recht nannten sich die Insurgenten Protestanten, denn sie protestierten feierlich gegen jede Anmaßung einer unbequemen und unrechtmäßig scheinenden Gewalt über das Gewissen. Sie nahmen ihr stillschweigend abgegebenes Recht auf Religions-Untersuchung, -Bestimmung und -Wahl als vakant wieder einstweilen an sich zurück. Sie stellten auch eine Menge richtiger Grundsätze auf, führten eine Menge löblicher Dinge ein, und schafften eine Menge verderblicher Satzungen ab; aber sie vergaßen das notwendige Resultat ihres Prozesses; trennten das Untrennbare, teilten die unteilbare Kirche und rissen sich frevelnd aus dem allgemeinen christlichen Verein, durch welchen und in welchem allein die echte, dauernde Wiedergeburt möglich war. Der Zustand religiöser Anarchie darf nur vorübergehend sein, denn der notwendige Grund, eine Zahl Menschen lediglich diesem hohen Berufe zu widmen und diese Zahl Menschen unabhängig von der irdischen Gewalt in Rücksicht dieser Angelegenheiten zu machen, bleibt in fortdauernder Wirksamkeit und Gültigkeit. — Die Errichtung der Konsistorien und die Beibehaltung einer Art Geistlichkeit half diesem Bedürfnisse nicht ab und war kein zureichender Ersatz. Unglücklicherweise hatten sich die Fürsten in diese Spaltung gemischt, und viele benutzten diese Streitigkeiten zur Befestigung und Erweiterung ihrer landesherrlichen Gewalt und Einkünfte. Sie waren froh, jenes hohen Einflusses überhoben zu sein, und nahmen die neuen Konsistorien nun unter ihre landesväterliche Beschützung und Leitung. Sie waren eifrigst besorgt, die gänzliche Vereinigung der protestantischen Kirchen zu hindern, und so wurde die Religion irreligiöserweise in Staatsgrenzen eingeschlossen, und damit der Grund zur allmählichen Unter-

grabung des religiösen kosmopolitischen Interesses gelegt. So verlor die Religion ihren großen politischen friedestiftenden Einfluß, ihre eigentümliche Rolle des vereinigenden, individualisierenden Prinzips, der Christenheit. Der Religionsfriede ward nach ganz fehlerhaften und religionswidrigen Grundsätzen abgeschlossen, und durch die Fortsetzung des sogenannten Protestantismus etwas durchaus Widersprechendes — eine Revolutionsregierung permanent erklärt.

Indes liegt dem Protestantismus bei weitem nicht bloß jener reine Begriff zum Grunde, sondern Luther behandelte das Christentum überhaupt willkürlich, verkannte seinen Geist, und führte einen andern Buchstaben und eine andere Religion ein, nämlich die heilige Allgemeingültigkeit der Bibel, und damit wurde leider eine andere höchst fremde irdische Wissenschaft in die Religionsangelegenheit gemischt — [4]die Philologie — deren auszehrender Einfluß von da an unverkennbar wird. Er wurde selbst aus dunkelm Gefühl dieses Fehlgriffs bei einem großen Teil der Protestanten zum Rang eines Evangelisten erhoben und seine Übersetzung kanonisiert.

Dem religiösen Sinn war diese Wahl höchst verderblich, da nichts seine Irritabilität so vernichtet wie der Buchstabe. Im ehemaligen Zustande hatte dieser bei dem großen Umfange, der Geschmeidigkeit und dem reichhaltigen Stoff des katholischen Glaubens, sowie der Esoterisierung der Bibel und der heiligen Gewalt der Konzilien und des geistlichen Oberhaupts, nie so schädlich werden können; jetzt aber wurden diese Gegenmittel vernichtet, die absolute Popularität der Bibel behauptet, und nun drückte der dürftige Inhalt, der rohe abstrakte Entwurf der Religion in diesen Büchern desto merklicher und erschwerte dem heiligen Geiste die freie Belebung, Eindringung und Offenbarung unendlich.

Daher zeigt uns auch die Geschichte des Protestantismus keine herrlichen großen Erscheinungen des Überirdischen mehr, nur sein Anfang glänzt durch ein vorübergehendes Feuer des Himmels, bald nachher ist schon die Vertrocknung des heiligen Sinns bemerklich; das Weltliche hat die Oberhand gewonnen, der Kunstsinn leidet sympathetisch mit, nur selten, daß hie und da ein gediegener, ewiger Lebensfunke hervorspringt und eine kleine Gemeinde sich assimiliert. Er verlischt, und die Gemeinde fließt wieder auseinander und schwimmt mit dem Strome fort. So [5]Zinzendorf, [6]Jakob Böhme und mehrere. Die Moderatisten behalten die Oberhand, und die Zeit nähert sich einer gänzlichen Atonie der höhern Organe, der Periode des praktischen Unglaubens. Mit der Reformation war's um die Christenheit getan. Von nun an war keine mehr vorhanden. Katholiken und Protestanten oder Reformierte standen in sektirischer Abgeschnittenheit weiter voneinander als von Mohammedanern und Heiden. Die übriggebliebenen katholischen Staaten vegetierten fort, nicht ohne den schädlichen Einfluß der

benachbarten protestantischen Staaten unmerklich zu fühlen. Die neuere Politik entstand erst in diesem Zeitpunkt, und einzelne mächtige Staaten suchten den vakanten Universalstuhl, in einen Thron verwandelt, in Besitz zu nehmen.

Den meisten Fürsten schien es eine Erniedrigung, sich nach einem ohnmächtigen Geistlichen zu genieren. — Sie fühlten zum erstenmal das Gewicht ihrer körperlichen Kraft auf Erden, sahen die himmlischen Mächte untätig bei Verletzung ihrer Repräsentanten, und suchten nun allgemach, ohne Aufsehn vor den noch eifrig päpstlich gesinnten Untertanen das lästige römische Joch abzuwerfen und sich unabhängig auf Erden zu machen. — Ihr unruhiges Gewissen beruhigten kluge Seelsorger, die nichts dabei verloren, daß ihre geistlichen Kinder die Disposition über das Kirchenvermögen sich anmaßten.

Zum Glück für die alte Verfassung tat sich jetzt [7]ein neu entstandener Orden hervor, auf welchem der sterbende Geist der Hierarchie seine letzten Gaben ausgegossen zu haben schien, der mit neuer Kraft das Alte zurüstete und mit wunderbarer Einsicht und Beharrlichkeit, klüger als je vorher geschehen, sich des päpstlichen Reichs und seiner mächtigen Regeneration annahm. Noch war keine solche Gesellschaft in der Weltgeschichte anzutreffen gewesen. Mit größerer Sicherheit des Erfolgs hatte selbst der alte römische Senat nicht Pläne der Welteroberung entworfen. Mit größerem Verstand war an die Ausführung einer größeren Idee noch nicht gedacht worden. Ewig wird diese Gesellschaft ein Muster aller Gesellschaften sein, die eine organische Sehnsucht nach unendlicher Verbreitung und ewiger Dauer fühlen, — aber auch ewig ein Beweis, daß die unbewachte Zeit allein die klügsten Unternehmungen vereitelt und der natürliche Wachstum des ganzen Geschlechts unaufhaltsam den künstlichen Wachstum eines Teils unterdrückt. Alles einzelne für sich hat ein eigenes Maß von Fähigkeit, nur die Kapazität des Geschlechts ist unermeßlich. Alle Pläne müssen fehlschlagen, die nicht auf alle Anlagen des Geschlechts vollständig angelegte Pläne sind. Noch merkwürdiger wird diese Gesellschaft als Mutter der sogenannten geheimen Gesellschaften, eines jetzt noch unreifen, aber gewiß wichtigen geschichtlichen Keims. Einen gefährlicheren Nebenbuhler konnte der neue Lutheranismus, nicht Protestantismus, gewiß nicht erhalten. Alle Zauber des katholischen Glaubens wurden unter seiner Hand noch kräftiger, die Schätze der Wissenschaften flossen in seine Zelle zurück. Was in Europa verloren war, suchten sie in den andern Weltteilen, in dem fernsten Abend und Morgen, vielfach wiederzugewinnen und die apostolische Würde und Beruf sich zuzueignen und geltend zu machen. Auch sie blieben in den Bemühungen nach Popularität nicht zurück, und wußten wohl, wieviel Luther seinen demagogischen Künsten, seinem Studium des gemeinen Volks zu verdanken gehabt hatte. Überall legten sie Schulen an, drangen in die Beichtstühle, be-

stiegen die Katheder und beschäftigten die Pressen, wurden Dichter und Weltweise, Minister und Märtyrer, und blieben in der ungeheuren Ausdehnung von Amerika über Europa nach China in dem wunderbarsten Einverständnis der Tat und der Lehre. Aus ihren Schulen rekrutierten sie mit weiser Auswahl ihren Orden. Gegen die Lutheraner predigten sie mit zerstörendem Eifer und suchten die grausamste Vertilgung dieser Ketzer, als eigentlicher Genossen des Teufels, zur dringendsten Pflicht der katholischen Christenheit zu machen. Ihnen allein hatten die katholischen Staaten und insonderheit der päpstliche Stuhl ihr langes Überleben der Reformation zu danken gehabt, und wer weiß, wie alt die Welt noch aussehn würde, wenn nicht schwache Obere, Eifersucht der Fürsten und andern geistlichen Orden, Hofintrigen und andere sonderbare Umstände ihren kühnen Lauf unterbrochen und mit ihnen diese letzte Schutzwehr der katholischen Verfassung beinah vernichtet hätten. Jetzt schläft er, dieser furchtbare Orden, in armseliger Gestalt an den Grenzen von Europa, vielleicht daß er von daher sich, wie das Volk, das ihn beschützt, mit neuer Gewalt einst über seine alte Heimat, vielleicht unter anderm Namen, verbreitet.

Die Reformation war ein Zeichen der Zeit gewesen. Sie war für ganz Europa bedeutend, wenn sie gleich nur im wahrhaft freien Deutschland öffentlich ausgebrochen war. Die guten Köpfe aller Nationen waren heimlich mündig geworden und lehnten sich im täuschenden Gefühl ihres Berufs um desto dreister gegen verjährten Zwang auf. Aus Instinkt ist der Gelehrte Feind der Geistlichkeit nach alter Verfassung; der gelehrte und der geistliche Stand müssen Vertilgungskriege führen, wenn sie getrennt sind; denn sie streiten um Eine Stelle. Diese Trennung tat sich immer mehr hervor, und die Gelehrten gewannen desto mehr Feld, je mehr sich die Geschichte der europäischen Menschheit dem Zeitraum der triumphierenden Gelehrsamkeit näherte, und Wissen und Glauben in eine entschiedenere Opposition traten. Im Glauben suchte man den Grund der allgemeinen Stockung, und durch das durchdringende Wissen hoffte man sie zu heben. Überall litt der heilige Sinn unter den mannigfachen Verfolgungen seiner bisherigen Art, seiner zeitigen Personalität. Das Resultat der modernen Denkungsart nannte man Philosophie und rechnete alles dazu, was dem Alten entgegen war, vorzüglich also jeden Einfall gegen die Religion. Der anfängliche Personalhaß gegen den katholischen Glauben ging allmählich in Haß gegen die Bibel, gegen den christlichen Glauben und endlich gar gegen die Religion über. Noch mehr — der Religionshaß dehnte sich sehr natürlich und folgerecht auf alle Gegenstände des Enthusiasmus aus, verketzerte Phantasie und Gefühl, Sittlichkeit und Kunstliebe, Zukunft und Vorzeit, setzte den Menschen in der Reihe der Naturwesen mit Not oben an, und machte die unendliche schöpferische Musik des Weltalls zum einförmigen Klappern einer

ungeheuren Mühle, die vom Strom des Zufalls getrieben und auf ihm schwimmend, eine Mühle an sich, ohne Baumeister und Müller und eigentlich ein echtes Perpetuum mobile, eine sich selbst mahlende Mühle sei.

Ein Enthusiasmus ward großmütig dem armen Menschengeschlechte übrig gelassen und als Prüfstein der höchsten Bildung jedem Aktionär derselben unentbehrlich gemacht — der Enthusiasmus für diese herrliche, großartige Philosophie und insbesondere für ihre Priester und ihre Mystagogen. Frankreich war so glücklich, der Schoß und der Sitz dieses neuen Glaubens zu werden, [8]der aus lauter Wissen zusammengeklebt war. So verschrien die Poesie in dieser neuen Kirche war, so gab es doch einige Poeten darunter, die des Effekts wegen noch des alten Schmucks und der alten Lichter sich bedienten, aber dabei in Gefahr kamen, das neue Weltsystem mit altem Feuer zu entzünden. Klügere Mitglieder wußten jedoch die schon warm gewordenen Zuhörer sogleich wieder mit kaltem Wasser zu begießen. Die Mitglieder waren rastlos beschäftigt, die Natur, den Erdboden, die menschlichen Seelen und die Wissenschaften von der Poesie zu säubern, — jede Spur des Heiligen zu vertilgen, das Andenken an alle erhebende Vorfälle und Menschen durch Sarkasmen zu verleiden und die Welt alles bunten Schmucks zu entkleiden. Das Licht war wegen seines mathematischen Gehorsams und seiner Freiheit ihr Liebling geworden. Sie freuten sich, daß es sich eher zerbrechen ließ, als daß es mit Farben gespielt hätte, und so benannten sie nach ihm ihr großes Geschäft, Aufklärung. In Deutschland betrieb man dieses Geschäft gründlicher, man reformierte das Erziehungswesen, man suchte der alten Religion einen neuern vernünftigen, gemeinern Sinn zu geben, indem man alles Wunderbare und Geheimnisvolle sorgfältig von ihr abwusch; alle Gelehrsamkeit ward aufgeboten, um die Zuflucht zur Geschichte abzuschneiden, indem man die Geschichte zu einem häuslichen und bürgerlichen Sitten- und Familiengemälde zu veredeln sich bemühte. — Gott wurde zum müßigen Zuschauer des großen rührenden Schauspiels, das die Gelehrten aufführten, gemacht, welcher am Ende die Dichter und Spieler feierlich bewirten und bewundern sollte. Das gemeine Volk wurde recht mit Vorliebe aufgeklärt, und zu jenem gebildeten Enthusiasmus erzogen, und so entstand eine neue europäische Zunft: die Philanthropen und Aufklärer. Schade, daß die Natur so wunderbar und unbegreiflich, so poetisch und unendlich blieb, allen Bemühungen sie zu modernisieren zum Trotz. Duckte sich ja irgendwo ein alter Aberglaube an eine höhere Welt und sonst auf, so wurde gleich von allen Seiten Lärm geblasen, und womöglich der gefährliche Funke durch Philosophie und Witz in der Asche erstickt; dennoch war Toleranz das Losungswort der Gebildeten, und besonders in Frankreich gleichbedeutend mit Philosophie.

Höchst merkwürdig ist diese Geschichte des modernen Unglaubens

und der Schlüssel zu allen ungeheuren Phänomenen der neuern Zeit. [9]Erst in diesem Jahrhundert und besonders in seiner letzten Hälfte beginnt sie und wächst in kurzer Zeit zu einer unübersehlichen Größe und Mannigfaltigkeit; eine zweite Reformation, eine umfassendere und eigentümlichere war unvermeidlich, und mußte das Land zuerst treffen, das am meisten modernisiert war und am längsten aus Mangel an Freiheit in asthenischem Zustande gelegen hatte. Längst hätte sich das überirdische Feuer Luft gemacht und die klugen Aufklärungspläne vereitelt, wenn nicht weltlicher Druck und Einfluß denselben zustatten gekommen wären. In dem Augenblick aber, wo ein Zwiespalt unter den Gelehrten und Regierungen, unter den Feinden der Religion und ihrer ganzen Genossenschaft entstand, mußte sie wieder als drittes tonangebendes vermittelndes Glied hervortreten, und diesen Hervortritt muß nun jeder Freund derselben anerkennen und verkündigen, wenn er noch nicht merklich genug sein sollte. Daß die Zeit der Auferstehung gekommen ist, und gerade die Begebenheiten, die gegen ihre Belebung gerichtet zu sein schienen und ihren Untergang zu vollenden drohten, die günstigsten Zeichen ihrer Regeneration geworden sind, dieses kann einem historischen Gemüte gar nicht zweifelhaft bleiben. Wahrhafte Anarchie ist das Zeugungselement der Religion. Aus der Vernichtung alles Positiven hebt sie ihr glorreiches Haupt als neue Weltstifterin empor. Wie von selbst steigt der Mensch gen Himmel auf, wenn ihn nichts mehr bindet, die höhern Organe treten von selbst aus der allgemeinen gleichförmigen Mischung und vollständigen Auflösung aller menschlichen Anlagen und Kräfte als der Urkern der irdischen Gestaltung zuerst heraus. Der Geist Gottes schwebt über den Wassern, und ein himmlisches Eiland wird als Wohnstätte der neuen Menschen, als Stromgebiet des ewigen Lebens zuerst sichtbar über den zurückströmenden Wogen.

Ruhig und unbefangen betrachte der echte Beobachter die neuen staatsumwälzenden Zeiten. Kommt ihm der Staatsumwälzer nicht wie Sisyphus vor? Jetzt hat er die Spitze des Gleichgewichts erreicht und schon rollt die mächtige Last auf der andern Seite wieder herunter. Sie wird nie oben bleiben, wenn nicht eine Anziehung gegen den Himmel sie auf der Höhe schwebend erhält. Alle eure Stützen sind zu schwach, wenn euer Staat die Tendenz nach der Erde behält, aber knüpft ihn durch eine höhere Sehnsucht an die Höhen des Himmels, gebt ihm eine Beziehung auf das Weltall, dann habt ihr eine nie ermüdende Feder in ihm und werdet eure Bemühungen reichlich gelohnt sehn. An die Geschichte verweise ich euch, forscht in ihrem belehrenden Zusammenhang nach ähnlichen Zeitpunkten und lernt den Zauberstab der Analogie gebrauchen. —

Soll die Revolution die französische bleiben, wie die Reformation die lutherische war? Soll der Protestantismus abermals widernatürlicherweise als revolutionäre Regierung fixiert werden? Sollen Buchstaben Buch-

staben Platz machen? Sucht ihr den Keim des Verderbens auch in der alten Einrichtung, dem alten Geiste, und glaubt euch auf eine bessere Einrichtung, einen bessern Geist zu verstehn? O! daß der Geist der Geister euch erfüllte, und ihr abließet von diesem törichten Bestreben, die Geschichte und die Menschheit zu modeln, und eure Richtung ihr zu geben. Ist sie nicht selbständig, nicht eigenmächtig, so gut wie unendlich liebenswert und weissagend? Sie zu studieren, ihr nachzugehn, von ihr zu lernen, mit ihr gleichen Schritt zu halten, gläubig ihren Verheißungen und Winken zu folgen — daran denkt keiner.

In Frankreich hat man viel für die Religion getan, indem man ihr das Bürgerrecht genommen und ihr bloß das Recht der Hausgenossenschaft gelassen hat, und zwar nicht in Einer Person, sondern in allen ihren unzähligen individuellen Gestalten. Als eine fremde unscheinbare Waise muß sie erst die Herzen wiedergewinnen und schon überall geliebt sein, ehe sie wieder öffentlich angebetet und in weltliche Dinge zur freundschaftlichen Beratung und Stimmung der Gemüter gemischt wird. Historisch merkwürdig bleibt der Versuch jener großen eisernen Maske, die unter dem Namen Robespierre in der Religion den Mittelpunkt und die Kraft der Republik suchte; auch der Kaltsinn, womit die Theophilanthropie, dieser Mystizismus der neuern Aufklärung, aufgenommen worden ist; auch die neuen Eroberungen der Jesuiten; auch die Näherung ans Morgenland durch die neuern politischen Verhältnisse.

Von den übrigen europäischen Ländern, außer Deutschland, läßt sich nur prophezeien, daß mit dem Frieden ein neues höheres religiöses Leben in ihnen zu pulsieren *beginnen* und bald alles andere weltliche Interesse verschlingen wird. In Deutschland hingegen kann man schon mit voller Gewißheit [10]die Spuren einer neuen Welt aufzeigen. Deutschland geht einen langsamen aber sichern Gang vor den übrigen europäischen Ländern voraus. Während diese durch Krieg, Spekulation und Parteigeist beschäftigt sind, bildet sich der Deutsche mit allem Fleiß zum Genossen einer höhern Epoche der Kultur, und dieser Vorschritt muß ihm ein großes Übergewicht über die andern im Lauf der Zeit geben. In Wissenschaften und Künsten wird man eine gewaltige Gärung gewahr. Unendlich viel Geist wird entwickelt. Aus neuen, frischen Fundgruben wird gefördert. — Nie waren die Wissenschaften in besseren Händen und erregten wenigstens größere Erwartungen; die verschiedensten Seiten der Gegenstände werden ausgespürt, nichts wird ungerüttelt, unbeurteilt, undurchsucht gelassen. Alles wird bearbeitet; die Schriftsteller werden eigentümlich und gewaltiger, jedes alte Denkmal der Geschichte, jede Kunst, jede Wissenschaft findet Freunde und wird mit neuer Liebe umarmt und fruchtbar gemacht. Eine Vielseitigkeit ohnegleichen, eine wunderbare Tiefe, eine glänzende Politur, vielumfassende Kenntnisse und eine reiche kräftige Phantasie

findet man hie und da, und oft kühn gepaart. Eine gewaltige Ahndung der schöpferischen Willkür, der Grenzenlosigkeit, der unendlichen Mannigfaltigkeit, der heiligen Eigentümlichkeit und der Allfähigkeit der innern Menschheit scheint überall rege zu werden. Aus dem Morgentraum der unbehilflichen Kindheit erwacht, übt ein Teil des Geschlechts seine ersten Kräfte an Schlangen, die seine Wiege umschlingen und den Gebrauch seiner Gliedmaßen ihm benehmen wollen. Noch sind alles nur Andeutungen, unzusammenhängend und roh, aber sie verraten dem historischen Auge eine universelle Individualität, eine neue Geschichte, eine neue Menschheit, die süßeste Umarmung einer jungen überraschten Kirche und eines liebenden Gottes, und das innige Empfängnis eines neuen Messias in ihren tausend Gliedern zugleich. Wer fühlt sich nicht mit süßer Scham guter Hoffnung? Das Neugeborne wird das Abbild seines Vaters, eine neue goldne Zeit mit dunkeln unendlichen Augen, eine prophetische wundertätige und wundenheilende, tröstende und ewiges Leben entzündende Zeit sein — eine große Versöhnungszeit, ein Heiland, der wie ein echter Genius unter den Menschen einheimisch, nur geglaubt, nicht gesehen werden, und unter zahllosen Gestalten den Gläubigen sichtbar, als Brot und Wein verzehrt, als Geliebte umarmt, als Luft geatmet, als Wort und Gesang vernommen, und mit himmlischer Wollust als Tod unter den höchsten Schmerzen der Liebe in das Innre des verbrausenden Leibes aufgenommen wird.

Jetzt stehn wir hoch genug, um auch jenen oberwähnten, vorhergegangenen Zeiten freundlich zuzulächeln und auch in jenen wunderlichen Torheiten merkwürdige Kristallisationen des historischen Stoffs zu erkennen. Dankbar wollen wir jenen Gelehrten und Philosophen die Hände drücken; denn dieser Wahn mußte zum Besten der Nachkommen erschöpft und die wissenschaftliche Ansicht der Dinge geltend gemacht werden. Reizender und farbiger steht die Poesie[11] wie ein geschmücktes Indien dem kalten, toten Spitzbergen jenes Stubenverstandes gegenüber. Damit Indien in der Mitte des Erdballs so warm und herrlich sei, muß ein kaltes starres Meer, tote Klippen, Nebel statt des gestirnvollen Himmels und eine lange Nacht die beiden Enden unwirtbar machen. Die tiefe Bedeutung der Mechanik lag schwer auf diesen Anachoreten in den Wüsten des Verstandes; das Reizende der ersten Einsicht überwältigte sie, das Alte rächte sich an ihnen, sie opferten dem ersten Selbstbewußtsein das Heiligste und Schönste der Welt mit wunderbarer Verleugnung, und waren die Ersten, die wieder die Heiligkeit der Natur, die Unendlichkeit der Kunst, die Notwendigkeit des Wissens, die Achtung des Weltlichen und die Allgegenwart des wahrhaft Geschichtlichen durch die Tat anerkannten und verkündigten, und einer höhern, allgemeinern und furchtbarern Gespensterherrschaft, als sie selbst glaubten, ein Ende machten.

Erst durch genauere Kenntnis der Religion wird man jene fürchterlichen Erzeugnisse eines Religionsschlafs, jene Träume und Deliria des heiligen Organs besser beurteilen und dann erst die Wichtigkeit jenes Geschenks recht einsehn lernen. Wo keine Götter sind, walten Gespenster, und die eigentliche Entstehungszeit der europäischen Gespenster, die auch ihre Gestalt ziemlich vollständig erklärt, ist die Periode des Übergangs der griechischen Götterlehre in das Christentum. Also kommt auch, ihr Philanthropen und Enzyklopädisten, in die friedenstiftende Loge und empfangt den Bruderkuß, streift das graue Netz ab, und schaut mit junger Liebe die Wunderherrlichkeit der Natur, der Geschichte und der Menschheit an. Zu einem Bruder will ich euch führen, der soll mit euch reden, daß euch die Herzen aufgehn und ihr eure abgestorbene geliebte Ahndung mit neuem Leibe bekleidet, wieder umfaßt und erkennt, was euch vorschwebte und was der schwerfällige irdische Verstand freilich euch nicht haschen konnte.

Dieser Bruder ist der Herzschlag der neuen Zeit, wer ihn gefühlt hat, zweifelt nicht mehr an ihrem Kommen, und tritt mit süßem Stolz auf seine Zeitgenossenschaft auch aus dem Haufen hervor zu der neuen Schar der Jünger. Er hat einen neuen Schleier für die Heilige gemacht, der ihren himmlischen Gliederbau anschmiegend verrät und doch sie züchtiger als ein andrer verhüllt. — Der Schleier ist für die Jungfrau, was der Geist für den Leib ist, ihr unentbehrliches Organ, dessen Falten die Buchstaben ihrer süßen Verkündigung sind; das unendliche Faltenspiel ist eine Chiffernmusik, denn die Sprache ist der Jungfrau zu hölzern und zu frech, nur zum Gesang öffnen sich ihre Lippen. Mir ist er nichts als der feierliche Ruf zu einer neuen Urversammlung, der gewaltige Flügelschlag eines vorüberziehenden englischen Herolds. Es sind die ersten Wehen, setze sich jeder in Bereitschaft zur Geburt!

Das Höchste in der Physik ist jetzt vorhanden, und wir können nun leichter die wissenschaftliche Zunft übersehn. Die Hilfsbedürftigkeit der äußern Wissenschaften ward in der letzten Zeit immer sichtbarer, je bekannter wir mit ihnen wurden. Die Natur fing an, immer dürftiger auszusehn, und wir sahen, deutlicher gewöhnt an den Glanz unserer Entdeckungen, daß es nur ein geborgtes Licht war, und daß wir mit den bekannten Werkzeugen und den bekannten Methoden nicht das Wesentliche, das Gesuchte finden und konstruieren würden. Jeder Forscher mußte sich gestehn, daß eine Wissenschaft nichts ohne die andere sei, und so entstanden Mystifikationsversuche der Wissenschaften, und das wunderliche Wesen der Philosophie flog jetzt als rein dargestelltes wissenschaftliches Element zu einer symmetrischen Grundfigur der Wissenschaften an. Andre brachten die konkreten Wissenschaften in neue Verhältnisse, beförderten einen lebhaften Verkehr derselben untereinander, und suchten ihre naturhistorische Klassifika-

tions aufs reine zu bringen. So währt es fort, und es ist leicht zu ermessen, wie günstig dieser Umgang mit der äußern und innern Welt der höhern Bildung des Verstandes, der Kenntnis der erstern und der Erregung und Kultur der letztern sein muß, und wie unter diesen Umständen die Witterung sich klären und der alte Himmel und mit ihm die Sehnsucht nach ihm, die lebendige Astronomie, wieder zum Vorschein kommen muß.

Nun wollen wir uns zu dem politischen Schauspiel unsrer Zeit wenden. Alte und neue Welt sind im Kampf begriffen, die Mangelhaftigkeit und Bedürftigkeit der bisherigen Staatseinrichtungen sind in furchtbaren Phänomenen offenbar geworden. Frankreich verficht einen weltlichen Protestantismus. Sollten auch weltliche Jesuiten nun entstehn, und die Geschichte der letzten Jahrhunderte erneuert werden?

Wie wenn auch hier wie in den Wissenschaften eine nähere und mannigfaltigere Konnexion und Berührung der europäischen Staaten zunächst der historische Zweck des Krieges wäre, wenn eine neue Regung des bisher schlummernden Europa ins Spiel käme, wenn Europa wieder erwachen wollte, wenn ein Staat der Staaten, eine politische Wissenschaftslehre, uns bevorstände! Sollte etwa die Hierarchie, diese symmetrische Grundfigur der Staaten, das Prinzip des Staatenvereins als intellektuale Anschauung des politischen Ichs sein? Es ist unmöglich, daß weltliche Kräfte sich selbst ins Gleichgewicht setzen, ein drittes Element, das weltlich und überirdisch zugleich ist, kann allein diese Aufgabe lösen. Unter den streitenden Mächten kann kein Friede geschlossen werden, aller Friede ist nur Illusion, nur Waffenstillstand; auf dem Standpunkt der Kabinetter, des gemeinen Bewußtseins ist keine Vereinigung denkbar. Beide Teile haben große, notwendige Ansprüche und müssen sie machen, getrieben vom Geiste der Welt und der Menschheit. Beide sind unvertilgbare Mächte der Menschenbrust; hier die Andacht zum Altertum, die Anhänglichkeit an die geschichtliche Verfassung, die Liebe zu den Denkmalen der Altväter und der alten glorreichen Staatsfamilie, und Freude des Gehorsams; dort das entzückende Gefühl der Freiheit, die unbedingte Erwartung mächtiger Wirkungskreise, die Lust am Neuen und Jungen, die zwanglose Berührung mit allen Staatsgenossen, der Stolz auf menschliche Allgemeingültigkeit, die Freude am persönlichen Recht und am Eigentum des Ganzen, und das kraftvolle Bürgergefühl. Keine hoffe die andre zu vernichten, alle Eroberungen wollen hier nichts sagen, denn die innerste Hauptstadt jedes Reichs liegt nicht hinter Erdwällen und läßt sich nicht erstürmen.

Wer weiß, ob des Kriegs genug ist, aber er wird nie aufhören, wenn man nicht den Palmenzweig ergreift, den allein eine geistliche Macht darreichen kann. Es wird solange Blut über Europa strömen, bis die Nationen ihren fürchterlichen Wahnsinn gewahr werden, der sie im

Kreise herumtreibt, und von heiliger Musik getroffen und besänftigt zu ehemaligen Altären in bunter Vermischung treten, Werke des Friedens vornehmen, und ein großes Liebesmahl als Friedensfest auf den rauchenden Walstätten mit heißen Tränen gefeiert wird. Nur die Religion kann Europa wieder aufwecken und die Völker sichern, und die Christenheit mit neuer Herrlichkeit sichtbar auf Erden in ihr altes, friedenstiftendes Amt installieren.

Haben die Nationen alles vom Menschen — nur nicht sein Herz? — sein heiliges Organ? Werden sie nicht Freunde, wie diese, an den Särgen ihrer Lieben, vergessen sie nicht alles Feindliche, wenn das göttliche Mitleid zu ihnen spricht — und Ein Unglück, Ein Jammer, Ein Gefühl ihre Augen mit Tränen füllte? Ergreift sie nicht Aufopferung und Hingebung mit Allgewalt, und sehnen sie sich nicht, Freunde und Bundesgenossen zu sein?

Wo ist jener alle, liebe, alleinseligmachende Glaube an die Regierung Gottes auf Erden, wo ist jenes himmlische Zutrauen der Menschen zueinander, jene süße Andacht bei den Ergießungen eines gottbegeisterten Gemüts, jener allesumarmende Geist der Christenheit?

Das Christentum ist dreifacher Gestalt. Eine ist das Zeugungselement der Religion als Freude an aller Religion. Eine das Mittlertum überhaupt als Glaube an die Allfähigkeit alles Irdischen, Wein und Brot des ewigen Lebens zu sein. Eine der Glaube an Christus, seine Mutter und die Heiligen. Wählt, welche ihr wollt, wählt alle drei, es ist gleichviel, ihr werdet damit Christen und Mitglieder einer einzigen, ewigen, unaussprechlich glücklichen Gemeinde.

Angewandtes, lebendiggewordenes Christentum war der alte katholische Glaube, die letzte dieser Gestalten. Seine Allgegenwart im Leben, seine Liebe zur Kunst, seine tiefe Humanität, die Unverbrüchlichkeit seiner Ehen, seine menschenfreundliche Mitteilsamkeit, seine Freude an der Armut, Gehorsam und Treue machen ihn als echte Religion unverkennbar und enthalten die Grundzüge seiner Verfassung.

Er ist gereinigt durch den Strom der Zeiten; in inniger unteilbarer Verbindung mit den beiden andern Gestalten des Christentums wird er ewig diesen Erdboden beglücken.

Seine zufällige Form ist so gut wie vernichtet, das alte Papsttum liegt im Grabe, und Rom ist zum zweitenmal eine Ruine geworden. Soll der Protestantismus nicht endlich aufhören und einer neuen, dauerhaftern Kirche Platz machen? Die andern Weltteile warten auf Europas Versöhnung und Auferstehung, um sich anzuschließen und Mitbürger des Himmelreichs zu werden. Sollte es nicht in Europa bald eine Menge wahrhaft heiliger Gemüter wieder geben, sollten nicht alle wahrhafte Religionsverwandte voll Sehnsucht werden, den Himmel auf Erden zu erblicken? und gern zusammentreten und heilige Chöre anstimmen?

Die Christenheit muß wieder lebendig und wirksam werden und sich wieder eine sichtbare Kirche ohne Rücksicht auf Landesgrenzen bilden, die alle nach dem Überirdischen durstige Seelen in ihren Schoß aufnimmt und gern Vermittlerin der alten und neuen Welt wird.

Sie muß das alte Füllhorn des Segens wieder über die Völker ausgießen. Aus dem heiligen Schoße eines ehrwürdigen europäischen Konziliums wird die Christenheit aufstehn, und das Geschäft der Religionserweckung nach einem allumfassenden, göttlichen Plane betrieben werden. Keiner wird dann mehr protestieren gegen christlichen und weltlichen Zwang, denn das Wesen der Kirche wird echte Freiheit sein, und alle nötigen Reformen werden unter der Leitung derselben als friedliche und förmliche Staatsprozesse betrieben werden.

Wann und wann eher? danach ist nicht zu fragen. Nur Geduld, sie wird, sie muß kommen, die heilige Zeit des ewigen Friedens, wo das neue Jerusalem die Hauptstadt der Welt sein wird; und bis dahin seid heiter und mutig in den Gefahren der Zeit, Genossen meines Glaubens, verkündigt mit Wort und Tat das göttliche Evangelium, und bleibt dem wahrhaften, unendlichen Glauben treu bis in den Tod.

COMMENTARY

Text: *Novalis. Briefe und Werke*, ed. E. Wasmuth (Heidelberg, 1943), Vol. III, 31—52.

1. *Ein Oberhaupt*: the Holy Roman Emperor.
2. *Liebe zu der heiligen, wunderschönen Frau der Christenheit*: the Virgin Mary attracted her own cult of worship in the Middle Ages, and Mariolatry exists side by side—at times virtually coalesces—with the chivalric ideals of Courtly Love. The blend of the erotic and the spiritual in Novalis' own poetry has something in common, indeed, with the songs of the Troubadours and Minnesingers.
3. *ein feuerfangender Kopf*: Martin Luther. It was one of Novalis' fixed ideas that the blame for the loss of Christianity lay primarily with the Protestant Reformation. See note 4 below.
4. *die Philologie*: the Protestant's insistence on the word, the strict, literal utterance of the Bible, symbolised for Novalis the betrayal of the true spirit of Christianity, which could not be arrived at through analysis, exegesis or any other 'philological' means. Novalis' impressionistic, intuitive bias, however, was by no means common to all his contemporaries in the Jena Romantic circle, and Friedrich Schlegel, for one, saw a positive value for religion in 'philology'.

5. *Zinzendorf*: Nikolaus Ludwig Graf von Zinzendorf (1700–60), Protestant reformer who built the village of Herrnhut on his estate in Saxony and established there the Pietistic sect of *Herrnhüter* (Moravian Brethren), in which Novalis was brought up.

6. *Jakob Böhme*: one of the great German mystics (1575–1624) of the Protestant tradition.

7. *ein neu entstandener Orden*: the Jesuits, leaders of the Catholic Counter-Reformation.

8. *der aus lauter Wissen zusammengeklebt war*: in the Kantian mould, Novalis distinguished between knowledge and faith, and ascribed to the glorification of the former by the Age of Reason the responsibility for the cultural ills of his age.

9. *Erst in diesem Jahrhundert*: the French Revolution was the overwhelming political experience for Novalis, as for all Europeans of his generation.

10. *die Spuren einer neuen Welt*: the pilgrimage towards a new Golden Age, led by Germany and under the inspiration of a revived religious consciousness, is a persistent vision of Novalis'. It reappears, without the political overtones, in *Heinrich von Ofterdingen* and many of his *Fragmente*.

11. *wie ein geschmücktes Indien*: India, in particular Hindu literature and culture, had a special fascination for German writers around the turn of the eighteenth century—as, indeed, did all Oriental countries. Herder's *Über ein morgenländisches Drama* and *Gedanken einiger Bramanen*, the 'Vorspiel auf dem Theater' in Goethe's *Faust*, Friedrich Schlegel's *Über die Sprache und Weisheit der Indier*, and the use of poetic forms such as the Persian *ghazal* by Rückert and Platen are among the more familiar examples of Eastern influence.

BÜCHNER (1813–1837)

Der Hessische Landbote (1834)

In the first half of the nineteenth century Hessen, i.e. the Grand Duchy of Hesse-Darmstadt, was one of the most artistically conscious and politically backward of the German states. Großherzog Ludwig I spent great sums on cultural activities, and his son, Ludwig II, who succeeded to the title in 1830, supported lavish productions of opera at Court, maintained an eighty-five-piece orchestra and played patron to the Abt Vogler and others. But the state had no constitution and the people no proper political representation, and poverty and social grievance were widespread. Goethe spoke of the elder Ludwig as 'eine treue, feste Natur mit einer geraden, tüchtigen Existenz und einer ungeheuren Imagination', and his services to the arts, like those of many 'enlightened' German rulers of the eighteenth and nineteenth centuries, were considerable. But the only voices that were allowed to reach his ears, and those of his cabinet, came from the landowners and the civil servants, while the peasants, as grain prices fell from year to year, continued to have the privilege of filling the state coffers with their taxes. This was the Hessen of which the Saxons sang—

> 'Bei Leipzig hawwe mer e Schanz gebaut
> Von lauter Speck un Sauerkraut.
> Do sin gekumme die hungrige Hesse
> Un hawwe alles uffgefresse.'

Yet the delayed rumblings of the French Revolution still persisted in Germany. Even in Hessen the so-called parliament tried to resist the Grand Duke's plans to pour still more public money into the court's elegant private purse. But the result was increased taxes, the introduction of press censorship, and a campaign, based on well-tried methods taken over from the Austria of Metternich, to suppress liberal opinion. In Germany at large the famous Hambacher Fest of 1832, scene of noble ideals and patriotic gestures, like the pathetic attempted *Putsch* of April 1833 in Frankfurt, only strengthened the hands of the police, and the price of resistance rose.

This was the atmosphere that Georg Büchner entered on his return to Hessen after a year-and-a-half at the University of Strasbourg as a medical student. There he had caught the mood of revolutionary discussion, and when he arrived in Gießen, he at once sought the company of like-minded fellows. Through one such he now met the remarkable man, a wild, revolutionary schoolmaster and Protestant parson twice Büchner's age, who was to be a decisive influence in his life—Friedrich Ludwig Weidig. First the two men formed a secret political society—the *Gesellschaft der Menschenrechte*, based on the *Société des droits de l'homme et du citoyen* in Strasbourg. Then Büchner, whose passionate desire was to provoke a social revolution that emanated from the masses and was not simply the creature of a privileged liberal imagination, urged the distribution of a pamphlet that should stir up the peasants—those professional underdogs who, like the pathetic Woyzeck of Büchner's play, accepted that their fate was the product of circumstances in the inflexible control of others, and whom Büchner set out to convince that it was not. The pamphlet, at its head the revolutionary motto 'Peace to the cottages! War on the palaces!', was written by Büchner and left with Weidig for editing, printing and distributing.

So, at the end of July 1834, hundreds of copies of this broadsheet, *Der Hessische Landbote*, were delivered at night to the homes of the peasants by members of the *Gesellschaft der Menschenrechte* and their friends. The response was uneven. Some found the message irresistible; others were repelled by its violence, in spite of the fact that Weidig had softened many of its barbs, introduced a good deal of Biblical matter on his own account and otherwise sought to extend its appeal to a more moderately-minded public. Many, having read the introductory warning of the consequences of being caught with a copy in their possession, took fright and hurriedly handed in their copies to the nearest police station.

Büchner's ruthless moral conviction and refusal to entertain any thought of compromise, together with the aggressive tone characteristic of all his writings, recall the spirit of sixteenth-century German literature and set him in the particular company of Luther and Ulrich von Hutten. With the former he shares a frightening sense of moral mission, resolution and utter self-confidence, with the latter an awareness of social realities, a fierce national pride and an unflinching devotion to principles. Had he lived in that age, he would have been a leader of the Peasants' Revolt.

One by one the members of the *Gesellschaft der Menschenrechte* were identified and arrested, including Weidig, who after months of torture committed suicide in jail three years later. Büchner, who in a frenzy of activity had just completed his revolution drama *Dantons Tod*, escaped at the last minute to Strasbourg. In 1836, at the age of twenty-three, he gained his doctorate at the University of Zurich and composed the frag-

ments which are all we have of the drama of *Woyzeck*. Five months later he died of typhus, just four days before Weidig's suicide.

The handful of literary works that constitute Büchner's *œuvre* have come, since the naturalists and expressionists, both of whose philosophies and techniques he uncannily anticipates, to acquire a position of unshakeable greatness in German literature, and the qualities that make up this greatness also inform the passionate message of *Der Hessische Landbote*. As the first sentences of *Lenz*, like the opening exchanges in *Dantons Tod* and *Woyzeck*, thrust us *in medias res* with bare, forthright utterances, so the blunt language, the crude imagery, the snarling tone of his opening sentences in *Der Hessische Landbote*—'Das Leben der Vornehmen (Büchner wrote "der Reichen", but Weidig decided to be more subtle) ist ein langer Sonntag: sie wohnen in schönen Häusern, sie tragen zierliche Kleider, sie haben feiste Gesichter und reden eine eigne Sprache; das Volk aber liegt vor ihnen wie Dünger auf dem Acker. . .'—quiver with a barely-controlled fury.

Like Ludwig Boerne, prominent member of the revolutionary Young German group, who a few years earlier had sought political asylum in Paris from the Metternich regime, Büchner sought to foment agitation among the masses themselves, on whom alone the success of any radical reform of society depended. This was the source of the basic incompatibility between Boerne and Heine. For Heine, despite his intellectual liberalism and his crusades against reactionary governments, was aristocratic by nature and afraid that anything which savoured of rule by the masses would mean the end of individualism and personal eminence —particularly his own.

Here we confront, as again in later ages, the peculiar nature of German attempts at political and social revolution. From the Wartburgfest of 1817 and the Hambacher Fest of 1832 down to the creation of the National Assembly in Frankfurt in 1848, revolutionary movements were in the hands of intellectuals—students, scholars, writers. The vital link with the masses, in whose name and for whose ostensible benefit these movements of liberalism were launched, was never forged. The profusion of, and respect for, academics and other intellectuals in German public life is one of the consequences of this. The waves of idealism and noble sentiment dashed themselves against the rocks of vested interest and *Realpolitik*, leaving foam and a superficial restlessness as the only traces of their one-time power. The absence of a broad base of informed opinion on contemporary events—a product of the social and political backwardness of nineteenth-century Germany—was perhaps most strikingly felt at the end of World War I, when the collapse of the Second Reich left a national void out of which no political group was strong enough to lead the country.

Where Weidig was the visionary, the seeker after ideals that he could

relate to the terms of his Christian faith, Büchner saw the future—indeed, the present—in a framework of action close to that demanded by Marx and Engels in the Communist Manifesto published eleven years after Büchner's death. Action here equals destruction. If a man cannot enjoy the fruits of his labour, and if that labour itself makes degrading, inhuman demands, then the society that sustains such a system is worthy only of destruction. This is the sense of his profound epigram: 'Wer arbeitet, ist ein subtiler Selbstmörder'.

Yet while as political agitator he preached a programme of violent revolution, as poet and philosopher he was crushed by an immovable pessimism at the condition of man, at the human capacity for evil. *Dantons Tod* shows men in the grip of forces they cannot control, forces which drive them to terrible acts which are a denial of what humanity stands for. 'Was ist das, was in uns lügt, mordet, stiehlt?' he wrote in a letter to his fiancée. 'Ich mag dem Gedanken nicht weiter nachgehen' (*Sämtliche Werke und Briefe* ed. W.R.Lehmann, II, 1971,426). How can one reconcile a fatalistically pessimistic view of history with the concept of moral responsibility? He has no answer.

Büchner has become an immense force in literature. *Der Hessische Landbote* shows him in the context of the fight for freedom in nineteenth-century Germany. He died at twenty-three. One trembles to think what his stature would have become had he lived.

BIBLIOGRAPHY

D. Brinkmann, *Georg Büchner als Philosoph* (Zurich, 1958)
F. Ebner, *Georg Büchner — ein Genius der Jugend* (Darmstadt, 1964)
A. H. J. Knight, *Georg Büchner* (Oxford, 1951)
H.Lindenberger, *Georg Büchner* (Southern Illinois U.P., 1964)
H.Mayer, *Georg Büchner und seine Zeit* (Wiesbaden, 1946)
P. Schmid, *Georg Büchner. Versuch über die tragische Existenz* (Bern, 1940)
J. P. Stern, *Reinterpretations* (London, 1964)
K. Viëtor, *Georg Büchner als Politiker* (Bern/Leipzig, 1939)
—*Georg Büchner* (Bern, 1949)

Der Hessische Landbote

Erste Botschaft

Darmstadt, im Juli 1834.

Vorbericht

Dieses Blatt soll dem hessischen Lande die Wahrheit melden, aber wer die Wahrheit sagt, wird gehenkt: ja sogar der, welcher die Wahrheit liest, wird durch meineidige Richter vielleicht gestraft. Darum haben die, welchen dies Blatt zukommt, folgendes zu beobachten:

1. *Sie müssen das Blatt sorgfältig außerhalb ihres Hauses von der Polizei verwahren;*
2. *sie dürfen es nur an treue Freunde mitteilen;*
3. *denen, welchen sie trauen wie sich selbst, dürfen sie es nur heimlich hinlegen;*
4. *würde das Blatt dennoch bei einem gefunden, der es gelesen hat, so muß er gestehen, daß er es eben dem Kreisrat habe bringen wollen;*
5. *wer das Blatt nicht gelesen hat, wenn man es bei ihm findet, der ist natürlich ohne Schuld.*

Friede Den Hütten! Krieg Den Palästen!

Im Jahre 1834 siehet es aus, als würde die Bibel Lügen gestraft. Es sieht aus, als hätte Gott die Bauern und Handwerker am fünften Tage und die Fürsten und Vornehmen am sechsten gemacht, und als hätte der Herr zu diesen gesagt: „Herrschet über alles Getier, das auf Erden kriecht", und hätte die Bauern und Bürger zum Gewürm gezählt.

Das Leben der Vornehmen ist ein langer Sonntag: sie wohnen in schönen Häusern, sie tragen zierliche Kleider, sie haben feiste Gesichter und reden eine eigne Sprache; das Volk aber liegt vor ihnen wie Dünger auf dem Acker. Der Bauer geht hinter dem Pflug, der Vornehme aber geht hinter ihm und dem Pflug und treibt ihn mit dem Ochsen am Pflug, er nimmt das Korn und läßt ihm die Stoppeln. Das Leben des Bauern ist ein langer Werktag; Fremde verzehren seine Äcker vor seinen Augen, sein Leib ist eine Schwiele, sein Schweiß ist das Salz auf dem Tische des Vornehmen.

Im Großherzogtum Hessen sind 718 373 Einwohner, die geben an den Staat jährlich an 6 363 436 [1]Gulden, als

1. Direkte Steuern	2 128 131 fl.
2. Indirekte Steuern	2 478 264 „
3. Domänen	1 547 394 „
4. Regalien	46 938 „
5. Geldstrafen	98 511 „
6. Verschiedene Quellen	64 198 „
	6 363 436 fl.

Dies Geld ist der Blutzehnte, der von dem Leib des Volkes genommen wird. An 700 000 Menschen schwitzen, stöhnen und hungern dafür. Im Namen des Staates wird es erpreßt, die Presser berufen sich auf die Regierung, und die Regierung sagt, das sei nötig, die Ordnung im Staat zu erhalten. Was ist denn nun das für gewaltiges Ding: der Staat? Wohnt eine Anzahl Menschen in einem Land, und es sind Verordnungen oder Gesetze vorhanden, nach denen jeder sich richten muß, so sagt man, sie bilden einen Staat. Der Staat also sind a l l e; die Ordner im Staate sind die Gesetze, durch welche das Wohl a l l e r gesichert wird und die aus dem Wohl a l l e r hervorgehen sollen. — Seht nun, was man in dem Großherzogtum aus dem Staat gemacht hat; seht, was es heißt: die Ordnung im Staate erhalten! 700 000 Menschen bezahlen dafür 6 Millionen, d. h. sie werden zu Ackergäulen und Pflugstieren gemacht, damit sie in Ordnung leben. In Ordnung leben heißt hungern und geschunden werden.

Wer sind denn die, welche diese Ordnung gemacht haben und die wachen, diese Ordnung zu erhalten? Das ist die Großherzogliche Regierung. Die Regierung wird gebildet von dem Großherzog und seinen obersten Beamten. Die andern Beamten sind Männer, die von der Regierung berufen werden, um jene Ordnung in Kraft zu erhalten. Ihre Anzahl ist Legion: Staatsräte und Regierungsräte, Landräte und Kreisräte, Geistliche Räte und Schulräte, Finanzräte und Forsträte usw. mit allem ihrem Heer Sekretären usw. Das Volk ist ihre Herde, sie sind seine Hirten, Melker und Schinder; sie haben die Häute der Bauern an, der Raub der Armen ist in ihrem Hause; die Tränen der Witwen und Waisen sind das Schmalz auf ihren Gesichtern; sie herrschen frei und ermahnen das Volk zur Knechtschaft. Ihnen gebt ihr 6 000 000 Gulden Abgaben; sie haben dafür die Mühe, euch zu regieren; d. h. sich von euch füttern zu lassen und euch eure Menschen- und Bürgerrechte zu rauben. Sehet, was die Ernte eures Schweißes ist!

Für das Ministerium des Innern und der Gerechtigkeitspflege werden bezahlt 1 110 607 Gulden. Dafür habt ihr einen Wust von Gesetzen, zusammengehäuft aus willkürlichen Verordnungen aller Jahrhunderte, meist geschrieben in einer fremden Sprache. Der Unsinn aller vorigen Geschlechter hat sich darin auf euch vererbt, der Druck, unter dem sie erlagen, sich auf euch fortgewälzt. Das Gesetz ist das Eigentum einer

unbedeutenden Klasse von Vornehmen und Gelehrten, die sich durch ihr eignes Machwerk die Herrschaft zuspricht. Diese Gerechtigkeit ist nur ein Mittel, euch in Ordnung zu halten, damit man euch bequemer schinde; sie spricht nach Gesetzen, die ihr nicht versteht, nach Grundsätzen, von denen ihr nichts wißt, von denen ihr nichts begreift. Unbestechlich ist sie, weil sie sich gerade teuer genug bezahlen läßt, um keine Bestechung zu brauchen. Aber die meisten ihrer Diener sind der Regierung mit Haut und Haar verkauft. Ihre Ruhestühle stehen auf einem Geldhaufen von 461 373 Gulden (so viel betragen die Ausgaben für die Gerichtshöfe und die Kriminalkosten). Die Fräcke, Stöcke und Säbel ihrer unverletzlichen Diener sind mit dem Silber von 197 502 Gulden beschlagen (so viel kostet die Polizei überhaupt, die Gendarmerie usw.). Die Justiz ist in Deutschland seit Jahrhunderten die Hure der deutschen Fürsten. Jeden Schritt zu ihr müßt ihr mit Silber pflastern, und mit Armut und Erniedrigung erkauft ihr ihre Sprüche. Denkt an das Stempelpapier, denkt an euer Bücken in den Amtsstuben und euer Wachestehen vor denselben. Denkt an die Sporteln für Schreiber und Gerichtsdiener. Ihr dürft euern Nachbar verklagen, der euch eine Kartoffel stiehlt; aber klagt einmal über den Diebstahl, der von Staats wegen unter dem Namen von Abgabe und Steuern jeden Tag an eurem Eigentum begangen wird, damit eine Legion unnützer Beamten sich von eurem Schweiße mästen; klagt einmal, daß ihr der Willkür einiger Fettwänste überlassen seid und daß diese Willkür Gesetz heißt, klagt, daß ihr die Ackergäule des Staates seid, klagt über eure verlorenen Menschenrechte: wo sind die Gerichtshöfe, die eure Klage annehmen, wo die Richter, die Recht sprächen? — Die Ketten ²eurer Vogelsberger Mitbürger, die man nach Rockenburg schleppte, werden euch Antwort geben.

Und will endlich ein Richter oder ein andrer Beamte von den wenigen, welchen das Recht und das gemeine Wohl lieber ist als ihr Bauch und der Mammon, ein Volksrat und kein Volksschinder sein, so wird er von den obersten Räten des Fürsten selber geschunden.

Für das Ministerium der Finanzen 1 551 502 fl.

Damit werden die Finanzräte, Obereinnehmer, Steuerboten, die Untererheber besoldet. Dafür wird der Ertrag eurer Äcker berechnet und eure Köpfe gezählt. Der Boden unter euren Füßen, der Bissen zwischen euren Zähnen ist besteuert. Dafür sitzen die Herren in Fräcken beisammen, und das Volk steht nackt und gebückt vor ihnen; sie legen die Hände an seine Lenden und Schultern und rechnen aus, wieviel es noch tragen kann, und wenn sie barmherzig sind, so geschieht es nur, wie man ein Vieh schont, das man nicht so sehr angreifen will.

Für das Ministerium der Finanzen 1 551 502 fl.

Dafür kriegen eure Söhne einen bunten Rock auf den Leib, ein Gewehr oder eine Trommel auf die Schulter und dürfen jeden Herbst

einmal blind schießen und erzählen, wie die Herren vom Hof und die ungeratenen Buben vom Adel allen Kindern ehrlicher Leute vorgehen und mit ihnen in den breiten Straßen der Städte herumziehen mit Trommeln und Trompeten. Für jene 900 000 Gulden müssen eure Söhne den Tyrannen schwören und Wache halten an ihren Palästen. Mit ihren Trommeln übertäuben sie eure Seufzer, mit ihren Kolben zerschmettern sie euch den Schädel, wenn ihr zu denken wagt, daß ihr freie Menschen seid. Sie sind die gesetzlichen Mörder, welche die gesetzlichen Räuber schützen; denkt an [3]Södel! Eure Brüder, eure Kinder waren dort Bruder- und Vatermörder.

Für die Pensionen 480 000 Gulden.

Dafür werden die Beamten aufs Polster gelegt, wenn sie eine gewisse Zeit dem Staate treu gedient haben, d. h. wenn sie eifrige Handlanger bei der regelmäßig eingerichteten Schinderei gewesen, die man Ordnung und Gesetz heißt.

Für das Staatsministerium und den Staatsrat 174 600 Gulden.

Die größten Schurken stehen wohl jetzt allerwärts in Deutschland den Fürsten am nächsten, wenigstens im Großherzogtum. Kommt ja ein ehrlicher Mann in einen Staatsrat, so wird er ausgestoßen. Könnte aber auch ein ehrlicher Mann jetzo Minister sein oder bleiben, so wäre er, wie die Sachen stehn in Deutschland, nur eine Drahtpuppe, an der die fürstliche Puppe zieht; und an dem fürstlichen Popanz zieht wieder ein Kammerdiener oder ein Kutscher oder seine Frau und ihr Günstling oder sein Halbbruder — oder alle zusammen.

In Deutschland stehet es jetzt, wie der Prophet Micha schreibt, Kap. 7, V. 3: und 4: "Die Gewaltigen raten nach ihrem Mutwillen, Schaden zu tun, und drehen es, wie sie es wollen. Der Beste unter ihnen ist wie ein Dorn, und der Redlichste wie eine Hecke." Ihr müßt die Dörner und Hecken teuer bezahlen; denn ihr müßt ferner für das großherzogliche Haus und den Hofstaat 827 772 Gulden bezahlen.

Die Anstalten, die Leute, von denen ich bis jetzt gesprochen, sind nur Werkzeuge, sind nur Diener. Sie tun nichts in ihrem Namen, unter der Ernennung zu ihrem Amt steht ein L., das bedeutet [4]L u d w i g von Gottes Gnaden, und sie sprechen mit Ehrfurcht „Im Namen des Großherzogs." Dies ist ihr Feldgeschrei, wenn sie euer Gerät versteigern, euer Vieh wegtreiben, euch in den Kerker werfen. Im Namen des Großherzogs sagen sie, und der Mensch, den sie so nennen, heißt: unverletzlich, heilig, souverän, Königliche Hoheit. Aber tretet zu dem Menschenkinde und blickt durch seinen Fürstenmantel. Es ißt, wenn es hungert, und schläft, wenn sein Auge dunkel wird. Sehet, es kroch so nackt und weich in die Welt wie ihr, und wird so hart und steif hinausgetragen wie ihr, und doch hat es seinen Fuß auf eurem Nacken, hat 700 000 Menschen an seinem Pflug, hat Minister, die verantwortlich sind für das, was es tut, hat Gewalt über euer Eigentum durch die Steuern,

die es ausschreibt, über euer Leben durch die Gesetze, die es macht, es hat adlige Herrn und Damen um sich, die man Hofstaat heißt, und seine göttliche Gewalt vererbt sich auf seine Kinder mit Weibern, welche aus ebenso übermenschlichen Geschlechtern sind.

Wehe über euch Götzendiener! — Ihr seid wie die Heiden, die das Krokodil anbeten, von dem sie zerrissen werden. Ihr setzt ihm eine Krone auf, aber es ist eine Dornenkrone, die ihr euch in den Kopf drückt; ihr gebt ihm ein Zepter in die Hand, aber es ist eine Rute, womit ihr gezüchtigt werdet; ihr setzt ihn auf euern Thron; aber es ist ein Marterstuhl für euch und eure Kinder."

Der Fürst ist der Kopf des Blutigels, der über euch hinkriecht, die Minister sind seine Zähne und die Beamten sein Schwanz. Die hungrigen Mägen aller vornehmen Herren, denen er die hohen Stellen verteilt, sind Schröpfköpfe, die er dem Lande setzt. Das L., was unter seinen Verordnungen steht, ist das Malzeichen des Tieres, das die Götzendiener unserer Zeit anbeten. Der Fürstenmantel ist der Teppich, auf dem sich die Herren und Damen vom Adel und Hofe in ihrer Geilheit übereinander wälzen — mit Orden und Bändern decken sie ihre Geschwüre, und mit kostbaren Gewändern bekleiden sie ihre aussätzigen Leiber. Die Töchter des Volks sind ihre Mägde und Huren, die Söhne des Volks ihre Lakaien und Soldaten. Geht einmal nach Darmstadt und seht, wie die Herren sich für euer Geld dort lustig machen, und erzählt dann euern hungernden Weibern und Kindern, daß ihr Brot an fremden Bäuchen herrlich angeschlagen sei, erzählt ihnen von den schönen Kleidern, die in ihrem Schweiß gefärbt, und von den zierlichen Bändern, die aus den Schwielen ihrer Hände geschnitten sind, erzählt von den stattlichen Häusern, die aus den Knochen des Volks gebaut sind; und dann kriecht in eure rauchigen Hütten und bückt euch auf euren steinichten Äckern, damit eure Kinder auch einmal hingehen können, wenn ein Erbprinz mit einer Erbprinzessin für einen andern Erbprinzen Rat schaffen will, und durch die geöffneten Glastüren das Tischtuch sehen, wovon die Herren speisen, und die Lampen riechen, aus denen man mit dem Fett der Bauern illuminiert.

Das alles duldet ihr, weil euch Schurken sagen: diese Regierung sei von Gott. Diese Regierung ist nicht von Gott, sondern vom Vater der Lügen. Diese deutschen Fürsten sind keine rechtmäßige Obrigkeit, sondern die rechtmäßige Obrigkeit, den deutschen Kaiser, der vormals vom Volke frei gewählt wurde, haben sie seit Jahrhunderten verachtet und endlich gar verraten. Aus Verrat und Meineid, und nicht aus der Wahl des Volkes, ist die Gewalt der deutschen Fürsten hervorgegangen, und darum ist ihr Wesen und Tun von Gott verflucht; ihre Weisheit ist Trug, ihre Gerechtigkeit ist Schinderei. Sie zertreten das Land und zerschlagen die Person der Elenden. Ihr lästert Gott, wenn ihr einen dieser Fürsten einen Gesalbten des Herrn nennt, das heißt: Gott habe die Teufel gesalbt und zu Fürsten über die deutsche Erde gesetzt. Deutschland, unser liebes Vaterland, haben diese Fürsten zerrissen, den Kaiser, den unsere freien Voreltern wählten,

haben diese Fürsten verraten, und nun fordern diese Verräter und Menschenquäler
Treue von euch! — Doch das Reich der Finsternis neigt sich zum Ende. Über
ein kleines, und Deutschland, das jetzt die Fürsten schinden, wird als ein Freistaat
mit einer vom Volk gewählten Obrigkeit wieder auferstehn. Die Heilige Schrift
sagt: "Gebet dem Kaiser, was des Kaisers ist." Was ist aber dieser Fürsten,
der Verräter? — Das Teil vom Judas!
Für die Landstände 16 000 Gulden.

Im Jahr 1789 war das Volk in Frankreich müde, länger die Schind-
mähre seines Königs zu sein. Es erhob sich und berief Männer, denen
es vertraute, und die Männer traten zusammen und sagten, ein König
sei ein Mensch wie ein anderer auch, er sei nur [5]der erste Diener im
Staat, er müsse sich vor dem Volke verantworten, und wenn er sein
Amt schlecht verwalte, könne er zur Strafe gezogen werden. Dann
erklärten sie die Rechte des Menschen: „Keiner erbt vor dem andern
mit der Geburt ein Recht oder einen Titel, keiner erwirbt mit dem
Eigentum ein Recht vor dem andern. Die höchste Gewalt ist in dem
Willen aller oder der Mehrzahl. Dieser Wille ist das Gesetz, er tut sich
kund durch die Landstände oder die Vertreter des Volks, sie werden
von allen gewählt, und jeder kann gewählt werden; diese Gewählten
sprechen den Willen ihrer Wähler aus, und so entspricht der Wille der
Mehrzahl unter ihnen dem Willen der Mehrzahl unter dem Volke; der
König hat nur für die Ausübung der von ihnen erlassenen Gesetze zu
sorgen." Der König schwur, dieser Verfassung treu zu sein; er wurde
aber meineidig an dem Volke, und das Volk richtete ihn, wie es einem
Verräter geziemt. Dann schafften die Franzosen die erbliche Königs-
würde ab und wählten frei eine neue Obrigkeit, wozu jedes Volk nach der
Vernunft und der Heiligen Schrift das Recht hat. Die Männer, die über
die Vollziehung der Gesetze wachen sollten, wurden von der Ver-
sammlung der Volksvertreter ernannt, sie bildeten die neue Obrigkeit.
So waren Regierung und Gesetzgeber vom Volk gewählt, und Frank-
reich war ein Freistaat.

Die übrigen Könige aber entsetzten sich vor der Gewalt des fran-
zösischen Volkes; sie dachten, sie könnten alle über der ersten Königs-
leiche den Hals brechen und ihre mißhandelten Untertanen möchten
bei dem Freiheitsruf der Franken erwachen. Mit gewaltigem Kriegs-
gerät und riesigem Zeug stürzten sie von allen Seiten auf Frankreich,
und ein großer Teil der Adligen und *Vornehmen* im Lande stand auf
und schlug sich zu dem Feind. Da ergrimmte das Volk und erhob
sich in seiner Kraft. Es erdrückte die Verräter und zerschmetterte die
Söldner der Könige. Die junge Freiheit wuchs im Blut der Tyrannen,
und vor ihrer Stimme bebten die Throne und jauchzten die Völker.
Aber die Franzosen verkauften selbst ihre junge Freiheit für den Ruhm,
den ihnen Napoleon darbot, und erhoben ihn auf den Kaiserthron. —
Da ließ der Allmächtige das Heer des Kaisers in Rußland erfrieren und

züchtigte Frankreich durch die Knute der Kosaken und gab den Franzosen die dickwanstigen Bourbonen wieder zu Königen, damit Frankreich sich bekehre vom Götzendienst der erblichen Königsherrschaft und dem Gotte diene, der die Menschen frei und gleich geschaffen. Aber als die Zeit seiner Strafe verflossen war und tapfere Männer im Julius 1830 den meineidigen [6]König Karl den Zehnten aus dem Lande jagten, da wendete dennoch das befreite Frankreich sich abermals zur halberblichen Königsherrschaft und band sich in dem Heuchler Louis Philipp eine neue Zuchtrute auf. In Deutschland und ganz Europa aber war große Freude, als der zehnte Karl vom Thron gestürzt ward, und die unterdrückten deutschen Länder rüsteten sich zum Kampf für die Freiheit. Da ratschlagten die Fürsten, wie sie dem Grimm des Volkes entgehen sollten, und die listigen unter ihnen sagten: Laßt uns einen Teil unserer Gewalt abgeben, daß wir das übrige behalten. Und sie traten vor das Volk und sprachen: Wir wollen euch die Freiheit schenken, um die ihr kämpfen wollt. Und zitternd vor Furcht warfen sie einige Brocken hin und sprachen von ihrer Gnade. Das Volk traute ihnen leider und legte sich zur Ruhe. — Und so ward Deutschland betrogen wie Frankreich.

Denn was sind diese Verfassungen in Deutschland? Nichts als leeres Stroh, woraus die Fürsten die Körner für sich herausgeklopft haben. Was sind unsere Landtage? Nichts als langsame Fuhrwerke, die man einmal oder zweimal wohl der Raubgier der Fürsten und ihrer Minister in den Weg schieben, woraus man aber nimmermehr eine feste Burg für deutsche Freiheit bauen kann. Was sind unsere Wahlgesetze? Nichts als Verletzungen der Bürger- und Menschenrechte der meisten Deutschen. Denkt an das Wahlgesetz im Großherzogtum, wonach keiner gewählt werden kann, der nicht hochbegütert ist, wie rechtschaffen und gutgesinnt er auch sei, wohl aber der [7]Grolmann, der euch um die zwei Millionen bestehlen wollte.

Denkt an die Verfassung des Großherzogtums! — Nach den Artikeln derselben ist der Großherzog unverletzlich, heilig und unverantwortlich. Seine Würde ist erblich in seiner Familie, er hat das Recht, Krieg zu führen, und ausschließliche Verfügung über das Militär. Er beruft die Landstände, vertagt sie oder löst sie auf. Die Stände dürfen keinen Gesetzesvorschlag machen, sondern sie müssen um das Gesetz bitten, und dem Gutdünken des Fürsten bleibt es unbedingt überlassen, es zu geben oder zu verweigern. Er bleibt im Besitz einer fast unumschränkten Gewalt, nur darf er keine neuen Gesetze und keine neuen Steuern ausschreiben ohne Zustimmung der Stände. Aber teils kehrt er sich nicht an diese Zustimmung, teils genügen ihm die alten Gesetze, die das Werk der Fürstengewalt sind, und er bedarf darum keiner neuen Gesetze. Eine solche Verfassung ist ein elend jämmerlich Ding. Was ist von Ständen zu erwarten, die an eine solche Verfassung gebunden sind? Wenn unter den Gewählten auch keine Volksverräter und feigen Memmen wären, wenn sie aus lauter entschlossenen

Volksfreunden bestünden?! Was ist von Ständen zu erwarten, die kaum die elenden Fetzen einer armseligen Verfassung zu verteidigen vermögen? — Der einzige Widerstand, den sie zu leisten vermochten, war die Verweigerung der zwei Millionen Gulden, die sich der Großherzog von dem überschuldeten Volke wollte schenken lassen zur Bezahlung seiner Schulden — Hätten aber auch die Landstände des Großherzogtums genügende Rechte und hätte das Großherzogtum, aber nur das Großherzogtum allein, eine wahrhafte Verfassung, so würde die Herrlichkeit doch bald zu Ende sein. Die Raubgeier in Wien und Berlin würden ihre Henkerskrallen ausstrecken und die kleine Freiheit mit Rumpf und Stumpf ausrotten. Das ganze deutsche Volk muß sich die Freiheit erringen. Und diese Zeit, geliebte Mitbürger, ist nicht ferne. — Der Herr hat das schöne deutsche Land, das viele Jahrhunderte das herrlichste Reich der Erde war, in die Hände der fremden und einheimischen Schinder gegeben, weil das Herz des deutschen Volkes von der Freiheit und Gleichheit seiner Voreltern und von der Furcht des Herrn abgefallen war, weil ihr dem Götzendienste der vielen Herrlein, Kleinherzoge und Däumlings-Könige euch ergeben hattet.

Der Herr, der den Stecken des fremden Treibers Napoleon zerbrochen hat, wird auch die Götzenbilder unserer einheimischen Tyrannen zerbrechen durch die Hände des Volks. Wohl glänzen diese Götzenbilder von Gold und Edelsteinen von Orden und Ehrenzeichen, aber in ihrem Innern stirbt der Wurm nicht, und ihre Füße sind von Lehm. — Gott wird euch Kraft geben, ihre Füße zu zerschmeißen, sobald ihr euch bekehret von dem Irrtum eures Wandels und die Wahrheit erkennet: daß nur ein Gott ist und keine Götter neben ihm, die sich Hoheiten und Allerhöchste, heilig und unverantwortlich nennen lassen, daß Gott alle Menschen frei und gleich in ihren Rechten schuf, und daß keine Obrigkeit von Gott zum Segen verordnet ist als die, welche auf das Vertrauen des Volkes sich gründet und vom Volke ausdrücklich oder stillschweigend erwählt ist; daß dagegen die Obrigkeit, die Gewalt, aber kein Recht über ein Volk hat, nur also von Gott ist, wie der Teufel auch von Gott ist, und daß der Gehorsam gegen eine solche Teufelsobrigkeit nur so lange gilt, bis ihre Teufelsgewalt gebrochen werden kann; — daß der Gott, der ein Volk durch e i n e Sprache zu e i n e m Leibe vereinigte, die Gewaltigen, die es zerfleischen und vierteilen oder gar in dreißig Stücke zerreißen, als Volksmörder und Tyrannen hier zeitlich und dort ewiglich strafen wird, denn die Schrift sagt: was Gott vereinigt hat, soll der Mensch nicht trennen; und daß der Allmächtige, der aus der Einöde ein Paradies schaffen kann, auch ein Land des Jammers und des Elends wieder in ein Paradies umschaffen kann, wie unser teuerwertes Deutschland war, bis seine Fürsten es zerfleischten und schunden.

Weil das deutsche Reich morsch und faul war und die Deutschen von Gott und von der Freiheit abgefallen waren, hat Gott das Reich zu Trümmern gehen lassen, um es zu einem Freistaat zu verjüngen. Er hat eine Zeitlang den Satansengeln Gewalt gegeben, daß sie Deutschland mit Fäusten schlügen, er hat den Gewaltigen und Fürsten, die in der Finsternis herrschen, den bösen Geistern unter dem Himmel (Ephes. 6), Gewalt gegeben, daß sie Bürger und Bauern peinigten

und ihr Blut aussaugten und ihren Mutwillen trieben mit allen, die Recht und Freiheit mehr lieben als Unrecht und Knechtschaft. — Aber ihr Maß ist voll!

Sehet an das von Gott gezeichnete Scheusal, den [7]König Ludwig von Bayern, den Gotteslästerer, der redliche Männer vor seinem Bilde niederzuknien zwingt und die, welche die Wahrheit bezeugen, durch meineidige Richter zum Kerker verurteilen läßt; das Schwein, das sich in allen Lasterpfützen von Italien wälzte, den Wolf, der sich für seinen Baals-Hofstaat für immer jährlich fünf Millionen durch meineidige Landstände verwilligen läßt, und fragt dann: „Ist das eine Obrigkeit von Gott zum Segen verordnet?"

Ha! Du wärst Obrigkeit von Gott?
Gott spendet Segen aus;
Du raubst, du schindest, kerkerst ein,
Du nicht von Gott, Tyrann!

Ich sage euch: sein und seiner Mitfürsten Maß ist voll. Gott, der Deutschland um seiner Sünden willen geschlagen hat durch diese Fürsten, wird es wieder heilen. „Er wird die Hecken und Dörner niederreißen und auf einem Haufen verbrennen." (Jesaias 27, 4). So wenig der Höcker noch wächst, womit Gott diesen König Ludwig gezeichnet hat, so wenig werden die Schandtaten dieser Fürsten noch wachsen können. Ihr Maß ist voll. Der Herr wird ihre Körper zerschmeißen, und in Deutschland wird dann Leben und Kraft als Segen der Freiheit wieder erblühen. Zu einem großen Leichenfelde haben die Fürsten die deutsche Erde gemacht, wie Ezechiel im 37. Kapitel beschreibt: „Der Herr führte mich auf ein weites Feld, das voller Gebeine lag, und siehe, sie waren sehr verdorrt." Aber wie lautet des Herrn Wort zu den verdorrten Gebeinen: „Siehe, ich will euch Adern geben und Fleisch lassen über euch wachsen, und euch mit Haut überziehen, und will euch Odem geben, daß ihr wieder lebendig werdet, und sollt erfahren, daß Ich der Herr bin." Und des Herrn Wort wird auch in Deutschland sich wahrhaftig beweisen, wie der Prophet spricht: „Siehe, es rauschte und regte sich, und die Gebeine kamen wieder zusammen, ein jegliches zu seinem Gebein. — Da kam Odem in sie, und sie wurden wieder lebendig und richteten sich auf ihre Füße, und ihrer war ein sehr großes Heer."

Wie der Prophet schreibet, also stand es bisher in Deutschland: eure Gebeine sind verdorrt, denn die Ordnung, in der ihr lebt, ist eitel Schinderei. Sechs Millionen bezahlt ihr im Großherzogtum einer Handvoll Leute, deren Willkür euer Leben und Eigentum überlassen ist, und die anderen in dem zerrissenen Deutschland gleich also.

Ihr seid nichts, ihr habt nichts. Ihr seid rechtlos. Ihr müsset geben, was eure unersättlichen Presser fordern, und tragen, was sie euch aufbürden. *Soweit ein Tyrann blicket — und Deutschland hat deren wohl dreißig —, verdorrt Land und Volk. Aber wie der Prophet schreibet, so wird es bald stehen in Deutschland: der Tag der Auferstehung wird nicht säumen. In dem*

Leichenfelde wird sich's regen und wird rauschen, und der Neubelebten wird ein großes Heer sein. Hebt die Augen auf und zählt das Häuflein eurer Presser, die nur stark sind durch das Blut, das sie euch aussaugen, und durch eure Arme, die ihr ihnen willenlos leihet. Ihrer sind vielleicht 10 000 im Großherzogtum und eurer sind es 700 000, und also verhält sich die Zahl des Volkes zu seinen Pressern auch im übrigen Deutschland. Wohl drohen sie mit dem Rüstzeug und den Reisigen der Könige, aber ich sage euch: Wer das Schwert erhebt gegen das Volk, der wird durch das Schwert des Volkes umkommen. Deutschland ist jetzt ein Leichenfeld, bald wird es ein Paradies sein. Das deutsche Volk ist ein Leib, ihr seid ein Glied dieses Leibes. Es ist einerlei, wo die Scheinleiche zu zucken anfängt. Wann der Herr euch seine Zeichen gibt durch die Männer, durch welche er die Völker aus der Dienstbarkeit zur Freiheit führt, dann erhebet euch, und der ganze Leib wird mit euch aufstehen.

Ihr bücktet euch lange Jahre in den Dornäckern der Knechtschaft, dann schwitzt ihr einen Sommer im Weinberge der Freiheit und werdet frei sein bis ins tausendste Glied.

Ihr wühltet ein langes Leben die Erde auf, dann wühlt ihr euren Tyrannen ein Grab. Ihr bautet die Zwingburgen, dann stürzt ihr sie und bauet der Freiheit Haus. Dann könnt ihr eure Kinder frei taufen mit dem Wasser des Lebens. Und bis der Herr euch ruft durch seine Boten und Zeichen, wachet und rüstet euch im Geiste und betet ihr selbst und lehrt eure Kinder beten: „Herr, zerbrich den Stecken unserer Treiber und laß dein Reich zu uns kommen — das Reich der Gerechtigkeit. Amen."

COMMENTARY

Text: *Georg Büchners Gesammelte Werke* (Munich, 1948), 231—43. This is the first version (July 1834). A comparison with the second version (November 1834) can be made in the new edition of Büchner's works by W.R.Lehmann (Vol. II, 1971, 33 ff.).

As noted in the introduction above, Weidig emended and added to Büchner's original text. The sections that can with reasonable certainty be ascribed to Weidig are printed in italics, Büchner's own text being left in Roman type. The difference in style and tone between the two is an interesting reflection of the difference between the characters and methods of the two men, both of whom confronted the same situation and were driven by an ineluctable urge to change it.

1. *Gulden*: it is difficult to give an accurate modern correspondence to these sums, but the value of the *Gulden* in circulation in the Rhine and Main states

generally—it was different in other areas—has been calculated as 1.75 *Reichsmark*. The rate of exchange in the 1930s was £1 = 20 *Reichsmark*: the budgetary total that Büchner quotes would thus be about £560,000 in pre-World War II terms. Some interesting information on prices and values in Germany in the second half of the eighteenth century is given in Appendix I of W. H. Bruford, *Germany in the Eighteenth Century* (1935; repr. 1965).

2. *eurer Vogelsberger Mitbürger*: the Vogelsberg is a hilly area of southern Hessen.

3. *Södel:* a village near Bad Nauheim, where the peasants had revolted in 1830.

4. *Ludwig:* the Grand Duke Ludwig II, who ruled in Hessen from 1830 to 1848 and consolidated the power, both in politics and in culture, gained by his father Ludwig I during his long reign.

5. *der erste Diener im Staat*: 'le premier domestique du peuple' was Frederick the Great's definition of his role as the 'enlightened' ruler of Prussia.

6. *König Karl den Zehnten*: the extreme conservative policies of Charles X led to the July revolution of 1830 in Paris, following which his cousin Louis-Philippe became King. From 1806 until the defeat of Napoleon Hessen had been in the Napoleon-dominated *Rheinbund*: after the Congress of Vienna in 1815 it was dominated, like all the small western states in the *Deutscher Bund*, by Metternich's Austria. Small wonder, therefore, that Büchner railed against the policies of successive governments in France and Germany alike.

7. *Grolmann*: Karl Ludwig Wilhelm Grolmann (1775—1829), professor of jurisprudence and one-time Rektor of the University of Gießen, who drafted an illiberal legal system for the state of Hessen which aroused the particular opposition of the *Landsmannschaften* and other progressive elements.

8. *König Ludwig von Bayern*: during his early career Ludwig I of Bavaria (1786—1868) had shown liberal tendencies but the events of 1830 and the following years drove him into an ever more conservative position, and in 1848 he was forced to abdicate. His affair with the 'Spanish' dancer Lola Montez has remained a *cause célèbre*, but one must also remember that he built the Glyptothek, the two Pinakotheken, the University and many other famous public buildings in Munich, and that it was he who laid the foundations of the greatness of Munich as an art centre. Again, as with his own Großherzog von Hessen-Darmstadt, Büchner shines his spotlight on a figure progressive as a Maecenas but reactionary as a political ruler.

MARX (1818–83)

Inauguraladresse der Internationalen Arbeiter-Assoziation (1864)

Marx went to London from France in 1849 and stayed there for the rest of his life. At the beginning he divided his time between the re-organisation of the Communist League and the re-establishment of his *Neue Rheinische Zeitung* of 1848, though now as a political journal instead of a daily newspaper. Both these enterprises came to naught. But he continued to combine scholarship, journalism and political agitation, and three years before publishing the first volume of *Das Kapital* in 1867, he was able to share in the foundation of the International Working Men's Association, the famous 'First International', of whose general council he was for practical purposes the leader. It was he who drew up the policies and wrote the theoretical essays that accompanied them, and it was he who delivered, in English, the famous inaugural address of 1864. A few weeks later he put it into German, publishing it at the end of the same year in *Der Social-Democrat*, the German socialists' journal.

His philosophy of history, his view of culture as the creature of economic circumstance, his evangelism in the name of class warfare, his vision of the dawn of socialism—these and the other familiar items of his creed have left their mark on all the manifestations of European culture. In philosophy he has founded a new dogma, a dogma held by his followers with the tenacity of a religion; in the arts this dogma has both released subject-matter for creative expression and supplied a body of critical doctrine from which to undertake the task of interpretation; in the social sciences his principles have acquired, for the convinced, both a scientific orthodoxy and a prescriptive, because predictive, validity for the conduct of human affairs.

Marx was a German, but—and not simply because he spent almost the whole of his mature life abroad—he has meant less to the German intellectual tradition than to European thought as a whole. Politically his ideas made more ground in France and Italy—even, during his lifetime, in England—than in Germany, and the socialist revolution he predicted

came, not in industrialised Germany but in agrarian Russia. To be sure, one can trace a Marxian strand through the pattern of twentieth-century German thought but it is far less characteristic of the fundamental concerns of that pattern of thought than is the idealism that culminates in Hegel on the one side, or the challenge to the nineteenth century flung down by Nietzsche on the other.

From the beginning the Social Democratic movement in Germany has felt the conflict between its central progressive 'mass' and its un-yielding radical (communist) wing, and as time went on, the issues seemed increasingly to crystallise round the antithesis of national interests, expressible in practical, domestic terms, and international doctrinal alle-giances to which everything must be sacrificed—including manifest poli-tical realities. A characteristic example of the conflict occurred in 1907, when Gustav Noske, supported by the Social Democrat leader August Bebel, by Kurt Eisner, Georg Vollmer and others, spoke out for a strong, morally and economically healthy Germany against the 'ortho-dox' Marxist contention of Karl Kautsky that the paramount concern of German Social Democracy should be the class struggle and the es-tablishment of the rule of the proletariat. Characteristically and sympto-matically, the 'national' interests won the day.

In considering Marx within a German, as opposed to a European, context, one must remember that it was not he who founded the German Social Democratic party but Ferdinand Lassalle, a fellow-Jew. The liberal energies that had issued in the creation of the National Assembly in 1848 quickly spent themselves. Marx and Engels were in England, and their writings were virtually unknown in Germany until the 1870s and 1880s. In 1863, however, Lassalle, whose interest, unlike Marx's, was national, not international, and who, again unlike Marx, believed in the autonomy of national status and in the reality of religion, founded the *Allgemeiner Deutscher Arbeiter-Verein* from which, through a variety of titles and with the confluence of allied organisations, the present *Sozialdemokratische Partei Deutschlands* developed. Marx and Lassalle both derived their philosophical position from Hegel, but whereas Marx, in a famous phrase, claimed to have stood the Hegelian dialectic of thought, nature and mind on its head, Lassalle remained a true Hegelian, basing his political programmes on Hegel's theory of the state as the guardian of liberty and the rights of human development, and never really accepting the materialist philosophy of history.

In all these respects Lassalle stands as a truer representative of the socialist tradition in Germany than Marx, and it is interesting to specu-late whether his charisma, with the immense personal power he wielded during his short political career—he died at the age of thirty-nine in the year of Marx's call to the workers of the world to unite—would have held back the Marxist influence still longer. At all events his *Offenes*

Antwortschreiben of 1863, together with August Bebel's *Die Frau und der Sozialismus* of 1879, had a greater influence on the development of a sense of socialism among the German workers, and hence on the course of German socialism itself, than the writings of Marx, Engels, Kautsky and later adherents to the dogmatic Marxist line.

Inevitably this division within the socialist movement restricted the effectiveness of the Social Democratic Party both as a parliamentary opposition and as a force for social change. The socialists had no monopoly of liberal reformist thoughts. At the same time, by banging the big Marxian drum in the name of international revolution, they alienated other liberal-minded elements in German society, so that when at the end of World War I the perfect historical moment arrived, there was no prepared body of public opinion for them to lead. Instead the Germans experienced what Spengler witheringly called 'die dümmste und feigste, ehr- und ideenloseste Revolution der Weltgeschichte'. The gulf between theory and practice, between noble ideals and political realities, between the presentation of principles from on high and the education of men's minds to absorb and understand those principles from their roots—this gulf has always run through German intellectual life. The succession of coalition governments in the German Federal Republic since the end of World War II represents a desire to cover over this gulf, while recourse to the achievement of economic prosperity represents the hope that, if one looks the other way, the gulf may disappear.

The world has not been the same since Marx, any more than it has been the same since Freud. Active in certain definable spheres, they have profoundly influenced developments in other spheres also, and each sphere has acquired its own warrantable orthodoxy. There is now a classifiable and many-hued Marxist literature, as recognisable as two thousand years of Christian literature. There is Marxist literary criticism, with its own theology (Georg Lukács, Lucien Goldman: Marx and Engels themselves also wrote on literature). There is 'socialist realist' art and Marxist aesthetics (Ernst Fischer, Adorno). And, of course, based on the Marxist philosophy of history, there is a great body of axe-grinding Marxist and neo-Marxist sociology, both analytical and evangelical. The political history of the last fifty years may have discredited the Marxist ideology, but it has left certain critical procedures which are still of value in the study of the creative processes—social, political and cultural—in human society.

BIBLIOGRAPHY

A. Bebel, *Aus meinem Leben* (Stuttgart, 1910—14)

I. Berlin, *Karl Marx* (London, 1939; rev. 1963)

P. Demetz, *Marx, Engels und die Dichter* (Stuttgart, 1959)

I. Fetscher, *Von Marx zur Sowjetideologie*[3] (Frankfurt, 1957)

D. Fottman, *Ferdinand Lassalle* (New Haven, 1947)

P. Gay, *The Dilemma of Democratic Socialism* (New York, 1952)

A. C. Kettle, *Karl Marx. Founder of Modern Communism* (London, 1963)

J. Lewis, *The Life and Teaching of Karl Marx* (London, 1965)

G. Lichtheim, *Marxism: An Historical and Critical Study* (London, 1961)

K. R. Popper, *The Open Society and its Enemies* Vol. 2 (London, 1957)

M. Rubel, *Karl Marx. Essai de biographie intellectuelle* (Paris, 1957)

R. C. Tucker, *Philosophy and Truth in Karl Marx* (Cambridge, 1961)

Inauguraladresse
der Internationalen Arbeiter-Assoziation,

gegründet am 28. September 1864
in öffentlicher Versammlung in St. Martin's Hall,
Long Acre, in London

Arbeiter!

Es ist Tatsache, daß das Elend der arbeitenden Massen nicht abgenommen hat während der Periode 1848–1864, und dennoch steht diese Periode mit ihrem Fortschritt von Industrie und Handel beispiellos da in den Annalen der Geschichte. Im Jahre 1850 weissagte eins der bestunterrichteten Organe der englischen Mittelklasse: Steigt Englands Ein- und Ausfuhr um 50%, so fällt der englische Pauperismus auf Null. Nun wohl! Am 7. April 1864 hat der Schatzkanzler Gladstone seine parlamentarische Audienz durch den Nachweis entzückt, daß Großbritanniens Gesamtaus- und -einfuhr 1863 nicht weniger als 443 955 000 Pfd. St. betrug! «Eine erstaunliche Summe, ungefähr dreimal so groß als die Summe des britischen Gesamthandels in der kaum verschwundenen Epoche von 1843!» Trotz alledem war er beredt über «Armut». «Denkt», rief er, «an die, welche am Abgrund des Elends schweben!», an «nicht gestiegene Löhne», an «das Menschenleben, in neun Fällen von zehn ein bloßer Kampf um die Existenz!» Er sprach nicht von dem Volk von Irland, mehr und mehr ersetzt durch Maschinerie im Norden und durch Schafweiden im Süden, obgleich selbst die Schafe in jenem unglücklichen Lande abnehmen — es ist wahr, nicht ganz so rasch als die Menschen. Er wiederholte nicht, was die Repräsentanten der 10 000 Vornehmen soeben verraten hatten in einem plötzlichen Schreckanfall. Während der Höhe der [1]Garrot-Panik ernannte nämlich das Haus der Lords eine Untersuchungskommission über Deportation und Strafarbeit. Ihr Bericht steht in dem umfangreichen [2]Blaubuch von 1863 und beweist durch offizielle Zahlen und Tatsachen, daß der Auswurf des Verbrechens, daß die Galeerensklaven Englands und Schottlands viel weniger abgeplackt und viel besser genährt werden als die Ackerbauer Englands und Schottlands. Aber das war nicht alles. Als der Amerikanische Bürgerkrieg die Fabrikarbeiter von Lancashire und Cheshire auf das Pflaster warf, entsandte dasselbe Haus der Lords einen Arzt in jene Manufakturdistrikte mit dem Auftrag, zu untersuchen, welcher kleinste Betrag von Kohlen- und Stickstoff, eingegeben in der wohlfeilsten und ordinärsten Form, durchschnittlich grade ausreiche, um *«Hungerkrankheiten abzuwehren»*

(«to avert starvation diseases»). Dr. Smith, der ärztliche Bevollmächtigte, fand aus, daß eine wöchentliche Portion von 28 000 Gran Kohlenund 1330 Gran Stickstoff einen Durchschnitterwachsenen genau über dem Niveau der Hungerkrankheiten halten werde und daß dieser Dosis ungefähr die spärliche Nahrung entsprach, wozu der Druck äußerster Not die Baumwollenarbeiter heruntergebracht hatte.* Aber nun merkt auf! Derselbe gelehrte Doktor wurde später wieder durch den Medizinalbeamten des Geheimen Rats (Privy Council) beauftragt mit der Untersuchung über den Ernährungsstand des ärmeren Teils der Arbeiterklasse. Die Ergebnisse seiner Forschung sind einverleibt in den *«Sechsten Bericht über den Zustand der öffentlichen Gesundheit»*, veröffentlicht im Lauf des gegenwärtigen Jahres auf Befehl des Parlaments. Was entdeckte der Doktor? Daß Seidenweber, Nähterinnen, Handschuhmacher, Strumpfwirker und andre Arbeiter jahraus, jahrein im Durchschnitt nicht einmal jene Notration der unbeschäftigten Baumwollarbeiter erhalten, nicht einmal jenen Betrag von Kohle und Stickstoff, der *«grade hinreicht zur Abwehr von Hungerkrankheiten»*.

«Außerdem», wir zitieren den offiziellen Bericht, «außerdem zeigte sich in bezug auf die untersuchten Familien der Ackerbaubevölkerung, daß mehr als $1/5$ *weniger* als das veranschlagte Minimum von kohlenhaltiger Nahrung, mehr als $1/3$ weniger als das veranschlagte Minimum von stickstoffhaltiger Nahrung erhält und daß in die durchschnittliche Lokalnahrung der drei Grafschaften Berkshire, Oxfordshire und Somersetshire ein unzureichendes Maß stickstoffhaltiger Lebensmittel eingeht. Man muß erwägen», fügt der offizielle Bericht hinzu, «daß Mangel an Nahrung nur sehr widerstrebend ertragen wird und daß große Dürftigkeit der Diät in der Regel nur kommt, nachdem Entbehrungen aller Art vorhergingen. Reinlichkeit selbst wird vorher kostspielig und mühevoll, und werden aus Selbstachtung noch Versuche gemacht, um sie aufrechtzuhalten, so stellt jeder solcher Versuch eine zusätzliche Hungerqual vor... Das sind peinliche Betrachtungen, namentlich wenn man sich erinnert, daß die Armut, wovon hier die Rede, nicht die verdiente Armut des Müßiggangs ist; es ist in allen Fällen die Armut von Arbeiterbevölkerungen. Ja die Arbeit, die die armselige Nahrungsration erhält, ist tatsächlich meist über alles Maß verlängert.»

* Wir brauchen den Leser wohl kaum darauf hinzuweisen, daß, abgesehen von den Elementen des Wassers und gewissen anorganischen Stoffen, Kohle und Stickstoff den Rohstoff der menschlichen Nahrung bilden. Um allerdings den menschlichen Organismus zu ernähren, müssen ihm diese einfachen chemischen Bestandteile in Form von pflanzlichen oder tierischen Stoffen zugeführt werden. Kartoffeln z.B. enthalten in der Hauptsache Kohlenstoff, während Weizenbrot kohlen- und stickstoffhaltige Substanzen in der geeigneten Proportion enthält. [*Anmerkung von Marx zur englischen Ausgabe von 1864.*]

Der «*Bericht*» enthüllt die sonderbare und sicher unerwartete Tatsache, daß «von den vier Abteilungen des Vereinigten Königreichs» — England, Wales, Schottland und Irland — «die Ackerbaubevölkerung Englands», der reichsten Abteilung, «*bei weitem die schlechtgenährteste ist*»; daß aber selbst die elenden Ackerbautaglöhner von Berkshire, Oxfordshire und Somersetshire besser genährt sind als große Massen der geschickten Handwerker von London.

Dies sind offizielle Aufstellungen, auf Parlamentsbefehl veröffentlicht im Jahre 1864, während des Tausendjährigen Reichs des Freihandels, zu einer Zeit, wo der britische Schatzkanzler das Haus der Gemeinen belehrt, daß

«die Durchschnittslage des britischen Arbeiters sich in einem Maß verbessert hat, wovon wir wissen, daß es außerordentlich und beispiellos in der Geschichte aller Länder und aller Epochen dasteht».

Mißtönend knarrt zwischen diese offiziellen Glückwünschungen das dürre Wort des offiziellen Gesundheitsberichtes:

«Die öffentliche Gesundheit eines Landes bedeutet die Gesundheit seiner Masse, und wie können die Massen gesund sein, wenn sie bis auf ihre untersten Schichten herab nicht wenigstens erträglich gedeihen?»

Geblendet von der Fortschrittsstatistik des Nationalreichtums, die vor seinen Augen tanzt, ruft der Schatzkanzler in wilder Ekstase:

[3]«Von 1842 bis 1852 wuchs das steuerbare Landeseinkommen um 6 Prozent; in den acht Jahren von 1853 bis 1861 ist es, ausgehend von der Basis von 1853, um 20 Prozent gewachsen. *Die Tatsache ist bis zum Unglaublichen erstaunlich! Dieser berauschende Zuwachs von Reichtum und Macht*», fügt Herr Gladstone hinzu, «*ist ganz und gar auf die besitzenden Klassen beschränkt.*»

Wenn ihr wissen wollt, unter welchen Bedingungen gebrochener Gesundheit, befleckter Moral und geistigen Ruins jener «*berauschende Zuwachs von Reichtum und Macht, ganz und gar beschränkt auf die besitzenden Klassen*», produziert wurde und produziert wird durch *die arbeitenden Klassen*, betrachtet die Schilderung der Arbeitslokale von Druckern, Schneidern und Kleidermacherinnen in dem letzten «*Bericht über den öffentlichen Gesundheitszustand*»! Vergleicht den «*Bericht der Kommission von 1863 über die Beschäftigung von Kindern*», wo ihr unter anderm lest:

«Die Töpfer als eine Klasse, Männer und Weiber, repräsentieren eine entartete Bevölkerung, physisch und geistig entartet»; «die ungesunden Kinder werden ihrerseits ungesunde Eltern, eine fortschreitende Verschlechterung der Race ist unvermeidlich», und dennoch «ist die Entartung (degenerescence) der Bevölkerung der Töpferdistrikte verlangsamt durch die beständige Rekrutierung aus den benachbarten Landdistrikten und die Zwischenheiraten mit gesundern Racen!»

Werft einen Blick auf das von Herrn Tremenheere redigierte [4]Blaubuch über die «*Beschwerden der Bäckergesellen*»! Und wer schaudert nicht vor

dem Paradoxon, eingetragen in die Berichte der Fabrikinspektoren und beleuchtet durch die Tabellen der General-Registratur, dem Paradoxon, daß zur Zeit, wo ihre Nahrungsration sie kaum über dem Niveau der Hungerkrankheit hielt, die Gesundheit der Arbeiter von Lancashire sich verbesserte infolge ihres zeitweiligen Ausschlusses aus der Baumwoll-fabrik durch die Baumwollnot und daß die Sterblichkeit der Fabrikkinder abnahm, weil es ihren Müttern jetzt endlich freistand, ihnen statt der Opiummixtur die Brust zu reichen.

Kehrt die Medaille wieder um! Die *Einkommen- und Eigentumssteuer-listen*, am 20. Juli 1864 dem Hause der Gemeinen vorgelegt, zeigen, daß die Personen mit jährlichen Einkommen von *50 000 Pfd.St.* und *über 50 000 Pfd.St.* sich vom 5. April 1862 bis zum 5. April 1863 durch ein Dutzend und eins rekrutiert hatten, indem ihre Anzahl in diesem einen Jahr von 67 auf 80 stieg.

Dieselben Listen enthüllen die Tatsache, daß ungefähr *dreitausend* Personen ein jährliches Einkommen von ungefähr *25 Millionen Pfd.St.* unter sich teilen, mehr als das Gesamteinkommen, welches der Gesamt-masse der Ackerbauarbeiter von England und Wales jährlich zugemessen wird!

Öffnet den Zensus von 1861 und ihr findet, daß die Zahl der männlichen Grundeigentümer von England und Wales von 16 934 im Jahr 1851 herab-gesunken war zu 15 066 im Jahre 1861, so daß die Konzentration des Grundeigentums in 10 Jahren um 11 Prozent wuchs. Wenn die Konzen-tration des Landes in wenigen Händen gleichmäßig fortschreitet, wird sich die Grund- und Bodenfrage (the land question) ganz merkwürdig vereinfachen, wie zur Zeit des Römischen Kaiserreichs, als Nero grinste über die Entdeckung, daß die halbe Provinz von Afrika 6 Gentlemen angehörte.

Wir haben so lange verweilt bei diesen «bis zum Unglaublichen er-staunlichen Tatsachen», weil England das Europa der Industrie und des Handels anführt und in der Tat auf dem Weltmarkt repräsentiert. Vor wenigen Monaten beglückwünschte einer der verbannten Söhne Louis-Philippes den *englischen* Ackerbauarbeiter öffentlich wegen des Vorzugs seiner Lage über die seiner minder blühenden Genossen jenseits des Ka-nals. In der Tat, mit veränderten Lokalfarben und in verjüngtem Maß-stab wiederholen sich die englischen Tatsachen in allen industriellen und fortgeschrittenen Ländern des Kontinents. Seit 1848 in ihnen allen uner-hörte Entwicklung der Industrie und ungeahnte Ausdehnung der Aus-und Einfuhr. In ihnen allen ein wahrhaft «berauschender Zuwachs von Reichtum und Macht», «ganz und gar beschränkt auf die besitzenden Klassen». In allen, wie in England, Steigen des *Reallohns*, d.h. der mit dem Geldlohn beschaffbaren Lebensmittel, für eine Minderheit der Ar-beiterklasse, während in den meisten Fällen das Steigen des *Geldlohns* keinen wirklichen Zuwachs von Komfort anzeigte, so wenig, als etwa

der Insasse eines Londoner Armen- oder Waisenhauses im geringsten besser daran war, weil seine ersten Lebensmittel im Jahre 1861 der Verwaltung 9 Pfd.St. 15 sh. 8 d. kosteten anstatt der 7 Pfd.St. 7 sh. 4 d. des Jahres 1852. Überall die Massen der Arbeiterklasse tiefer sinkend in demselben Verhältnisse wenigstens, als die Klassen über ihnen in der gesellschaftlichen Waagschale aufschnellten. Und so ist es jetzt in allen Ländern Europas eine Wahrheit, erwiesen für jeden vorurteilsfreien Geist und nur geleugnet durch die interessiert klugen Prediger eines Narrenparadieses, daß keine Entwicklung der Maschinerie, keine chemische Entdeckung, keine Anwendung der Wissenschaft auf die Produktion, keine Verbesserung der Kommunikationsmittel, keine neuen Kolonien, keine Auswanderung, keine Eröffnung von Märkten, kein Freihandel, noch alle diese Dinge zusammengenommen das Elend der arbeitenden Massen beseitigen können, sondern daß vielmehr umgekehrt, auf der gegenwärtigen falschen Grundlage, jede frische Entwicklung der Produktivkräfte der Arbeit dahin streben muß, die sozialen Kontraste zu vertiefen und den sozialen Gegensatz zuzuspitzen. Während dieser «berauschenden Epoche» ökonomischen Fortschritts hob sich der *Hungertod* beinahe zum Range einer Institution in der Hauptstadt des Britischen Reichs. In den Annalen des Weltmarkts ist dieselbe Epoche gekennzeichnet durch die raschere Wiederkehr, den erweiterten Umfang und die tödlichere Wirkung der gesellschaftlichen Pest, die man *industrielle und kommerzielle Krise* heißt.

Nach dem Fehlschlag der Revolutionen von 1848 wurden auf dem Kontinent alle Parteiorganisationen und Parteijournale der arbeitenden Klasse von der eisernen Hand der Gewalt unterdrückt, die fortgeschrittensten Söhne der Arbeit flohen in Verzweiflung nach der transatlantischen Republik, und der kurzlebige Traum der Emanzipation zerrann vor einer Epoche von fieberhaftem Industrialismus, moralischem Marasmus und politischer Reaktion. Die Niederlagen der kontinentalen Arbeiterklassen, wozu die diplomatische Einmischung des britischen Kabinetts, damals wie jetzt im brüderlichen Bund mit dem Kabinett von St. Petersburg, nicht wenig beitrug, verbreitete ihre ansteckende Wirkung bald diesseits des Kanals. Während der Untergang der kontinentalen Arbeiterbewegung die britische Arbeiterklasse entmannte und ihren Glauben in ihrer eignen Sache brach, stellte er das bereits etwas erschütterte Vertrauen der Landlords und der Geldlords wieder her. Bereits öffentlich angekündigte Konzessionen wurden mit absichtlicher Insolenz zurückgezogen. Die Entdeckung neuer Goldlande führte kurz darauf zu einem ungeheuren Exodus, der unersetzliche Lücken in den Reihen des britischen Proletariats hinter sich ließ. Andre seiner früher tätigsten Glieder, durch den Köder größerer Beschäftigung und augenblicklicher Lohnerhöhung bestochen, «trugen den bestehenden Verhältnissen Rechnung». Alle Versuche, die Chartistenbewegung aufrechtzuerhalten oder neu zu

gestalten, scheiterten vollständig, alle Preßorgane der Arbeiterklasse starben, eins nach dem andern, an der Apathie der Masse, und in der Tat, nie zuvor schien die englische Arbeiterklasse so ausgesöhnt mit einem Zustand politischer Nichtigkeit. Hatte daher zwischen den britischen und den kontinentalen Arbeiterklassen keine Gemeinsamkeit der Aktion existiert, so existierte jetzt jedenfalls eine Gemeinsamkeit der Niederlage..

Und dennoch war die Periode von 1848 bis 1864 nicht ohne ihre Lichtseite. Hier seien nur zwei große Ereignisse erwähnt.

Nach einem dreißigjährigen Kampf, der mit bewundrungswürdiger Ausdauer geführt ward, gelang es der englischen Arbeiterklasse durch Benutzung eines augenblicklichen Zwiespalts zwischen Landlords und Geldlords, die ⁵*Zehnstundenbill* durchzusetzen. Die großen physischen, moralischen und geistigen Vorteile, die den Fabrikarbeitern aus dieser Maßregel erwuchsen und die man in den Berichten der Fabrikinspektoren halbjährig verzeichnet findet, sind jetzt von allen Seiten anerkannt. Die meisten kontinentalen Regierungen nehmen das englische Fabrikgesetz in mehr oder minder veränderter Form an, und in England selbst wird seine Wirkungssphäre jährlich vom Parlament ausgedehnt. Aber von der praktischen Wichtigkeit abgesehen, hatte der Erfolg dieser Arbeitermaßregel eine andre große Bedeutung. Die Mittelklasse hatte durch die notorischsten Organe ihrer Wissenschaft, durch ⁶Dr. Ure, Professor Senior und andre Weisen von diesem Schlag, vorhergesagt und nach Herzenslust demonstriert, daß jede gesetzliche Beschränkung der Arbeitszeit die Totenglocke der englischen Industrie läuten müsse, einer Industrie, die vampirmäßig Menschenblut saugen müsse, vor allem Kinderblut. In alten Zeiten war der Kindermord ein mysteriöser Ritus der Religion des Moloch, aber er ward nur bei besonders feierlichen Gelegenheiten praktiziert, vielleicht einmal im Jahr, und zudem hatte Moloch keine besondere Liebhaberei für die Kinder der Armen.

Der Kampf über die gesetzliche Beschränkung der Arbeitszeit wütete um so heftiger, je mehr er, abgesehen von aufgeschreckter Habsucht, in der Tat die große Streitfrage traf, die Streitfrage zwischen der blinden Herrschaft der Gesetze von Nachfrage und Zufuhr, welche die politische Ökonomie der Mittelklasse bildet, und der Kontrolle sozialer Produktion durch soziale Ein- und Vorsicht, welche die politische Ökonomie der Arbeiterklasse bildet. Die Zehnstundenbill war daher nicht bloß eine große praktische Errungenschaft, sie war der Sieg eines Prinzips. Zum erstenmal erlag die politische Ökonomie der Mittelklasse in hellem Tageslicht vor der politischen Ökonomie der Arbeiterklasse.

Ein noch größerer Sieg der politischen Ökonomie der Arbeit über die politische Ökonomie des Kapitals stand bevor.

Wir sprechen von der *Kooperativbewegung*, namentlich den Kooperativfabriken, diesem Werk weniger kühnen «*Hände*». Der Wert dieser gro-

ßen Experimente kann nicht überschätzt werden. Durch die Tat, statt durch Argumente, bewiesen sie, daß Produktion auf großer Stufenleiter und im Einklang mit dem Fortschritt moderner Wissenschaft vorgehen kann ohne die Existenz einer Klasse von *Meistern*, die eine Klasse von «*Händen*» anwendet; daß, um Früchte zu tragen, die Mittel der Arbeit nicht monopolisiert zu werden brauchen als Mittel der Herrschaft über und Mittel der Ausbeutung gegen den Arbeiter selbst, und daß wie Sklavenarbeit, wie Leibeigenenarbeit so *Lohnarbeit* nur eine vorübergehende und untergeordnete gesellschaftliche Form ist, bestimmt zu verschwinden vor der *assoziierten Arbeit*, die ihr Werk mit williger Hand, rüstigem Geist und fröhlichen Herzens verrichtet. In England wurde der Samen des Kooperativsystems von [7]Robert Owen ausgestreut; die auf dem Kontinent versuchten Arbeiterexperimente waren in der Tat der nächste praktische Ausgang der Theorien, die 1848 nicht erfunden, wohl aber laut proklamiert wurden.

Zur selben Zeit bewies die Erfahrung der Periode von 1848 bis 1864 unzweifelhaft, was die intelligentesten Führer der Arbeiterklasse in den Jahren 1851 und 1852 gegenüber der Kooperativbewegung in England bereits geltend machten, daß, wie ausgezeichnet im Prinzip und wie nützlich in der Praxis, kooperative Arbeit, wenn beschränkt auf den engen Kreis gelegentlicher Versuche vereinzelter Arbeiter, unfähig ist, das Wachstum des Monopols in geometrischer Progression aufzuhalten, die Massen zu befreien, ja die Wucht ihres Elends auch nur merklich zu erleichtern. Es ist vielleicht gerade dies der Grund, warum plausible Lords, bürgerlich-philanthropische Salbader und ein paar trockne politische Ökonomen jetzt mit demselben Kooperativsystem schöntun, das sie früher in seinem Keim zu ersticken versucht hatten, das sie verhöhnt hatten als die Utopie des Träumers und verdammt hatten als die Ketzerei des Sozialisten. Um die arbeitenden Massen zu befreien, bedarf das Kooperativsystem der Entwicklung auf nationaler Stufenleiter und der Förderung durch nationale Mittel. Aber die Herren von Grund und Boden und die Herren vom Kapital werden ihre politischen Privilegien stets gebrauchen zur Verteidigung und zur Verewigung ihrer ökonomischen Monopole. Statt die Emanzipation der Arbeit zu fördern, werden sie fortfahren, ihr jedes mögliche Hindernis in den Weg zu legen. Lord Palmerston sprach aus ihrer Seele, als er in der letzten Parlamentssitzung den Verteidigern der Rechte der irischen Pächter höhnend zuschrie: [8]«Das Haus der Gemeinen ist ein Haus von Grundeigentümern!»

Politische Macht zu erobern ist daher jetzt die große Pflicht der Arbeiterklassen. Sie scheinen dies begriffen zu haben, denn in England, Frankreich, Deutschland und Italien zeigt sich ein gleichzeitiges Wiederaufleben und finden gleichzeitige Versuche zur Reorganisation der Arbeiterpartei statt. Ein Element des Erfolgs besitzt sie, die *Zahl*. Aber Zahlen fallen

nur in die Waagschale, wenn Kombination sie vereint und Kenntnis sie leitet. Die vergangene Erfahrung hat gezeigt, wic Mißachtung des Bandes der Brüderlichkeit, welches die Arbeiter der verschiedenen Länder verbinden und sie anfeuern sollte, in allen ihren Kämpfen für Emanzipation fest beieinanderzustehen, stets gezüchtigt wird durch die gemeinschaftliche Vereitlung ihrer zusammenhangslosen Versuche. Es war dies Bewußtsein, das die Arbeiter verschiedener Länder, versammelt am 28. September 1864 in dem öffentlichen *Meeting* zu St. Martin's Hall, London, anspornte zur Stiftung der *Internationalen Assoziation*.

Eine andere Uberzeugung beseelte jenes Meeting.

Wenn die Emanzipation der Arbeiterklassen das Zusammenwirken verschiedener Nationen erheischt, wie jenes große Ziel erreichen mit einer auswärtigen Politik, die frevelhafte Zwecke verfolgt, mit Nationalvorurteilen ihr Spiel treibt und in piratischen Kriegen des Volkes Blut und Gut vergeudet? Nicht die Weisheit der herrschenden Klassen, sondern der heroische Widerstand der englischen Arbeiterklasse gegen ihre verbrecherische Torheit bewahrte den Westen Europas vor einer transatlantischen [9]Kreuzfahrt für die Verewigung und Propaganda der Sklaverei. Der schamlose Beifall, die Scheinsympathie oder idiotische Gleichgültigkeit, womit die höheren Klassen Europas dem Meuchelmord des heroischen Polen und der Erbeutung der Bergveste des Kaukasus durch Rußland zusahen; die ungeheueren und ohne Widerstand erlaubten Übergriffe dieser barbarischen Macht, deren Kopf zu St. Petersburg und deren Hand in jedem Kabinett von Europa, haben den Arbeiterklassen die Pflicht gelehrt, in die Geheimnisse der internationalen Politik einzudringen, die diplomatischen Akte ihrer respektiven Regierungen zu überwachen, ihnen wenn nötig entgegenzuwirken; wenn unfähig zuvorzukommen, sich zu vereinen in gleichzeitigen Denunziationen und die einfachen Gesetze der Moral und des Rechts, welche die Beziehungen von Privatpersonen regeln sollten, als die obersten Gesetze des Verkehrs von Nationen geltend zu machen.

Der Kampf für solch eine auswärtige Politik ist eingeschlossen im allgemeinen Kampf für die *Emanzipation der Arbeiterklasse*...

Proletarier aller Länder, vereinigt euch!

Geschrieben zwischen dem
21. und 27. Oktober 1864.

COMMENTARY

Text: Karl Marx, Friedrich Engels, *Werke* (Berlin, 1962) Vol. XVI, 5—13.

1. *Garrot-Panik:* London was in a state of alarm in the late 1850s and early 1860s over the attacks by the garrotters, who strangled and robbed people in the streets.

2. *Blaubuch von 1863:* 'Report of the Commissioners appointed to inquire into the operation of the Acts relating to Transportation and Penal Servitude', Volume I, 1863.

3. *"Von 1842 bis 1852"* etc: this and the two preceding excerpts are from Gladstone's speech in the House of Commons on April 17, 1863.

4. *Blaubuch über die "Beschwerden der Bäckergesellen":* 'Report addressed to Her Majesty's Principal Secretary of State for the Home Department relative to the grievances complained of by the Journeymen Bakers', 1862. The report was compiled by Hugh Seymour Tremenheere.

5. *Zehnstundenbill:* a bill providing for the reduction of the working day to ten hours for women and children, passed in 1847.

6. *Dr. Ure, Professor Senior:* Dr. A. Ure, author of *The Philosophy of Manufactures* (1835), a protagonist of the virtues of mechanisation in industry. Nassau William Senior (1790—1864), professor of political economy at Oxford, author of many books on economic theory and of voluminous memoirs.

7. *Robert Owen:* the English social reformer (1771—1858) who was responsible for making current the word 'socialism' in the 1830s, and whose work towards the improvement of working conditions, above all by trying to prevent men from being left at the mercy of machines, led to the foundation of the Cooperative movement.

8. *"Das Haus der Gemeinen"* etc: from Palmerston's speech in the Commons debate of 1863 on the rights of the Irish tenants.

9. *Kreuzfahrt für die Verewigung und Propaganda der Sklaverei:* a reference to the workers' protests against the proposed intervention by Britain on the side of the Confederacy during the American Civil War.

WEBER (1864–1920)

Die drei reinen Typen der legitimen Herrschaft (op. posth.)

Max Weber is one of the founding fathers of the modern science of sociology. The term sociology was coined by the positivist philosopher Auguste Comte in the 1830s to connote a new science which should first discover the facts about human life and society and then the causal connections between these facts, but through the nineteenth century it came to represent a whole range of concerns relating to human nature, the social order, social change, relationships between cultures and the like. The sociologist was to become, as Collingwood put it, a kind of super-historian, dealing in a comprehensively scientific manner with the material which the 'traditional' historian had treated only empirically, and because mind was not fundamentally different from nature, the historical process was the same in kind as the natural process, and the methods of science transferable to the examination of history. The late nineteenth century produced a great deal of broad and often perceptive 'social thought' in this spirit, but it neither emerged from, nor could be subjected to, the modern condition of objective verification.

The emergence of sociology as an independent science—if one is prepared to put on one side the charge that in any meaningful sense it can never be such (already Schopenhauer pointed out that history, whose subject is uncontrollable individuals, can never be a science like mathematics or physics, which deal with patterns of known, mensurable elements)—comes at the very end of the century with the French scholar Emile Durkheim (*Les règles de la méthode sociologique*, 1895; *Le suicide: Étude de sociologie*, 1897). A few years later came Weber's famous treatise on the sociology of religion, *Die protestantische Ethik und der Geist des Kapitalismus* (1904–5), the foundation of the *Deutsche Soziologische Gesellschaft* (1904), Simmel's *Soziologie* (1908) and other studies by German historians and philosophers who took specific themes from the context of man in society and treated them with the rigour appropriate to a scientific discipline.

In addition to his pioneer work in sociology, to which we shall return, there is an aspect of Max Weber's activity which is of particular significance for those wishing to sense the spirit of Germany in the first twenty

years of the twentieth century. This is his work in the political, more especially the socio-political, sphere.

Shortly after his appointment to the University of Berlin in 1893 Weber undertook an investigation into the working conditions of farm labourers in eastern Germany, an area into which there had for some time been a large-scale seasonal migration of Polish workers. He concluded that Germany's eastern frontier should be closed against this influx, and he joined the *Alldeutscher Verband* in the hope that this conservative body would support a policy of stabilisation in the interests of a strong national state, a state with the confidence to fill the political vacuum left by the death of Bismarck. The *Alldeutscher Verband* had other concerns, but although Weber left it a few years later, he retained throughout his life a conviction of the necessity of a powerful German *Reich*, seeing national states as the basic realities within which all proper discussion of social issues must be confined.

Today, when it is fashionable, though not necessarily either wise or realistic, to look upon national unity as a fiction, and the concept of national states as *passé*, people may tend to dismiss Weber's ideas as irrelevant or, even for his own age, as dangerously tendentious. But his concepts of 'nation' and 'national consciousness' carried no element of value judgement, still less of implied aggressiveness. They were dispassionate conclusions drawn from dispassionate researches into what constituted meaningful social units and what the proper functions of these units were. This is the first example of what remained a basic principle in the whole of Weber's work, *viz*. the unconditional necessity of separating the field of empirical science from the field of value judgements. When he wrote to Ferdinand Tönnies on October 15, 1914: 'This war, for all its horrors, is a grand and wonderful thing. It is worth experiencing'—he was not warmongering or acting as a spokesman for German imperialism, but expressing, perhaps with a moral naïveté not unknown in eminent scientists, his reaction to an event bound up with his sociological view of nationhood. He opposed all talk of German expansionism, repeatedly demanded that, even if Germany should win the war, annexed areas like Belgium and the Polish territories should be given back, and in a document sent in the spring of 1916 to the German Foreign Office and to political leaders, vigorously opposed the planned intensification of U-boat warfare on the grounds that it would both fail to achieve its claimed objectives, such as the total blockade of Britain, and most certainly bring America into the war ('Der verschärfte U-Boot-Krieg': *Gesammelte Politische Schriften*, 1958, 143 ff).

Here again it was the survival of the national German state that was at issue. Between 1917 and his death three years later he devoted a number of articles to the democratic reform of the German system of government, envisioning with unhappy accuracy that a revolution followed by

6*

a republic, emerging from the humiliating conditions of defeat and shaped in a void of democratic experience, would soon lead to a right-wing counter-revolution, while the 'victorious' Allies would fail to realise their own share of responsibility for the situation.

The essence of Weber's importance in the history of sociology lies in his insistence on systematic, verifiable observation, the basis of any claim for sociology as a science. History he saw, not as the study of the past *qua* past but as a means to understanding the present: he re-lived a period in the past as though it were the present, assessing the choices of action available in an individual situation and trying to understand what led to the adoption of the choice that history shows was in fact made. Men are conditioned by circumstances—in this, but in virtually nothing else, Weber sees eye to eye with Marx—which give their actions a character they did not intend, but man himself retains a concrete reality throughout all changes in society. There is no universal law of human behaviour, no reality behind slogans like 'the materialist view of history' or '*Volksgeist*': the true science of *homo animal sociale* proceeds from the analysis of individual examples in their unique contexts, otherwise the social sciences could not acquire the objective quality equivalent to that which characterises the physical sciences.

His method was thus that of comparison. By applying what he called 'ideal types'—recurrent patterns of social and historical reality such as monarchical government, bureaucratic government, types of Church, types of social unit—to similar situations in different historical contexts, he isolated the characteristics of the individual moment. His pioneer work *Die protestantische Ethik und der Geist des Kapitalismus*, for instance, a first essay in the sociology of religion as well as the first manifestation of his lifelong concern with the relationship between capitalism and other forces of social life, makes no claim to have discovered *the* motive force behind modern capitalism but merely one factor to which nobody appeared to have hitherto drawn attention (Tawney's graceless references to Weber in his preface to the 1937 edition of his *Religion and the Rise of Capitalism* have a suspiciously 'sour grapes' flavour about them).

And this, moreover, was but one corner of a larger scene. For why did capitalism become a distinguishing feature only of Western civilisation, when the conditions for its development could be found in many non-European cultures also? It is the presence of such broad horizons behind the investigation of a specific phenomenon that gives Weber's work its particular intellectual power and distinguishes it from the 'broad sweep' methods of historians such as Spengler and Toynbee.

Axiomatic with Weber—the thought is taken from Nietzsche—was the inevitability of the progressive specialisation of science, with the corollary that scientific progress, unlike development in the arts, rests on the kinetic principle of supersession. 'Jede wissenschaftliche "Erfül-

lung" bedeutet neue "Fragen" und will "überboten" werden und veralten', he wrote in *Wissenschaft als Beruf* (1919; *Gesammelte Aufsätze zur Wissenschaftslehre*, 1922, 14). Furthermore the empirical knowledge which is the raw material of science possesses complete *Wertfreiheit*, as he called it—complete freedom from value judgements, which have no relevance to, and are not the concern of, science.

This is a vital principle in Weber's thought. The end of the Hegelian domination of German intellectual life coincided with the rise of the scientific investigator; Nietzsche was the first to point to the gulf that now separated the philosopher from the scientist, while Husserl's phenomenological method and Dilthey's acceptance of the tension between *Weltanschauung* and science are expressions of the same reality. The *Wertfreiheit* of science that Weber posited both defined the area proper to science and revealed the sphere of human values that lay beyond it. Time and again he insisted that no empirical investigation could uncover criteria for making moral decisions, and that science alone could never provide a sufficient foundation for value judgements. To be sure, empirical science can, and should, indicate the appropriate means for achieving a particular end, and can also give clarification on the possible consequences of a chosen set of actions, thereby extending the individual's field of responsibility and enabling him to make a better-informed choice. But it cannot pronounce on the value or the validity of the end itself. By the same token, although value judgements must enter into a decision on what should be made the object of scientific investigation, the investigation once launched must be allowed to proceed under its own momentum and according to its own laws, free from metaphysical encroachments and personal predispositions. The particularism to which this leads, and the refusal to compromise with the consequences, is one important element in Weber's influence on the thought and methods of Karl Jaspers (see Vol. I, p. 278).

Weber retained an unshakeable awareness of the limits of human knowledge, believing that all one can acquire is a set of insights into individual complexes of situations by means of a rigorously objective *modus operandi*, in sociological as in all other scientific studies. He himself was by academic title not Professor of Sociology but Professor of Economics, and because the empirical study of society had ragged edges and a hardly existent scientific methodology, he opposed the creation of university chairs in sociology. 'Most of what passes as sociology is a fraud', was the slogan with which he took leave of his university audience in Heidelberg.

The example of Weber's method reproduced below, *Die drei reinen Typen der legitimen Herrschaft*, was found among Weber's posthumous papers and first published in the *Preußische Jährbücher* of 1922 (Vol. 187). The nature and basis of authority was a subject that presented

itself to him in religion, politics, economics and the other areas from which he compounded the material of his sociology, and occupies his attention in *Wirtschaft und Gesellschaft, Politik als Beruf* and other works of his last years. Thus sections of *Wirtschaft und Gesellschaft* are concerned in particular with refining the terms 'pure' and 'legitimate', for as the concept of legitimacy—of which legality is only one aspect—raises many questions, so Weber's three categories of authority are in practice rarely present in 'pure' form, nor can they exhaust the modes of authority actually exercised in society, above all because society itself is not a static but a kinetic entity.

A juxtaposition of the present essay and *Wirtschaft und Gesellschaft* shows how, in an interesting bifurcation of his three types of authority, Weber finds himself facing two sets of types, the one produced by the workings of the analytical process itself, the other derived from the sphere inaccessible to scientific enquiry, i.e. the sphere of value judgements. Thus the rationality of his first type can come either from a belief in the materiality of rationalism or from the operation of rational, i.e. formal, legal processes; the authority of tradition may reflect either the willed transmission of inherited values or a more *pro forma* acceptance of the *status quo;* and what he calls 'charismatic' authority may rest either on explicit public approval or on the perpetuation of a pattern of formal discipline. The dialectic, moreover, also envisages the inversion of the original set of criteria, whereupon the question arises, how, if the terms remain the same, do we know when the inversion has taken place?

In the interest of the advancement of man's knowledge, both of himself and of the outside world, the isolation of the processes of scientific thought from items of personal belief may appear to be a point of principle. Bertrand Russell, for one, expressed time and again his scorn of philosophers who permitted any such 'infection' of their philosophical work. But perhaps it is an unreal distinction, and in any case an impracticable one, as Weber himself seems to sense at times, for although chosen phenomena may be made the object of empirical enquiry, the reasons behind the choice can not. In other words, the choice is itself part of the interpretation. Yet it is an instructive exercise to apply Weber's 'types' to manifestations of national political authority, both in Europe and elsewhere, that have occurred since his day. It may help us to identify, for example, in an historical spirit of which Weber would approve, the individuality of such historical moments. For the central concern of *Die drei reinen Typen der legitimen Herrschaft,* as of many other of Weber's writings, is a problem, as Theodor Heuss expressed it in his obituary essay on Weber in 1920, 'on which hinges the whole future of the German nation'—and, one might add, of the entire free world today: the problem of leadership in a democracy. His contemporary relevance needs no further demonstration than this.

BIBLIOGRAPHY

E. Baumgarten, *Max Weber. Werk und Person* (Tübingen, 1964)

R. Bendix, *Max Weber—An Intellectual Portrait* (New York, 1960)

J. Freund, *The Sociology of Max Weber* (London, 1968)

K. Jaspers, *Max Weber* (Oldenburg, 1932)

W. J. Mommsen, *Max Weber und die deutsche Politik* (Tübingen, 1959)

A. Schelting, *Max Webers Wissenschaftslehre* (Tübingen, 1934)

O. Stammer (ed.), *Max Weber und die Soziologie heute* (Tübingen, 1965)

M. Weber, *Max Weber, ein Lebensbild* (Heidelberg, 1950)

J. Winckelmann, *Legitimität und Legalität in Max Webers Herrschaftssoziologie* (Tübingen, 1952)

Die drei reinen Typen der legitimen Herrschaft

Legitimität der Herrschaft; Legitimitätsgründe

Herrschaft, d. h. die Chance, Gehorsam für einen bestimmten Befehl zu finden, kann auf verschiedenen Motiven der Fügsamkeit beruhen: Sie kann rein durch Interessenlage, also durch zweckrationale Erwägungen von Vorteilen und Nachteilen seitens des Gehorchenden, bedingt sein. Oder andererseits durch bloße «Sitte», die dumpfe Gewöhnung an das eingelebte Handeln; oder sie kann rein affektuell, durch *bloße* persönliche Neigung des Beherrschten, begründet sein. Eine Herrschaft, welche *nur* auf solchen Grundlagen ruhte, wäre aber relativ labil. Bei Herrschenden und Beherrschten pflegt vielmehr die Herrschaft durch *Rechtsgründe*, Gründe ihrer «Legitimität», innerlich gestützt zu werden, und die Erschütterung dieses Legitimitätsglaubens pflegt weitgehende Folgen zu haben. An «Legitimitätsgründen» der Herrschaft gibt es, in ganz reiner Form, nur drei, von denen — im reinen Typus — jeder mit einer grundverschiedenen soziologischen Struktur des Verwaltungsstabs und der Verwaltungsmittel verknüpft ist.

I

Legale Herrschaft

[1]*Legale Herrschaft* kraft Satzung. Reinster Typus ist die bürokratische Herrschaft. Grundvorstellung ist: daß beliebiges Recht durch formal korrekt gewillkürte Satzung geschaffen und abgeändert werden könne. Der Herrschaftsverband ist entweder gewählt oder bestellt, er selbst und alle seine Teile sind *Betriebe*. Ein heteronomer und heterokephaler (Teil-)Betrieb soll Behörde heißen. Der Verwaltungsstab besteht aus vom Herrn ernannten *Beamten*, die Gehorchenden sind Verbands-*Mitglieder* («Bürger», «Genossen»).

Gehorcht wird nicht der Person, kraft deren Eigenrecht, sondern der gesatzten *Regel*, die dafür maßgebend ist, wem und inwieweit ihr zu gehorchen ist. Auch der Befehlende selbst gehorcht, indem er einen Befehl erläßt, einer Regel: dem «Gesetz» oder «Reglement», einer *formal* abstrakten Norm. Der Typus des Befehlenden ist der »*Vorgesetzte*», dessen Herrschaftsrecht durch gesatzte *Regel* legitimiert ist, innerhalb einer *sachlichen* «*Kompetenz*», deren Abgrenzung auf Spezialisierung nach sachlicher Zweckmäßigkeit und nach den fachlichen Ansprüchen an die Lei-

stung des Beamten beruht. Der Typus des Beamten ist der geschulte *Fach*beamte, dessen Dienstverhältnis auf Kontrakt beruht, mit festem, nach dem Rang des Amtes, nicht nach dem Maß der Arbeit abgestuftem Gehalt und Pensionsrecht nach festen Regeln des Avancements. Seine Verwaltung ist *Berufs*arbeit kraft *sachlicher Amtspflicht;* ihr Ideal ist, [2]*sine ira et studio*, ohne allen Einfluß persönlicher Motive oder gefühlsmäßiger Einflüsse, frei von Willkür und Unberechenbarkeiten, insbesondere «ohne Ansehen der Person» streng formalistisch nach rationalen Regeln und — wo diese versagen — nach «sachlichen» Zweckmäßigkeitsgesichtspunkten zu verfügen. Die Gehorsamspflicht ist abgestuft in einer Hierarchie von Ämtern mit Unterordnung der unteren unter die oberen und geregeltem Beschwerdeverfahren. Grundlage des technischen Funktionierens ist: die *Betriebsdisziplin*.

1. Unter den Typus der «legalen» Herrschaft fällt natürlich nicht etwa nur die moderne Struktur von Staat und Gemeinde, sondern ebenso das Herrschaftsverhältnis im privaten kapitalistischen Betrieb, in einem Zweckverband oder Verein gleichviel welcher Art, der über einen ausgiebigen hierarchisch gegliederten Verwaltungsstab verfügt. Die modernen politischen Verbände sind nur die hervorragendsten Repräsentanten des Typus. Die Herrschaft im privaten kapitalistischen Betrieb ist zwar teilweise heteronom: die Ordnung ist teilweise staatlich vorgeschrieben —, und bezüglich des Zwangsstabes gänzlich heterokephal: der staatliche Gerichts- und Polizeistab versieht (normalerweise) diese Funktionen —, aber er ist autokephal in seiner zunehmend bürokratischen Verwaltungsorganisation. Daß der Eintritt in den Herrschaftsverband formell freiwillig erfolgt ist, ändert, da die Kündigung ebenso formell «frei» ist und dies die Beherrschten den Betriebsnormen normalerweise infolge der Bedingungen des Arbeitsmarktes unterwirft, nichts an dem Herrschaftscharakter, dessen soziologische Verwandtschaft mit der modernen staatlichen Herrschaft die Erörterung der ökonomischen Grundlagen der Herrschaft noch deutlicher machen wird. Die Geltung des «Vertrages» als Basis stempelt den kapitalistischen Betrieb zu einem hervorragenden Typus der «legalen» Herrschaftsbeziehung.

2. Die Bürokratie ist der technisch reinste Typus der legalen Herrschaft. Aber keine Herrschaft ist *nur* bürokratisch, d. h. nur durch kontraktlich engagierte und ernannte Beamte geführt. Das ist gar nicht möglich. Die höchsten Spitzen der politischen Verbände sind entweder «Monarchen» (erbcharismatische Herrscher, s. u.) oder vom Volke gewählte «Präsidenten» (also plebiszitär-charismatische Herren, s. u.) oder von einer parlamentarischen Körperschaft gewählt, wo denn deren Mitglieder oder vielmehr die, je nachdem mehr charismatischen oder mehr honoratiorenhaften (s. u.) Führer ihrer vorherrschenden Parteien die tatsächlichen Herren sind. Ebenso ist der Verwaltungsstab fast nirgends wirklich rein bürokratisch, sondern es pflegen in den allerman -

nigfachsten Formen teils Honoratioren, teils Interessenvertreter an der Verwaltung beteiligt zu sein (bei weitem am meisten in der sogenannten Selbstverwaltung). Entscheidend ist aber: daß die kontinuierliche Arbeit überwiegend und zunehmend auf den bürokratischen Kräften ruht. Die ganze Entwicklungsgeschichte des modernen Staates insbesondere ist identisch mit der Geschichte des modernen Beamtentums und bürokratischen Betriebes (s. u.), ebenso wie die ganze Entwicklung des modernen Hochkapitalismus identisch ist mit zunehmender Bürokratisierung der Wirtschaftsbetriebe. Der Anteil der bürokratischen Herrschaftsformen steigt überall.

3. Die Bürokratie ist nicht der einzige Typus legaler Herrschaft. Das Turnus-, Los- und Wahlbeamtentum, die Parlaments- und Komiteeverwaltung und alle Arten kollegialer Herrschafts- und Verwaltungskörper fallen darunter, falls ihre Kompetenz auf gesatzten Regeln beruht und die Ausübung des Herrschaftsrechtes dem Typus legalen Verwaltens entspricht. In der Entstehungszeit des modernen Staates haben kollegiale Körperschaften sehr wesentlich zur Entwicklung der legalen Herrschaftsform beigetragen; und besonders der Begriff der «Behörde» verdankt ihnen seine Entstehung. Andererseits spielt das Wahlbeamtentum in der Vorgeschichte der modernen Beamtenverwaltung (und auch heute in den Demokratien) eine große Rolle.

<div style="text-align:center">

2

Traditionelle Herrschaft

</div>

Traditionelle Herrschaft, kraft Glaubens an die Heiligkeit der von jeher vorhandenen Ordnungen und Herrengewalten. Reinster Typus ist die patriarchalische Herrschaft. Der Herrschaftsverband ist Vergemeinschaftung, der Typus des Befehlenden der «Herr», die Gehorchenden sind «Untertanen», der Verwaltungsstab «Diener». Gehorcht wird der Person kraft ihrer durch Herkommen geheiligten Eigenwürde: aus Pietät. Der Inhalt der Befehle ist durch Tradition gebunden, deren rücksichtslose Verletzung seitens des Herrn die Legitimität seiner eigenen, lediglich auf ihrer Heiligkeit ruhenden, Herrschaft selbst gefährden würde. Neues Recht gegenüber den Traditionsnormen zu schaffen, gilt als prinzipiell unmöglich. Es geschieht der Tatsache nach im Wege der «Erkenntnis» eines Satzes als «von jeher geltend» (durch «Weistum»). Außerhalb der Normen der Tradition dagegen ist der Wille des Herrn nur durch Schranken, welche im Einzelfall das Billigkeitsgefühl zieht, also in äußerst elastischer Art gebunden: seine Herrschaft zerfällt daher in ein streng traditionsgebundenes Gebiet und ein solches der freien Gnade und Willkür, in dem er nach Gefallen, Zuneigung, Abneigung und rein persönlichen, insbesondere auch durch persönliche Gefälligkeiten zu beein-

flussenden Gesichtspunkten schaltet. Soweit aber Verwaltung und Streit-
schlichtung Prinzipien zugrunde gelegt werden, sind es solche der mate-
rialen ethischen Billigkeit, Gerechtigkeit oder utilitaristischen Zweck-
mäßigkeit, nicht solche formaler Art, wie bei der legalen Herrschaft.
Ganz ebenso verfährt sein Verwaltungsstab. Dieser besteht aus persön-
lich Abhängigen (Hausangehörigen oder Hausbeamten) oder aus Ver-
wandten oder persönlichen Freunden (Günstlingen) oder durch persön-
liches Treuband Verbundenen (Vasallen, Tributärfürsten). Der büro-
kratische Begriff der «Kompetenz» als einer sachlich abgegrenzten Zustän-
digkeitssphäre fehlt. Der Umfang der «legitimen» Befehlsgewalt des
einzelnen Dieners richtet sich nach dem Einzelbelieben des Herrn, dem
sie auch bezüglich ihrer Verwendung in wichtigeren oder ranghöheren
Rollen gänzlich anheimgegeben sind. Tatsächlich richtet sie sich weitge-
hend darnach: was die Bediensteten gegenüber der Fügsamkeit der
Unterworfenen sich gestatten dürfen. Nicht sachliche Amtspflicht und
Amtsdisziplin, sondern persönliche Dienertreue beherrscht die Bezie-
hungen des Verwaltungsstabes.

Indessen sind in der Art seiner Stellung zwei charakteristisch geschie-
dene Formen zu beobachten:

1. Die rein patriarchale Struktur der Verwaltung: Die Diener sind
in völliger persönlicher Abhängigkeit vom Herrn, entweder rein patri-
monial rekrutiert: Sklaven, Hörige, Eunuchen, — oder extrapatrimonial
aus nicht gänzlich rechtlosen Schichten: Günstlinge, *Plebejer*. Ihre Ver-
waltung ist völlig heteronom und heterokephal; es besteht keinerlei
Eigenrecht der Verwaltenden an ihrem Amt, aber auch keinerlei *Fach-
auslese* und keine ständische Ehre des Beamten; die sachlichen Verwal-
tungsmittel werden gänzlich für den Herrn in dessen eigener Regie be-
wirtschaftet. Bei der vollkommenen Abhängigkeit des Verwaltungsstabes
vom Herrn fehlt jede Garantie gegen Herrenwillkür, deren mögliches
Ausmaß daher hier am größten ist. Der reinste Typus ist die *sultani-
stische* Herrschaft. Alle wirklichen «Despotien» hatten diesen Charak-
ter, bei welchem die Herrschaft wie ein gewöhnliches Vermögensrecht
des Herrn behandelt wird.

2. Die ständische Struktur: Die Diener sind nicht persönliche Diener
des Herrn, sondern unabhängige, kraft Eigenstellung als sozial promi-
nent geltende Leute; sie sind durch Privileg oder Konzession des Herrn
mit ihrem Amt *beliehen* (tatsächlich oder der Legitimitätsfiktion nach)
oder haben durch Rechtsgeschäft (Kauf, Pfand, Pacht) ein nicht beliebig
entziehbares Eigenrecht an dem ihnen appropriierten Amt, ihre Verwal-
tung ist demgemäß, wenn auch begrenzt, autokephal und autonom, die
sachlichen Verwaltungsmittel befinden sich in ihrer Regie, nicht in
der des Herrn: *ständische* Herrschaft. — Die Konkurrenz der Amtsinha-
ber um den Gewaltsbereich ihrer Ämter (und deren Einnahmen) bedingt
dann die gegenseitige Abgrenzung ihrer inhaltlichen Verwaltungsberei-

che und steht an Stelle der «Kompetenz». Die hierarchische Gliederung ist durch Privileg [3](*de non evocando, non appellando*) sehr oft durchbrochen. Die Kategorie der «Disziplin» fehlt. Tradition, Privileg, feudale oder patrimoniale Treuebeziehungen, ständische Ehre und «guter Wille» regeln die Gesamtbeziehungen. Die Herrenmacht ist also zwischen dem Herrn und dem appropriierten und privilegierten Verwaltungsstab geteilt, und diese ständische *Gewaltenteilung* stereotypiert die Art der Verwaltung hochgradig.

Die patriarchale Herrschaft (des Familienvaters, Sippenchefs, «Landesvaters») ist nur der reinste Typus der traditionalen Herrschaft. Jede Art von «Obrigkeit», die lediglich kraft eingelebter Gewöhnung mit Erfolg legitime Autorität in Anspruch nimmt, gehört der gleichen Kategorie an und stellt nur nicht eine so klare Ausprägung dar. Die durch Erziehung und Gewöhnung eingelebte Pietät in der Beziehung des Kindes zum Familienoberhaupt ist der am meisten typische Gegensatz einerseits zur Stellung eines kontraktlich angestellten Arbeiters in einem Betriebe, andererseits zur emotionalen Glaubensbeziehung eines Gemeindemitgliedes zu einem Propheten. Und auch tatsächlich ist der Hausverband eine Keimzelle traditionaler Herrschaftsbeziehungen. Die typischen «Beamten» des Patrimonial- und Feudalstaates sind Hausbeamte mit zunächst rein dem Haushalt angehörigen Aufgaben (Truchseß, Kämmerer, Marschall, Schenke, Seneschal, Hausmeier).

Das Nebeneinander der streng traditionsgebundenen und der freien Sphäre des Handelns ist allen traditionalen Herrschaftsformen gemeinsam. Innerhalb dieser freien Sphäre muß das Handeln des Herrn oder seines Verwaltungsstabes erkauft oder durch persönliche Beziehungen verdient werden. (Das Gebührenwesen hat darin einen seiner Ursprünge.) Das entscheidend wichtige Fehlen formalen Rechts und statt dessen die Herrschaft materialer Prinzipien in der Verwaltung und Streitschlichtung ist gleichfalls allen traditionalen Herrschaftformen gemeinsam und hat besonders für die Beziehung zur Wirtschaft weitgehende Konsequenzen. Der Patriarch ebenso wie der patrimoniale Herrscher regiert und entscheidet nach den Prinzipien der [4]«Kadijustiz»: einerseits streng traditional gebunden, soweit diese Bindung aber Freiheit läßt, nach juristisch unformalen und irrationalen Billigkeits- und Gerechtigkeitsgesichtspunkten des Einzelfalls, und zwar auch «unter Ansehung der Person». Alle Kodifikationen und Gesetze patrimonialer Herrscher atmen den Geist des sogenannten «Wohlfahrtsstaates»: eine Kombination sozialethischer mit sozialutilitaristischen Prinzipien herrscht vor und durchbricht jede formale Strenge des Rechtes.

Die Scheidung der patriarchalen von der ständischen Struktur der traditionalen Herrschaft ist grundlegend für die ganze Staatssoziologie der vorbürokratischen Epoche. (In vollem Umfang verständlich wird der Gegensatz freilich erst in Verbindung mit seiner später zu besprechenden

wirtschaftlichen Seite: Trennung des Verwaltungsstabes von den sachlichen Verwaltungsmitteln oder Appropriation der sachlichen Verwaltungsmittel durch den Verwaltungsstab.) Die ganze Frage, ob und welche «Stände» es als Träger ideeller Kulturgüter gab, ist geschichtlich in erster Linie dadurch mitbedingt worden. Die Verwaltung durch patrimonial Abhängige (Sklaven, Hörige), wie sie im vorderasiatischen Orient und in Ägypten bis hinab zur [5]Mamelukenzeit sich findet, ist der extremste und scheinbar (nicht immer wirklich) konsequenteste Typus der ganz ständelosen rein patriarchalen Herrschaft. Die Verwaltung durch freie Plebejer steht dem rationalen Beamtentum relativ nahe. Die Verwaltung durch Literaten kann je nach dem Charakter dieser (typischer Gegensatz: Brahmanen einerseits, Mandarinen andererseits, und beiden gegenüber wiederum: buddhistische und christliche Kleriker) sehr verschiedenen Charakter haben, nähert sich aber stets dem ständischen Typus. Dieser wird am eindeutigsten durch Adelsverwaltung repräsentiert, in reinster Form durch den Feudalismus, der das ganz persönliche Treueverhältnis und den Apell an die ständische Ehre des mit dem Amt beliehenen Ritters an die Stelle der sachlichen rationalen Amtspflicht setzt.

Alle Arten ständischer, auf mehr oder minder fester Appropriation der Verwaltungsmacht ruhender Herrschaft stehen im Verhältnis zum Patriarchalismus insofern der legalen Herrschaft näher, als sie, kraft der Garantien, welche die Zuständigkeiten der Privilegierten umgeben, den Charakter eines besondersartigen «Rechtsgrundes» haben (Folge der ständischen «Gewaltenteilung»), der den patriarchalischen Gebilden mit ihren völlig der Willkür des Herrn anheimgegebenen Verwaltungen fehlt. Andererseits steht die straffe Disziplin und das fehlende Eigenrecht des Verwaltungsstabes beim Patriarchalismus technisch der Amtsdisziplin des legalen Herrschaft näher als die durch Appropriation zerspaltene und dabei stereotypierte Verwaltung der ständischen Gebilde, und ist die Verwendung von Plebejern (Juristen) im Herrendienst in Europa geradezu der Vorläufer des modernen Staates gewesen.

3

Charismatische Herrschaft

[6]*Charismatische Herrschaft*, kraft affektueller Hingabe an die Person des Herrn und ihre Gnadengaben (Charisma), insbesondere: magische Fähigkeiten, Offenbarungen oder Heldentum, Macht des Geistes und der Rede. Das ewig Neue, Außerwerktägliche, Niedagewesene und die emotionale Hingenommenheit dadurch sind hier Quellen persönlicher Hingebung. Reinste Typen sind die Herrschaft des Propheten, des Kriegshelden, des großen Demagogen. Der Herrschaftsverband ist die

Vergemeinschaftung in der Gemeinde oder Gefolgschaft. Der Typus des Befehlenden ist der *Führer*. Der Typus des Gehorchenden ist der «*Jünger*». Ganz ausschließlich dem Führer rein persönlich um seiner persönlichen, unwerktäglichen Qualitäten willen wird gehorcht, nicht wegen gesatzter Stellung oder traditionaler Würde. Daher auch nur, solange ihm diese Qualitäten zugeschrieben werden: sein Charisma sich durch deren Erweise *bewährt*. Wenn er von seinem Gotte «verlassen» oder seiner Heldenkraft oder des Glaubens der Massen an seine Führerqualität beraubt ist, fällt seine Herrschaft dahin. Der Verwaltungsstab ist ausgelesen nach Charisma und persönlicher Hingabe: dagegen weder nach Fachqualifikation (wie der Beamte), noch nach Stand (wie der ständische Verwaltungsstab), noch nach Haus- oder anderer persönlicher Abhängigkeit (wie im Gegensatz dazu der patriarchale Verwaltungsstab). Es fehlt der rationale Begriff der «Kompetenz» ebenso wie der ständische des «Privilegs». Maßgebend für den Umfang der Legitimation des beauftragten Gefolgsmannes oder Jüngers ist lediglich die Sendung des Herrn und seine persönliche charismatische Qualifikation. Der Verwaltung — soweit dieser Name adäquat ist — fehlt jede Orientierung an Regeln, sei es gesatzten, sei es traditionalen. Aktuelle Offenbarung oder aktuelle Schöpfung, Tat und Beispiel, Entscheidung von Fall zu Fall, jedenfalls also — am Maßstab gesatzter Ordnungen gemessen — *irrational*, charakterisiert sie. An Tradition ist sie nicht gebunden: «es steht geschrieben, ich aber sage Euch» gilt für den Propheten; für den Kriegshelden schwinden die legitimen Ordnungen gegenüber der Neuschaffung kraft der Gewalt des Schwertes, für den Demagogen kraft des von ihm verkündeten und suggerierten revolutionären «Naturrechtes». Die genuine Form charismatischer Rechtsweisung und Streitschlichtung ist die Verkündung des Spruches durch den Herrn oder «Weisen» und seine Anerkennung durch die (Wehr- oder Glaubens-) Gemeinde, welche pflichtmäßig ist, falls ihr nicht eine konkurrierende Weisung eines Andern mit dem Anspruch auf charismatische Geltung entgegengestellt wird. In diesem Fall liegt ein letztlich nur durch das *Vertrauen* der Gemeinde zu entscheidender Führerkampf vor, bei dem nur auf einer Seite Recht, auf der anderen sühnepflichtiges Unrecht vorliegen kann.

a) Der Typus der charismatischen Herrschaft ist zuerst von [7]R. Sohm in seinem Kirchenrecht für die altchristliche Gemeinde — noch ohne die Erkenntnis, daß es sich um einen Typus handele, — glänzend entwickelt; der Ausdruck ist seitdem mehrfach ohne Erkenntnis der Tragweite gebraucht worden. — Die frühe Vergangenheit kennt neben geringen Ansätzen «gesatzter» Herrschaft, die freilich keineswegs gänzlich fehlen, die Aufteilung der Gesamtheit aller Herrschaftsverhältnisse unter Tradition und Charisma. Neben dem «Wirtschaftshäuptling» (Sachem) der [8]Indianer, einer wesentlich traditionalen Figur, steht der charis-

matische Kriegsfürst (dem deutschen «Herzog» entsprechend) mit seiner Gefolgschaft. Jagd- und Kriegszüge, die beide einen persönlich mit außerwerktäglichen Qualitäten ausgerüsteten Führer verlangen, sind die weltlichen, die Magie ist die «geistliche» Stätte des charismatischen Führertums. Seitdem geht mit den Propheten und Kriegsfürsten aller Zeiten die charismatische Herrschaft über Menschen durch die Jahrhunderte. Der charismatische Politiker — «Demagoge» — ist Produkt des okzidentalen Stadtstaates. Im Stadtstaat Jerusalem trat er nur im religiösen Gewande, als Prophet auf, die Verfassung von Athen dagegen war seit den Neuerungen des [9]Perikles und Ephialtes völlig auf seine Existenz zugeschnitten, ohne welche die Staatsmaschine keinen Augenblick funktionieren würde.

b) [10]Die charismatische Autorität ruht auf dem «Glauben» an den Propheten, der «Anerkennung», die der charismatische Kriegsheld, der Held der Straße oder der Demagoge persönlich findet, und fällt mit ihm dahin. Gleichwohl leitet sie ihre Autorität nicht etwa *aus* dieser Anerkennung durch die Beherrschten ab. Sondern umgekehrt: Glaube und Anerkennung gelten als *Pflicht*, deren Erfüllung der charismatich Legitimierte für sich fordert, deren Verletzung er ahndet. Die charismatische Autorität ist zwar eine der großen revolutionären Mächte der Geschichte, aber sie ist in ihrer ganz reinen Form durchaus autoritären, herrrschaftlichen Charakters.

c) Es versteht sich, daß der Ausdruck «Charisma» hier in einem gänzlich wertfreien Sinn gebraucht wird. Der manische Wutanfall des nordischen «Berserkers», die Mirakel und Offenbarungen irgendeiner Winkelprophetie, die demagogischen Gaben des [11]Kleon sind der Soziologie genau so gut «Charisma» wie die Qualitäten eines Napoleon, Jesus, Perikles. Denn für uns entscheidend ist nur, ob sie als Charisma gelten und *wirkten*, d. h. Anerkennung fanden. Dafur ist «Bewahrung» die Grundvoraussetzung: durch Wunder, Erfolge, Wohlergehen der Gefolgschaft oder der Untertanen muß sich der charismatische Herr als «von Gottes Gnaden» bewähren. Nur solange gilt er dafür, als er das kann. Ist ihm Erfolg versagt, so wankt seine Herrschaft. Dieser charismatische Begriff des «Gottesgnadentums» hatte da, wo er bestand, entscheidende Konsequenzen. Der chinesische Monarch war in seiner Stellung bedroht, sobald Dürre, Überschwemmung, Mißerfolg im Feld oder andere Unfälle es fraglich erscheinen ließen, ob er in der Gnade des Himmels stehe. Öffentliche Selbstanklage und Buße, bei hartnäckigem Unheil: Absetzung und eventuell Opferung, drohten ihm. Die Beglaubigung durch Wunder verlangte man von jedem Propheten [12](noch Luther von den Zwickauern).

Der Bestand auch bei weitem der meisten ihrem Grundcharakter nach *legalen* Herrschaftsverhältnisse ruht, soweit bei ihrer Stabilität der Legitimitätsglauben mitspricht, auf gemischten Grundlagen. Traditio-

nale Eingewöhnung und «Prestige» (Charisma) rücken mit dem — letzt-
lich ebenfalls eingelebten — Glauben an die Bedeutung der formalen
Legalität zusammen: die Erschütterung eines von ihnen durch gegen-
über der Tradition ungewohnte Anforderungen an die Beherrschten,
außergewöhnliches, das Prestige vernichtendes Mißgeschick oder Ver-
letzung der üblichen formalen legalen Korrektheit erschüttert den Legi-
timitätsglauben in gleichem Maße. Bei *allen* Herrschaftverhältnissen aber
ist für den kontinuierlichen Bestand der tatsächlichen Fügsamkeit der
Beherrschten höchst entscheidend vor allem die Tatsache der Existenz
des Verwaltungsstabes und seines *kontinuierlichen,* auf Durchführung der
Ordnungen und (direkte oder indirekte) Erzwingung der Unterwerfung
unter die Herrschaft gerichteten Handelns. Die Sicherung dieses die
Herrschaft realisierenden Handelns ist das, was man mit dem Ausdruck
«Organisation» meint. Für die hiernach so überaus wichtige Herren-
loyalität des Verwaltungsstabes selbst wiederum ist dessen Interessen-
solidarität mit dem Herrn — ideell sowohl wie materiell — ausschlagge-
bend. Für die Beziehungen des Herrn zum Verwaltungsstab gilt im all-
gemeinen der Satz, daß in der Regel der Herr, kraft der Vereinzelung
der Zugehörigen des Stabes und der Solidarität jedes Mitgliedes mit ihm,
jedem widerstrebenden Einzelnen gegenüber der Stärkere ist, allen zu-
sammen gegenüber aber jedenfalls dann der Schwächere, wenn sie sich
— wie zahlreiche Stabskategorien der Vergangenheit und Gegenwart
gelegentlich taten — vergesellschaften. Es bedarf aber einer planvollen
Vereinbarung der Glieder des Verwaltungsstabes, um durch Obstruktion
oder bewußte Gegenaktion die Einwirkung des Herrn auf das Verbands-
handeln und hiermit seine Herrschaft lahmzulegen. Und ebenso bedarf
es der Schaffung eines eigenen Verwaltungsstabes.

d) Die charismatische Herrschaft ist eine spezifisch *außeralltägliche* und
rein persönliche soziale Beziehung. Bei kontinuierlichem Bestand, spä-
testens aber mit dem Wegfall des persönlichen Charismaträgers, hat das
Herrschaftverhältnis — in letzterem Fall dann, wenn es nicht zugleich
erlischt, sondern in irgendeiner Art fortbesteht und also die Autorität
des Herrn auf Nachfolger übergeht — die Tendenz, sich zu *veralltäglichen:*
1. durch Traditionalisierung der Ordnungen. Anstelle der kontinuier-
lichen charismatischen Neuschöpfung im Recht und Verwaltungsbefehl
durch den Charismaträger oder charismatisch qualifizierten Verwaltungs-
stab tritt die Autorität der Präjudizien und Präzedenzien, die sie schützen
oder die ihnen zugeschrieben werden; 2. durch Übergang des charis-
matischen Verwaltungsstabes: der Jüngerschaft oder Gefolgschaft, in
einen legalen oder ständischen Stab durch Übernahme von internen
oder von durch Privileg appropriierten Herrschaftsrechten (Lehen, Pfrün-
de); 3. durch Umbildung des Sinnes des Charisma selbst. Dafür ist maß-
gebend die Art der Lösung der aus ideellen wie (sehr oft vor allem)
materiellen Gründen brennenden Frage des *Nachfolgeproblems.* Diese ist

in verschiedener Art möglich: das bloße passive Abwarten des Auftretens eines neuen charismatisch beglaubigten oder qualifizierten Herrn pflegt, zumal wenn sein Erscheinen auf sich warten läßt und starke Interessen, gleichviel welcher Art, mit der Fortdauer des Herrschaftsverbandes verknüpft sind, durch aktives Handeln für seine Gewinnung ersetzt zu werden.

a) Durch Aufsuchung nach Merkmalen der charismatischen Qualifikation. Ein ziemlich reiner Typus: das Suchen des neuen [13]Dalai Lama. Der streng persönliche, außeralltägliche Charakter des Charisma wandelt sich dadurch in eine nach Regeln feststellbare Qualität.

b) Durch Orakel, Los oder andere Techniken der Bezeichnung. Der Glaube an die Person des charismatisch Qualifizierten wandelt sich dadurch zum Glauben an die betreffende Technik.

c) Durch Bezeichnung des charismatisch Qualifizierten:

1. Durch den Charismaträger selbst: Nachfolgerdesignation, eine sehr häufige Form, sowohl bei Propheten wie bei Kriegsfürsten. Der Glaube an die Eigenlegitimität des Charisma wandelt sich dadurch in den Glauben an den legitimen Erwerb der Herrschaft kraft rechtlicher und göttlicher Designation.

2. Durch die charismatisch qualifizierte Jüngerschaft oder Gefolgschaft unter Hinzutritt der Anerkennung durch die religiöse resp. militärische Gemeinde. Die Auffassung als «Wahl»- bzw. «Vorwahl»-Recht für dieses Verfahren ist sekundär. Dieser moderne Begriff ist ganz fernzuhalten. Es handelt sich der ursprünglichen Idee nach nicht um eine «Abstimmung» über Wahlkandidaten, zwischen denen freie Auswahl besteht, sondern um Feststellung und Anerkennung des *richtigen*, des als charismatisch qualifiziert zur Nachfolge *berufenen* Herrn. Eine «falsche» Wahl war daher ein zu sühnendes Unrecht. Das eigentliche Postulat war: daß es möglich sein müßte, Einstimmigkeit zu erzielen, das Gegenteil Irrung und Schwäche sei.

In jedem Falle galt alsdann der Glaube nicht mehr der Person rein als solcher, sondern der «richtig» und «gültig bezeichneten» (und evtl. inthronisierten) oder sonst in die Macht nach Art eines Besitzobjekts eingewiesenen Person des Herrn.

3. Durch «*Erbcharisma*» in der Vorstellung, daß die charismatische Qualifikation im Blute liege.

Der an sich naheliegende Gedanke ist zunächst der eines «Erbrechts» an der Herrschaft. Dieser Gedanke ist nur im Okzident im Mittelalter herrschend geworden. Sehr oft haftet das Charisma nur an der Sippe und muß der neue aktuelle Träger erst besonders festgestellt werden, nach einer der unter 1—3 erwähnten Regeln und Methoden. Wo bezüglich der Person feste Regeln bestehen, sind diese nicht einheitlich. Nur im mittelalterlichen Okzident und in Japan ist durchweg ganz eindeutig das «Primogeniturerbrecht» an der Krone durchgedrungen, sehr zur

Erhöhung der Stabilität der dortigen Herrschaft, da alle anderen Formen zu internen Konflikten Anlaß geben.

Der Glaube gilt dann nicht mehr der Person rein als solcher, sondern dem «legitimen» Erben der Dynastie: Der rein aktuelle und außeralltägliche Charakter des Charisma ist sehr stark traditionalisierend umgewandelt und auch der Begriff des «Gottesgnadentums» in seinem Sinne völlig verändert (= Herr zu eigenem vollem Recht, nicht kraft durch die Beherrschten anerkanntem *persönlichen* Charisma). Von persönlichen Qualitäten ist der Herrenanspruch dann *völlig* unabhängig.

4. Durch rituelle Versachlichung des Charisma: Der Glaube, daß es eine durch eine bestimmte Art von Hierurgie, Salbung, Händeauflegung oder andere sakramentale Akte, übertragbare oder erzeugbare magische Qualität sei.

Der Glaube gilt dann nicht mehr der Person des Charismaträgers — von deren Qualitäten der Herrschaftsanspruch vielmehr (wie besonders klar durch das katholische Prinzip des [14]*character indelebilis* des Priesters durchgeführt ist) völlig unabhängig ist —, sondern der Wirksamkeit des betreffenden sakramentalen Aktes.

5. Das seinem primären Sinn nach autoritär gedeutete charismatische Legitimitätsprinzip kann antiautoritär umgedeutet werden. Die tatsächliche Geltung der charismatischen Herrschaft ruht auf der Anerkennung der konkreten *Person* als der charismatisch Qualifizierten und Bewährten durch die Beherrschten. Nach der genuinen Auffassung des Charisma wird diese Anerkennung dem legitimen, weil qualifizierten Prätendenten *geschuldet*. Dieses Verhältnis kann indessen leicht dahin umgedeutet werden: daß die freie Anerkennung durch die Beherrschten ihrerseits die Voraussetzung der Legitimität und ihre Grundlage sei (demokratische Legitimität). Dann wird die Anerkennung zur «Wahl» und der kraft eigenem Charisma legitimierte Herr zu einem Gewalthaber von Gnaden der Beherrschten und kraft Mandats. Sowohl die Designation durch die Gefolgschaft, wie die Akklamation durch die (militärische oder religiöse) Gemeinde, wie das Plebiszit haben geschichtlich oft den Charakter einer durch Abstimmung vollzogenen Wahl angenommen und dadurch den seinen charismatischen Ansprüchen gemäß gekorenen Herrn zu einem von den Beherrschten rein nach ihrem Belieben gewählten *Beamten* gemacht.

Ebenso entwickelt sich der charismatische Grundsatz: daß eine charismatische Rechtsweisung der Gemeinde (Wehrgemeinde oder religiöse Gemeinde) verkündet und von ihr *anerkannt* werden müsse, und so die vorhandene Möglichkeit: daß verschiedene und entgegengesetzte Weisungen konkurrieren und dann durch charismatische Mittel, letztlich durch Bekenntnis der Gemeinde zur *richtigen* Weisung, die Entscheidung getroffen wird, leicht zu der — *legalen* — Vorstellung: daß die Beherrschten über das geltensollende Recht durch Willenskundgebung

frei bestimmen und daß die Zählung der Stimmen das dafür legitime Mittel sei (Majoritätsprinzip).

Der Unterschied zwischen einem gewälten *Führer* und einem gewählten Beamten bleibt dann lediglich ein solcher des Sinnes, den der Gewählte selbst seinem Verhalten gibt und — nach seinen persönlichen Qualitäten — gegenüber dem Stab und den Beherrschten zu geben *vermag*: der Beamte wird sich gänzlich als Mandatar seines Herrn, hier also der Wähler, der Führer als ausschließlich eigenverantwortlich verhalten, dieser wird also, solange er ihr Vertrauen mit Erfolg in Anspruch nimmt, durchaus nach eigenem Ermessen handeln *(Führer-Demokratie)* und nicht wie der Beamte gemäß dem (in einem «imperativen Mandat») ausgesprochenen oder vermuteten Willen der Wähler.

COMMENTARY

Text: Max Weber, *Soziologie. Weltgeschichtliche Analysen. Politik.* (Stuttgart, 1964), 151—66

1. *Legale Herrschaft*: Weber's introductory, somewhat more loosely formulated thoughts on this subject occur in the introduction to his *Wirtschaftsethik der Weltreligionen (Gesammelte Aufsätze zur Religionssoziologie* I, 237 ff).

2. *sine ira et studio*: 'impartially'; a phrase taken from Tacitus, *Annals* I, 1.

3. *de non evocando, non appellando*: the *privilegium de non evocando* bestows the right on a man to be subject only to the jurisdiction of his native territory; the *privilegium de non appellando* provides that no man may appeal to a court elsewhere against the verdict of a court in his own territory.

4. *Kadijustiz*: the cadi (judge whose decisions are based on Moslem law) symbolises here a harsh system of justice.

5. *Mamelukenzeit*: the Mamelukes (Arabic *mameluk* = 'slave') were a military caste, originally of Circassian slaves, which seized the throne of Egypt in 1254 and ruled that country until their destruction by Muhamed Ali in 1811.

6. *Charismatische Herrschaft*: further notes on this type of authority are to be found in Weber's *Wirtschaftsethik der Weltreligionen.*

7. *R. Sohm*: Rudolf Sohm (1841—1917), authority on canon law. Like Max Weber, he was a supporter of Friedrich Naumann and helped to found the *Nationalsozialer Verein* in 1896.

8. *Indianer*: Weber visited the United States in 1904 and collected much firsthand information on American society. The essay *Kirchen und Sekten in Nordamerika* (1906), later expanded as *Die praktischen Sekten und der Geist des Kapitalismus* and included in the *Gesammelte Aufsätze zur Religionssoziologie*, is a product of his experiences.

7*

9. *Perikles und Ephialtes*: leaders of the democratic reform of the government of Athens in the mid-fifth century B.C.

10. *Die charismatische Autorität* etc: the remarks in this paragraph are uncannily appropriate to the emergence of Mussolini, Hitler and other modern dictators.

11. *Kleon*: after the death of Pericles in 429 B.C. Cleon became leader of the democratic party in Athens.

12. *noch Luther von den Zwickauern*: the 'prophets of Zwickau' or 'Anarchists of the Reformation', as they have been called, were a fanatical group of religious reformers of the 1520s, whose extremes of doctrine and behaviour were combatted and finally overcome by Luther. Their leader was Thomas Müntzer, a prominent figure in the Peasants' Revolt of 1524—5.

13. *Dalai Lama*: Lamaism is—or was—the form of Buddhism practised in Tibet, Mongolia and the Himalayan kingdoms, and the Dalai (=ocean-wide) Lama was the supreme spiritual and temporal ruler of Tibet from the seventeenth century until the invasion of the country by the Chinese Communists in 1950. The then Dalai Lama fled to India in 1959.

14. *character indelebilis des Priesters*: the doctrine of the imperishability of the sanctification received by the priest at his ordination.

SCHELER (1875–1928)

Über die Nationalideen der großen Nationen (1916)

The interest of this essay derives less from the figure of Max Scheler himself—a name certainly less familiar to the general public than Max Weber, Husserl, Spengler, Jaspers and other near-contemporaries writing in, and of, the Germany of the disintegrating Second Reich and the First World War—than from the nature of its theme, particularly in the historical setting of 1916, and from the tendencies of thought that it represents.

One of the less dubious elements in the philosophic atmosphere of the post-Nietzschean age was the direction of attention to what might be called philosophy in action, i.e. in life, rather than to academic philosophy for fellow-philosophers. Nietzsche's heady message had provoked all manner of extravagant responses, many of them laying claim to 'scientific' relevance and seeking, by vague, impressionistic appeals to general, and often irrational characteristics, a contemporary educational validity. The War gave added stimulus to this movement. But the urge towards 'philosophy for life' also had its more substantial aspect, an aspect characterised by sociological rather than metaphysical concerns. The historico-scientific approach of Dilthey, the attempt by neo-Kantians such as Hermann Cohen and Paul Natorp to accommodate the ethics of Kant in the modern world of the natural sciences, the phenomenology of Husserl as a new basis in logic for the explanation of reality—such were the fields of activity against which the work of thinkers as different as Georg Simmel, Oswald Spengler (see p. 123 ff. below) and Max Scheler is to be viewed.

Scheler's intellectual career reflects the twistings and turnings of a sensitive mind exposed to conflicting pressures. His first works, written shortly before the Great War, concerned the establishment of a phenomenological basis for the study of ethics and the life of the emotions, building on Pascal's concept of an *ordre du cœur, logique du cœur, raison du cœur* (*Zur Phänomenologie und Theorie der Sympathiegefühle und von Liebe und Haß*, 1913; *Der Formalismus in der Ethik und die materialle Wertethik* (1913–16). During the war he embraced Catholicism and turned his attention to the moral and political ethos of contemporary Germany

in a series of aggressively national, not to say nationalistic, works such as *Der Genius des Krieges und der deutsche Krieg* (1915), *Krieg und Aufbau* (1916—the book in which our present essay first appeared) and *Deutschlands Sendung und der katholische Gedanke* (1918). The end of the war found him engrossed in the philosophy of religion, a subject to which he came in a natural transition from the field of ethics, and from which his most penetrating, most moving book emerged, *Vom Ewigen im Menschen* (1920). Yet only three years later he renounced his Catholic faith in favour of a highly eclectic form of universalism derived from a conviction of the one-ness of all life—animate and so-called inanimate, present and past, Oriental and Occidental—and a kind of pantheistic, even atheistic, confidence in instincts and emotions, rather than human consciousness and knowledge, to convey the vital force and meaning of life. Whereas in his Catholicism he had invoked St. Augustine, Pascal and Newman, he now saw the axis of his universalism as stretching from Buddha through Schopenhauer's 'Selbstnegation des Willens zum Leben' and Alsberg's *Das Menschheitsrätsel* to Freud, above all his later work embodied in *Beyond the Pleasure Principle* (*Die Stellung des Menschen im Kosmos*, 1928, 68ff).

To this final period of Scheler's life belongs *Die Wissensformen und die Gesellschaft* (1926), the work that establishes his historical importance as the founder of the sociology of knowledge. Already in *Vom Ewigen im Menschen* he gave an explanation in sociological terms of what had led St. Thomas Aquinas to embark on the so-called cosmological proof of the existence of God. In the centuries before St. Thomas it had been taken as a matter of course that the existence of creatures meant the existence of a Creator; the thirteenth century, without doubting the conclusion, began to flex its intellectual muscles by asking how the conclusion could be arrived at by rational proof, and it was to meet this demand that St. Thomas, in the spirit of one undertaking an intellectual formality, submitted his argument. To consider the social circumstance of thought and knowledge was no innovation of Scheler's, but he was the first to make it a basic principle of sociological procedure and to give it a methodology (cf. the essay by Adorno in this volume [p. 254ff. below] and its discussion of the ideas of Karl Mannheim, a distinguished later 'sociologist of knowledge').

Die Wissensformen und die Gesellschaft carries this new discipline to the two great sociological theories of the nineteenth century—the historical materialism of Marx and the positivism of Comte. In both of these Scheler found suggestive episodes, but he demonstrated that they were in fact applied ideologies, not the sciences they claimed to be: Marxism is at root a modern presentation, in the name of proletarian aspirations, of the old utopian idealism which sees the ultimate dominion of reason over reality, while positivism, as a kind of distorted mirror-image of

Marxism, represents a nineteenth-century bourgeois confidence in the superiority of modern material progress and contemporary scientific and technological knowledge over the metaphysical and religious knowledge of historical experience. Through his critique of these two influential doctrines Scheler set out to delineate the principles of a true science of society, divested of all prejudice and personal inclination, and with claims to a demonstrable, universal validity.

The essay *Über die Nationalideen der großen Nationen* is a product of Scheler's patriotic zeal during World War I, and in particular an example of political attitudes shared by many intellectuals of the time. On the one hand it purports to introduce an objective discussion of 'die konkret-individuelle Nationalidee' of individual nations, i.e. what, in terms of historical pressure and intellectual and cultural tradition, constitutes the real inner identity of modern political units that claim the right to nationhood. One of Scheler's most distinguished followers in this Herderian field was Ernst Robert Curtius, whose studies of French and European culture rest on Scheler's methodology and categorisation of concepts.

On the other hand the inflamed political conditions of 1916, with Scheler's passionate involvement in the course of German national destiny, made for a violent confrontation between what he saw as the legitimate national aspirations of Germany and the aggressive intention of her enemies to thwart them. Where France is sardonically cast as 'der Führer und Lehrer der Menschheit', England sarcastically as 'der geborene und gottauserkorene Herrscher' and Russia scornfully as 'der Diener, ja das freiwillige Opferlamm der Menschheit' (p. 128 below), the modest and unassuming Fatherland is shown as an honest, just, clear-sighted nation without pretensions to power or judgement over others.

These sentiments are expounded in *Über Gesinnungs- und Zweckmilitarismus*, a study in the psychology of militarism, which explains a great deal about the convictions that sustained so many Germans in their views on the rightness of their national cause in the war and the propriety of their means to achieve it. Scheler distinguishes between the inborn, 'ethical' militarism which is a true expression of the German psyche—*Gesinnungsmilitarismus*, as he calls it—and the pragmatic *Zweckmilitarismus* of other nations, a forced posture of aggressiveness temporarily adopted for the achievement of a morally indefensible military victory. Whereas a work of art (*Kunstwerk*) expresses the spirit of a people, a tool (*Werkzeug*) is only a means to an end: 'For Prussian militarism is more like a work of art than a tool. It is not something that has been imposed on the national character from without but, like the outer shell of certain marine creatures, is the product of an essentially organic function'. (*Gesammelte Werke* VI², 1963, 189). Military values—service, discipline, correctness—therefore permeate the whole of German life, but *Gesinnungsmilitarismus*, unlike *Zweckmilitarismus*, carries no threat

of aggression, any more than the complementary phenomenon of *Gesinnungspazifismus* in certain nations carries a guarantee of peace.

The sophistries and *petitiones principii* in Scheler's arguments cannot be examined here. They are, however, no less valuable for their dogmatic and often intolerably self-righteous tone, and as an aggressive statement of confidence in the nation as a meaningful, even as *the* basic, social unit, they stand in interesting contrast to the equally national but quietly, soberly argued case for German economic and social unity put by Max Weber twenty years earlier on behalf of Friedrich Naumann's *Nationalsozialer Verein*.

That Scheler's smouldering anti-British attitudes and glowing German chauvinism reflected widely-held views is clear from the writings of scholars such as the theologian Adolf von Harnack, the economic historian Werner Sombart and the jurist Otto Gierke, not to speak of Houston Stewart Chamberlain, son-in-law of Richard Wagner. A similar national emphasis lies on the writings of Spengler in the post-war period (see p. 123ff. below), while the terms in which Ernst Jünger (see p. 190 below) writes of his *Fronterlebnis* recall the soldierly virtues associated with what Scheler, in his *Über Gesinnungs- und Zweckmilitarismus*, called *Frontgeist*. 'Und wenn jetzt der Krieg mit ehernen Schritten entgegenkommt,' cried Harnack, 'wie nehmen wir ihn auf? Wir brauchen nur hinzusehen auf die Strasse! Ruhig, kräftig und schliesslich auch jubelnd.... So viel Egoistisches fällt ab, nur auf grosse Gesichtspunkte kommt alles an Wir treten in die Zeit der Opferfreudigkeit' (K. Schwabe, *Wissenschaft und Kriegsmoral*, 1969, 38).

But perhaps the most striking document is the manifesto of October 4, 1914 known as the *Aufruf der 93*—one of a number of such documents— in which a body of ninety-three writers, artists, musicians, scientists, philosophers and scholars, of all religions and political persuasions, put their names to a declaration defending the German invasion of Belgium, denying any breach of international law and asserting the solidarity of the German people with its army (the text, together with the full list of signatories, in H. Kellermann, *Der Krieg der Geister*, 1915, 64ff). When one encounters in this company figures such as Gerhart Hauptmann (a man not blessed, admittedly, with great political acumen, witness his enthusiastic welcome of Hitler in 1933), the philosopher Rudolf Eucken, the actor and director Max Reinhardt, the painter Max Liebermann, authors like Sudermann and Richard Dehmel, the scientists Max Planck, Fritz Haber, Paul Ehrlich and Wilhelm Röntgen—all four, like Hauptmann and Eucken, Nobel Prize Winners—one is made to realise that this is no private statement from an intellectual coterie (the majority of the signatories were university professors) but the expression of a conviction held by men of otherwise totally different beliefs and backgrounds.

Scheler's abiding importance in the history of sociology transcends this particular context of the mood in Germany in the early part of the Great War. But the works on which that importance rests had not been written at the time of *Über die Nationalideen der großen Nationen*, which, as representative both in theme and tone of a vital area of concern, has its own value in the development of German social and political thought. Implicitly and explicitly it reveals much that one needs for an understanding of twentieth-century Germany.

BIBLIOGRAPHY

M. Dupuy, *La philosophie de Max Scheler* (Paris, 1959)
M. S. Frings, *Max Scheler* (Pittsburgh, 1965)
B. Lorscheid, *Max Schelers Phänomenologie des Psychischen* (Bonn, 1957)
J. R. Staude, *Max Scheler* (New York, 1967)
M. Wittmann, *Max Scheler als Ethiker* (Düsseldorf, 1923)

Über die Nationalideen der grossen Nationen

Am 29. Mai des letzten Jahres hielt der derzeitige Präsident der Académie Française, der auch in Deutschland wohlbekannte Philosoph [1]Émile Boutroux, in Lausanne einen Vortrag über die französische National-idee, der in mehr als einer Hinsicht unserer Beachtung wert ist. Schon die Problemstellung verdient mehr Aufmerksamkeit, als ihr bisher zuteil geworden ist.

Ob wir es bei einer Gruppe oder Bewegung, die sich «nationalgesinnt» nennt, auch mit echter und unmittelbarer nationaler Gesinnung zu tun haben oder mit einer der vielen Formen nationalistischer «Ideologien», durch welche ein irgendwie an die Nation mitengagiertes partikulares Interessengebiet einer Klasse seine Interessen sich nur darum «national» gebärden läßt, um die ganze Nation in die Dienste dieses Interesses zu stellen — diese Frage, die bei aller theoretischen Beschäftigung mit dem Problem der Nationen immer wiederkehrt, besitzt zu ihrer Beantwortung ein höchstes Kriterium: Ist die Gruppe *echt* nationalgesinnt, so wird sie sich niemals auf den allgemeinen *Begriff* der Nation berufen, der für alle Nationen derselbe ist, sondern stets auf die *konkretindividuelle Nationalidee* der eigenen Nation. Haben wir es dagegen mit einer unechten «Ideologie» zu tun, die zur treibenden Kraft nur die in allen Nationen gleichartigen Klassen-Interessen hat, so ist dafür das erste Zeichen, daß die individuell konkreten Nationalideen übersprungen werden und in der Argumen-tation die eigene Nation nur als ein «Fall» von Nation überhaupt er-scheint. Nationalistische (freilich auch internationalistische) «Ideologien» solcher Art gibt es eine ganze Menge, z. B. die Ideologie des je national engagierten beweglichen Kapitals, die Ideologie der an dies Kapital engagierten Arbeiterinteressen, die nationalistischen Ideologien gewisser Berufe (z. B. Militärparteien, Kriegslieferanten), die Ideologie der natio-nalistischen Stellenjägerei und Ämtersucht. Schon darum ist es von höchster Wichtigkeit, den seinem Ursprung nach stets klassenhaft be-dingten «Nationalismus» von den *konkreten Nationalideen*, die auf dem Boden der Nationen selbst erwuchsen, genau zu scheiden.

Schon darin zeigt sich ein tiefgehender Wesensunterschied der Groß-mächte, ob und wieweit sie sich selbst primär überhaupt als *Nationen* oder als *Staaten* bzw. als Reiche usw. fühlen und begreifen. Ganz offen-kundig ist, daß sich primär als «Nationen» *nur* Frankreich und Italien selbst verstehen, d. h. die beiden geschlossensten nationalen Staatskörper Europas — beide mit einer ganz sonderbaren historischen Vergeßlichkeit betreffs der *staatlichen* Einheitsgrundlagen ihres gegenwärtigen natio-nalen Bewußtseins. England, dessen Volkstum, Sitte, Tradition auch

jenseits aller Staatsgewalt so zähe zusammenhält, faßt sich selbst primär weder als Staat noch als Nation auf, sondern als «Empire». Rußland gar hat die Nationalidee überhaupt nicht aus sich heraus geboren; nur ein kleines Häuflein seiner «Intelligenz» hat diese Idee vom Westen importiert bekommen und dann mit ganz anderen Dingen zu verflechten gewußt. *Seine* lebendige und umfassende Einheit bekundete sich vor dem Weltkriege in der Formel «Gott und der Zar», d. h. [2]sie war wesentlich durch Orthodoxie, die vorwiegend russische Sprache und den im Zaren vorbildlichen Patriarchalismus, der so lange vorherrschenden gesellschaftlichen Struktur, bedingt.

Das deutsche Nationalbewußtsein überhaupt ist das — historisch — noch *am wenigsten staatlich* und politisch fundierte in ganz Europa, wie es denn auch während der Zeiten weitgehendster staatlicher Zersplitterung Deutschlands als nationales Kulturbewußtsein erhalten blieb. Aber es ist doch auch heute noch stark fühlbar verschieden vom deutschen Staatsbewußtsein — und dies trotz der Politisierung, die es zuerst in der Befreiung vom Joche Napoleons und später durch Bismarck und das Reich erfahren hat. Schon die abgesprengten Stämme in der Schweiz, im vlämischen Belgien, in Kurland und Österreich bringen es mit sich, daß Deutschland sich primär als Staat und erst sekundär auch als Nation begreift. Es ist also höchst paradox, daß — wie Boutroux aufs neue beweist — das gesamte französische *Denken* die Nation dem Staate an Bedeutung weit überordnet. Denn gerade das französische Nationalbewußtsein ist durch das Werden des absoluten Staates im 17. und 18. Jahrhundert weit stärker bedingt als das deutsche. Niemals hat es die Prüfung auf seine staats*freie* Haltbarkeitsgrenze erfahren — eine Prüfung, die dem deutschen so viele Jahrzehnte zuteil wurde. Boutroux hat ganz recht, wenn er an der deutschen Philosophie zeigt, daß sie seit Kant überhaupt dazu neigt, nur den Staat als eine höchste sittliche Sozialgröße anzusehen, die Nation aber (gleich dem «Volke», und in der Tat meist viel zuwenig von ihm unterschieden) zu der Gruppe der bloß «natürlichen» Gemeinschaftsbildungen zu rechnen. Der *Staat*, er ist schon Kant das höchste soziale Gut — nicht die Nation. Der Staat ist Hegel die «objektive sittliche Vernunft», ja «der lebendige Gott auf Erden» — nicht die Nation. Auch ich finde in diesen und ähnlichen Bestimmungen maßlose Übersteigerungen der Staatsidee, verständlich nur als Überspannungen und Generalisierungen des eigenartigen Selbstbewußtseins eines konkreten Staates, nämlich Preußens, d. h. eines Gebildes, das gleichsam modern rationaler «Staat», unsichtbares selbstgeprägtes Willenswesen in puro ist; wie auch das Adjektivum «preußisch» in natürlicher Sprechweise nur in die Verbindung «preußischer Staat», nicht in jene: preußisches Volk (so wie bayrisches Volk usw.) eingeht. Als «deutsch» schlechthin können diese philosophischen Übersteigerungen also durchaus *nicht* gelten; wohl aber kann dafür gelten, daß die Staats-

idee überhaupt bei uns auch da noch einen Gefühlsvorzug vor jener der Nation genießt, wo wir von der «deutschen Nation» in der Sprache des Tages (nicht der Wissenschaft) reden — wobei kaum jemand etwa die deutsche Schweiz mitumspannen will. Doch auch dieser «Vorzug» des Staatsgedankens muß richtig verstanden werden.

Der Staat ist uns Deutschen nicht, wie es Boutroux darstellt, das höchste irdische *Gut* schlechthin, sondern nur das höchste *Willens- und Handlungssubjekt* der Geschichte. Gewiß stellen wir uns die Nation *praktisch* im Dienste des Staates, nicht über ihn herrschend vor und sind weit entfernt, mit den Franzosen den Staat nur als die «Organisation der Nation» zu begreifen, oder gar einer «Nationalversammlung» das Recht zu vindizieren, den Staat nach ihrem Majoritäts-Belieben umzuformen*; denn das hieße die Nation als solche auch zu einer politisch handelnden Kraft machen. Das Schicksal des Frankfurter Parlaments ist dafür charakteristisch. Darum bleibt uns aber doch der höchste Sinn des Staates selbst nur darin beschlossen, daß er die sittlich autonomen und freien Kräfte der ihm unterworfenen Gruppen und Personen zu entfalten, und in zweiter Linie die in der Nation schlummernden, nach Stämmen und Individuen ganz verschiedenartigen kulturbildenden Anlagen zu ihrer höchsten Wirksamkeit zu bringen habe.

Ganz anders Frankreich. Einerseits der häufige Wechsel der Regierungen und Verfassungen seit dem Sturz des Ancien régime, andererseits die nur durch die einzigartige Traditionsträgheit aller mittleren und niederen Verwaltungsformen — trotz diesen Verfassungsänderungen — begreifliche Vergeßlichkeit der Franzosen, daß doch die Einheit ihres Nationalbewußtseins weit stärker durch den Staat geschmiedet wurde als das deutsche Nationalbewußtsein, haben es zusammenwirkend mit sich gebracht, daß die Franzosen die Staatseinheit als das Flüchtige, Wechselnde, die *nationale* Einheit aber als das historisch Konstante und Feste begreifen. Und dieselben Momente haben es bewirkt, daß sie auch den politischen Willen in die Nation zu verlegen neigen und gerade damit die sittliche und kulturbildende Mannigfaltigkeit der nationalen Kräfte einer künstlich-uniformen Regelung unterwerfen, die der deutschen Freiheitsidee in allen Dingen des Geistes (z. B. Sprache, Kunst usw.) ganz und gar zuwider ist. Gerade das, was Boutroux die «französische Nation» nennt, ist faktisch nur der nachdauernde Geist des hinter dem rapiden Regierungs- und Verfassungswechsel verborgenen,

*3 Daß seit der Niederschrift dieses Aufsatzes in Weimar geschah, was oben als unangemessen der deutschen Geschichte bezeichnet ist, — notwendig geschah —, hat das Verhältnis von Staats- und Nationalgedanken im deutschen Bewußtsein tiefgehend gewandelt, aber auch die tiefen Widersprüchen zwischen Reichsgedanken und Föderalismus (Bayern) gesetzt, die sich noch nicht ausgewirkt und gelöst haben.

innerlich unüberwundenen Ancien régime; diese «Nation» ist also in ganz besonderem Maße Staatswerk: Tradition einer Phase des französischen Staatslebens. Indem Boutroux diese uns nätürliche Achtung vor den genannten freien Kräften, deren Dasein wir für alle unsere berühmte «Organisation» als selbstverständlich voraussetzen und *für* deren höchste Auswirkung wir alle «Organisation» nur gestalten, unterschlägt, indem er in unserer «Organisation» vielmehr eine staatliche normative Leitung der Gewissen und der Geister sieht, erweckt er das schaurige Bild eines öden Staatsmechanismus, in dessen Fangnetzen bei uns alles schöpferische Leben von Individuum und Nation ersticke. Er merkt aber gar nicht, daß er uns dabei die französische Idee einer zentralisierten Staatsmoral und Staatskultur als Ideal zuerst *unterschiebt*, und er sieht nicht, daß dem germanischen Staatsbegriff überhaupt von Hause aus nichts fremder ist, als dem Staate eine die Gewissen leitende und eine kulturschöpferische oder auch nur kulturregelnde Rolle zu geben.

Die Entwicklung der *französischen Nationalidee* durch Boutroux ist zwar echt französisch — aber sie ist leider auch voll grausamer Widersprüche. Zuerst wird die Nation als eine «moralische Gesamtperson» definiert, die im Verhältnis zu andern Nationen denselben «Prinzipien der Freiheit und Gleichheit» unterliege, welche die Erklärung der Menschenrechte von 1789 für die Individuen geltend gemacht habe. «La théorie française de la nationalité consiste à étendre aux nations ce qui, dans cette maxime, est affirmé des individus.» Aber im selben Atem, in dem die Nation als eine selbständig moralische Person erklärt wird, wird als Zeichen (marque) der Personalität einer Nation der gemeinsame bewußte freie Wille der Bürgerindividuen (citoyens) erklärt, gemeinsam zu leben und ein «politisches Gemeinwesen» (communité politique) zu bilden. Hat man je gehört, daß eine Person auf dem freien bewußten Willen ihrer Teile beruhen könne? Es ist doch klar: Entweder ist die Nation *keine* «Person» — dann mag sie auf so etwas wie «libre consentiment» beruhen oder ihre Einheit doch an diesem «consentiment» gemessen und beurteilt werden; oder sie *ist* eine personale Realität — dann müssen es völlig andere Kräfte sein, die sie zur Einheit zusammenbinden, als solche «freier Willenserklärung» der Individuen. Im Willen gar, «ein politisches Gemeinwesen zu bilden», wird der Staat (echt französisch) schon in die Nation hineingeheimnißt, so daß es dann freilich nicht mehr allzu schwer ist, den Staat der Nation hinterher pathetisch unterzuordnen. Schon in diesen Punkten ist unsere *deutsche Nationalidee* in der Tat eine völlig andere. Nation — das ist für uns eine geistige *Gesamtperson*, die in allen Gliedern (d.h. Familien, Stämmen, Völkern — denn Individuen sind niemals «Glieder») ursprünglich mitlebt, und dies auf solche Weise, daß nicht individuelle Selbstverantwortung des Einzelwillens, ihr anzugehören, sondern *ursprünglich solidarische Mit*verantwortung *jedes* Gliedes für Existenz, Sinn und Wert des Ganzen das sitt-

liche Wesen der «Nation» ausmacht*. Diese Solidarität aber bewegt sich für uns zunächst nur in der moralischen und geistigen Sphäre und ist scharf gelöst von allem «politischen» Gemeinwesen und positiven Rechte.

Aber was Boutroux eben noch bloßes Zeichen (marque) der Existenz einer Nationalperson war (libre consentiment), das wird ihm im Fortgang der Untersuchung, in dem er sich der elsaß-lothringischen Frage zuwendet, flugs zum *Wesen* der Nation überhaupt, so daß die «Personalität» der Nation sich schließlich in einen momentanen Versammlungsbeschluß vorstaatlicher «citoyens» gemäß dem puren Majoritätsprinzip auflöst.

Zwar stellt Boutroux ein Prinzip auf, das wir, im Gegensatze zu seiner Behauptung und etwaigen Erwartung, durchaus unterschreiben. Es lautet, daß rein objektive und nur auf Grund von «Quellen» durch die Wissenschaft feststellbare Tatbestände der Geschichte — der Art z.B. «wem einst ein Territorium gehörte», welche objektive Rassenzusammensetzung eine Bevölkerung besitzt usw. — niemals als Kriterien der nationalen Zugehörigkeit einer Gruppe verwandt werden dürfen, sondern nur je *gegenwärtige*, in dieser Gruppe *erlebte* und von ihr wie von den um sie konkurrierenden Nationen erlebbare Tatsachen. Aber das ist nun echt französisch, daß Boutroux zwischen solch rein objektiven, quellenmäßigen historischen Tatsachen-Feststellungen (die schließlich bis zu Adam gehen können) und der bewußten Willensaussage der Individuen der national problematischen Gruppe bei Gelegenheit einer Abstimmung, zu welcher Nation sie gehören *wollen*, überhaupt nichts in der Mitte sieht. So ist es gewiß nicht ein geographisch abgegrenztes Territorium, dessen einstige Zugehörigkeit zu einem politischen Ganzen einen späteren Anspruch dieses Ganzen auf das Territorium begründet. Aber — steht uns gleich mit Boutroux das Territorium für solche Entscheidung überhaupt erst an zweiter Stelle und die Bevölkerung an erster — ganz anders schon verhält es sich mit dem Territorium, sofern es Schauplatz ist sichtbarer, fühlbarer, also sehr wohl «gegenwärtig erlebbarer» Formen nationaler Arbeit und irgendwelcher Auswirkung eines bestimmten nationalen Geistes (Gebäude wie das Straßburger Münster, Bauarten, lebendige objektive sichtbare Traditionen in Sitten, Bräuchen, Trachten, Sprache, Formen der Bewirtschaftung und der Arbeitsart usw.). All das sind durchaus erlebbare und von den gegenwärtigen Menschen auch erlebte Dinge, sind sicht- und spürbare Realitäten der lebendigen, *erlebten*, nicht also der toten und nur wissenschaftlich in Quellen faßbaren Geschichte — aber es sind Dinge, die gleichzeitig völlig *unwillkürlich* sind und darum mit bewußten Willensentschlüssen

*4Vgl. jetzt zu Obigem K. Pribram, «Deutscher Nationalismus und deutscher Sozialismus» (*Archiv für Sozialwissenschaft XLIX*, 1916, 2. Heft).

so wenig zu tun haben wie mit der Summe der Individuen, die zu einem Zeitpunkt deutsch oder französisch sein *wollen*. Es sind gegenwärtige Erlebnisgehalte; aber es sind zugleich *Gesamt*erlebnisgehalte der in Lebensgemeinschaften gegliederten Bevölkerungseinheiten (Gemeinden, Gaue usw.) — nicht sind es Einzelerlebnisse der Individuen. Und es sind Erlebnisse im Sinne von lebendigen, die Menschen durchflutenden Tendenzen, die — prinzipiell auch *wider* die bewußte Willensaussage *aller* Bevölkerungsindividuen — diese *faktisch* bewegen und treiben können.

Boutroux beschäftigt sich mit diesen lebendigen, aber unwillkürlichen Kennzeichen der nationalen Zugehörigkeit genauer nur in Hinsicht auf die *Sprache*. Die französische Nationalidee — bemerkt er — könne, so wenig sie in der Rasse oder in der objektiven Geschichte Kriterien nationaler Zugehörigkeit finde, auch in der natürlichen Sprache kein solches Kennzeichen anerkennen. Denn erst ein schon vorhandener nationaler Geist, der in der freien Zusammenstimmung der Menschen und immer neuen Sprachproduktion in die Erscheinung trete, sei es, der die nur schicksalsmäßig dem einzelnen zufallende natürliche Sprache zu einer Bildungssprache immer neu fortbilde. Derselbe nationale Geist führe aber auch über die natürlichen Sprachgrenzen hinaus häufig zu einer «nationalen» Verbindung der Geister. Was Boutroux bei dieser Gelegenheit zur Lehre J. G. Fichtes bemerkt, das deutsche Volk habe den Vorzug einer ursprünglichen Wurzelsprache und darum einer lebendigeren Sprache vor den romanischen Völkern und ihren Mischsprachen voraus, gehört zum interessantesten und lehrreichsten Teil seines Vortrags. Diese Digression kann aber hier nicht gewürdigt werden. Hier ist nur zu sagen, daß eine bloß «linguistische» Theorie der Nation auch unserer deutschen Denkweise völlig fernliegt. Wir scheiden darum scharf nicht nur zwischen Nation und «Nationalität» (im Sinne nationaler Zugehörigkeit einer Person), sondern auch zwischen Nationen und «Nationalitäten», d. h. natürlichen Spracheinheiten, in denen kein eigentümlicher, der lebendigen Fortbildung durch originale Ideen fähiger Bildungsgeist in die Erscheinung tritt. Aber — und das ist erst der Unterschied — auch dieser Bildungsgeist ist für uns nichts, was in Sein und Werden der individuellen Willkür unterliegt. Er hat seine feste objektive Struktur und wurzelt in der kulturellen Solidarität der nationalen Teile im lebendigen Bauen an dem die Zeiten, Stämme und Territorien überbrückenden Bauwerk einer eigentümlichen nationalen *Güter*welt — nicht aber wurzelt er in dem subjektiven, noch dazu politisch orientierten Gegenwarts*willen* der Individuen.

So groß schon die genannten Unterschiede der bisher erwähnten Nationalideen sind — ihre *tiefste* Verschiedenheit ist damit noch nicht getroffen. Sie liegt in der *Selbstauffassung der Nationen von sich selbst*, sie liegt in der Stellung, welche die Nationen zur Menschheit zu haben glauben, d. h. in der Auffassung, die sie von ihrer «nationalen Weltmis-

sion» besitzen. Was sind die hier nur anzudeutenden Grundzüge dieser Differenzen?

Das moderne *Frankreich* — darin hat Boutroux ganz recht — ordnet die Nation der Menschheit (humanité) an Wert und Sein durchaus unter. Es verkündet auch für die Nationen die Grundsätze der Gleichheit und Freiheit, und es leugnet damit eine Verschiedenwertigkeit, ja einen auch nur möglichen Aristokratismus der Nationen untereinander. Über solche Verschiedenheit könnte in letzter Linie kein Gerichtshof, sondern im Falle vitaler Streitpunkte zwischen den Staaten nur die Probe des Krieges und in allem anderen die lebendige Geschichtsbewegung selbst entscheiden. Die Gleichheit der Nationen und ihre Gleichwertigkeit — das ist Frankreichs nationaler Demokratismus und gleichzeitig sein weltanschaulicher Stabilitätsgedanke; derselbe, der seine gesamte Philosophie und Wissenschaft durchwaltet. Aber gerade das nun hält es seit den napoleonischen Kriegen für *seine* eigentümliche höchst-nationale Mission, diese spezifisch französischen Ideengehalte der «Menschenrechte» und des historischen Stabilismus nicht nur in seinen Grenzen zu verwirklichen, sondern sie hinaus in die Welt zu tragen, die Welt und *alle* anderen Nationen damit zu erfüllen. Diese Mission aber ist ihm umkleidet mit dem ganz eigenartigen gallischen Wertcharakter des nationalen Ruhmesglanzes. Der Ruhm (gloire) also eines «*Führers*», «Lehrers» und «Erziehers» der Menschheit — das ist Frankreichs nationale Missionsidee. Daß gerade dieser Anspruch und Gedanke seinen Träger bis zum äußersten aggressiv und kriegerisch macht — aggressiv gegen alle Völker, die eine andere, von Frankreich mißachtete Selbstauffassung ihrer Mission haben oder kraft eigenen nationalen Geistes seiner Führerschaft sich nicht unterwerfen —, das übersieht Frankreich von jeher in der denkbar naivsten Weise.

Völlig anders, ja entgegengesetzt, begreift seine nationale Mission *England*. Sein Missionsgedanke ist heimlich ganz und gar getragen von der schroff aristokratischen Idee der «Auserwähltheit». Sie stellt sich historisch als ein Mischprodukt dar zwischen der Ausdehnung des calvinistisch-puritanischen Gnadenwahlgedankens von der Einzelperson auf die Nation und dem englischen Weltreichsegoismus. Während sich Frankreich ganz nur «Führer», «Lehrer» der Menschheit fühlt, fühlt sich England als der geborene «*Herr*» der Menschheit, und so wenig fühlt es sich als ihr «Führer», «Lehrer» und Erzieher, daß es auf jede *direkte* Kulturpropaganda völlig verzichtet — vielleicht eben darum die stärkste indirekt ausübt. Dieser Verzicht ist ja auch allein konsequent: Wäre die Welt ideell so englisch, wie der Franzose sie französisch haben will — England wäre ja in diesem Augenblick nicht mehr das *auserwählte* Volk! Daß die Menschheit Englands Interessen diene, darauf — nicht auf so etwas wie einen «Imperialismus des Geistes» — kommt es England in seiner Selbstauffassung an. Vor fremden Ideen, Sitten, Staats-

einrichtungen (auch seiner Dienstvölker) zeigt es ganz und gar jene Achtung und Schonung des Vornehmen, die Frankreich am wenigsten von allen Völkern kennt; diese Haltung ist aber begleitet von dem Gefühl seiner gottgewollten und darum ganz selbständig empfundenen Überlegenheit. Darum besteht auch in England der äußerste Dualismus auswärtiger und innerer Politik — im Gegensatz zu Frankreich, dessen Außenpolitik grundsätzlich ganz innerpolitisch determiniert ist und mit jeder neuen Regierung sich radikal ändern kann. Abgesehen von dem zur Herrschaft auserwählten England selbst, sind die Nationen für England so gleich und gleichwertig wie für Frankreich, und es ist zur Zeit merkwürdig zu sehen, wie sich England und Frankreich in dem Kampfruf des Schutzes der kleinen Nationen begegnen. Und aus demselben Grunde ist Englands kriegerische Aggressivität gar nicht auf einer kristallklaren nationalen Dogmatik, sondern fast ausschließlich auf dem gewundenen Netzwerk seines Handels gegründet.

Von beiden Formen der nationalen Selbstauffassung der eigenen Nationalmission weicht völlig ab jene *Rußlands*. Sie steht unter einer ganz eigenen Formel. Diese ist nicht die Idee der Gleichheit und Freiheit der Nationen, wie die Formel Frankreichs; noch weniger ist sie die aristokratische Auserwählungsformel. Es ist die Formel gefühlsmäßiger *Brüderlichkeit* in der Einheit eines religiös und kirchlich zugespitzten «Weltstaates», in dessen Herbeiführungsprozeß Rußland selbst als besondere Nation und besonderer Staat verschweben und verschwinden soll. Indem es sein nationales Dasein der Menschheit zum Gesamt*topfer* darbringt, soll es gleichzeitig seine höchste nationale Tat vollziehen. Auch das ist eine im Verhältnis zu Englands Selbstauffassung schroff demokratische Missionsidee; sie ist aber nicht orientiert an der rationalen Gleichheitsidee, sondern an der christlich-orthodoxen und slawischen Brüderlichkeitsund Opferidee. Diese nationale Idee ist natürlich genau so aggressiv wie jene Frankreichs und Englands; ja sie ist vielleicht die aggressivste nationale Missionsidee, die überhaupt existiert. Ihr Sinn ist wörtlich: «Und willst du nicht mein Bruder sein, so schlag ich dir den Schädel ein.» Gewiß ist das russische Volk am meisten gefühlspazifisch unter den Völkern. Aber eben diesen Gefühlspazifismus sucht es wie kein anderes durch die Gewalt der Waffen zu verbreiten. Gewiß will Rußland nicht «führen» wie Frankreich, nicht «herrschen» wie England, sondern ganz nur der Menschheit *dienen*, ja sich ihr aufopfern. Aber es ist ein aufdringlicher, ein wilder und grausamer Diener, der keine Abweisung seines opferdurstigen Dienstwillens verträgt.

So stehen sich gegenüber der «Führer und Lehrer der Menschheit», der «geborene und gottauserkorene Herrscher» und der «Diener, ja das freiwillige Opferlamm der Menschheit».

Hat auch *Deutschland* eine analoge Missionsidee, ein eigenartiges Gefühl des Verhältnisses zur Menschheit? Sicher nicht in so ausgeprägter, plas-

tischer Form wie diese Nationen. Völlig fremd ist ihm die Auserwählungs-
idee, diese wie eine natürliche Atmosphäre wirkende und darum nie
besonders genannte Herrenidee Englands. *Wie* ferne sie ihm ist, beweist
vielleicht nichts so kräftig wie das, von Boutroux klug gegen uns ver-
wandte, vielfache ehrliche deutsche *Reden* von der Macht (Treitschke,
Nietzsche usw.). Völlig fremd ist uns die gallische Führeridee. Dies
schon darum, weil Deutschland nicht an die Gleichheit und Rationali-
sierbarkeit der Nationen glaubt, sondern auch die Nationen nach ihrer
je ganz besonderen Fasson will selig sein lassen. Noch ferner ist uns
Deutschen die Opferlammidee Rußlands und der orthodoxe Drang,
in einem andern zu verschweben. Im Verhältnis zu diesen hohen natio-
nalen Selbstauffassungen ist der Deutsche zu einfach, wahrhaftig und zu
schlicht. Er nennt Macht Macht, Nutzen Nutzen, und er hat keine so
ausgeprägte Nationalmetaphysik wie jene Völker. Aber darin hat Bou-
troux ganz recht: An eine formale Gleichwertigkeit der Nationen glauben
wir nicht — weder im Sinne Englands, das sich als der geborene Herr
bei dieser Gleichheit von vornherein ausschließt, noch im Sinne Frank-
reichs, das sich zwar selbst einschließt, aber gleichwohl den einzigartigen
nationalen Ruhm beansprucht, diese Gleichheit zuerst gelehrt zu haben
und fernerhin zu lehren, und damit das Prinzip der Gleichheit schon leug-
net. Wir Deutsche glauben ganz ernsthaft, daß auch die Nationen wie die
Individuen sowohl *verschiedenen individuellen Wesens* als auch verschieden-
wertig sind. Und demgemäß glauben wir auch, daß Nationen nur nach
ihrem Werte an organisations- und kulturbildender Geisteskraft Frei-
heit und Herrschaft in der Welt beanspruchen und verdienen können.
Wir glauben nur, daß Gleichen Gleiches, Gleichwertigen Gleichwertiges
zugehöre (suum cuique) — nicht allen das Gleiche. Das ist *deutscher*
Gerechtigkeitsbegriff im Unterschiede von dem Demokratismus der
gallischen Gleichmacherei und im Unterschiede von der englischen Er-
wählungsidee, nach welcher Gerechtigkeit immer erst bei den «anderen»
beginnt. Das Richtertum aber über diese Verschiedenartigkeit der Natio-
nen, also auch über den Wert unserer eigenen Nation, überlassen wir
der lebendigen Geschichte selbst, der Tat und der Arbeit in ihr — oder
Gott in dem Zeugnis dieser Tat, in dem Zeugnis dieser Arbeit. —

Am Schlusse seines Aufsatzes macht Boutroux den Versuch, das
deutsche religiöse Ethos zu formulieren. Er findet, daß unsere großen Dich-
ter, unsere Philosophen und Historiker schon seit jeher die Neigung
zeigten, die Ideen der Güte, des Rechtes und der Weisheit den Werten
der Macht, der Kraft, der Tat unterzuordnen. Auch unsere deutsche
«Gottesidee» stelle darum das Widerspiel der hellenischen Vorstellungs-
form des Weisengottes und auch der christlichen Vorstellungsform des
Liebesgottes dar. Schließlich seien wir im Laufe unserer Entwicklung
auch von Kants «gerechtem Weltordner» abgefallen. Boutroux irrt.
Wie den Deutschen eine so plastische Metaphysik der nationalen Mission,

wie sie die genannten Völker besitzen, fehlt, so fehlt ihnen schon um ihrer gemischt konfessionellen Zusammensetzung willen, fast möchte ich sagen: *dank* derselben, auch alles, was an eine «nationale Religion» erinnern könnte. Es bleibt dabei nicht unrichtig, daß deutsches nationales Bewußtsein der Tat, der Macht und der Arbeit eine etwas andere Stelle im Wertsystem anweist als das Bewußtsein der übrigen Nationen — nicht erst seit heute oder seit Bismarck anweist, sondern stets angewiesen hat. Auch [5]ein uns so ferner deutscher Denker wie Leibniz hat die Tat- und Kraftidee gegenüber der französischen Substanzidee, das Dynamische gegenüber dem Statischen wieder ins Recht setzen müssen; und auch Goethe-Faust spricht das zur Zeit von den Franzosen so viel mißverstandene Wort: «[6]Im Anfang war die Tat.» Hat darum je ein ernster deutscher Denker, Dichter und Historiker geurteilt, daß Tat und Machtentfaltung der Nationen erst ihre Werte und ihre Rechtsbereiche *gestalteten?* Mitnichten! Nur folgendes glauben wir: Der Machtbereich, der einer Nation zukommt, gründet sich schließlich auf ihren Gesamtwert. In diesem Gesamtwert aber sind die Nationen *verschieden,* und gleichwohl gibt es für die *gerechte* Abmessung dieser Gesamtwerte keinen allverbindlichen Maßstab und kein denkbares Institut, das ihn anwenden könnte. Nur die lebendige Tat der Nationen in ihrer und der Menschheit Geschichte selbst kann die objektiv vor dem Auge Gottes bestehende Verschiedenheit der Werte der Nationen abwägen und schließlich an das Licht der Sonne führen. Die Tat entdeckt und findet in diesem Sinne — nicht aber gestaltet sie Wert und Recht.

Was aber die Weisheit betrifft, so meinen wir, daß sie in den Menschen jenseits von Wille und Politik stille wachsen müsse; und was die Güte betrifft, so denken wir, daß sie frei erlebt, frei gegeben und frei genommen werden müsse. Weisheit und Liebe, sie stehen den Deutschen beide zu *hoch,* um sie als mögliche «Zwecke» der Politik anzusehen. Würden wir sie so ansehen, sie könnten nicht mehr *all* unser Wollen und all unsere Zwecksetzung, auch die politische Zwecksetzung, heimlich und wie von rückwärts mitregieren. Das aber *sollen* sie — auch noch mitten in einem Kriege, und auch noch im Urteil über die Nationalidee unserer Feinde.

COMMENTARY

Text: Max Scheler, *Schriften zur Soziologie und Weltanschauungslehre* (*Sämtliche Werke* VI, 2nd ed., 1963), 121—30.
1. *Émile Boutroux*: French philosopher and writer on education (1845—1921),

for a time president of the Académie française. The address which is Scheler's point of departure was called 'La conception française de la nationalité' (*Bibliothèque Universelle et Revue Suisse* LXXX, No. 238, 1915).

2. *sie war wesentlich durch Orthodoxie* etc: cf. Scheler's essay *Über östliches und westliches Christentum* (1915).

3. *Daß seit der Niederschrift* etc: this footnote, with its reference to the establishment of the Weimar Republic—which Scheler obviously could not welcome —was added for the subsequent publication of this and other essays in the 1923 volume of his *Schriften zur Soziologie und Weltanschauungslehre*.

4. *Vgl. jetzt* etc: also a note added for the 1923 edition.

5. *ein uns so ferner deutscher Denker wie Leibniz*: from an early period in his development Leibniz sought to combine a dynamic, 'living' understanding of reality with Cartesian concepts of a physically determined and calculable universe ('die französische Substanzidee', as Scheler calls it); his whole theory of monads is just such a kinetic ideal. As to his non-German-ness, almost all his works were written in Latin or French, and his foundation of the Prussian Academy of Sciences in 1700 (see Herder's *Idee zum ersten patriotischen Institut für den Allgemeingeist Deutschlands*; p. 16 above, note 4) reflected a desire to provide for Berlin intellectuals a cultural assembly of the kind already flourishing in Paris.

6. *"Im Anfang war die Tat"*: *Faust* I, line 1237.

FREUD (1856–1939)

Vorlesungen zur Einführung in die Psychoanalyse
Einleitung (1915)

The name Freud, like the name Marx, has become a household word. And since Freud, as since Marx, the world has not been the same. Marx was a German Jew, Freud an Austrian Jew, both were forced into exile, both brought revolutionary thought in their train, and both died in London, haven of the politically and racially persecuted where revolutions are quietly absorbed. Both had a non-metaphysical bias and both claimed for their work the objective validity of a science, with verifiable observations and hypotheses. Marx and Freud, together with Darwin, are the figures who more than any other have conditioned the development of modern civilisation, leaving the marks of their intervention on all facets of human activity.

Yet ironically, Freud, like Marx, matters as much to the intellectual traditions of other countries as to the specifically German tradition. That is to say, not that there is not a great deal of German art, literature, criticism, psychology, social thought etc. which received its direction from Freud's principles—and the same could be said of Freud's one-time disciple C. G. Jung—but that the summits of achievement in these realms lie equally outside Germany (the term Freudian is freely and fashionably used of Kafka, but although Kafka has left the occasional reference to Freud—à propos Das Urteil, for instance—the meaning of his stories goes far beyond this). Jung parted company with Freud because, among other things, Freud's basic concept of the libido seemed too automatic, too limiting, too poor in the mysterious and the unpredictable—in a word, anti-religious and too positivistically 'scientific'; Adler, whose influence has been stronger in America than in Europe, went his own way, accusing Freud inter alia of subjecting the individuality of the ego to a rigid theoretical concept.

At the same time Romanticism was an important influence in Freud's own background, both philosophical and medico-scientific. On the one side stands the Naturphilosophie of Schelling, with its vision of a nature governed by conflicts and correspondences inaccessible to the conscious

mind and apprehensible only through intuition; on the other lies the so-called 'romantische Medizin' associated with Carl Gustav Carus and his concept of the psychic life of the cell, and also manifested in the use of therapies,—including hypnotism—demonstrated already by Mesmer at the end of the eighteenth century and practised by Charcot in Paris, with whom Freud studied for a year—which treat, not the specific contingent malady, but the patient as a total personality. These 'Romantic' traits are unmistakable in his theories of the dynamics of the human mind, and were as central to his own therapeutic methods in clinical practice as was the deductive rationalism by which he reached his theoretical and practical conclusions.

The relationship between Freudian psychology and literature is especially close. At a gathering to celebrate his seventieth birthday in Vienna in 1926, Freud corrected a speaker who had called him 'the discoverer of the unconscious'. 'The poets and philosophers before me', he said, 'discovered the unconscious. What I discovered was the scientific method by which the unconscious could be studied'.

Whether there is a 'science' of the psyche—empirical, quantifiable, verifiable—as there is a science of acoustics or a science of anatomy, may still be questioned, in the same way as the plausibility of 'sciences' of sociology, social anthropology and social psychology may be questioned (see the section on Max Weber above, p. 46ff.). But it is not, in any case, Freud's 'scientific method' that has mattered in art; rather it is the emphatic revelation of happenings within the realms of the unconscious and subconscious, and the preoccupation of artists with dream-states, streams of consciousness, journeys into the spiritual and psychological hinterland and similar adventures in uncharted territory. James Joyce's *Ulysses* and *Finnegan's Wake*, Gide's *Faux-monnayeurs*, Hesse's *Steppenwolf*, the art and literature of European surrealism, Eugene O'Neill and Tennessee Williams, literary and art criticism in Freudian terms—these are only a few of the points of contact between Freud and the arts. Freud, like Marx, has given us a new set of instruments for investigating both art and life, and the technicians who operate these instruments are assembled in their own craft unions with their own demarcated rationales of approved Marxist and Freudian activity.

But the understanding of works of art is not to be equated with 'Give us the tools and we will finish the job'. Psycho-analytical tools are sharp—and they can cut a painting or a poem to ribbons. Art lives on many levels. Historical research may touch one level, stylistic analysis another, biography another, and psycho-analysis yet another. But the work of art is more than the sum of all such allegedly identifiable levels. If man cannot live by bread alone, neither can art live by Freud alone, or history by Marx alone. The challenge is to discernment, sensibility and taste.

Freud himself had these qualities. He was also free from the dogmatism

of many of his followers, and had the scientist's preparedness to modify the scope of his theories in the light of fresh evidence, as he did most strikingly in his interpretation of dreams. And although his view of the creative processes of art was curiously incomplete and misleading, he paradoxically uncovered many of the deepest workings of the artistic mind and wrote of them in imagistic terms themselves poetic—as, indeed, one is bound to do. 'Freud has not merely naturalised poetry', wrote Lionel Trilling; 'he has discovered its status as a pioneer settler, and he sees it as a method of thought. Often enough he tries to show how, as a method of thought, it is unreliable and ineffective for conquering reality; yet he himself is forced to use it in the very shaping of his own science' (*The Liberal Imagination*, 1951, 53).

So widely has Freud's influence been felt that any single short essay or lecture can only illustrate a small area of his importance and a few aspects of his spirit and his method. At the one extreme his collected papers abound in the clinical analysis of case-histories; at the other the application of the principles of psychoanalysis to art, seen at its most fully-developed in his *Leonardo da Vinci* (1916), and the social criticism found at its most comprehensive in *Civilisation and its Discontents* (1930), offer broader views of his importance. And as far as the present volumes are concerned, he could as well be in the company of philosophers and artists as of historians and sociologists. At the other end of the argument, to have excluded him altogether on the technical ground that he was not German but Austrian, would have been to adopt an unhelpfully rigid interpretation of our terms of reference in this collection of writings.

The piece reproduced below, expository of his scientific purposes and principles and characteristic of his patient, limpid, elegant style, is the first of his *Vorlesungen zur Einführung in die Psychoanalyse,* given in the psychiatric clinic of the University of Vienna in 1915–16 —the work known in English as the *Introductory Lectures on Psychoanalysis*, first published in 1917.

Interest in the subject had grown steadily since Freud had started lecturing there 15 years earlier. When *The Interpretation of Dreams* was published in 1900, it took eight years to sell the first 600 copies; after *The Psychopathology of Everyday Life* (1904), *Totem and Taboo* (1913) and other works, the world became receptive to his message, and he planned these *Introductory Lectures* of 1915-16 from the outset as a unified work for publication. They were, in fact, the last lectures he gave in Vienna.

The complete series consists of twenty-eight lectures. After the Introduction come three (Nos. 2–4) on the psychology of error, eleven (Nos. 5–15) on dreams, and thirteen on his general theory of neuroses.

BIBLIOGRAPHY

O. Fenichel, *The Psychoanalytic Theory of Neurosis* (New York, 1945)

F. J. Hoffmann, *Freudianism and the Literary Imagination* (Baton Rouge, 1944)

E. Jones, *The Life and Work of Sigmund Freud* (3 vols: London, 1953–7)

H. Marcuse, *Eros and Civilisation: A Philosophical Inquiry into Freud* (Boston, 1951)

(ed.) B. Nelson, *Freud and the Twentieth Century* (Cleveland, 1957)

W. D. Sievers, *Freud on Broadway: A History of Psychoanalysis and the American Drama* (New York, 1954)

F. Wittels, *Freud and his Time* (New York, 1931)

R. Wollheim, *Freud* (London, 1971)

G. Zilboorg, *Sigmund Freud* (New York, 1951)

Vorlesungen zur Einführung in die Psychoanalyse

EINLEITUNG

Meine Damen und Herren! Ich weiß nicht, wieviel die einzelnen von Ihnen aus ihrer Lektüre oder vom Hörensagen über die Psychoanalyse wissen. Ich bin aber durch den Wortlaut meiner Ankündigung — Elementare Einführung in die Psychoanalyse — verpflichtet, Sie so zu behandeln, als wüßten Sie nichts und bedürften einer ersten Unterweisung. Soviel darf ich allerdings voraussetzen, daß Sie wissen, die Psychoanalyse sei ein Verfahren, wie man nervös Kranke ärztlich behandelt, und da kann ich Ihnen gleich ein Beispiel dafür geben, wie auf diesem Gebiet so manches anders, oft geradezu verkehrt, vor sich geht als sonst in der Medizin. Wenn wir sonst einen Kranken einer ihm neuen ärztlichen Technik unterziehen, so werden wir in der Regel die Beschwerden derselben vor ihm herabsetzen und ihm zuversichtliche Versprechungen wegen des Erfolgs der Behandlung geben. Ich meine, wir sind berechtigt dazu, denn wir steigern durch solches Benehmen die Wahrscheinlichkeit des Erfolges. Wenn wir aber einen Neurotiker in psychoanalytische Behandlung nehmen, so verfahren wir anders. Wir halten ihm die Schwierigkeiten der Methode vor, ihre Zeitdauer, die Anstrengungen und die Opfer, die sie kostet, und was den Erfolg anbelangt, so sagen wir, wir können ihn nicht sicher versprechen, er hänge von seinem Benehmen ab, von seinem Verständnis, seiner Gefügigkeit, seiner Ausdauer. Wir haben natürlich gute Motive für ein anscheinend so verkehrtes Benehmen, in welche Sie vielleicht später einmal Einsicht gewinnen werden.

Seien Sie nun nicht böse, wenn ich Sie zunächst ähnlich behandle wie diese neurotischen Kranken. Ich rate Ihnen eigentlich ab, mich ein zweites Mal anzuhören. Ich werde Ihnen in dieser Absicht vorführen, welche Unvollkommenheiten notwendigerweise dem Unterricht in der Psychoanalyse anhaften, und welche Schwierigkeiten der Erwerbung eines eigenen Urteils entgegenstehen. Ich werde Ihnen zeigen, wie die ganze Richtung Ihrer Vorbildung und alle Ihre Denkgewohnheiten Sie unvermeidlich zu Gegnern der Psychoanalyse machen müßten, und wieviel Sie in sich zu überwinden hätten, um dieser instinktiven Gegnerschaft Herr zu werden. Was Sie an Verständnis für die Psychoanalyse aus meinen Mitteilungen gewinnen werden, kann ich Ihnen natürlich nicht vorhersagen, aber soviel kann ich Ihnen versprechen, daß Sie durch das Anhören derselben nicht erlernt haben werden, eine psychoanalytische Untersuchung vorzunehmen oder eine solche Be-

handlung durchzuführen. Sollte sich aber gar jemand unter Ihnen finden, der sich nicht durch eine flüchtige Bekanntschaft mit der Psychoanalyse befriedigt fühlte, sondern in eine dauernde Beziehung zu ihr treten möchte, so werde ich ihm nicht nur abraten, sondern ihn direkt davor warnen. Wie die Dinge derzeit stehen, würde er sich durch eine solche Berufswahl jede Möglichkeit eines Erfolges an einer Universität zerstören, und wenn er als ausübender Arzt ins Leben geht, wird er sich in einer Gesellschaft finden, welche seine Bestrebungen nicht versteht, ihn mißtrauisch und feindselig betrachtet und alle bösen, in ihr lauernden Geister gegen ihn losläßt. Vielleicht können Sie gerade aus den Begleiterscheinungen des heute in Europa wütenden Krieges eine ungefähre Schätzung ableiten, wieviele Legionen das sein mögen.

Es gibt immerhin Personen genug, für welche etwas, was ein neues Stück Erkenntnis werden kann, trotz solcher Unbequemlichkeiten seine Anziehung behält. Sollten einige von Ihnen von dieser Art sein und mit Hinwegsetzung über meine Abmahnungen das nächste Mal hier wieder erscheinen, so werden Sie mir willkommen sein. Sie haben aber alle ein Anrecht darauf zu erfahren, welches die angedeuteten Schwierigkeiten der Psychoanalyse sind.

Zunächst die der Unterweisung, des Unterrichts in der Psychoanalyse. Sie sind im medizinischen Unterricht daran gewöhnt worden zu sehen. Sie sehen das anatomische Präparat, den Niederschlag bei der chemischen Reaktion, die Verkürzung des Muskels als Erfolg der Reizung seiner Nerven. Später zeigt man Ihren Sinnen den Kranken, die Symptome seines Leidens, die Produkte des krankhaften Prozesses, ja in zahlreichen Fällen die Erreger der Krankheit in isoliertem Zustande. In den chirurgischen Fächern werden Sie Zeugen der Eingriffe, durch welche man dem Kranken Hilfe leistet, und dürfen die Ausführung derselben selbst versuchen. Selbst in der Psychiatrie führt Ihnen die Demonstration des Kranken an seinem veränderten Mienenspiel, seiner Redeweise und seinem Benehmen eine Fülle von Beobachtungen zu, die Ihnen tiefgehende Eindrücke hinterlassen. So spielt der medizinische Lehrer vorwiegend die Rolle eines Führers und Erklärers, der Sie durch ein Museum begleitet, während Sie eine unmittelbare Beziehung zu den Objekten gewinnen und sich durch eigene Wahrnehmung von der Existenz der neuen Tatsachen überzeugt zu haben glauben.

Das ist leider alles anders in der Psychoanalyse. In der analytischen Behandlung geht nichts anderes vor als ein Austausch von Worten zwischen dem Analysierten und dem Arzt. Der Patient spricht, erzählt von vergangenen Erlebnissen und gegenwärtigen Eindrücken, klagt, bekennt seine Wünsche und Gefühlsregungen. Der Arzt hört zu, sucht die Gedankengänge des Patienten zu dirigieren, mahnt, drängt seine Aufmerksamkeit nach gewissen Richtungen, gibt ihm Aufklärungen und beob-

achtet die Reaktionen von Verständnis oder von Ablehnung, welche er so beim Kranken hervorruft. Die ungebildeten Angehörigen unserer Kranken — denen nur Sichtbares und Greifbares imponiert, am liebsten Handlungen, wie man sie im Kinotheater sieht — versäumen es auch nie, ihre Zweifel zu äußern, wie man «durch bloße Reden etwas gegen die Krankheit ausrichten kann». Das ist natürlich ebenso kurzsinnig wie inkonsequent gedacht. Es sind ja dieselben Leute, die so sicher wissen, daß sich die Kranken ihre Symptome «bloß einbilden». Worte waren ursprünglich Zauber und das Wort hat noch heute viel von seiner alten Zauberkraft bewahrt. Durch Worte kann ein Mensch den anderen selig machen oder zur Verzweiflung treiben, durch Worte überträgt der Lehrer sein Wissen auf die Schüler, durch Worte reißt der Redner die Versammlung der Zuhörer mit sich fort und bestimmt ihre Urteile und Entscheidungen. Worte rufen Affekte hervor und sind das allgemeine Mittel zur Beeinflussung der Menschen untereinander. Wir werden also die Verwendung der Worte in der Psychotherapie nicht geringschätzen und werden zufrieden sein, wenn wir Zuhörer der Worte sein können, die zwischen dem Analytiker und seinem Patienten gewechselt werden.

Aber auch das können wir nicht. Das Gespräch, in dem die psychoanalytische Behandlung besteht, verträgt keinen Zuhörer; es läßt sich nicht demonstrieren. Man kann natürlich auch einen Neurastheniker oder Hysteriker in einer psychiatrischen Vorlesung den Lernenden vorstellen. Er erzählt dann von seinen Klagen und Symptomen, aber auch von nichts anderem. Die Mitteilungen, deren die Analyse bedarf, macht er nur unter der Bedingung einer besonderen Gefühlsbindung an den Arzt; er würde verstummen, sobald er einen einzigen, ihm indifferenten Zeugen bemerkte. Denn diese Mitteilungen betreffen das Intimste seines Seelenlebens, alles was er als sozial selbständige Person vor anderen verbergen muß, und im weiteren alles, was er als einheitliche Persönlichkeit sich selbst nicht eingestehen will.

Sie können also eine psychoanalytische Behandlung nicht mitanhören. Sie können nur von ihr hören und werden die Psychoanalyse im strengsten Sinne des Wortes nur vom Hörensagen kennen lernen. Durch diese Unterweisung gleichsam aus zweiter Hand kommen Sie in ganz ungewohnte Bedingungen für eine Urteilbildung. Es hängt offenbar das meiste davon ab, welchen Glauben Sie dem Gewährsmann schenken können.

Nehmen Sie einmal an, Sie wären nicht in eine psychiatrische, sondern in eine historische Vorlesung gegangen, und der Vortragende erzählte Ihnen vom Leben und von den Kriegstaten Alexanders des Großen. Was für Motive hätten Sie, an die Wahrhaftigkeit seiner Mitteilungen zu glauben? Zunächst scheint die Sachlage noch ungünstiger zu sein als im Falle der Psychoanalyse, denn der Geschichtsprofessor war so wenig

Teilnehmer an den Kriegszügen Alexanders wie Sie; der Psychoanalytiker berichtet Ihnen doch wenigstens von Dingen, bei denen er selbst eine Rolle gespielt hat. Aber dann kommt die Reihe an das, was den Historiker beglaubigt. Er kann Sie auf die Berichte von alten Schriftstellern verweisen, die entweder selbst zeitgenössisch waren oder den fraglichen Ereignissen doch näher standen, also auf die Bücher des ¹D i o d o r, P l u t a r c h, A r r i a n u. a.; er kann Ihnen Abbildungen der erhaltenen Münzen und Statuen des Königs vorlegen und eine Photographie des pompejanischen Mosaiks der ²Schlacht bei Issos durch Ihre Reihen gehen lassen. Strenge genommen beweisen alle diese Dokumente doch nur, daß schon frühere Generationen an die Existenz Alexanders und an die Realität seiner Taten geglaubt haben, und Ihre Kritik dürfte hier von neuem einsetzen. Sie wird dann finden, daß nicht alles über Alexander Berichtete glaubwürdig oder in seinen Einzelheiten sicherzustellen ist, aber ich kann doch nicht annehmen, daß Sie den Vorlesungssaal als Zweifler an der Realität Alexanders des Großen verlassen werden. Ihre Entscheidung wird hauptsächlich durch zwei Erwägungen bestimmt werden, erstens, daß der Vortragende kein denkbares Motiv hat, etwas vor Ihnen als real auszugeben, was er nicht selbst dafür hält, und zweitens, daß alle erreichbaren Geschichtsbücher die Ereignisse in ungefähr ähnlicher Art darstellen. Wenn Sie dann auf die Prüfung der älteren Quellen eingehen, werden Sie dieselben Momente berücksichtigen, die möglichen Motive der Gewährsmänner und die Übereinstimmung der Zeugnisse untereinander. Das Ergebnis der Prüfung wird im Falle Alexanders sicherlich beruhigend sein, wahrscheinlich anders ausfallen, wenn es sich um Persönlichkeiten wie Moses oder Nimrod handelt. Welche Zweifel Sie aber gegen die Glaubwürdigkeit des psychoanalytischen Berichterstatters erheben können, werden Sie bei späteren Anlässen deutlich genug erkennen.

Nun werden Sie ein Recht zu der Frage haben: Wenn es keine objektive Beglaubigung der Psychoanalyse gibt und keine Möglichkeit, sie zu demonstrieren, wie kann man überhaupt Psychoanalyse erlernen und sich von der Wahrheit ihrer Behauptungen überzeugen? Dies Erlernen ist wirklich nicht leicht, und es haben auch nicht viele Menschen die Psychoanalyse ordentlich gelernt, aber es gibt natürlich doch einen gangbaren Weg. Psychoanalyse erlernt man zunächst am eigenen Leib, durch das Studium der eigenen Persönlichkeit. Es ist das nicht ganz, was man Selbstbeobachtung heißt, aber man kann es ihr zur Not subsumieren. Es gibt eine ganze Reihe von sehr häufigen und allgemein bekannten seelischen Phänomenen, die man nach einiger Unterweisung in der Technik an sich selbst zu Gegenständen der Analyse machen kann. Dabei holt man sich die gesuchte Überzeugung von der Realität der Vorgänge, welche die Psychoanalyse beschreibt, und von der Richtigkeit ihrer Auffassungen. Allerdings sind dem Fortschritte auf diesem

Wege bestimmte Grenzen gesetzt. Man kommt viel weiter, wenn man sich selbst von einem kundigen Analytiker analysieren läßt, die Wirkungen der Analyse am eigenen Ich erlebt und dabei die Gelegenheit benützt, dem anderen die feinere Technik des Verfahrens abzulauschen. Dieser ausgezeichnete Weg ist natürlich immer nur für eine einzelne Person, niemals für ein ganzes Kolleg auf einmal gangbar.

Für eine zweite Schwierigkeit in Ihrem Verhältnis zur Psychoanalyse kann ich nicht mehr diese, muß ich Sie selbst, meine Hörer, verantwortlich machen, wenigstens insoweit Sie bisher medizinische Studien betrieben haben. Ihre Vorbildung hat Ihrer Denktätigkeit eine bestimmte Richtung gegeben, die weit von der Psychoanalyse abführt. Sie sind darin geschult worden, die Funktionen des Organismus und ihre Störungen anatomisch zu begründen, chemisch und physikalisch zu erklären und biologisch zu erfassen, aber kein Anteil Ihres Interesses ist auf das psychische Leben gelenkt worden, in dem doch die Leistung dieses wunderbar komplizierten Organismus gipfelt. Darum ist Ihnen eine psychologische Denkweise fremd geblieben, und Sie haben sich gewöhnt, eine solche mißtrauisch zu betrachten, ihr den Charakter der Wissenschaftlichkeit abzusprechen und sie den Laien, Dichtern, Naturphilosophen und Mystikern zu überlassen. Diese Einschränkung ist gewiß ein Schaden für Ihre ärztliche Tätigkeit, denn der Kranke wird Ihnen, wie es bei allen menschlichen Beziehungen Regel ist, zunächst seine seelische Fassade entgegenbringen, und ich fürchte, Sie werden zur Strafe genötigt sein, einen Anteil des therapeutischen Einflusses, den sie anstreben, den von Ihnen so verachteten Laienärzten, Naturheilkünstlern und Mystikern zu überlassen.

Ich verkenne nicht, welche Entschuldigung man für diesen Mangel Ihrer Vorbildung gelten lassen muß. Es fehlt die philosophische Hilfswissenschaft, welche für Ihre ärztlichen Absichten dienstbar gemacht werden könnte. Weder die spekulative Philosophie noch die deskriptive Psychologie oder die an die Sinnesphysiologie anschließende sogenannte experimentelle Psychologie, wie sie in den Schulen gelehrt werden, sind imstande, Ihnen über die Beziehung zwischen dem Körperlichen und Seelischen etwas Brauchbares zu sagen, und Ihnen die Schlüssel zum Verständnis einer möglichen Störung der seelischen Funktionen in die Hand zu geben. Innerhalb der Medizin beschäftigt sich zwar die Psychiatrie damit, die beobachteten Seelenstörungen zu beschreiben und zu klinischen Krankheitsbildern zusammenzustellen, aber in guten Stunden zweifeln die Psychiater selbst daran, ob ihre rein deskriptiven Aufstellungen den Namen einer Wissenschaft verdienen. Die Symptome, welche diese Krankheitsbilder zusammensetzen, sind nach ihrer Herkunft, ihrem Mechanismus und in ihrer gegenseitigen Verknüpfung unerkannt; es entsprechen ihnen entweder keine nachweisbaren Veränderungen des anatomischen Organs der Seele, oder solche, aus denen sie eine Auf-

klärung nicht finden können. Einer therapeutischen Beeinflussung sind diese Seelenstörungen nur dann zugänglich, wenn sie sich als Nebenwirkungen einer sonstigen organischen Affektion erkennen lassen.

Hier ist die Lücke, welche die Psychoanalyse auszufüllen bestrebt ist. Sie will der Psychiatrie die vermißte psychologische Grundlage geben, sie hofft, den gemeinsamen Boden aufzudecken, von dem aus das Zusammentreffen körperlicher mit seelischer Störung verständlich wird. Zu diesem Zweck muß sie sich von jeder ihr fremden Voraussetzung anatomischer, chemischer oder physiologischer Natur frei halten, durchaus mit rein psychologischen Hilfsbegriffen arbeiten, und gerade darum, fürchte ich, wird sie Ihnen zunächst fremdartig erscheinen.

An der nächsten Schwierigkeit will ich Sie, Ihre Vorbildung oder Einstellung, nicht mitschuldig machen. Mit zweien ihrer Aufstellungen beleidigt die Psychoanalyse die ganze Welt und zieht sich deren Abneigung zu; die eine davon verstößt gegen ein intellektuelles, die andere gegen ein ästhetisch-moralisches Vorurteil. Lassen Sie uns nicht zu gering von diesen Vorurteilen denken; es sind machtvolle Dinge, Niederschläge von nützlichen, ja notwendigen Entwicklungen der Menschheit. Sie werden durch affektive Kräfte festgehalten und der Kampf gegen sie ist ein schwerer.

Die erste dieser unliebsamen Behauptungen der Psychoanalyse besagt, daß die seelischen Vorgänge an und für sich unbewußt sind und die bewußten bloß einzelne Akte und Anteile des ganzen Seelenlebens. Erinnern Sie sich, daß wir im Gegenteile gewöhnt sind, Psychisches und Bewußtes zu identifizieren. Das Bewußtsein gilt uns geradezu als der definierende Charakter des Psychischen, Psychologie als die Lehre von den Inhalten des Bewußtseins. Ja, so selbstverständlich erscheint uns diese Gleichstellung, daß wir einen Widerspruch gegen sie als offenkundigen Widersinn zu empfinden glauben, und doch kann die Psychoanalyse nicht umhin, diesen Widerspruch zu erheben, sie kann die Identität von Bewußtem und Seelischem nicht annehmen. Ihre Definition des Seelischen lautet, es seien Vorgänge von der Art des Fühlens, Denkens, Wollens, und sie muß vertreten, daß es unbewußtes Denken und ungewußtes Wollen gibt. Damit hat sie aber von vornherein die Sympathie aller Freunde nüchterner Wissenschaftlichkeit verscherzt und sich in den Verdacht einer phantastischen Geheimlehre gebracht, die im Dunkeln bauen, im Trüben fischen möchte. Sie aber, meine Hörer, können natürlich noch nicht verstehen, mit welchem Recht ich einen Satz von so abstrakter Natur wie: «Das Seelische ist das Bewußte» für ein Vorurteil ausgeben kann, können auch nicht erraten, welche Entwicklung zur Verleugnung des Unbewußten geführt haben kann, wenn ein solches existieren sollte, und welcher Vorteil sich bei dieser Verleugnung ergeben haben mag. Es klingt wie ein leerer Wortstreit, ob man das Psychische mit dem Bewußten zusammenfallen lassen oder es darüber hinaus

erstrecken soll, und doch kann ich Ihnen versichern, daß mit der Annahme unbewußter Seelenvorgänge eine entscheidende Neuorientierung in Welt und Wissenschaft angebahnt ist.

Ebensowenig können Sie ahnen, ein wie inniger Zusammenhang diese erste Kühnheit der Psychoanalyse mit der nun zu erwähnenden zweiten verknüpft. Dieser andere Satz, den die Psychoanalyse als eines ihrer Ergebnisse verkündet, enthält nämlich die Behauptung, daß Triebregungen, welche man nur als sexuelle im engeren wie im weiteren Sinn bezeichnen kann, eine ungemein große und bisher nie genug gewürdigte Rolle in der Verursachung der Nerven- und Geisteskrankheiten spielen. Ja noch mehr, daß dieselben sexuellen Regungen auch mit nicht zu unterschätzenden Beiträgen an den höchsten kulturellen, künstlerischen und sozialen Schöpfungen des Menschengeistes beteiligt sind.

Nach meiner Erfahrung ist die Abneigung gegen dieses Resultat der psychoanalytischen Forschung die bedeutsamste Quelle des Widerstandes, auf den sie gestoßen ist. Wollen Sie wissen, wie wir uns das erklären? Wir glauben, die Kultur ist unter dem Antrieb der Lebensnot auf Kosten der Triebbefriedigung geschaffen worden, und sie wird zum großen Teil immer wieder von neuem erschaffen, indem der Einzelne, der neu in die menschliche Gemeinschaft eintritt, die Opfer an Triebbefriedigung zu Gunsten des Ganzen wiederholt. Unter den so verwendeten Triebkräften spielen die der Sexualregungen eine bedeutsame Rolle; sie werden dabei sublimiert, d. h. von ihren sexuellen Zielen abgelenkt und auf sozial höherstehende, nicht mehr sexuelle, gerichtet. Dieser Aufbau ist aber labil, die Sexualtriebe sind schlecht gebändigt, es besteht bei jedem Einzelnen, der sich dem Kulturwerk anschließen soll, die Gefahr, daß sich seine Sexualtriebe dieser Verwendung weigern. Die Gesellschaft glaubt an keine stärkere Bedrohung ihrer Kultur, als ihr durch die Befreiung der Sexualtriebe und deren Wiederkehr zu ihren ursprünglichen Zielen erwachsen würde. Die Gesellschaft liebt es also nicht, an dieses heikle Stück ihrer Begründung gemahnt zu werden, sie hat gar kein Interesse daran, daß die Stärke der Sexualtriebe anerkannt und die Bedeutung des Sexuallebens für den Einzelnen klargelegt werde, sie hat vielmehr in erziehlicher Absicht den Weg eingeschlagen, die Aufmerksamkeit von diesem ganzen Gebiet abzulenken. Darum verträgt sie das genannte Forschungsresultat der Psychoanalyse nicht, möchte es am liebsten als ästhetisch abstoßend, moralisch verwerflich oder als gefährlich brandmarken. Aber mit solchen Einwürfen kann man einem angeblich objektiven Ergebnis wissenschaftlicher Arbeit nichts anhaben. Der Widerspruch muß aufs intellektuelle Gebiet übersetzt werden, wenn er laut werden soll. Nun liegt es in der menschlichen Natur, daß man geneigt ist, etwas für unrichtig zu halten, wenn man es nicht mag, und dann ist es leicht, Argumente dagegen zu finden. Die Gesellschaft macht also das Unliebsame zum Unrichtigen, bestreitet

die Wahrheiten der Psychoanalyse mit logischen und sachlichen Argumenten, aber aus affektiven Quellen, und hält diese Einwendungen als Vorurteile gegen alle Versuche der Widerlegung fest.

Wir aber dürfen behaupten, meine Damen und Herren, daß wir bei der Aufstellung jenes beanstandeten Satzes überhaupt keine Tendenz verfolgt haben. Wir wollten nur einer Tatsächlichkeit Ausdruck geben, die wir in mühseliger Arbeit erkannt zu haben glaubten. Wir nehmen auch jetzt das Recht in Anspruch, die Einmengung solcher praktischer Rücksichten in die wissenschaftliche Arbeit unbedingt zurückzuweisen, auch ehe wir untersucht haben, ob die Befürchtung, welche uns diese Rücksichten diktieren will, berechtigt ist oder nicht.

COMMENTARY

Text: Sigmund Freud, *Gesammelte Werke* (London, 1940—52), XI, 7—17.

1. *Diodor, Plutarch, Arrian*: Diodorus Siculus (i. e. of Sicily), Greek historian of the First Century B. C., who wrote a 40-volume history of Greece, most of it now lost, from mythical, non-Hellenic times down to his own day; *Plutarch* (ca. A. D. 46—120), Greek biographer whose fame rests chiefly on his 46 so-called *Parallel Lives*, paired biographies of one Greek and one Roman, e.g. Theseus and Romulus as legendary founders of states, Alexander and Caesar as rulers, Demosthenes and Cicero as orators; *Arrian* (ca.A.D. 96—180), Greek historian and philosopher, whose 7-volume biography is regarded as the fullest and most reliable extant source of knowledge about Alexander.

2. *Schlacht bei Issos*: Alexander's victory over Darius and the Persian army in B.C. 333. The Pompeian mosaic to which Freud refers, dating from the first century A.D., is preserved in the Museo Nazionale in Naples.

HESSE (1877–1962)

Krieg und Frieden (1918)
Brief an einen jungen Deutschen (1919)

At the beginning of World War I Hesse was thirty-four, and already living in Switzerland; in 1923 he became a Swiss citizen, in 1930 he resigned from the *Deutsche Akademie der Dichtung,* in the first year of peace after World War II he received the Nobel Prize for literature, and he died, a Grand Old Man of European letters, in a villa overlooking Lake Lugano.

These bald biographical phrases imply much that is central to the personality of Hermann Hesse and to that tone of gentle, dignified Christian humanism which needs to be set against the raucous voices of nationalism, praise of war, aggressive self-assertion and defensive self-pity which have so often dominated the German intellectual scene. He was born in Germany and his language was German, but unlike Thomas Mann, for example, with whom he had at certain moments a great deal in common, there was no Germany—Wilhelminian, Weimar, Nazi, Federal Republican or Democratic Republican—to which he felt he belonged. He was a man of the country, not of the town, and though by no means a hermit preaching across the frontier to the countrymen whose lives he had decided not to share, he set a certain distance between himself and his audience. At the entrance to the drive of his house was a notice: 'Bitte keine Besuche.'* He had a kind of sincerity without warmth, a kind of conviction without passion, and the strands of allegory and irony in his work are natural reflections of this.

Part of the picture also derives from his Pietistic family background. The Pietist tradition, drawing on an extreme Protestant earnestness but also on a theosophic mysticism descended from Jakob Boehme, is never far beneath the surface of German religious life. As a distinct movement in the narrow sense, it had run its course by the middle of the eighteenth

* According to a probably apocryphal story, a riposte was to be seen scribbled under the notice in 1946: 'Na, dann ein andermal. Ihr Thomas Mann'.

111

century, but above all through its basis in individualism, combined with its tendency to a consuming self-interest and an extravagance of professed commitment, it found its way into many very disparate later contexts. The *Aufklärung* stands at one extreme, the religiosity of Romanticism at the other. Between the two come Klopstock's *Messias* and the figure of Susanne von Klettenberg, the 'schöne Seele' of Goethe's *Wilhelm Meister*. In more recent times, the quiet intensity that fills the poems and essays of Rudolf Alexander Schröder—himself a Protestant pastor— also derives from the Pietist spirit. Hesse re-stated his position in the Protestant tradition in the preface to *Krieg und Frieden* (1946), a collection of political essays dedicated to his close friend Romain Rolland, whose pacifism sustained Hesse through the war years: 'Ich bin Individualist, und halte die christliche Ehrfurcht vor jeder Menschenseele für das Beste und Heiligste am Christentum.'

Such professions reveal the cast of mind that made Hesse receptive to Oriental religions, in particular Buddhism. His father had added the message of Lao-Tse to the Pietistic family context, and Hesse himself visited the Far East in 1911. The novel *Siddhartha* (1922) is a story of inner *Bildung* through a fusion of Western intellectual humanism and Eastern contemplative mysticism, and many works, from periods both earlier and later than *Siddhartha*, from *Aus Indien* (1913) to *Das Glasperlenspiel* (1943), reveal characters, motifs and atmospheres of Eastern provenance.

For many the outbreak of the 1914–18 war was a great moment. But not for Hesse. Years later he wrote: 'Nein, ich konnte die Freude über die große Zeit nicht teilen, und so kam es, daß ich unter dem Kriege von Anfang an jämmerlich litt und jahrelang mich gegen ein scheinbar von außen aus heiterm Himmel hereingebrochenes Unglück verzweifelt wehrte, während um mich her alle Welt so tat, als sei sie voll froher Begeisterung über eben dies Unglück. Und wenn ich nun die Zeitungsartikel der Dichter las, worin sie den Segen des Krieges entdeckten, und die Aufrufe der Professoren, und alle die Kriegsgedichte aus den Studienzimmern der Professoren, dann wurde mir noch elender.' How far a cry is this from the nationalistic confidence of Max Scheler (see p. 85 above) and Spengler (see p. 126 below) and from Ernst Jünger's cult of the virtues of war (see p. 190 ff. below)! How far, too, from the Thomas Mann of 1914—not an impressionable, inexperienced youth but a man of thirty-nine, writing in *Die neue Rundschau*—who embraced the war as 'Reinigung, Befreiung und ungeheure Hoffnung' and shouted: 'Wie die Herzen der Dichter sogleich in Flammen standen, als jetzt Krieg wurde!'

It was above all the emergence of a hatred born of the chauvinistic 'our-cause-is-right, God-is-on-our-side' attitude to the war that saddened Hesse. Although living in Switzerland, he still saw Germany as his Fatherland, and when at the very beginning of the war he addressed an

article to his fellow-writers under the Beethoven-inspired title 'O Freunde, nicht diese Töne!', he set the transient passions of 'Nurpatrioten' against the universal humanism of Goethe in which national pride was absorbed as the part is absorbed in the whole. 'Mag man das einen kühlen Intellektualismus schelten, der im Augenblick ernster Gefahr zu schweigen habe—es ist dennoch der Geist, in dem die besten deutschen Denker und Dichter gelebt haben' (*Krieg und Frieden*, 1949, 18). But the world did not want to hear at this moment that 'love was better than hate, sympathy better than anger, peace nobler than war', and the Germans—authors, publishers, even former friends—branded him as a traitor, a man for whom Germany had no use.

Yet Hesse had an uncanny presentiment of how Germany, having lost the war, would also lose the peace, and with it, in the 1930s, her soul. His essay *Die Brüder Karamasoff oder der Untergang Europas* (1919) nominally treats of 'Russian man' as portrayed by Dostoievsky—'der gefährliche, rührende, verantwortungslose, dabei gewissenszarte, weiche, träumerische, grausame, tief kindliche "russische Mensch" '. But this creature was also becoming 'German man', that compound of enraptured listener to Beethoven, devoted family man and efficient exterminator of Jews which confronted the world in the form of the commandant of Auschwitz and his fellows. 'In diesem Menschen ist außen und innen, Gut und Böse, Gott und Satan beieinander.' Hesse even saw his 'russischer Mensch' as the 'europäischer Mensch' of the future, and like Spengler in his *Politische Pflichten der deutschen Jugend*, but with an utterly different purpose, he appealed to German youth to grasp the implications of this future.

The *Brief an einen jungen Deutschen* (1919), like *Krieg und Frieden* (1918), *Du sollst nicht töten* and a good many more such short pieces published in the *Neue Zürcher Zeitung*, makes just such an appeal. So also does the parable *Zarathustras Wiederkehr* (1919), subtitled 'Ein Wort an die deutsche Jugend', one of the most penetrating and dignified pieces of moral political writing from Germany's years of defeat. When Nietzsche's Zarathustra, inflammatory prophet of an earlier generation, is known to have returned to earth, the young men of a demoralised Germany rush to seek consolation and advice from him: 'Sei uns willkommen, Zarathustra! Du wirst uns sagen, was wir tun sollen, du wirst uns vorangehen. Du wirst uns aus dieser größten aller Gefahren erretten.' But Zarathustra brings them no simple comfort, no ready-made solution to their problems. His message is blunt, almost brutal: 'Lernet euer Leben zu leben! Lernet euer Schicksal erkennen!. . . Es gibt keinen andern Gott, als der in euch ist.'

Hesse's message is non-dogmatic, existentialist, serene yet challenging, unassumingly presented but quietly convincing—and utterly sincere. Philosophically he was perhaps surer of himself, ultimately more posi-

9*

tive, than Thomas Mann, with whom he is so often compared. More Germans like him, one is tempted to think, and the 1920s and 1930s might have been different. But then, Switzerland might not have had room for them all . . .

BIBLIOGRAPHY

H. Ball, *Hermann Hesse: Sein Leben und sein Werk* (Zürich, 1947)

F. Baumer, *Hermann Hesse* (Berlin, 1959)

M. Boulby, *Hermann Hesse. His Mind and His Art* (Ithaca, 1967)

E. Rose, *Faith from the Abyss. Hermann Hesse's Way from Romanticism to Modernity* (New York, 1965)

B. Zeller, *Hermann Hesse* (Hamburg, 1963)

T. Ziolkowski, *The Novels of Hermann Hesse* (Princeton, 1965)

Krieg und Frieden

Gewiß haben jene recht, welche den Krieg den Ur- und natürlichen Zustand nennen. Insofern der Mensch ein Tier ist, lebt er durch Kampf, lebt auf Kosten anderer, fürchtet und haßt andere. Leben ist also Krieg. Was «Friede» sei, ist viel schwerer zu bestimmen. Friede ist weder ein paradiesischer Urzustand noch eine Form durch Übereinkunft geregelten Zusammenlebens. Friede ist etwas, was wir nicht kennen, was wir nur suchen und ahnen. Friede ist ein Ideal. Er ist etwas unsäglich Kompliziertes, Labiles, Bedrohtes — ein Hauch genügt, um ihn zu zerstören. Daß auch nur zwei Menschen, die aufeinander angewiesen sind, in wahrem Frieden miteinander leben, ist seltener und schwieriger als jede andere ethische oder intellektuelle Leistung.

Dennoch ist der Friede, als Gedanke und Wunsch, als Ziel und Ideal, schon sehr alt. Seit Jahrtausenden schon besteht das mächtige, für Jahrtausende grundlegende Wort. [1]«Du sollst nicht töten.» Daß der Mensch solcher Worte, solch ungeheurer Forderungen fähig ist, das kennzeichnet ihn mehr als jedes andere Merkmal, es scheidet ihn vom Tier, trennt ihn scheinbar von der «Natur».

Der Mensch, so fühlen wir bei solchen mächtigen Worten, ist nicht Tier, er ist überhaupt nichts Festes, Gewordenes und Fertiges, nichts Einmaliges und Eindeutiges, sondern etwas Werdendes, ein Versuch, eine Ahnung und Zukunft, Wurf und Sehnsucht der Natur nach neuen Formen und Möglichkeiten.

«Du sollst nicht töten!» war zur Zeit, wo das Wort zuerst aufgestellt wurde, eine Forderung von ungeheuerstem Umfang. Es war nahezu gleichbedeutend mit: «Du sollst nicht atmen!» Es war scheinbar unmöglich, scheinbar wahnsinnig und vernichtend. Dennoch ist dieses Wort in vielen Jahrhunderten aufrecht geblieben und gilt heute wie immer, hat Gesetze, Anschauungen, Sittenlehren geschaffen, hat Frucht getragen und das Menschenleben umgerüttelt und umgepflügt wie wenig andere Worte.

Das «Du sollst nicht töten!» ist nicht das starre Gebot eines lehrhaften «Altruismus». Altruismus ist etwas, was in der Natur nicht vorkommt. Und «Du sollst nicht töten!» heißt nicht: du sollst dem Andern nicht weh tun! Es heißt: du sollst dich selbst des Andern nicht berauben, du sollst dich selbst nicht schädigen! Der Andere ist ja kein Fremder, ist ja nichts Fernes, Beziehungsloses, für sich Lebendes. Alles auf der Welt, alle die tausend «Anderen» sind ja für mich nur da, insofern ich sie sehe, sie fühle, Beziehungen zu ihnen habe. Aus Beziehungen zwischen mir und der Welt, den «Anderen», besteht ja einzig mein Leben.

Dies zu erkennen, dies zu ahnen, diese komplizierte Wahrheit zu er-
tasten, war der bisherige Weg der Menschheit. Es gab Fortschritte und
Rückschritte. Es gab Lichtgedanken, aus denen wir uns dann doch wieder
finstere Gesetze und Gewissenshöhlen bauten. Es gab seltsame Dinge
wie die Gnosis, wie die Alchimie, von welchen manche Heutige genau zu
wissen glauben, wie töricht sie waren, während sie vielleicht höchste
Gipfel auf dem Menschheitswege der Erkenntnis waren. Und aus der
Alchimie, welche ein Weg zur reinsten Mystik und zur letzten Erfüllung
des «Nicht töten!» war, haben wir lächelnd und überlegen eine technische
Wissenschaft gemacht, welche Sprengstoffe und Gifte herstellt. Wo ist da
Fortschritt? Wo Rückschritt? Es gibt beides nicht.

Auch der große Krieg dieser Jahre zeigt beide Gesichter, sieht oft
wie Fortschritt, oft wie Rückschritt aus. Die wüste Massenhaftigkeit
und grausame Technik des Mordens sahen sehr wie Rückschritt aus, ja
wie Hohn auf jeden Versuch des Fortschritts und des Geistes. Fast
wie Fortschritte aber empfinden wir manche neuen Bedürfnisse, Erkennt-
nisse und Bestrebungen, die der Krieg gezeitigt hat. Ein Journalist
glaubte alle diese seelischen Dinge mit dem Wort «Verinnerlichungs-
rummel» abtun zu dürfen — aber sollte dieser Mann sich nicht sehr
getäuscht haben? Sollte er nicht am Ende gerade das Lebendigste, das
Feinste, das Wesentlichste und Innerste dieser Zeit mit seinem rohen
Wort verworfen haben?

Völlig falsch jedenfalls war die Meinung, die man während des Krieges
oft äußern hörte: dieser Krieg sei schon durch seinen bloßen Umfang,
seine gräßliche Riesenmechanik geeignet, künftige Generationen vom
Kriege abzuschrecken. Abschrecken ist kein Erziehungsmittel. Wem
das Töten Spaß macht, dem wird es durch keinen Krieg verleidet. Auch
die Einsicht in den materiellen Schaden, den der Krieg anrichtet, wird gar
nichts helfen. Die Handlungen der Menschen entspringen kaum zu einem
Hundertstel rationellen Erwägungen. Man kann völlig von der Unsin-
nigkeit irgendeines Tuns überzeugt sein und es dennoch inbrünstig tun.
Jeder Leidenschaftliche tut so. —

Eben darum bin ich auch nicht Pazifist, wie viele meiner Freunde und
Feinde meinen. Ich glaube an die Herbeiführung des Weltfriedens auf
rationellem Wege, durch Predigt, Organisation und Propaganda, so
wenig wie an die Entdeckung des Steins der Weisen durch Chemiker-
kongresse.

Woher aber wird vielleicht doch einst die wahre Friedfertigkeit auf
Erden kommen? Nicht von Geboten und nicht aus materiellen Erfah-
rungen. Sie kommt, wie jeder Menschenfortschritt, aus der Erkenntnis.
Alle Erkenntnis aber, wenn man darunter etwas Lebendiges und nicht
Akademisches versteht, hat nur einen Gegenstand. Es wird von Tau-
senden und tausendfach erkannt und in tausend verschiedenen Arten
ausgedrückt, ist aber stets nur eine Wahrheit. [2]Es ist die Erkenntnis des

Lebendigen in uns, in jedem von uns, in mir und dir, des geheimen Zaubers, der geheimen Göttlichkeit, die jeder von uns in sich trägt. Es ist die Erkenntnis von der Möglichkeit, von diesem innersten Punkte aus alle Gegensatzpaare zu jeder Stunde aufzuheben, alles Weiß in Schwarz, alles Böse in Gut, alle Nacht in Tag zu verwandeln. Der Inder sagt [3]«Atman», der Chinese sagt «Tao», der Christ sagt «Gnade».

Wo jene höchste Erkenntnis da ist (wie bei Jesus, bei Buddha, bei Plato, bei Lao Tse), da wird eine Schwelle überschritten, hinter der die Wunder beginnen. Da hört Krieg und Feindschaft auf. Man kann davon im Neuen Testament und in den Reden [4]Gotamas lesen, und wer will, kann auch darüber lachen und es «Verinnerlichungsrummel» heißen. Wer es erlebt, dem wird der Feind zum Bruder, der Tod zur Geburt, die Schmach zur Ehre, Unglück zu Schicksal. Jedes Ding auf Erden zeigt sich doppelt, einmal als «von dieser Welt» und einmal als «nicht von dieser Welt». «Diese Welt» aber bedeutet, was «außer uns» ist. Alles, was außer uns ist, kann Feind, kann Gefahr, kann Angst und Tod werden. Mit der Erfahrung, daß all dies «Äußere» nicht nur Gegenstand unserer Wahrnehmung, sondern zugleich Schöpfung unserer Seele ist, mit der Verwandlung des Äußeren in das Innere, der Welt in das Ich, beginnt das Tagen.

Ich sage Selbstverständlichkeiten. Aber wie jeder totgeschossene Soldat die ewige Wiederholung eines Irrtums ist, so wird auch die Wahrheit, in tausend Formen, ewig und immer wiederholt werden müssen.

COMMENTARY

Text: Hermann Hesse, *Krieg und Frieden. Betrachtungen zu Krieg und Politik seit dem Jahre 1914* (1949), 73–7.

1. *"Du sollst nicht töten"*: as Hesse says later (p. 116), he was not a pacifist, but the views of pacifists, above all of Romain Rolland, weighed heavily with him during the war years. In an article under the title *Du sollst nicht töten* (1919; *ed. cit.* 152) he reflects on man's immense capacity for destruction: 'It is not only in senseless battles that we kill, in senseless street fighting in times of revolution or in senseless acts of execution: we kill with every step we take. We kill by allowing gifted young people to turn in despair to occupations that are not suitable for them. We kill by closing our eyes to poverty, distress and scandal. We kill by standing smugly and nonchalantly by in the presence of outmoded practices in state, society, education and religion, and, hypocrites that we are, by consenting to them instead of

turning our backs on them.' Animals live by killing, but our task as human beings is 'to realise our own individual, unique personal lives and to take one more step along the road that leads from man as animal to man as man' (*ed. cit.* 156–7). The failure of the Churches to preach the Sixth Commandment during the years of war brings bitter words of criticism from Hesse in the *Brief an einen jungen Deutschen* below (pp. 119–20).

2. *Es ist die Erkenntnis des Lebendigen in uns*: one of the many moments which show Hesse in the spiritual lineage of Goethean humanism as expressed in *Faust* and in late poems such as *Selige Sehnsucht* ('Stirb und werde!'), *Urworte, Orphisch* ('Und keine Zeit und keine Macht zerstückelt/Geprägte Form, die lebend sich entwickelt'), *Eins und alles* and *Vermächtnis* ('Das Ew'ge regt sich fort in allen').

3. *Atman*: (Sanskrit) 'breath, spirit'; *Tao*: (Chinese) 'the way'.

4. *Gotama*: Buddha.

Brief an einen jungen Deutschen

Sie schreiben mir, daß Sie verzweifelt sind und nicht wissen, was tun, nicht wissen, was glauben, nicht wissen, was hoffen. Sie wissen nicht, ob es einen Gott gibt oder keinen. Sie wissen nicht, ob das Leben irgendeinen Sinn hat oder nicht, ob das Vaterland einen Sinn hat oder nicht, ob es besser ist, sich um geistige Güter zu mühen oder einfach sich den Bauch zu füllen, da doch alles so übel aussieht in der Welt.

Ich finde die Verfassung, in der Ihre Seele sich zeigt, durchaus die richtige. Daß Sie nicht wissen, ob es einen Gott gibt, und daß Sie nicht wissen, ob es Gut und Böse gibt, ist viel besser, als wenn Sie das genau wüßten. Vor fünf Jahren, wenn Sie sich erinnern können, wußten Sie vermutlich ziemlich genau, daß es einen Gott gebe, und wußten namentlich ganz genau, was gut und was böse sei, und Sie taten natürlich das, was das Gute schien, und zogen in den Krieg. Und seither haben Sie, fünf Jahre lang, in den besten Jahren Ihrer Jugend, immerzu jenes Gute getan, haben geschossen, gestürmt, sind auf der faulen Haut gelegen, haben Kameraden beerdigt, haben Kameraden verbunden, und so ganz allmählich ist das Gute zweifelhaft geworden, und es war zu Zeiten gar nicht mehr klar, ob dies herrliche Gute, was Sie taten, nicht im Grunde böse oder doch dumm und ein großer Unsinn sei.

Das war es auch. Das Gute, das Sie damals so genau kannten, war offenbar nicht das richtige Gute, nicht das unzerstörbare, zeitlose Gute; und der Gott, um den Sie damals wußten, war offenbar nicht der richtige. Er war vermutlich der Nationalgott unserer Konsistorialräte und Kriegsdichter, jener Gott, der sich ehrwürdig auf Kanonen stützt und dessen Lieblingsfarben [1]Schwarz-Weiß-Rot sind. Es war ein Gott, gewiß, ein mächtiger, ein riesiger Gott, größer als je ein Jehova war, und es wurden ihm Hunderttausende von blutigen Schlachtopfern gebracht, ihm zu Ehren wurden hunderttausend Bäuche aufgerissen und hunderttausend Lungen zerfetzt, er war blutrünstiger und brutaler als je ein Popanz und Götze, und während der blutigen Opfer sangen die Priester daheim, unsere Theologen, ihm ihre honorierten Loblieder. Der Rest von Religion, den wir in unsern verarmten Seelen und unsern so sehr verarmten und entseelten Kirchen besaßen, ging vollends dahin. Hat schon jemand es bedacht und sich darüber gewundert, wie unsere Theologen in diesen vier Kriegsjahren ihre eigene Religion, ihr eigenes Christentum zu Grab getragen haben? Sie dienten der Liebe und predigten den Haß, sie dienten der Menschheit und verwechselten die Menschheit mit der Behörde, von der sie ihr Gehalt beziehen. Sie haben (nicht alle natürlich, aber ihre Wortführer) mit Schlauheit und mit vielen Worten nachgewiesen, daß

Krieg und Christentum sich herrlich vertragen, daß man ein edler Christ sein und doch vortrefflich schießen und stechen kann. Das kann man aber nicht, und wenn unsere Landeskirchen nicht Landeskirchen im Dienst von Thron und Heer gewesen wären, sondern Kirchen Gottes, so hätten wir an ihnen im Kriege das gehabt, was uns so bitter fehlte: eine Zuflucht für die Menschlichkeit, ein Heiligtum für die verwaiste Seele, eine ständige Mahnung zu Mäßigung, Weisheit, Menschenliebe, Gottesdienst.

Verstehen Sie mich, bitte, nicht falsch! Glauben Sie nicht, daß ich irgendeinem Menschen Vorwürfe machen wolle! Ich möchte nur auf-zeigen, nicht anklagen. Man ist das bei uns nicht gewohnt, man ist nur an Schreien, Anklagen, Hassen gewöhnt. Die Menschen unserer Zeit, wir Deutsche so wie alle haben die fatale Kunst gelernt, immer die Schuld bei anderen zu suchen, wenn es uns schlecht geht. Dagegen allein trete ich auf, dagegen allein mache ich Vorwürfe. Daß unser Glaube so schwach war, daß unser landesherrlich geschützter Gott so brutal war, daß wir Krieg und Frieden, Gut und Böse so schlecht unterscheiden konnten, darin sind wir alle gleich schuldig, gleich unschuldig. Sie und ich, der Kaiser und der Pfarrer, wir alle haben mitgetan und haben einander nichts vorzuwerfen.

Wenn Sie sich jetzt besinnen, wo ein Trost und ein neuer, besserer Gott und Glaube zu finden sein könnte, so wird Ihnen, in Ihrer heutigen Ver-einsamung und Verzweiflung, ohne weiteres klar, daß die Erleuchtung nicht wieder von außen kommen darf, nicht wieder aus offiziellen Quellen, aus Bibeln, von Kanzeln, von Thronen. Sie darf auch nicht von mir kommen. Sie kann nur in Ihnen selbst zu finden sein. Dort ist sie, [2]dort wohnt der Gott, der höher und zeitloser ist als der Patriotengott von 1914. Die Weisen aller Zeiten haben ihn stets verkündigt, aber er kommt zu uns nicht aus Büchern, er wohnt in uns selbst und muß das Auge in unserem eigenen Innern auftun, sonst ist alles Wissen um ihn wertlos. Er ist auch in Ihnen, dieser Gott. Er ist gerade in Ihnen, gerade in Euch Zerschlagenen, Verzweifelten. Es sind nicht die Geringen, die an der Not der Zeit krank werden. Es sind nicht die Schlechten, die mit den Göttern und Götzen von vorgestern nicht mehr zufrieden sind.

Aber wohin Sie auch noch zu entrinnen suchen werden, es wird Ihnen der Prophet und Lehrer nicht begegnen, der Ihnen die Mühe des Suchens und der Einkehr in sich selber abnimmt. Das ganze deutsche Volk ist heut in Ihrer Lage, wir alle mit. Unsere Welt ist zusammengebrochen, unser Stolz geknickt, unser Geld dahin, unsere Freunde tot. Nun suchen wir, fast alle von uns, nach der alten schlechten Methode weiter, wir suchen den schlechten Kerl, der an dem allem schuld war. Wir nennen ihn Amerika, wir nennen ihn [3]Clemenceau, wir nennen ihn Kaiser Wil-helm oder wie immer sonst, und laufen mit all diesen Anklagen im Kreis herum und kommen an kein Ziel. Es genügt aber, nur eine einzige

Stunde lang diese kindliche und wenig intelligente [4]Schuldfrage auszu-
schalten und statt ihrer die Frage zu setzen: «Wie steht es mit mir selber?
Wieweit bin ich mitschuldig? Wo war auch ich zu laut, auch ich zu frech,
auch ich zu leichtgläubig, auch ich zu ruhmredig? Wo ist der Punkt in
mir, auf den die schlechte Presse, auf den der entartete Glaube an den
nationalen Jehova, auf den alle diese so rasch zusammengebrochenen
Irrtümer sich stützen konnten?»

Die Stunde, in der man sich so fragt, ist nicht angenehm. Man sieht
sich schwach und schlecht, man wird klein, man wird demütig. Aber
man wird nicht zerschmettert. Man sieht nämlich: Schuld gibt es nicht.
Es gibt weder den bösen Kaiser noch den bösen Clemenceau, es haben
weder die siegenden demokratischen Völker noch die besiegten Bar-
baren recht. Schuld und Unschuld, Recht und Unrecht sind Vereinfa-
chungen, sind Kinderbegriffe, und unser erster Schritt ins Heiligtum eines
neuen Gottes ist der, daß wir dies erkennen. Wir werden dadurch nicht
lernen, künftig Kriege zu verhindern, noch wieder reich zu werden. Wir
lernen nur eines: die wichtigen Fragen unseres Lebens, alle unsere
«Schuldfragen», alle unsere Gewissensfragen nicht mehr zu einem alten
Jehova, nicht mehr zu einem Feldwebel, nicht mehr zu einer Zeitungs-
redaktion zu bringen, die sie entscheiden sollen, sondern dies in der
eignen Brust zu tun. Wir müssen uns entschließen, aus Kindern Männer
zu werden. Spätere Menschen werden vielleicht den Verlust unserer
Flotte, unserer Maschinen, unseres Geldes so deuten, daß einem Kinde
all sein hübsches Spielzeug weggenommen wurde und daß das Kind
dann, nachdem es genug geweint und genug geschimpft hatte, still und
ein Mann wurde. Diesen Weg müssen wir gehen, es gibt keinen andern.
Und den ersten Schritt dieses Weges tut jeder von uns einzig bei sich
allein, im eigenen Herzen.

Lesen Sie, da Sie Nietzsche lieben, nochmals die letzten Seiten [5]jener
unzeitgemäßen Betrachtung nach, die vom Nutzen und Nachteil der
Historie handelt! Lesen Sie, Wort für Wort, noch einmal jene Worte
über die Jugend, welche das Los trifft, einer zusammenbrechenden
Scheinkultur den Hals abzudrehen und neu anzufangen! Wie hart, wie
bitter ist das Los einer solchen Jugend, und wie groß ist es, wie heilig!
Diese Jugend sind Sie, seid Ihr, Ihr Jungen von heute, im heutigen
geschlagenen Deutschland. Auf Euren Schultern liegt diese Last, auf
Euren Herzen diese Aufgabe.

Aber bleiben Sie nicht bei Nietzsche stehen und nicht bei irgendeinem
Propheten und Ratgeber. Unser Amt ist nicht, Sie zu belehren, Ihnen
Mühe zu sparen, Ihnen Wege zu zeigen. Unser Amt ist es nur, Sie daran
zu erinnern, daß es einen Gott gibt, einen einzigen, und daß dieser Gott
in Ihrem Herzen wohnt und Sie ihn dort suchen und dort mit ihm reden
müssen.

COMMENTARY

Text: Hermann Hesse, *Krieg und Frieden. Betrachtungen zu Krieg und Politik seit dem Jahre 1914* (1949), 146–51.

1. *Schwarz-Weiß-Rot*: the flag, first of the North German Confederation, created by Bismarck in 1867 after the Austro-Prussian war, then of the Second Reich (1871–1919); the Weimar Republic revived the black-red-gold banner of the nineteenth-century *Burschenschaften*, which the Federal German Republic re-adopted on its formation in 1949.

2. *dort wohnt der Gott*: cf. the similar sentiments in *Zarathustras Wiederkehr* (see p. 113 above).

3. *Clemenceau*: Georges Clemenceau (1841–1929), Prime Minister of France during the last year of the war, instilled new courage in the French people by his concentration on the total military defeat of Germany, and sought Germany's economic and spiritual humiliation through the Treaty of Versailles.

4. *Schuldfrage*: there are interesting points of contact between Hesse's questions and Karl Jaspers' lectures of 1946 under the title *Die Schuldfrage*, addressed to the German people after World War II.

5. *jener unzeitgemäßen Betrachtung*: Nietzsche's *Vom Nutzen und Nachteil der Historie für das Leben* (1873).

SPENGLER (1880–1936)

Politische Pflichten der deutschen Jugend (1924)

This piece by Spengler, the text of an address given to the *Hochschulring deutscher Art* at the University of Würzburg on February 26, 1924, the day on which the trial of Hitler and the other leaders of the abortive Munich *Putsch* of 1923 opened, is a natural complement to the preceding essays by Max Weber (p. 70) and Max Scheler (p. 88). Though on different subjects, all three were written under the pressure of circumstances dominated by the thought of national destiny and national self-assertion—those by Weber and Scheler in the inflamed atmosphere of the war years, that by Spengler at the moment of Germany's directionless emergence from the years of inflation after a war from which Germany had learned nothing, and after what he called 'the stupidest, most cowardly, most dishonourable and most vapid revolution in the entire history of the world.' And apart from the interest inherent in the themes themselves, the three texts together provide a commentary from three significant figures on the issue that dominated German intellectual life at the time — the issue, indeed, which still dominates it, albeit against a different background—*viz.* the recognition of a national identity and the discovery of a national role in the comity of nations.

To approach Oswald Spengler in this manner provides a single context both for his political writings of the 1920s and early 1930s and for the remarkable book that springs to mind the moment his name is mentioned—*Der Untergang des Abendlandes*. This work, the first volume of which was published in 1918, was conceived and even largely written before the outbreak of World War I, a fact worth remembering in the face of interpretations that would see it as an expression of the defiant gloom that prevailed in a defeated and humbled Fatherland. Yet it was to become a special possession of the Weimar Republic, an age of disillusionment with ideals, of materialistic self-assertion, of distrust of moral values, an age infected with the sickness and decay that is the life-force in the ironical sanatorium of Thomas Mann's *Der Zauberberg*.

That *Der Untergang des Abendlandes* met with the response it did in the 1920s—and not only in Germany—brought Spengler the gratification he considered himself entitled to as the author of a work that was not

just an exercise in historiography but an act of prophesy. The conception of history on which his argument rests is openly naturalistic and positivistic. Cultures are seen as self-contained entities, each imbued with life-powers of organic growth, the one following the other in natural sequence: the dynamic cycle of birth, growth, florescence and decay is common to all, so that one can foretell the course which a culture will run. History as a mental process, as a chronicle of events brought about by human thought and decision, gives way to a morphology of history as a naturalistic succession of phenomena produced by the workings of impersonal and irresistible inner impulses. Spengler's own way of putting it—and the keen cutting-edge of his Nietzschean style still leaves its mark—was more sonorous, not to say pretentious. His new view of history, he said in the Preface to the 1922 edition of Parts I and II of his book, amounted to 'eine Philosophie des Schicksals, und zwar die erste ihrer Art'. Furthermore, looking back on his completed task and conscious of the national context from which it had arisen, he found to his mingled pride and surprise that what he had achieved was 'eine deutsche Philosophie'.

It is a sobering thought, in view of the critical and moral opprobrium that Spengler's work has received over the years, that his acknowledged philosophical masters were Goethe and Nietzsche. The influence of Nietzsche meant for Spengler, as for Simmel, Scheler, Jaspers and other thinkers of this generation, above all the stimulation to see philosophical problems, not in abstract but in terms of their application to human situations—in Spengler's case, the historical situations of cultures. Goethe, like Plato but unlike Aristotle or Kant—systematic analysers, concept-builders, dealers in parts rather than wholes—represented for him the active, intuitive philosophy of living growth, of 'becoming'. 'Die Gottheit ist wirksam im Lebendigen', said Goethe to Eckermann, 'aber nicht im Toten; sie ist im Werdenden und Sich-Verwandelnden, aber nicht im Gewordenen und Erstarrten. Deshalb hat auch die Vernunft in ihrer Tendenz zum Göttlichen es nur mit dem Werdenden, Lebendigen zu tun, der Verstand mit dem Gewordenen, Erstarrten, daß er es nutze' (February 13, 1829). 'Dieser Satz,' wrote Spengler, 'enthält meine ganze Philosophie.'

All history is interpretation. And the interpretation begins already with the selection of the facts to be interpreted. Without selection there can be only comprehensive meaninglessness, chaos. Far from speaking for themselves, either the facts will speak nothing at all, as Frédéric Le Play, Charles Booth and other early sociologists found when they tried to make their subject 'scientific'; or they will speak what the historian thinks they meant to speak. In the same way the camera, far from not lying, will tell the lies, i.e. partial truths, that the photographer wants it to.

The quality of the history that is written is the quality of the historians' mind. That is, it rests to a large extent on the sensitivity of his insights and the subtlety of his generalisations. There can be no 'natural' science of history in the sense that there is a 'natural' science of physics or chemistry, and the accusation of selective use, or misuse, of historical facts and the betrayal of 'scientific' methods, often levelled at Spengler, cannot of itself invalidate his conclusions, still less the actions which he believes these conclusions make incumbent upon us. On the empirical argument, any 'pattern-making' philosopher of history, from Vico through Kant, Hegel, Marx and Comte down to the archaeologist Flinders Petrie and Arnold Toynbee in his *Study of History*, is a 'falsifier of reality'.

Indeed *Der Untergang des Abendlandes*, on one view a gloating hymn of praise in the name of a despicable philosophy of decadence, a wicked travesty of human values and a denial of human progress, contains prophetic glimpses of realities which today, fifty years on, one would dearly believe to be false. Take the manipulation of the mass media, tools for the dismantling of privacy and individuality, for the mounting of pogroms, hate-campaigns and other exuberant modern displays of man's inhumanity to man: 'Today,' wrote Spengler in caustic tone, 'a democrat of the old school would no longer demand freedom *of* the press but freedom *from* the press. Yet now that these leaders of public opinion have "arrived", they are forced to consolidate their position at the head of the masses.' (see T. W. Adorno, *Prismen*, 1955, 57). A propaganda chief, like Goebbels or any other latter-day spokesman of an Orwellian Ministry of Truth, would come to hold complete control over men's minds: 'His power is as complete as that of a lion-tamer. The reading masses are first set free to rampage through the streets, attack the given target, smash windows and terrorise everyone in sight. But at a signal to the gentlemen of the press everything falls silent and everybody goes quietly home. . . The reader has no idea how he is being manipulated, nor may he be allowed to find out. There is no more terrifying parody of the notion of freedom of thought than this' (see Adorno, *op. cit.* 58).

No, the arguments of empiricism will not invalidate the Spenglerian world-view. It can only be opposed on the plane of the concept of human and social values from which it proceeds and in terms of the ethic that it urges upon us. Spengler scorned the culture whose decay he so joyfully prognosed. Having concluded that the current of Western civilisation was flowing in the direction of scientific specialisation, technology, relativities ('Es gibt keine ewigen Wahrheiten') and the virtues of organisational efficiency, he seeks to wean us from philosophy, art,* the

* 'One can hardly expect any great painting or music to come out of Wes-

challenge of personal responsibility and the quest for lasting values. Since the Western world is moving inexorably towards totalitarianism, why oppose the workings of fate in the name of liberalism and humanity? 'If this book leads those of the younger generation to become technologists instead of poets, soldiers instead of painters, politicians instead of philosophers, then it will have had its desired effect. I could wish for nothing better' (*Untergang des Abendlandes* I, 41). — Spengler's *envoi*.

This is the purpose—dangerous, vicious, false, evil: the choice of epithets is wide—behind Spengler's work. As Adorno put it, with Spengler's proclamation of the 'fall of the West' the wish was father to the thought. It was a wish whose significance did not escape the 1920s and 1930s, and anti-intellectual, anti-cultural power-seekers, anxious that the humane values of the West should indeed fall, and as soon as possible, were not slow to press it into the service of their indoctrination of German youth.

Likewise the urgent questing of Spengler's 'Faustian man', embodiment of the restless, expansionist urge of Western man to conquer new areas of knowledge and experience, had a readily exploitable appeal to a generation who remembered the war merely as an episode for which they were not responsible, but faced the present as a challenging reality imbued with the promise of power and achievement. And although *Der Untergang des Abendlandes* did not tally with the racialist notion of emergent 'Aryan' supremacy—Spengler rejected the Nazi *Rassentheorie* and had no sympathy for Hitler—his *Jahre der Entscheidung* (1933) reiterated a chauvinistic praise of 'Prussian' military virtues which the Nazis found very acceptable and which they were delighted to pair with the militaristic utterances of Ernst and Friedrich Georg Jünger (see below p. 192). One can hardly overlook the kinship between *Der Untergang des Abendlandes* and Ernst Jünger's *Der Arbeiter* (1932), which foresees the advent of a technological age as the product of irresistible historical forces. '*Ducunt fata volentem, nolentem trahunt,*' is the last sentence of Spengler's book: 'Fate leads the willing but drags the reluctant'.

Spengler himself repeatedly addressed his political message to the youth of Germany, and *Politische Pflichten der deutschen Jugend* is the text of one such occasion. How significant, how wholehearted—and how terrifying—has been the involvement of organised youth in the political affairs of Germany! From romantic, impregnably adolescent *Wandervögel* to bomb-throwing agitators, from the *Wartburgfest* of 1817 to the Hitler Youth, the FDJ of Communist East Germany and the SDS of the Federal Republic, German youth has made its mark wher-

tern Europe again'. (From his 'Einleitung' to *Der Untergang des Abendlandes*.)

ever issues of ideology or commitment to an ideal were before the nation (cf. W. Kindt, *Grundschriften der deutschen Jugendbewegung*, 1957). Spengler's tone is that of the demagogue, uncompromising and inflammatory; he exhorts, chides, mocks, sneers. His message is harsh: the future of Germany needs, not starry-eyed idealists but practically-minded politicians, not devotion to noble, sometimes mistaken sentiment but study of, and engagement in, the means of actually achieving political aims (see p. 130 and note 2 below). The danger confronting post-war German youth, he repeated to an equally unheeding audience in the year before Hitler became Reichskanzler, was the same as that of 1815, *viz.* 'a tendency to refuse to face the sober facts of reality, and to conceal them behind idealistic dreams, romantic fancies, party-political gesturing, with processions, banners, uniforms and similar trappings, and to falsify the true situation by advancing theories and putting out programmes of action' (1932 Preface to his *Politische Schriften*, Munich, 1934, X). To overcome these national weaknesses was 'Selbsterziehung für künftige Aufgaben' (p. 148 below), part of the task of making oneself worthy of those future leaders who would guide Germany to her true destiny.

Probably the most important element in Spengler's nationalist, not to say imperialist, doctrine was his desire to see the establishment of a form of socialism which he equated with Prussianism. In his essay *Preußentum und Sozialismus* (1919) he depicts a society built on the military ideal of service, a society in which rule by central authority means that every citizen knows his duty. Taking from Hegel the concept of the supremacy of the state, the ideal form of which was monarchy—like Hegel, he had little time for democracy—Spengler quoted Frederick the Great, 'the first servant of his people', as the model ruler and claimed the peculiarly German nature of socialist service in this Prussian sense: 'Wille zur Macht, Kampf um das Glück nicht des einzelnen, sondern des Ganzen' (*Politische Schriften*, 1934, 43). Karl Marx was a critic, not a creator, and his socialism was based on a shallow intellectual internationalism, which, moreover, to Spengler's particular scorn, put the economic factor before the political; Marxism, together with Liberalism and Democracy, Spengler dismissed as 'lauter nicht-deutsche Ideale', whereas 'true' Socialism was a German birthright. 'Friedrich Wilhelm I. und nicht Marx ist in diesem Sinne der erste bewußte Sozialist gewesen' (*loc.cit.*).

Socialism, *Blut-und-Boden* nationalism, authoritarianism, anti-liberalism, the wooing of the youth of the nation, emotions precipitated in a mood of grievance and resentment by the consciousness of internal hesitancy and external inferiority—these were the constituents of Spengler's political message to his age. *Der Untergang des Abendlandes* enjoyed a remarkable, though short-lived vogue. But surveying in 1932 the menacing realities he had predicted—the growth of imperialism, the intensification of the

10

class struggle, the rise of Caesarism, the economic slump—he still wrote as one crying in the wilderness, heeded by the few, dismissed by the many.

Perhaps the message from the wilderness of *Der Untergang des Abendlandes* was 'Prepare ye the way of the Devil'. Perhaps we have.

BIBLIOGRAPHY

T. W. Adorno, 'Spengler nach dem Untergang' (*Der Monat* III, 1950; repr. in Adorno, *Prismen* [Frankfurt, 1955])

E. Gauhe, *Spengler und die Romantik* (Berlin, 1937)

E. Heller, 'Oswald Spengler and the Predicament of the Historical Imagination' (in *The Disinherited Mind*, Cambridge, 1952)

J. von Leers, *Spenglers weltpolitisches System und der Nationalsozialismus* (Berlin, 1934)

M. Schröter, *Metaphysik des Untergangs* (Munich, 1922)

C. Schück, *Spenglers Geschichtsphilosophie* (Karlsruhe, 1921)

A. Zweiniger, *Spengler im Dritten Reich* (Oldenburg, 1933)

Politische Pflichten der deutschen Jugend

Deutschland befindet sich augenblicklich in einem Zustand trügerischer Ruhe. Es ist dem kaufmännischen Geschick eines Einzelnen gelungen, den entsetzlichen Verfall unserer Wirtschaft, insoweit er mit dem Verfall unserer Währung zusammenhängt, wider alles Erwarten zu bannen — äußerlich —, aber das allein hat genügt, um in weitesten Kreisen die Meinung zu erwecken, daß die Lage unseres Volkes sich wirklich gebessert habe. Wir sind so verelendet, so arm geworden, und wir sind durch den Zusammenbruch unserer Macht und Hoffnungen und durch das, was seit fünf Jahren an ihre Stelle getreten ist, so um jeden Maßstab für Größe und Würde gekommen, daß schon die Tatsache, daß das alltägliche kleine Wirtschaftsleben des Einzelnen anfängt sich in ruhigeren Formen abzuspielen, vollkommen ausreicht, um in Millionen das Gefühl zu wecken, es sei nun wieder alles in Ordnung.

Auf der andern Seite erleben wir ein Schauspiel, das noch niederdrückender ist. Wir haben verlernt und vergessen, was wir gestern noch als Volk inmitten der Weltvölker gewesen sind. Wir sind nicht nur elend, wir sind auch ehrlos geworden. Das Mannesrecht, das jedem Zwergvolk zugestanden wird, sich mit der Waffe in der Hand zu schützen, ist uns genommen worden. Wir gehören nicht mehr in die Reihe der selbständigen Nationen. Wir sind das bloße Objekt des Willens, des Hasses und der Beutelust anderer geworden. Während rings in der Welt die Heere und Flotten für neue Entscheidungen gerüstet werden, bezahlen wir mit deutschem Geld auf deutschem Boden ein französisches Heer — das ist unser Antimilitarismus. Und wie viele unter uns gibt es, die das mit brennender Scham empfinden? Für Unzählige ist es ein Zustand, mit dem man sich abfinden muß und kann, um in seinem Schatten ein kleines Winkelglück aufzubauen, und das gelingt auch. Wir besitzen ¹seit fünf Jahren ein System des Regierens, mit dem sich trotz des Elends und der Schande vortrefflich leben läßt — wenn man dazu gehört. Es gibt Tausende, die sich in Partei- und Staatsstellen, durch Diäten und gute Beziehungen davon nähren, und Tausende, welche die Lage für ihre Privatgeschäfte durchaus nicht so finden, daß sie eine Änderung wünschen sollten.

Die deutsche Jugend teilt diese Ansichten nicht. Es ist unter den tröstlichen Zügen der Gegenwart vielleicht der trostreichste, daß dieses Sichabfinden mit einem schmachvollen Schicksal in keiner Schicht des Volkes so wenig Zustimmung findet wie unter der Jugend unserer gebildeten Stände, trotz des namenlosen Elends, in dem sie großenteils lebt, und darin liegt für mich die Hoffnung begründet, daß die Deutschen,

das jüngste und unverbrauchteste unter den Völkern Europas, durch die heranwachsende Generation einst wieder in die Lage versetzt werden wird, eine geschichtliche Rolle zu spielen, die seiner inneren Kraft, seiner trotz allem ungebrochenen Gesundheit und seinen schöpferischen Eigenschaften angemessen ist.

Wenn sich aber diese Sendung, die ihr nach meiner innersten Überzeugung vorbehalten ist, eines Tages erfüllen soll, dann muß die Jugend sich darüber klar sein, wie unendlich hart, lang und entsagungsvoll der Weg ist, wie wenig leicht man sich diese Aufgabe machen darf, und was alles man wissen und können muß, um für ein armes und waffenlos gewordenes Land den Aufstieg zu einer größeren Zukunft zu finden. Es ist Ihre heilige Pflicht, meine Herren, sich dafür nicht nur zu begeistern, s o n d e r n z u e r z i e h e n.[2]Das bloße Wollen führt zu nichts. Politik ist eine schwere und schwer zu erlernende K u n s t.

Wer die für unser Vaterland notwendigen Ziele und Mittel erkennen will, bedarf z u e r s t eines sicheren Blickes auf die in ungeheuren Spannungen liegende Welt. Der Krieg hat eine Erleichterung der Weltlage n i c h t herbeigeführt. Er hat die großen Fragen verschoben, umgestaltet, aber nicht gelöst. Und das Schicksal Deutschlands ist bei seiner geographischen Ungunst, seiner militärischen Ohnmacht und völligen Vereinsamung in dem Grade von der äußeren Entwicklung abhängig, daß jede Beschränkung des Blicks auf innere Zustände und Ideale mit einem Mißerfolg gleichbedeutend ist.

Der Weltkrieg bildet im großen geschichtlichen Werden und Vergehen einen ebenso tiefen Einschnitt wie zuletzt die Zeit Napoleons. Diese hat die politisch-militärischen Formen des 19. Jahrhunderts ebenso bestimmt, wie der spanische Erbfolgekrieg die des 18. und der Weltkrieg die des 20. Man muß das wissen, um sich darüber klar zu sein, wie unendlich viel von dem, was vor 1914 selbstverständlich war, heute unmöglich geworden ist. Versuchen Sie sich vorzustellen, wie die Welt damals aussah, als der Sturm auf die Bastille erfolgte, und dann, als nach der Schlacht von Waterloo der Wiener Kongreß die Neuordnung Europas für ein Jahrhundert unternahm. Das Staatensystem des 18. Jahrhunderts kämpfte mit sehr kleinen besoldeten Berufsheeren. 10,000—20,000 Mann bedeuteten bereits eine Macht. Die Kabinette entschlossen sich infolgedessen leicht, diese Truppenmengen einzusetzen. Die Kämpfe waren nach Raum und Aufwand der Mittel so geringfügig, daß mit Ausnahme der unmittelbar verwüsteten Landstriche in den größeren Ländern sich eigentlich niemand um einen Krieg kümmerte, der an irgendeiner Grenze geführt wurde. Die Verluste politischer und wirtschaftlicher Art waren selbst nach Jahren und im Fall einer Niederlage wenig bedeutend — der Siebenjährige Krieg war für Preußen eine große Ausnahme — und die Friedensschlüsse durch die Konvenienz

der Zeit auch im härtesten Fall so milde, daß jede Regierung es auch
bei weniger wichtigen Streitfragen bald vorzog, die Entscheidung der
Waffen anzurufen. Die Söldnerheere hatten mit der übrigen Bevölkerung
einen geringen persönlichen und seelischen Zusammenhang, so daß auch
die Menschenverluste auf die Stimmung dieser Völker wenig wirkten.
Die «Völker» haben die Kriege dieser Zeit überhaupt nicht geführt.
Selbst [3]die Schlacht bei Roßbach weckte zwar weithin die deutsche
Nationalgesinnung, aber sie wurde nicht durch ein V o l k gewonnen.

Dann kommt die Zeit der Revolution und Napoleons: Aus den Berufs-
heeren werden Volksheere, welche die gesamte Jugend einer Nation
umfassen; aus den Tausenden werden Hunderttausende, und gegen
Ende der napoleonischen Zeit stehen Massenheere auf dem Boden
Europas, deren Ziffern zwanzig Jahre vorher als Wahnsinn erschienen
wären. Und nun vollzieht sich seit Waterloo etwas sehr Merkwürdiges.
Als die Diplomatie alten Stils die Landkarte Europas neu gezeichnet
hatte, wurden diese Heere nicht nach Hause geschickt; sie blieben als
Formationen stehen und der Begriff des stehenden Heeres ist es, der
für ein volles Jahrhundert die politische Lage und ihre Formen in der
gesamten Welt beherrscht hat.

Heere, in die in sehr rascher Reihenfolge jeder waffenfähige Jüngling
eintreten mußte, Heere, die also durch tausendfache Verwandtschaft
mit der Bevölkerung verknüpft blieben, ihr Teuerstes, ihr Stolz und
ihre Sorge waren, standen von Spanien bis Rußland in der Gesamt-
stärke von Hunderttausenden, zuletzt von Millionen marschbereit, ohne
eigne Meinung, ein furchtbares, blindes, sich stets verschärfendes Werk-
zeug in der Hand der Regierungen, so daß die verantwortliche Diplo-
matie sich immer seltener und immer schwerer entschloß, aus dem Sta-
dium der Verhandlungen in das der ungewissen blutigen Entscheidung
überzugehen. Wenn man vor 1848 in einem gewissen Falle noch zu
einer Kriegserklärung schritt, so überwog seitdem die Neigung, durch
einen Kongreß oder Monarchenbesuch die Entscheidung eher zu um-
gehen als zu suchen. Und da es wirkliche Lösungen auf diesem Wege
selten und in schweren Fällen gar nicht gab, so erlebten wir seit dem
Ende des amerikanischen Bürgerkrieges (1865) und der [4]Schlacht von
Sedan das Schauspiel, daß alle großen Konflikte, welche der unerbitt-
liche Gang der Geschichte heraufbeschwor, vertagt und beiseitegescho-
ben wurden. Denn inzwischen hatten sich die Heere durch technische
Erfindungen, die Verwendung der Eisenbahn, der Telegraphie, durch
Ausrüstung und Beweglichkeit in weiten Räumen so verändert, daß
niemand mehr den Gang des «Krieges der Zukunft» sicher übersah,
jede Berechnung fragwürdig, die Verantwortung damit aber so unge-
heuer wurde, daß ein diplomatischer Stil entstand, den man wohl als
Stil der Angst vor letzten Entscheidungen bezeichnen kann.[5]

Aber damit, daß diese Massenheere nun wirklich im Weltkrieg bis

an die äußerste Grenze ihrer Leistungsfähigkeit erprobt und teilweise verbraucht worden sind, hat sich in den Formen des politischen Geschehens eine tiefe Wandlung vollzogen, und wir stehen heute vor der Tatsache, daß die Lage des vorigen Jahrhunderts mit der Zukunft in keiner Weise vergleichbar erscheint. Wir müssen uns mit dem Gedanken vertraut machen, daß die Erscheinung der stehenden Heere unwiderruflich der Vergangenheit angehört. Es ist ganz gleichgültig, ob auf dem Papier der eine oder andre oder auch alle Staaten Europas stehende Heere besitzen, ob die allgemeine Wehrpflicht abgeschafft ist oder nicht. Tatsache ist, daß heute schon überall hinter der äußeren Form stehender Heere alter Art, in- oder außerhalb der Formation, sich etwas Neues herausbildet. Es sind das Verbände von Männern, die aus Begeisterung für eine Sache bereit sind, ihr Leben einzusetzen, Gemeinschaften aus Überzeugung, zusammengeschmiedet nicht durch die Dienstpflicht, sondern durch eine Idee. Das war auch im 19. Jahrhundert möglich und wir haben es 1870 und vor allem 1914 erlebt, aber es gehört nicht zum B e g r i f f des damaligen Heeres. Jetzt nähern wir uns der Zeit, wo überall in Europa nicht mehr mit einer allgemeinen Mobilmachung der wehrfähigen Bevölkerung gerechnet werden darf, a u c h i n F r a n k r e i c h n i c h t, sondern mit einem Appell an diejenigen, die freiwillig für eine Sache einzutreten bereit sind. Überall bilden sich in und hinter den stehenden Truppen Ausschüsse, Kreise, Bünde wie die Action française und die Fascisten, welche dies als ihre eigentliche Aufgabe betrachten, und damit werden auf dem Boden Europas wieder k l e i n e Heere erscheinen, Heere, bei denen nun aber d i e e i g e n e Ü b e r - z e u g u n g o d e r d i e V e r e h r u n g f ü r e i n e n F ü h r e r ausschlaggebend ist. Zum Wesen der stehenden Heere gehörte, daß politische Meinungen innerhalb des Dienstes keine Rolle spielten; zum Wesen dieser künftigen Kampfeinheiten gehört, daß diese Meinung über den Verband selbst hinausgreift und die Politik des ganzen Landes Einfluß gewinnt. Ein Blick auf Italien, Frankreich, Rußland und andre Länder beweist, wie weit diese Entwicklung schon vorgeschritten ist. Aber deshalb werden wir künftig mit einer ganz andern Form der Beziehungen zwischen Staaten zu rechnen haben, mit einer ganz andern und viel leichteren, unter Umständen die Diplomatie ausschaltenden Art, sich zu einem Waffengang zu entschließen. Das muß man wissen, wenn man über die Zukunft Deutschlands nachdenkt.

Aber die Änderungen gehen weiter. Als der Umfang der stehenden Heere eine Entscheidung auf europäischem Boden selbst immer gefährlicher und undurchsichtiger machte, entwickelte sich ein Ausweg, der unter dem Namen Kolonialpolitik bis heute so gut wie verborgen geblieben ist. Die immer hastigere Besitzergreifung weiter Strecken in fremden Erdteilen erfolgte scheinbar aus wirtschaftlichen Gründen und zunächst hatten diese sicherlich das Übergewicht. Seit der Mitte des

Jahrhunderts aber war der Hunger nach Kolonialbesitz nicht mehr allein durch das Bedürfnis an Rohstoffen und Absatzmöglichkeiten bedingt, sondern auch durch die Tatsache, daß neben den stehenden Heeren stehende Flotten in Erscheinung traten. Die Kriegsflotten wurden noch zur Zeit Napoleons aus Holzschiffen mit Segeln gebildet. Sie waren wesentlich an die Küste gebunden und von Wind und Wetter abhängig. Aber seit dem amerikanischen Bürgerkriege (1861—65) wurden sie mit Dampfmaschinen ausgerüstet, gepanzert und mit den schwersten Kalibern versehen: eine ganz neue furchtbare Waffe, die in großen Verhältnissen gar nicht erprobt war und die in der Diplomatie eine weiterhin wachsende Angst erzeugte, das Schicksal eines Landes von ihr abhängig zu machen.

Und damit wurde nun die Kolonialpolitik ein vielleicht ganz unbewußtes Mittel, die Entscheidung zur See zu umgehen oder vorwegzunehmen. Ebenso wie ganze Jahrzehnte hindurch der Landkrieg durch das Tempo der Heeresvermehrung und der Erfindung von Kampfmitteln gewissermaßen e r s e t z t wurde, so daß eine Überflügelung in den Rüstungen einem Siege gleichkam und unter Umständen diplomatische Erfolge erzwang, so wurde der tausendfach im voraus beschriebene «Seekrieg der Zukunft» immer wieder durch das Wettrennen um den Besitz von Kriegsschauplätzen und Stützpunkten für nie gewagte Schlachten ersetzt. England hat das zuerst begriffen. In Wirklichkeit war in Afrika und Asien die expansive Kolonialpolitik zuletzt auf K ü s t e n gerichtet, welche strategische Bedeutung besaßen. Bei der Aufteilung Chinas in Interessensphären (seit 1894) handelte es sich im Grunde nur um Häfen und Flußmündungen, die als Stützpunkte moderner Flotten dienen konnten. Darin lag die ungeheure Bedeutung von Malta, Aden und Singapore. Und es ergab sich zuletzt, daß eine Hochseeflotte einen Krieg im voraus gewonnen hatte, wenn sie alle in Betracht kommenden Küstenplätze sicher in der Hand hielt, die gegnerische Flotte also überhaupt nicht erscheinen konnte. Erinnern Sie sich des Problems, auf welche Weise die russische Flotte 1905 überhaupt nach Japan gelangen sollte, da ihr die englischen Häfen für die Kohlenübernahme verschlossen blieben.

[6]Ein englischer Premierminister hat einmal erklärt, die Grenzen Englands seien überall dort zu Ende, wo die Küsten der andern Länder anfingen. Das war fünfzig Jahre hindurch unbedingt richtig. Aber damit hatte die englische Flotte alle künftigen Seekriege bereits gewonnen, a u c h d e n W e l t k r i e g. Sie konnte später ruhig in den Häfen bleiben. Das System der Stützpunkte siegte für sie. Darin lag nun ein Ausweichen vor der Entscheidung zwischen Massenheeren auf dem Festlande. Und auch darin hat sich heute ein durchgreifender Wandel vollzogen. Das ist in seiner ungeheuren Tragweite noch kaum bemerkt worden, aber es wird die Weltpolitik der nächsten Jahrzehnte vielleicht

beherrschen. Die frühere Lage beruhte auf der Tatsache, daß das Festland Afrikas und Asiens und eigentlich auch Südamerika und Australien politisch ganz passiv waren: die Küste wurde von der See, nicht vom Hinterlande aus strategisch in Rechnung gestellt.

Augenblicklich aber vollzieht sich in Afrika eine Wandlung, die man vor kurzem noch für unmöglich gehalten hätte. Als Napoleon die Expedition nach Ägypten unternahm, war er auf den Zufall angewiesen, daß die Flotte ungehindert dorthin gelangte, und nach ihrer Vernichtung war er auf Ägypten beschränkt. Heute geht Frankreich planmäßig daran, den Erdteil Afrika zu militarisieren. Hunderttausende von Negern werden durch Einführung der Dienstpflicht vom Senegal bis Tunis militärisch ausgebildet; ein Netz strategischer Bahnen ist zwischen Algier, dem Sudan und dem Tschadsee im Bau begriffen, so daß heute schon eine Landbrücke besteht, welche die Verschiebung von Heeren von Marokko zur Guineaküste und eines Tages nach Ägypten oder dem Kongo möglich macht. Seit ihrer Verwendung im Weltkrieg sind die Neger sich ihrer Macht und Zusammengehörigkeit bewußt geworden. Ein wachsendes Selbstgefühl erfüllt sie alle von den Senegalesen bis zu den Kaffern, und es wird durch eine von den Negern Amerikas ausgehende Propaganda beständig geschürt. Damit tritt ein ganzer Erdteil in die aktive Politik ein, um so mehr, als der Islam mit ungeheurem Erfolge die Negerbevölkerung nördlich des Äquators bekehrt und nicht nur in ihrer Weltanschauung, sondern auch politisch aufgeweckt und einem gewaltigen unsichtbaren System angegliedert hat, das von Bagdad nach China und von Mekka bis zum Atlantischen Ozean reicht. Ob diese neuen Mächte in einem kritischen Augenblick auf englischer, französischer oder andrer Seite stehen werden, ist eine dunkle Frage, von der unendlich vieles abhängt. Tatsache ist jedenfalls, daß südlich von Europa ein weites Gebiet aus seinem Schlaf geweckt und in die Weltpolitik einbezogen worden ist, so daß europäische Kämpfe unter Umständen dahinter zurücktreten können.

[7]Ganz dasselbe gilt von Asien. Im Osten war das 19. Jahrhundert beherrscht durch die Tatsache, daß Rußland von Polen bis zum Amur nach seiner und unserer Meinung ein europäischer Staat war. Heute haben wir das Gefühl, daß jenseits der Weichsel eine ungeheure Menschenmasse sich in einer seelischen Erregung befindet, von welcher niemand weiß, welche Wirkungen sie plötzlich auslösen kann. Ich will ein einziges Beispiel anführen. Um 1920 tauchte in Mittelasien ein Baron von Unger-Sternberg als Freischarenführer auf, dem es in kurzer Zeit gelang, eine Truppe von angeblich 150 000 Mann zusammenzubringen, die ihm persönlich unbedingt ergeben, die ausgezeichnet geschult und bewaffnet war und von ihm jedem beliebigen Ziel hätte entgegengeführt werden können. Dieser Mann ist nach kurzer Zeit von den Bolschewisten ermordet worden. Wäre das nicht gelungen, so läßt sich nicht ab-

sehen, welche Ereignisse sich heute in Asien abspielen würden und welche Gestalt die Landkarte der Welt heute schon angenommen haben könnte. Es besteht kein Zweifel, daß eine sozusagen nationalasiatische Armee von hunderttausend Mann, die in Turkestan steht, das Schicksal Asiens unbedingt in der Hand hat. Ob sie sich gegen Indien, China oder Persien wendet, sie wird bei jedem Schritt vorwärts Tausende von Anhängern finden, und es gibt in diesem ganzen Erdteil keine Macht, die einem begeisterten Ansturm solcher Art ernsthaften Widerstand leisten würde. Aber damit hat sich das Kampffeld, das noch während des Weltkrieges sich auf den Boden Europas bis zum Westrande Rußlands beschränkte, über den ganzen Landblock der alten Welt ausgedehnt. Diese Landmasse kann in überraschend kurzer Zeit in Ereignisse verwickelt werden, für welche das vorige Jahrhundert kein Beispiel bietet.

Und daraus ergibt sich vielleicht eine alles umwälzende Änderung für die Sicherheit der englischen Weltmacht. Wenn das 19. Jahrhundert trotz der stehenden Massenheere und gerade wegen ihrer die eigentliche Glanzzeit der seebeherrschenden Staaten war und die Flotte allein über den Besitz afrikanischer und asiatischer Länder entschied, so ist heute die Tatsache strategischer Überlandlinien in Entwicklung begriffen. Die englische Machtstellung beruhte darauf, daß der Weg von England nach seinen Besitzungen im Indischen Ozean und der Südsee ausschließlich ein Seeweg war. Im Augenblick, wo die große Landmasse aus ihrem politischen Schlummer erwacht, gibt es auch noch Landwege. Eine Flotte aber, die das Land besetzt findet, ist unwirksam geworden. Eine Seemacht, welche durch Küstenpunkte keine Wirkung mehr auf das Hinterland ausüben kann, hat aufgehört eine Macht zu sein. Es liegt im Bereich der nächsten Möglichkeiten, daß das ganze Problem der Seebeherrschung dadurch grundlegend verändert wird, daß neue Machtlinien, die über riesenhafte Landflächen hinweglaufen, eine ganz neue Art von Kontinentalsperre (im Sinne Napoleons) ermöglichen. Es ist also auch möglich, daß die geographische Lage Deutschlands, bisher ein Verhängnis für unser Volk, eine völlig veränderte politische Bedeutung erhält, und daß die außenpolitischen Kombinationen der Zeit nach Bismarck durch überraschend neue Gesichtspunkte abgelöst werden.

D i e s e r p o l i t i s c h e n W e n d u n g e n t s p r i c h t n u n e i n e w i r t s c h a f t l i c h e v o n g l e i c h e r T r a g w e i t e, welche auch den wirtschaftlichen Stil des 19. Jahrhunderts ebenso verwandelt hat, wie die napoleonische Zeit den des 18. Wir sind heute noch vorwiegend der Meinung, daß «der Marxismus» der eigentliche Gegner der bestehenden sozialen und ökonomischen Ordnung sei. Das ist seit wenigen Jahren ein veraltetes Bild. Der Gang der wirtschaftlichen Entwicklung zeigt einen überraschenden Zug, sobald man sich

von den Vorstellungen der durch und durch materialistischen National-
ökonomie des vorigen Jahrhunderts frei macht und die Tatsachen der
letzten zweihundert Jahre auf ihre tiefere Bedeutung hin unbefangen
prüft. [8]Es ist falsch, nach der Behauptung von Marx und andern die
wichtigste Epoche der modernen Wirtschaft in der ersten Hälfte des
vorigen Jahrhunderts zu suchen. Der wirkliche Einschnitt liegt viel-
mehr genau wie auf militärisch-politischem Gebiet inmitten der Epoche
Napoleons. Setzen Sie den Fall, daß jemand zur Zeit Friedrichs des
Großen in einem Flugzeug irgendein Land Europas überquert hätte: er
würde unter sich ein Gewimmel von Menschen und eine Menge wirt-
schaftlich arbeitender Dinge erblickt haben, Landgüter, Fabriken und
gewerbliche Betriebe. Es wäre sehr einfach festzustellen gewesen, welche
Menschen als Besitzer zu den einzelnen Dingen gehörten. Wer heute
dieselbe Gegend überflöge, würde mit seinem Auge kaum eine wesent-
liche Veränderung finden: ebenfalls Menschen und ebenfalls arbeitende
Dinge.

Und trotzdem hat sich eine umstürzende Wandlung vollzogen. Man
kann heute von einem ganzen Nationalvermögen vielleicht noch sagen,
daß es ein Besitz der Nation ist; aber welches Besitzverhältnis zwischen
einzelnen Menschen und einzelnen Dingen besteht, sieht niemand mehr.
Das völlig neue, das viel tiefer geht als alles, was Marx jemals beobachtet
hat, ist die geistige Ablösung des Besitzes vom
Gegenstand. Seit der französischen Revolution beginnt zwischen
Menschen und Dinge das Wertpapier in der Gestalt von Aktien, Antei-
len, Pfandbriefen und Banknoten einzudringen. Die Eigentumsbezie-
hung wird unsichtbar, und im Laufe des 19. Jahrhunderts hat
sich etwas herausgebildet, das früher überhaupt nicht bekannt war, die
Erscheinung der beweglichen, vom Ort und den Dingen unabhängigen,
in Gegenständen nur «angelegten», und zwar mit der Möglichkeit jeder-
zeitigen Wechsels angelegten, nur durch die Höhe, nicht die Art be-
stimmten Vermögen. Heute wie ehemals kann eine Fabrik im Lande
liegen und arbeiten, und trotzdem weiß niemand, wem sie gehört, denn
die Eigenschaft des Besitzes ist in der Gestalt von einigen Tau-
senden Papierstücken abgelöst und haftet an diesen, die im Laufe we-
niger Stunden aus einer Hand in die andre, aus einem Lande in das
andre wandern können, und die seit Einführung des elektrischen Nach-
richtendienstes auch noch unter mündlicher Ablösung der Besitzeigen-
schaft von der sichtbaren Werturkunde die erstere in einigen Minuten
in fremde Erdteile zu verlegen gestatten, so daß sie nun unsichtbar
und ungreifbar über die ganze Erde hin wechseln kann, während die
Fabrik unabhängig davon und ahnungslos fortarbeitet.

Daraus hat sich eine Tatsache entwickelt, welche heute auf der Höhe
steht und nicht nur die wirtschaftliche, sondern längst auch die politische
Lage völlig beherrscht. Wir haben in Deutschland wie in allen wirtschaft-

lich fortgeschrittenen Ländern heute schon mehr bewegliches als unbewegliches Vermögen. Von dem Nationalbesitz, soweit er uns geblieben ist, befindet sich zweifellos weit mehr als die Hälfte in der Hand von Menschen, welche die Gegenstände, zu denen sie augenblicklich im Besitzverhältnis stehen, weder bearbeiten n o c h ü b e r h a u p t k e n n e n, sondern die sie in Gestalt von Papieren oder gar Verabredungen nur «haben», um durch geschäftliche Veränderung dieses Habens ganz unabhängig von der an den Gegenstand gebundenen produktiven Arbeit Vorteile zu erzielen. Nationalgut, soweit es in Dingen innerhalb der Grenzen liegt, und Nationalgut, soweit es die Summe der Volksangehörigen besitzt, «hat», sind also zwei ganz verschiedene Größen geworden. Die erste ist in England kleiner, in Deutschland größer als die zweite. Wieviel von der deutschen Industrie Deutschland g e h ö r t, weiß niemand. Das ändert sich von einem Börsentage zum andern. Es ist demnach nicht mehr so, wie Marx es darstellt, und zwar aus dem Bedürfnis heraus, eine theoretische Unterlage für den Klassenkampf zu erhalten, daß zwischen Arbeitgebern und Arbeitern ein natürlicher Gegensatz bestehe; er besteht heute viel mehr zwischen den Menschen, die sichtbar produktive Arbeit leisten, ob als Führer oder Geführte, als Unternehmer, Techniker oder Werkleute, und der viel kleineren wechselnden Zahl von Unbekannten, die weder dies noch jenes sind, die aber das Werk haben, für die also gearbeitet wird, obwohl sie von der Art dieser Arbeit gar nichts wissen.

Diese Ablösung des Besitzes vom Werk untergräbt und vergiftet die eigentlich produktive, am Heimatboden, an Äckern, Bergwerken, Betriebsstätten haftende Arbeit der heutigen Nationen. Solange zu jedem Werk jemand gehört, der als Eigentümer dafür sorgt, läßt sich von nationaler Arbeit sprechen. Aber ein bewegliches Vermögen, das durch ein Telegramm in einem Augenblick von Berlin nach New York verlegt werden kann, ist nicht mehr national. Es hat sich vom Boden gelöst, es schwebt in der Luft, es ist eine unfaßbare Größe. Und wenn die Entwicklung in dieser Richtung bis ans Ende schreitet, so daß in den großen Wirtschaftsgebieten auch die letzten Teile der Nationalvermögen von den Dingen gelöst werden, dann ist eine Form der Wirtschaft erreicht, welche das Mark auch des stärksten Volkes rasch aufzehrt. Heute schon arbeitet der überwiegende Teil der Deutschen, Engländer und Amerikaner, vom Unternehmer bis zum Gelegenheitsarbeiter, für Menschen, die er nicht kennt und die einander unbemerkt ablösen. Auch der Erfinder und Unternehmer setzt seine Lebensarbeit für Unbekannte ein, und so vermag eine kleine Zahl von Menschen über die Erde hin mit den einzelnen Nationalvermögen und damit dem Schicksal der Nationen selbst zu spielen.

Die beweglichen Vermögen, welche hinter den Banken, Konzernen und Einzelwerken stehen, haben in einem Umfange, von welchem die

Öffentlichkeit nichts ahnt, die politischen Einrichtungen, Parteien, Regierungen, die Presse, die öffentliche Meinung unter ihren Einfluß gebracht. In allen Ländern mit entwickelter Industrie, Plantagenwirtschaft oder ausgedehntem Handel diktieren sie beinahe die Gesetze, die sich irgendwie auf Gewinne und Abgaben beziehen. Sie haben unter dem Schlagwort: «Belastung der starken Schultern» eine Steuerpolitik volkstümlich gemacht, die infolge ihrer Methode die unbeweglichen, also sichtbaren und greifbaren Vermögen zugunsten der beweglichen, nicht erfaßbaren belastet; sie drängen die Wirtschaftsgesetzgebung unvermerkt in eine Richtung, die immer größere Teile des festen Nationalgutes von den sichtbaren Dingen löst und als internationales Vermögen in Fluß bringt, sei es auch nur in der Form von Krediten, um sich dann auf Kosten der am Orte haftenden Arbeit den Lasten und Pflichten zu entziehen. Es könnte eines Tages so weit kommen, daß das ganze Volk arbeitet, ohne zu wissen, für wen und wofür.

Dieser Gegensatz von Haben im bürgerlichen und im Börsensinne greift viel tiefer als der volkstümliche von Kapitalist und Proletarier, um die Schlagworte der vorigen Generation zu gebrauchen. Deutschland besitzt wie andere Länder eine hochgezüchtete Schicht, die seit Generationen durch Erziehung, Stellung, geistige und Lebenskultur sich etwas angeeignet hat, das sich materiell auf keine Weise umschreiben läßt, einen inneren Rang, eine Höhe und Feinheit geistiger und praktischer Tätigkeit, eine Tradition des Leistens, Begreifens und Wollens, auf welcher der ganze geistige, sittliche, soziale, politische und zuletzt auch wirtschaftliche Halt der Nation beruht. Diese Schicht existiert nur unter der Voraussetzung, daß von dem nationalen Gut und seinem erarbeiteten Ertrage genug in ihren Händen ist, um diese Erziehung und Tradition fortführen und für die Zukunft sicherstellen zu können. Wird diese Schicht von alten Familien in ihrem festen Besitz unterwühlt und zum Zusammenbruch gebracht, dann hat ein modernes Volk das Beste verloren, etwas, das sich überhaupt nicht ersetzen läßt, den natürlichen Schwerpunkt seiner geschichtlichen Bahn, die geborenen Führer des Gesamtdaseins und Bewahrer gewachsener, unerlernbarer, langsam entwickelter Triebe und Eigenschaften. Diese Gefahr ist in England ebenso groß wie in Deutschland. Durch die 1908 von dem damals linksradikalen Lloyd George eingeleitete Steuerpolitik, vor allem die erdrückenden, gegen die unbeweglichen Vermögen gerichteten Tax- und Erbschaftssteuern ist in England heute schon erreicht, daß ein großer Teil der alten Familien, für welche die Beschäftigung mit Politik einer vornehmen Tradition entsprach, durch den Zusammenbruch ihres Besitzes gezwungen wurde, diese Tradition aufzugeben. Aber damit wird dieses Kernland eines stets gefährdeten Weltreiches nicht, wie ein Sozialist sich ausdrücken würde, von seinen Ausbeutern und Junkern befreit, sondern um die Schicht ärmer, deren ererbte Fähigkeiten Jahrhunderte

hindurch den Erfolg in der großen Politik verbürgten. Verschwindet sie ganz, so bricht die goldene Zeit der Dilettanten und Stellenjäger an, mit denen sich zwar die Finanzvermögen ausgezeichnet verständigen können, mit denen sich aber kein moderner Großstaat regieren, geschweige denn größeren Zielen entgegenführen läßt. Nicht die bloße Verarmung, die Ausschaltung der geschichtlich führenden Kulturschicht ist die ungeheure Gefahr aller alten Kulturvölker, die brennende Gefahr auch für das Deutschland von heute.

Wer das Schicksal Deutschlands wenden will, hat hier, ohne Utopien und Hirngespinste, mit der genauesten, nüchternen Kenntnis der Wirtschaftszusammenhänge und einer großen Erfahrung in ihnen anzusetzen, um das zu retten, was unser Wohlstand seit 1870, seit wir ein Weltvolk geworden waren, uns aufzubauen gestattete, den eigentlich tragenden Teil des Volkes, der es gewohnt war, fleißig, bescheiden, ehrlich zu arbeiten, der durch sein Organisationstalent, seinen Erfindergeist, sein diszipliniertes Denken und Tun die Voraussetzung für eine Regierung mit großen Forderungen und Zielen gebildet hat.

Als Drittes und Wichtigstes bitte ich Sie, endlich einmal ernsthaft und kühl das ins Auge zu fassen, was man die K u n s t d e s R e g i e - r e n s nennen sollte. [9]Der Begriff ist uns und nicht nur uns abhanden gekommen. Wir reden von Volksrecht, Volksvertretung, Volkswillen und haben im Lärm des modernen Parteigeschwätzes völlig vergessen, daß es sich hier nicht um einen Anspruch auf Vorteile, sondern auf Ausübung sehr schwerer und seltener F ä h i g k e i t e n handeln darf. Diese Fähigkeiten müssen da sein, angeboren oder in langer Selbstzucht erworben, sonst werden Rechte zu Verbrechen.

Daß ein Staat sich in dem beständigen immer härter werdenden Ringen um seine Weltgeltung, um sein Dasein guter Verfassung befindet, nicht ob er eine Verfassung hat, entscheidet über seine Zukunft. Der Staat des 18. Jahrhunderts wurde wirklich oder scheinbar absolut von Fürsten und ihrer Umgebung regiert, und zwar nach ungeschriebenen Methoden, die sich im Laufe vieler Jahrzehnte zu einer hohen, durchgeistigten Kunst ausgebildet hatten, von der heute noch alles zehrt, was sich Diplomatie nennt. Dem Grundsatz: «Alles für, nichts durch das Volk» stellt dann die Wende von 1789 das Wort von der S o u v e r ä - n i t ä t des Volkes entgegen, das sofort und zwar in bezeichnend tragischem Mißverständnis für die ganze Folgezeit durch die [10]Girondisten dahin verdreht wurde, daß die leitenden Stellen den wirklichen oder angeblichen Willen des Volkes nicht etwa auszuführen hätten, sondern daß sie mit d e s s e n W o r t f ü h r e r n b e s e t z t w ü r d e n , gleichviel, ob diese von der politischen Geschäftsführung etwas verstanden oder nicht. An Stelle des von Fürsten berufenen Staatsrates, der auch in den schlechtesten Fällen ein hohes Niveau besaß, traten gewählte Körperschaften; die Freiheit der Fürsten wich der Freiheit der Völker —

ein großer Gedanke, der seinen begeisternden Schatten über das ganze folgende Jahrhundert warf. Dieses Jahrhundert war bestimmt, das Ideal zu verwirklichen, und der heutige Parlamentarismus offenbart, wie die Idee vor der Wirklichkeit bestand. Aus Gruppen ehrlicher Schwärmer in amerikanischen Blockhütten, in französischen Salons, an deutschen Biertischen, die für ein Ideal lebten und unter Umständen starben, entwickelten sich Gruppen von Berufspolitikern und Stellenjägern, selbsternannte Volksführer, die nicht dafür, sondern davon leben wollten. Parteien waren zuerst begeisterte Einheiten des Denkens und Wollens. Heute sind sie rings auf der Erde Gewerkschaften von einigen tausend Menschen mit einem Schwarm bezahlter Parteibeamten, welche die Meinung der Völker nicht vertreten, sondern in der Richtung ihrer persönlichen Interessen hervorrufen, lenken und ausnützen. Die Freiheit der Völker, für welche die Väter ihr Blut vergossen, hat sich in eine drückende Abhängigkeit von dem Klüngel, amerikanisch gesprochen dem Kaukus,[11] verwandelt. Die fürstliche Willkür, Genußsucht und Torheit, mochte sie gelegentlich noch so schlimm sein, ist durch Schlimmeres ersetzt worden, und ein neuer Bastillesturm wäre längst gegen diese Gemeinschaften losgebrochen, hätten sie nicht alle Voraussetzungen, welche den ersten hervorriefen, die Bearbeitung der öffentlichen Meinung, die volkstümlichen Schlagworte, die Wahlmache rechtzeitig in ihren Besitz gebracht, um die große Masse in einer Stimmung zu erhalten, die ihnen die Fortdauer ihrer Lebensführung und Gewinne sicherte, von den Schlössern und Bestechungsgeldern französischer Abgeordneten bis zu den Autos und Aktienpaketen deutscher Proletarier und den Aufsichtsratsstellen deutscher Spießer in den bürgerlichen Parteien, die immer alles zuerst erfuhren.

Eine wachsende Ernüchterung und tiefe Sehnsucht geht heute durch die Völker der Welt, von diesem Druck selbstsüchtiger und schmutziger Interessen befreit zu sein, von diesen geschlossenen Organisationen, welche die erdrückende Mehrheit trotz des Gaukelspiels allgemeiner Wahlen und einer freien Presse[12] — die davon schweigt, wem sie wirklich dient — rücksichtsloser entmündigt haben, als es je ein Fürst im Zeitalter des aufgeklärten Despotismus gewagt hätte, eine Sehnsucht danach, an Stelle dieser Gewerkschaften eine Persönlichkeit zu sehen, die nicht reich werden, sondern regieren will, aus dem Gefühl überlegener Fähigkeiten heraus, die nach dem Worte Friedrichs des Großen endlich wieder begehrt, ein Diener des Staates zu sein, nicht dessen Nutznießer, und nicht der Geschäftsführer einer Partei.

Das ist das Ende der Demokratie, nicht ihr Sturz, sondern ihr unwiderruflicher innerer Zerfall, der es künftig gestattet, ihre Formen um so sorgloser bestehen zu lassen, je weniger sie bedeuten. Vor dem Kriege wäre das nicht verstanden worden; heute dringt es in die Köpfe, wohin man blickt, in Europa wie in Amerika, wo die Farmerbewegung im

Grunde dasselbe will wie der italienische Fascismus. Die besten Deutschen und nicht die Deutschen allein, warten darauf, einen Mann erscheinen zu sehen, dem man das Schicksal des Landes in die Hände legen darf, mit der Vollmacht, jeden abzuweisen, der im Interesse einzelner Gruppen diese Macht zu beschneiden sucht. Das 18. Jahrhundert war das der Fürstenfreiheit; das 19. Jahrhundert brachte die Freiheit der Völker — am Anfang als Morgenröte eines Ideals, am Ende, was unerbittlich gesagt werden muß, als Hohn auf dieses Ideal. Das 20. wird an die Stelle dessen, was aus dieser Freiheit geworden ist, die Freiheit der großen Persönlichkeit setzen, die Freiheit, welche Bismarck dem Parlament vergeblich abzuringen suchte, die Rhodes nur in Südafrika fand; an Stelle der Parteien die Gefolgschaft von Einzelnen, an Stelle des Regierens als Recht, das in Schmutz und Torheit versunken ist, das Regieren als Kunst, als Aufgabe, als Sendung.[13]

Das sind die Bilder, welche die Welt nach dem Kriege denjenigen zeigt, die Tatsachen sehen gelernt haben. Sie liegen heute noch im Nebel veralteter Ordnungen. Morgen werden sie durch die berufenen Träger einer neuartigen Weltpolitik bestätigt sein, Träger, von deren Sein oder Nichtsein unter Umständen das Schicksal ganzer Erdteile abhängt.

Hier stehen wir an der Wende zweier Zeitalter, entwaffnet, entehrt, am Abgrunde, mit einer zerbrochenen Tradition, durch [14]eine schurkische Revolution um alles betrogen, was das Geschick und die Lebensarbeit großer Staatsmänner uns gegeben hatte, unter dem Gelächter derer, die im In- und Auslande von den Früchten dieser Revolution zehren. Was 30 Jahre Bismarckscher Weltpolitik aufgebaut hatten, ist zerstört. Die seit Friedrich Wilhelm I. entwickelte hohe Form unseres Staatslebens ist zerstört. Die Früchte eines hundertjährigen Fleißes der Nation sind zerstört. Wir müssen mehr als je ein anderes Volk wieder von vorn anfangen, und nur die in uns ruhende Kraft und der ungebeugte Wille geben uns die Bürgschaft, daß dies auch geschehen wird. Hier ist die Aufgabe der heranwachsenden Generation: Einen neuen Stil des politischen Wollens und Handelns aus den neu gestellten Bedingungen des 20. Jahrhunderts herauszuarbeiten, neue Formen, Methoden und Ideen ans Licht zu schaffen, die wie die Ideen der französischen Revolution und die Sitten des englischen Unterhauses sich als Vorbilder von einem Lande zum andern fortpflanzen, bis die Geschichte der nächsten Zeit in Formen fortschreitet, deren Ausgangspunkt dereinst in Deutschland gefunden werden wird. Hier tun sich ungeheure Fernblicke auf, und dieser Sendung gewachsen zu sein ist die Forderung, welche an die Jugend, an Sie gestellt wird, die unter den Eindrücken des Weltkrieges und der Revolution zurechtgehämmert worden sind, die danach hungern, in die Zukunft schöpferisch einzugreifen, die Zukunft als Aufgabe, als Ihr Feld zu betrachten. Werden Sie dieser Lage gewachsen sein? Haben Sie begriffen, was alles dazu gehört? Ich verstehe Ihre Sehnsucht,

aber kennen Sie die historischen P fl i c h t e n, die Ihnen auferlegt sind dadurch, daß Sie heute jung sind, daß Sie Männer werden, gerade wenn die Entscheidung über den Wiederaufstieg Deutschlands fällt?

Gewiß, wir haben manches gelernt, was uns während des ganzen 19. Jahrhunderts unbekannt war. Wir haben eine Art selbständigen, fast amerikanischen Handelns und Entschließens gelernt, die uns vor dem Kriege fremd war, wo jeder auf das wartete, was irgendwo und von irgend jemand gewollt wurde. Wir haben ein gutes Stück Sentimentalität verlernt, den Altweiberidealismus des deutschen Michel, der unter der Knute seiner Feinde ihre guten Eigenschaften herausfand und ihre Gründe vorurteilslos zu verstehen suchte. Jede Stunde unseres deutschen Unterrichts erinnert peinlich daran, wie es mit diesen weltfremden Träumereien zur Zeit der Schlacht von Jena stand. Wir haben spät, aber hoffentlich nicht zu spät ein Stück nationalen Stolzes in uns entdeckt. Die Bedientengesinnung, welche [15]Bebel einst der Mehrzahl der Deutschen zuschrieb — vor Höherstehenden, vor dem Ausland, vor der Gasse, was er hinzuzufügen vergaß —, hat sich in den Parteiklüngel zurückgezogen, dessen seit fünf Jahren betriebener Außenpolitik sich ein geprügelter Hund schämen würde. Und wir haben endlich etwas gelernt, das ich Ihnen offen nennen will: die Fähigkeit z u h a s s e n. Wer nicht zu hassen vermag, ist kein Mann, und die Geschichte w i r d von Männern gemacht. Ihre Entscheidungen sind hart und grausam, und wer da glaubt, ihnen mit Verstehen und Versöhnen ausweichen zu können, der ist für Politik nicht geschaffen. Er wird, und wenn er die edelsten Gefühle und Ziele hat, sich und sein Vaterland nur ins Verderben stürzen. Daß wir als Deutsche endlich hassen können, ist eins der wenigen Ergebnisse dieser Zeit, die für unsere Zukunft bürgen könnten.

Aber auf der anderen Seite ist kein Land jemals durch ein noch so heißes Fühlen und Wollen gerettet worden, und wenn ich mich frage, ob die deutsche Jugend an politischem K ö n n e n, an V e r s t ä n d n i s für die erreichbaren Ziele und die zu ihrer Erreichung notwendigen Mittel, an p r a k t i s c h e m Wissen und p r a k t i s c h e m Instinkt ihrer Leidenschaft etwas Ebenbürtiges zur Seite zu stellen hat, so habe ich als Antwort, das scheue ich mich nicht hier auszusprechen, nur ein rückhaltloses N e i n.

Nationale Politik ist in Deutschland seit dem Kriege als eine Art Rausch verstanden worden. Die Jugend begeisterte sich in Masse an Farben und Abzeichen, an Musik und Umzügen, an theatralischen Gelübden und dilettantischen Aufrufen und Theorien. Ohne Zweifel werden die Gefühle dabei befriedigt, aber Politik ist etwas anderes. Mit dem Herzen allein ist noch niemals erfolgreiche Politik gemacht worden. U n d a u f d e n E r f o l g k o m m t e s a n — sonst hat diese Tätigkeit überhaupt keinen Sinn. Alle großen Erfolge staatsmännischer Kunst und kluger Volksinstinkte waren das Ergebnis kühlen Erwägens, lan-

gen Schweigens und Wartens, harter Selbstbeherrschung und vor allem eines grundsätzlichen Verzichtes auf Rausch und Szenen. Bedenken Sie, wie unsäglich einsam Bismarck Zeit seines Lebens gewesen ist, nur deshalb, weil er allein mitten in dem Deutschland des 19. Jahrhunderts eine weitreichende, schweigsame und kühle Tatsachenpolitik trieb. «Ich erkannte in ihm einen politischen Geschäftsmann, allem weit überlegen, was man sich in dieser Hinsicht denken kann. Er scheint nur mit dem zu rechnen w a s i s t, sein Augenmerk nur auf praktische Lösungen zu richten, gleichgültig gegen alles, was nicht zu einem nützlichen Zweck führt», sagte [16] Jules Favre von ihm im September 1870. «Es gibt Zeiten, wo man liberal regieren muß, und Zeiten, wo man diktatorisch regieren muß, es wechselt alles, hier gibt es keine Ewigkeit», sagte er selbst 1881 im Reichstag. Als in seinem Greisenalter jedes Kind die Früchte seiner Arbeit sah, wurde er in tausend Bismarckkommersen umjubelt, aber wo war die Jugend unserer Hochschulen in all den Jahren, wo er ganz allein damit rang, das Deutschland aufzubauen, welches 1914 die Hoffnung haben durfte, den schwersten Krieg zu bestehen, dem je ein Land in der neueren Geschichte ausgesetzt war? Hätte ihn sein König und Kaiser nicht gehalten, der ihm seinen ganzen Einfluß auf die Staatsgeschäfte gegen eine Übermacht von Feinden zur Verfügung stellte, so wäre er gleich am Anfang gescheitert, und er würde heute noch Narr und Verbrecher genannt werden, wie er jahrelang von allen Parteien und allen Ständen genannt wurde. Die studentische Jugend hat ihn damals mitten in ihrem patriotischen Treiben nicht besser verstanden als jeder andere.

Und man muß doch auch einmal, gerade heute, die Art der Begeisterung von 1813 kritisch ins Auge fassen. Wir sind gewohnt, auf diese Zeit der großen Leidenschaft wie auf den Grundstein von Deutschlands späterer Größe zu blicken. Aber so hart es ist, es muß doch gesagt werden: Was hat der politische Rausch dieser Jahre uns eingetragen? Die Niederlage der Franzosen, gewiß, aber sie war durch die Vernichtung der großen Armee und den spanischen Aufstand ohnehin gesichert. Blinde Begeisterung ist es nicht, womit Völker und Staaten geschaffen oder gerettet werden, weder heute noch in germanischen Urwäldern. Wofür haben sich die Schillschen Offiziere geopfert? Für England! Wofür hat unsere Jugend in den Befreiungskriegen gelitten? Für England! Und wofür arbeitet die völkische Bewegung von heute, blind wie sie ist und handelt und denkt? Für Frankreich. Nur das unbestechliche Auge Goethes sah damals das Ziellose der Freiheitsschwärmerei und ich rate Ihnen, immer und immer wieder [17] sein erschütterndes Gespräch mit Luden vom November 1813 zu lesen. Die prachtvolle und ebenso törichte Jugend, die sich hernach an altteutschen Kostümen, altteutschen Redensarten und Tabakspfeifen, romantischen Festen [18] auf der Wartburg und in Hambach (mit polnischen Fahnen an der Spitze, weil die freiheitliebenden Polen damals Deutsche totschlugen!) berauschte — während England durch

die Vernichtung des Mahrattenreiches Indien endgültig unterwarf und seinen Blick auf das von Spanien abgefallene Südamerika richtete, und die englische Hochschuljugend über taktische Fragen der Weltpolitik und Weltwirtschaft zu debattieren begann — diese Jugend war nichts als ein Stein im Spiel der großen, vor allem der englischen Diplomatie. Sie wurde losgelassen, als man sie brauchte, und preisgegeben, als sie ihren Zweck für fremde Mächte erfüllt hatte. Davor schützt kein Wille, keine Zahl, sondern nur die g e i s t i g e u n d t a k t i s c h e Ü b e r l e g e n h e i t. Wir hatten keinen wirklich nationalen Diplomaten, und hätten wir ihn gehabt, so würde er von der nationalen Bewegung nicht verstanden und daran gescheitert sein.

Wenn Sie nicht wollen, daß auch die nationale Begeisterung dieser Jahre nur ein Werkzeug ist in den Händen der ausländischen Diplomatie und ihrer innerdeutschen Gefolgschaft, dann müssen Sie sich zu etwas anderem erziehen als zu einer Politik hemmungsloser, romantischer, weltblinder Leidenschaften. Nicht daß man gegen diese oder jene Macht Lärm schlägt, sondern daß man sie an politischem Geschick überragt, hat Bedeutung. Wenn ich heute durch die Straßen deutscher Städte gehe und sehe, was für Versammlungen und Umzüge stattfinden, was für Zettel an den Häusern kleben, was für Abzeichen getragen werden, was gesungen oder geschrien wird, was für kindliche Theorien an die Stelle wirtschaftlicher Tatsachen gesetzt werden sollen, was alles man vor der breitesten Öffentlichkeit treibt und sagt, was in jedem andern Lande mit größter Zurückhaltung erst weltpolitisch durchdacht und dann verschwiegen werden würde, so möchte ich verzweifeln. Ich frage mich immer wieder, welche feindliche Macht diese blinde, planlose, alle Tatsachen der Weltlage verachtende Schwärmerei eines Tages ausnützen und dann preisgeben wird. Gegenüber all dem, was die heranwachsende Generation seit fünf Jahren will, redet, denkt und tut, drängt sich mir immer wieder [19]der alte Spruch aus dunklen Jahren der deutschen Vergangenheit auf die Lippen: «W e h e d e m L a n d e, d e s s e n K ö n i g e i n K i n d i s t!»

Wir müssen uns, so hart es uns ankommen mag, dazu entschließen, Politik als Politik zu treiben, so wie man sie von jeher verstanden hat, als eine lange, schwere, einsame und wenig volkstümliche Kunst, und nicht als Rausch oder militärisches Schauspiel. Die meisten von Ihnen haben Waffen getragen. Ich erinnere Sie daran, daß Politik nichts ist als eine Kunst des Fechtens mit geistigen Waffen. Sie wissen, was Übung, Geschick und Kaltblütigkeit hierin bedeuten. Sie wissen, daß das Geheimnis des Sieges in der Überraschung des Gegners liegt. Wenn Sie im Zweikampf oder auf dem Schlachtfelde die Methoden Ihrer politischen Tätigkeit anwenden wollten, vor dem Auge des Gegners die Waffe mit Geschrei in der Luft schwingen, den Angriff in aller Öffentlichkeit verkünden und vorbereiten, so wäre der erste Schlag auch schon der letzte.

Über den Erfolg entscheidet die Leidenschaft jedenfalls nicht. Leidenschaften machen abhängig. Und allzu oft bietet unsere nationale Bewegung, so wie sie heute innerhalb des deutschen Parteikampfes verläuft, das Bild eines Stiers in der Arena, blind, wütend, jedem Verständnis der Situation unzugänglich. Wir müssen endlich lernen, daß große Politik sich ebensowenig im Organisieren und Agitieren, in Programmen und Gefühlsausbrüchen erschöpft wie andrerseits in der bloßen Lösung von Wirtschaftsproblemen. Ein kluger Geschäftsmann ist noch kein Politiker — obwohl Politik die Geschäftsführung eines Staates ist —, aber Trommler und Pfeifer sind erst recht keine Feldherren.

Die moderne Politik setzt ein außerordentlich hohes Maß von Übung und Wissen voraus und ich vermisse in der Jugend, die heute Politik als ihre Aufgabe und Sendung betrachtet, nicht nur den ernstlichen Willen, sich für größere Aufgaben zu erziehen, sondern auch den, s i c h d i e K e n n t n i s d e r T a t s a c h e n , K r ä f t e u n d R i c h t u n g e n d e r h e u t i g e n W e l t p o l i t i k i m n o t w e n d i g e n U m f a n g e a n z u e i g n e n . Noch einmal: Es kommt nicht auf das Wollen, sondern auf das Können an, und Können setzt die Beherrschung des Gebietes voraus, auf dem es sich betätigen soll. Es ist ein verhängnisvoller Irrtum, der durch tägliches Lesen von Zeitungen und noch viel mehr durch die Masse ausnahmslos flacher und alberner Parteischriften erzeugt wird, zu glauben, daß ein jeder Politik verstehe und machen könne, wenn er nur die richtige «Gesinnung» habe. Der Wahlspruch des 19. Jahrhunderts: «Die Politik dem Volke» hat Schwärmer und Schwätzer erzogen, aber die Staatsmänner um ihr Gefolge gebracht. Die meisten von ihnen haben den größeren Teil ihrer Nervenkraft nicht auf ihr Werk verwendet, sondern darauf, sich ein Mindestmaß von Bewegungsfreiheit zu erhalten.

Dazu kommt eine ungeheure, rein deutsche Gefahr. Wir haben seit 1918 jeden Einfluß außerhalb unserer Grenzen verloren. Ich schweige davon, daß wir nicht einmal innerhalb dieser Grenzen Herren geblieben sind. Wir Deutsche sind, seit kaum fünfzig Jahren in die Reihe der Weltvölker eingetreten und bei weitem noch nicht gewöhnt, das dieser Stellung entsprechende politische Sehen und Denken als selbstverständlich zu beherrschen, mit einem Schlage wieder Provinzler geworden und das in einem Grade, wie es schon aus geographischen Gründen bei keinem der anderen großen Völker möglich ist. Das wirkt zunächst auf den Umfang unserer Außenpolitik, die bloße Grenzpolitik geworden ist und vielfach noch nicht einmal das.

Aber darüber hinaus wacht unsere trostlose Vergangenheit mit ihrer stumpfsinnigen Kleinstaaterei, ihrem Philisterhorizont, ihrem erbärmlichen Gezänk von einem Ländchen zum andern wieder auf und droht den Gesichtskreis auch der nationalen Bewegung bis zur Hoffnungslosigkeit zu verengen. Nicht der Partikularismus allein ist ein Ausdruck

ererbter Provinzgesinnung, sondern auch die heute wieder übliche Behandlung deutscher Fragen, als ob Deutschland allein in der Welt wäre. Wir erfahren nur noch wenig von dem, was in Ostasien, in Mittelamerika, in Südafrika vor sich geht, und viele glauben, sich um dieses wenige nicht kümmern zu müssen. Seit wir die Kolonien verloren haben — ein Verhängnis auch für den politischen Horizont unseres Volkes —, hat sich der politische Blick auf Mitteleuropa beschränkt und oft genug auf einen kleinen Bezirk davon. Ein beschränkt nationaler Dünkel ist groß geworden, der es für unter seiner Würde hält, die Verhältnisse des Auslandes bei der Lösung innerdeutscher Fragen zu beachten und die geschichtliche und wirtschaftliche Entwicklung der Welt rings umher in bezug auf uns wirklich ernst zu nehmen. Was nicht in der Richtung der eigenen Ideologie liegt oder zu liegen scheint wie etwa die Schriften von [20]Ford, wird mit Spott oder Nichtachtung behandelt oder planmäßig mißverstanden. Man gibt sich nicht die Mühe, die inneren Verhältnisse Englands oder Amerikas oder etwa die Entwicklung der Lage am Stillen Ozean an der Hand von Tatsachen zu studieren. Man verschwendet keinen Augenblick an ein Studium weltwirtschaftlicher Probleme wie Rohstoffversorgung oder Überwindung von Absatzkrisen und begeistert sich lieber für irgendeine lächerliche, am Schreibtisch ausgesonnene Theorie einer geldlosen Wirtschaft. Und wenn man damit erreicht, daß das w o h l w o l l e n d e Ausland bedauernd oder verächtlich auf dieses Treiben herabsieht, daß die ausschlaggebenden Mächte und Persönlichkeiten der realen Politik und Wirtschaft gezwungen sind, jede Berührung mit solchen Bewegungen zu vermeiden, um sich nicht bloßzustellen, so erblickt man darin vielleicht sogar noch einen Vorzug.

Aber der Fascismus hat es jedenfalls verstanden, sich mit maßgebenden Mächten der Wirtschaft rechtzeitig zu verständigen, weil es ihm auf den Erfolg und nicht auf Programme und Paraden ankam. Andernfalls wäre er an den Tatsachen bald gescheitert. Deutschland liegt mit seinen sechzig Millionen Einwohnern mitten in einer Welt von 1500 Millionen. Es hat keine natürliche Grenze. Es kann weder auf Absatz noch Rohstoffe noch Lebensmittelimport verzichten. Sein Schicksal ist von dem Gesamtschicksal nicht zu lösen. Es kann aktiv oder passiv sein, aber es ist in keinem Fall eine Angelegenheit für sich. Mit dem Verzicht auf einen weltpolitischen Horizont, mit dem Verzicht auf Fühlungnahme mit weltpolitischen Faktoren, was eine gleiche Höhenlage der Erfahrung, Überlegung und Taktik voraussetzt, schwinden a l l e A u s s i c h t e n d e r n a t i o n a l e n B e w e g u n g, geben Sie sich darüber keinem Zweifel hin. Sie können dann auch weiter den Karren ziehen, in dem Glauben ihn zu lenken, aber Sie werden das Schicksal Deutschlands, eine Provinz, eine Kolonie der Westmächte zu werden, damit besiegeln. Ich höre täglich Gespräche, die mich erschrecken, naive Vorschläge zu grundlegenden Wirtschaftsreformen von jungen Leuten, die nie ein Hüt-

tenwerk gesehen und nie eine Abhandlung über modernes Kreditwesen gelesen haben; Ideen über Verfassungsreformen ohne die geringste Vorstellung davon, wie heute ein Ministerium aufgebaut sein muß, um arbeiten zu können, und was alles zu seiner geschäftlichen Leitung gehört. Niemand studiert die Praxis großer Staatsmänner wie Bismarck, Gladstone, Chamberlain und in Gottes Namen auch [21]Poincaré, ihre Art, in der kleinen zähen Arbeit des Tages unscheinbare Erfolge zu erzielen, deren Gesamtergebnis dann doch im Schicksal ihres Landes Epoche macht. Wir haben Kampfziele, deren Anerkennung ein paar tausend Quadratkilometer nicht überschreitet, und in jedem Winkel Deutschlands ein paar nebeneinander.

Aber wir brauchen ein beständiges Nachdenken unserer Jugend und nicht nur ein Nachdenken, sondern ein ernstes und gründliches Durcharbeiten der großen Verhältnisse der gegenwärtigen Weltwirtschaft und Weltpolitik, und zwar an der Hand von Daten und Tatsachen. Wir können keine deutsche Frage lösen, es sei welche sie wolle, wenn wir nicht genau wissen, in welche Beziehung sie sofort zu den politischen Kombinationen in England, in Rußland, in Amerika tritt, und diese Fühlungnahme sollte über das Wissen zu praktischen Beziehungen weitergehen, was auf unserer Seite Persönlichkeiten von entsprechender Stellung und Erfahrung voraussetzt, die zu gewinnen die nationale Bewegung bis jetzt verschmäht hat. Unser Aufstieg hängt davon ab, daß wir dem Ausland an politischen Methoden gewachsen sind, wie es auf dem Gebiete der Technik und wirtschaftlichen Organisation der Fall ist, und nicht davon, daß wir es als nicht vorhanden betrachten. Und dasselbe gilt von den internationalen Mächten innerhalb Deutschlands, die mit den Schlagworten Marxismus und Börse gemeint sind. Man kann ihre Auffassungen widerlegen, aber man schafft sie damit nicht ab. Ob jemand recht hat oder unrecht, darauf kommt in der Geschichte nicht viel an. Ob er dem Gegner praktisch überlegen ist oder nicht, entscheidet über den Erfolg. Und zum letztenmal: die Jugendbewegung, wie sie heute ist, verzichtet auf Erfolg, um sich zu berauschen. Ehrlich, aber sonst nichts — das ist zu wenig für unsere Zukunft.

Und damit komme ich zum Schluß: Wir Deutsche gewöhnen uns schwer daran, Politik nicht für den Ausdruck von Gefühlen und Meinungen, sondern für eine hohe Kunst zu halten, weil unsere Vergangenheit uns keinen Anlaß zu Erfahrungen gab. Lernen wir das aber nicht jetzt, so fürchte ich, daß auch die Zukunft uns keinen Anlaß mehr geben wird. Es ist die heilige Pflicht der jungen Generation, sich für Politik zu erziehen. Da wir nicht in der glücklichen Lage Englands sind, das seine jungen Leute früh und in praktischen Stellungen in alle Erdteile hinaussendet, so bleibt uns nur das Studium dieser Dinge an der Hand geschichtlichen Materials, aber das sollte mit doppeltem Ernst getrieben werden.

Ich rate der Jugend, alle begeisterten Programme und Parteischriften aus der Hand zu legen und einzeln oder zusammen planmäßig die diplomatischen Akten der letzten Jahrzehnte zu studieren, wie sie etwa in den Veröffentlichungen aus deutschen Archiven oder in englischen Blaubüchern vorliegen, die Schriftstücke zu vergleichen, sich über Zwecke, Mittel und Erfolge ein Urteil zu bilden und so in die moderne staatsmännische Praxis einzudringen; die Reden und Briefe großer Politiker, die Denkschriften der besten Kenner der heutigen Weltwirtschaft wie [22]Keynes oder Helfferich sorgfältig durchzugehen, um sich zunächst ein Urteil über die Lage, die Methoden, die Bedeutung der handelnden Persönlichkeiten zu bilden, woraus sich dann wohl für den einzelnen ergeben wird, wie es um seine eigene Begabung auf politischem Gebiete steht. Berufen ist man heute nicht dadurch, daß man sich und andere begeistern kann, sondern lediglich durch Eigenschaften, die denen des Gegners ebenbürtig sind. Auch für den Geringsten findet sich noch eine Aufgabe. Es gibt Tugenden für Führer und Tugenden für Geführte. Auch zu den letzten gehört, daß man Wesen und Ziele echter Politik begreift — sonst trabt man hinter Narren her und die geborenen Führer gehen einsam zugrunde. [23]S i c h a l s M a t e r i a l f ü r g r o ß e F ü h r e r e r z i e h e n , in stolzer Entsagung, zu unpersönlicher Aufopferung bereit, das ist auch eine deutsche Tugend.

Und gesetzt den Fall, daß in Deutschland in den schweren Zeiten, die uns bevorstehen, starke Männer zum Vorschein kommen, Führer, denen wir unser Schicksal anvertrauen dürfen, so müssen sie etwas haben, worauf sie sich stützen können. Sie brauchen eine Generation, wie sie Bismarck nicht vorfand, die Verständnis für ihre Art zu handeln hat und sie nicht aus romantischen Gefühlen ablehnt, eine ergebene Gefolgschaft, die auf Grund einer langen und ernsten politischen Selbsterziehung in die Lage gekommen ist, das Notwendige zu begreifen und nicht, wie es heute ohne Zweifel der Fall sein würde, es als undeutsch zu verwerfen. Das, diese Selbsterziehung für künftige Aufgaben ist es, worin ich die politische P f l i c h t der heranwachsenden Jugend sehe. Damit allein können Sie geistig über die Grenze hinauswachsen, die infolge des Versailler Vertrages Deutschland heute von der Welt abschneidet. Unsere Zukunft beruht nicht auf dem, was an neuen Formen innerhalb unserer Grenzen entsteht, sondern auf dem, was infolge dieser Formen außerhalb der Grenzen erzielt wird.

COMMENTARY

Text: Oswald Spengler, *Politische Schriften* (1934), 129–56.

1. *seit fünf Jahren*: the elections for the democratic National Assembly that was to meet in Weimar were held in February 1919.
2. *Das bloße Wollen führt zu nichts*: the emphasis of Spengler's message lies, not on theory but on action (see p. 127 above). 'Begeisterung ist eine gefährliche Mitgift auf politischen Pfaden. Der Pfadfinder muß ein Held sein, kein Heldentenor . . . Politik ist das Gegenteil von Romantik, sehr prosaisch, nüchtern und hart' (Introduction to his *Politische Schriften*, 1934, X). See also p. 142 above.
3. *die Schlacht bei Roßbach*: Frederick the Great's victory over the French and their allies in 1757, at the beginning of the Seven Years War.
4. *Schlacht von Sedan*: scene of a decisive victory by the Germans over the French in 1870.
5. cf. *Der Untergang des Abendlandes* II (1923), 524 (Spengler's own footnote).
6. *Ein englischer Premierminister*: Lord Salisbury.
7. *Ganz dasselbe gilt von Asien*: the emergence of a true Russian, i.e. Asiatic, *Volkstum*, free of European, and above all Marxist, pressure is envisioned in Spengler's essay *Das Doppelantlitz Rußlands und der deutschen Ostprobleme* (1922).
8. cf. *Der Untergang des Abendlandes* II, 599 ff and 627 ff (Spengler's own footnote).
9. cf. *Der Untergang des Abendlandes* II, 447 ff and 544 ff (Spengler's own footnote).
10. *die Girondisten*: the party of moderate French republicans (1791–3), whose members were from the area of the Gironde, in south-west France.
11. cf. *Der Untergang des Abendlandes* II, 561 ff (Spengler's own footnote).
12. cf. *Der Untergang des Abendlandes* II, 566 ff (Spengler's own footnote).
13. cf. *Der Untergang des Abendlandes* II, 534 ff (Spengler's own footnote).
14. *eine schurkische Revolution*: 'Die dümmste und feigste, ehr- und ideenloseste Revolution der Weltgeschichte' is how Spengler later described the events of 1918–19 in Germany.
15. *Bebel*: August Bebel (1840–1913) was the leader of the Social Democratic party from 1871 until his death and the most powerful figure, alongside Lassalle, in what might be called the 'grass roots', proletarian, as opposed to the idealistic, intellectual, side of German Social Democracy.
16. *Jules Favre*: (1809–80), French republican statesman who, as foreign minister, was one of those who had to negotiate peace with Bismarck after the German victory of 1871. The speech of 1870 in which this particular quotation occurs is famous for his oratorical claim that France 'would not yield to Germany an inch of her territory or a single stone of her fortresses'—which Bismarck countered with the blunt demand for the cession of Alsace and Lorraine as a condition for peace.
17. *sein erschütterndes Gespräch mit Luden*: reproduced in Biedermann, *Goethes Gespräche* II (rev. W. Herwig, 1969), 862 ff. It is especially noteworthy for Goethe's reflections on the political situation of Germany vis-à-vis other countries and his expression of confidence in her future as a nation. Heinrich

Luden (1780—1847) was Professor of History at Jena and the author of a multi-volume *Geschichte des deutschen Volkes*, which Goethe knew: he recounted his visit to Goethe in Weimar in 1813 in his *Rückblick in mein Leben* of 1847.

18. *auf der Wartburg und in Hambach*: at the *Wartburgfest* of 1817 students and professors, mostly from the University of Jena, celebrated jointly the 300th anniversary of the Reformation and the third anniversary of Napoleon's defeat in the Battle of Leipzig, using the occasion to proclaim the ideals of honour and liberty on which the united Germany of the future should be founded (it was also on the Wartburg, Luther's place of refuge 300 years earlier, that the formation of the German Social Democratic Party was proclaimed in 1869). In 1832, acting in the same spirit and also under the leadership of students, some 30,000 people gathered in the ruins of the Hambacher Schloss, in the Palatinate, to declare their support of political reform in the interests of a new, democratically united Germany.

19. *der alte Spruch*: 'Woe to thee, O land, when thy King is a child!' (Ecclesiastes X, 16).

20. *Ford*: Henry Ford Sr. (1863–1947) has left accounts of the industrial and economic theories and practices of his industries in *My Life and Work* (1922) and *Today and Tomorrow* (1926); the article 'Mass Production' in the 13th edition of the *Encyclopaedia Britannica* (1926) is by him.

21. *Poincaré*: Henri Poincaré (1860–1934) represented in its harshest form the French hatred of Germany after the war of 1914–18. It was he who, when the Germans defaulted in their reparations payments, ordered the French occupation of the Ruhr in 1923.

22. *Keynes oder Helfferich*: John Maynard Keynes (1883–1946), who was chief Treasury delegate at the Versailles peace conference, opposed the Allied reparations policy, and after his resignation published *The Economic Consequences of the Peace* (1919), which naturally made gratifying reading in Germany. He continued to write widely on economic conditions in Europe during the 1920s. Karl Helfferich (1872–1924), one-time chairman of the Deutsche Bank and nationalist organiser of the so-called 'Hindenburg programme' of 1916 for the deployment of labour in wartime Germany, was one of the industrial and financial leaders—Rudolf Havenstein and Hugo Stinnes were two others—who opposed any thought of meeting government expenditure, including reparations, through taxation and successfully advocated a policy of raising loans and increasing the supply of money. This meant that when the financial crisis of 1919–23 was over, Germany's national debt was virtually paid off.

23. *sich als Material für große Führer erziehen*: one suspects that the Hitler Youth was not that far removed from what Spengler had in mind—though, to be fair, one must record that he expressed grave misgivings over Hitler's seizure of power.

TUCHOLSKY (1890–1935)

Ein deutscher Reichswehrminister (1925)
Stahlhelm oder Filzhut? (1927)

Kurt Tucholsky

Peter Panter Theobald Tiger Ignaz Wrobel
 Kaspar Hauser
 haßt: *liebt:*

 das Militär Knut Hamsun
 die Vereinsmeierei jeden tapfern Friedens
 soldaten
 Rosenkohl schön gespitzte Bleistifte
 den Mann, der immer in der Kampf
 Bahn die Zeitung mitliest die Haarfarbe der Frau, die er
 Lärm und Geräusch gerade liebt
 'Deutschland' Deutschland
 (*Gesammelte Werke* II, 1009)

Compared with most of the writers represented in these volumes, Tucholsky is a lightweight purveyor of ephemera, a figure, indeed, of whom many otherwise not ill-informed students of German literature and thought may never have heard. His claim to inclusion is twofold. On the one hand he writes with a polemical verbal wit which, though not unfamiliar in Anglo-Saxon contexts, is rarely encountered in German critics and commentators; Karl Kraus, in some ways the Viennese counterpart to Tucholsky the Berliner, is another, and most of them, like Tucholsky, are Jewish. On the other hand he represents independent, i.e. above all non-Communist, left-wing opinion in Germany during the 1920s, when few could, or would, look behind the façade of republican consolidation and apparently secure prosperity in the post-inflation years, and even fewer had the courage to say publicly what they saw.

Tucholsky's writings consist almost entirely of journalistic pieces for newspapers and periodicals—over 2000 such contributions in all, the majority of them satirico-political in substance, vibrating with the obstinate conviction and merciless anger of the intolerant crusader for

'truth'. Truth meant for Tucholsky the experienced reality of the particular moment: he conducted his feuds, not on the level of ideology but in terms of pragmatic meaning, exposing to a withering scorn every fraudulent policy, every pretentious claim, in whatever name it be put forward. Characteristic of his 'truth' is a remark in a wartime letter written after he had been involved in the court martial of a Russian spy who was subsequently shot by a firing-squad. The man's guilt was proven, and Tucholsky, though anti-war and anti-military, was no pacifist, yet— '. . . es war eigentlich nur jämmerlich. Die Menschheit hackt sich durch Fleisch und Blut einen Weg der "Idee" durch lebendige Menschen—in den Fibeln liest sich das nachher recht hübsch, man darf nur nicht dabei sein' (letter to Dr. Hans Erich Blaich, February 20, 1917).

Tucholsky's first characteristic articles as a political commentator, satirist and poet appeared in the last two years of World War I in *Simplicissimus*, *Ulk*, the *Berliner Tageblatt* and *Die Schaubühne*, the latter, renamed after the war *Die Weltbühne* by its editor, Siegfried Jacobsohn, becoming inseparably linked with Tucholsky's name in the course of the 1920s. He was anti-monarchist and pro-republican, appealing for intellectual honesty and a sense of national decency in order to clear away the ruins of defeat, urging, cajoling and warning the world of the disasters that would follow the betrayal of democratic ideals and the integrity of public life.

To express the different moods and strategies of his attacks, he created a consortium of four pseudonyms under the presidency of his own real name, as enumerated in the quotation at the head of this introduction. The stealth of the panther and the savagery of the tiger are brought into the company of the acid-tongued satirist Ignaz Wrobel and the legendary figure of Kaspar Hauser, the boy born into a world that he could not understand. 'Wir sind fünf Finger an einer Hand' said Tucholsky, giving a collection of his essays published in 1927 the title *Mit 5 PS*.

Perhaps his gravest and most justified fear in his fight for the regeneration of German morale and the survival of republican government was that the meaning of true political morality and individual responsibility, the basis of the democratic principle, had still not dawned on the man in the street but remained the admired object of speculation and debate in purely intellectual circles. Heinrich Mann—whom the *Weltbühne* group, in a characteristically unrealistic gesture, tried to propose for German President in 1932—had pilloried this weakness and its symptoms in his novel *Der Untertan* and put out a programme of action in *Geist und Tat* and other essays, and Tucholsky acted on this diagnosis. All German revolutions, from the Peasants' Revolt of 1525 to the liberal revolution of 1848 and the ineffectual convulsions of 1918, had failed, and in 1848 and 1918 the obvious reason lay in the absence of contact between the intellectual, middle-class reformers and the politically insensitive 'masses' in whose name the reforms were sought. Tucholsky

joined the short-lived USPD (Independent Social Democratic Party), a proto-Communist group, in 1920, and ten years later was still preaching 'Aufteilung des Großgrundbesitzes' and 'revolutionäre Sozialisierung der Industrie' but he refused to accept the Marxist-Leninist dogmas, and in the end his will gave way under the tension generated between this refusal and his realisation that his goals could not be reached by any other means. The Kapp-Putsch of 1920 and the assassination of Foreign Minister Rathenau in 1922 had convinced him of the impossibility of a democratic revolution from below; but the mindless regimentation and authoritarianism exerted by the Communists meant the denial of that proud independence and sense of responsibility without which life for him could have no purpose. For the progressive intellectual who had spent years exposing political hypocrisy and urging radical reform, there was no way left to turn.

When Jacobsohn died in 1926, the editorship of the *Weltbühne* passed to Carl von Ossietzky, liberal humanist and pacifist who was arrested by the Nazis after the Reichstag fire in 1933 and held in various concentration camps until his death, after years of torture, in 1938. He was awarded the Nobel Peace Price in 1936—as a result of which Hitler established his own 'Deutscher Nationalpreis für Kunst und Wissenschaft' and forbade any German ever to hold the Nobel Prize again.

Tucholsky had been watching the rise of Hitler with a mixture of fury and despair, and when in 1930 the National Socialists suddenly became the second largest party in the Reichstag—i.e. when it was already too late—he began to bring the Nazi leaders and their propaganda claptrap into the range of his polemical satires. His parody of exegetic philosophical method, *Zur soziologischen Psychologie der Löcher* ('Ein Loch ist da, wo etwas nicht ist . . . Das Ding an sich muß noch gesucht werden; das Loch ist schon an sich'), has its characteristically irreverent, Heine-like wit: 'Manche Gegenstände werden durch ein einziges Löchlein entwertet; weil an einer Stelle von ihnen etwas nicht da ist, gilt nun das ganze übrige nichts mehr. Beispiele: ein Fahrschein, eine Jungfrau und ein Luftballon.' At the same time it manages to include a contemporary political jibe: 'Wenn der Mensch "Loch" hört, bekommt er Assoziationen: manche denken an Zündloch, manche an Knopfloch und manche an Goebbels' (1931; *Gesammelte Werke* III, 804 ff.).

But after Hitler's *Machtergreifung* he did not publish a single word. 'Man muß die Lage so sehen, wie sie ist', he wrote to Hasenclever; 'unsere Sache hat verloren. Dann hat man als anständiger Mensch abzutreten' (April 11, 1933). He was deprived of his German citizenship, and his writings, coupled with those of Ossietzky and in company with those of Marx, Freud, Heinrich Mann, Erich Kästner, Alfred Kerr, Erich Maria Remarque and other 'enemies of the Fatherland', were ceremoniously and symbolically burned in Berlin on May 10, 1933, while

massed bands of the SA and SS played what the *Neuköllner Tageblatt* called 'vaterländische Weisen und Marschlieder'.

Tucholsky had seen it all coming two years before, and had already written off the Weimar Republic as a forlorn historical episode. 'Wenn man das alles gelesen hat', he wrote in a review of Hans Fallada's novel *Bauern, Bonzen und Bomben* in 1931, '. . . dann sieht man die immense Schuld jener Republik, die wir einmal gehabt haben und die heute zerbrochen ist an der Schlappheit, an der maßlosen Feigheit, an der Instinktlosigkeit ihres mittleren Bürgertums, zu dem in erster Linie die Panzerkreuzer bewilligenden Führer der Sozialdemokratie zu rechnen sind. Der Lebenswille der anderen war stärker; und wer stärker ist, hat das Anrecht auf einen Sieg. Beklagt euch nicht.' (*ed.cit.* III, 824). It is the voice of resignation.

Tucholsky's points of contact with contemporary men of letters are few. He was out of tune with Gide, Paul Claudel, Thomas Mann and Musil, and thought little of James Joyce: *Ulysses* he described as 'Liebigs Fleischextrakt. Man kann es nicht essen. Aber es werden noch viele Suppen damit zubereitet werden.' He admired Arnold Zweig, Jakob Wassermann, Heinrich Mann and especially Knut Hamsun (who to Tucholsky's chagrin subsequently joined the Nazis). But real greatness he accorded only to Kafka, whose *Der Prozeß* he described as 'das unheimlichste und stärkste Buch der letzten Jahre', and whose status he saw would grow with the years. Of Tucholsky's own few non-journalistic pieces only *Schloß Gripsholm* (1931), subtitled 'Eine Sommergeschichte', enjoyed any wide popularity. Karl Kraus, whose Viennese journal *Die Fackel*, founded as early as 1899, shared the mordant satirical tone of *Die Weltbühne*, acknowledged Tucholsky's integrity and purposiveness, but the two men, so alike in many ways, had no personal dealings with each other. Politically Tucholsky had a firmer grasp of realities than Kraus, who, dividing his time between Vienna and Berlin in the late 1920s, spent his journalistic energies attacking, not Hitler, but Alfred Kerr and the Left-wing intellectuals of the *Berliner Tageblatt*.

During his last years Tucholsky grew intolerantly bitter and would talk only to declared opponents of Nazism. He had convinced himself that the Nazi regime reflected in some unhappy but incontestable way many of the deepest instincts of the German people, and that Hitler's dream of European domination might even find its nightmarish fulfilment. From 1929 until his death he lived mainly in Sweden. In the end he even turned against his fellow-Jews, both those who had emigrated to Palestine and those who had stayed in Hitler's Germany, and his suicide by poison in 1935 was the act of a man content to die as he had lived—lonely, uncompromising and defiant. The German nation whose social and political health was the *raison d'être* of his career could well have used his qualities.

BIBLIOGRAPHY

I. Deák, *Weimar Germany's Left-Wing Intellectuals: A Political History of the 'Weltbühne' and its Circle* (Berkeley, 1968)

A. Enseling, *Die Weltbühne. Organ der intellektuellen Linke* (Münster, 1962)

(ed.) B. Frei, *The Stolen Republic. Selected Writings of Carl von Ossietzky* (London, 1971)

K. R. Grossmann, *Ossietzky. Ein deutscher Patriot* (Munich, 1963)

K. Hiller, «Aufstieg und Verfall der Weltbühne» (*Konkret*, 1962, No. 3–7)

R. Koplin, *Carl von Ossietzky als politischer Publizist* (Berlin/Frankfurt, 1964)

H. Prescher, *Kurt Tucholsky* (Berlin, 1959)

H. Pross, *Literatur und Politik* (Olten/Freiburg, 1963)

F. J. Raddatz, *Tucholsky. Eine Bildbiographie* (Munich, 1961)

K. P. Schulz, *Kurt Tucholsky in Selbstzeugnissen und Bilddokumenten* (Hamburg, 1960)

Ein Deutscher Reichswehrminister

> Mer wollen keenen Berjerkrieg,
> mer sinn ja alle eenig.
> Bei uns, da heests: Tod oder Sieg!
> Mer schweeren vor de Rebublieg
> Un unsern guden Geenij —!
>
> *Leipziger Barrikadenlied 1849*

Der deutsche Kriegsminister [1]Geßler hat im Reichstag eine Rede für seinen Etat gehalten, die nach den Zeitungsmeldungen demokratischer Blätter «den allergrößten Eindruck» auf die Parteien gemacht hat.

Wer das [2]Listenwahlsystem kennt, weiß, daß dazu nicht viel gehört. Es ist aber immerhin lehrreich, einmal zu betrachten, wer heute, nach diesen Erfahrungen der letzten zehn Jahre, Eindruck auf ein deutsches Parlament macht und womit er das macht.

«Die von mehreren Rednern beanstandete Fülle der Chargen führte der Minister auch auf den ganzen Aufbau des heutigen deutschen Heeres zurück.» Um grade diesen Aufbau handelt sichs. In der Reichswehr entfällt auf je 21 Mann ein Vorgesetzter mit Offiziersqualifikation, sie ähnelt also in dieser Beziehung gewissen Negerarmeen in Liberia und Haiti, wo ein vielköpfiges Offizierkorps auf dem Soldaten herumregiert. Es gibt keine Armee der Welt, die ernsthaft einen solchen Aufbau verteidigen kann. Der deutsche Kriegsminister kann das auch nicht. Diese Offiziere dienen einem ganz bestimmten Zweck.

«Es handelt sich um rein soziale und kulturelle Dinge.» Eine Armee hat mit kulturellen Dingen überhaupt nichts zu tun. Sie ist — im besten Fall — ein notwendiges Übel und eine üble Notwendigkeit; keinesfalls ist der Kriegsminister irgend eines Landes berufen, den Zivilisten Mannestugenden, Kultur oder Ethik zu predigen.

«Das Wort, daß nur ein Verrückter in dieser Zeit an Krieg denken könne, sei von ihm geprägt worden. Auch [3]der gegenwärtige Reichspräsident, der doch ein militärischer Fachmann sei, hat erklärt, daß Deutschland an einen Krieg gar nicht denken könne. Unter diesen Umständen sei Deutschland gern bereit, internationalen Sicherheitsvereinbarungen...» 'Unter diesen Umständen' enthüllt die ganze Zartheit eines Mannesherzens. Wir können leider die andern nicht totschlagen, könnten wirs, täten wirs; unter diesen (traurigen) Umständen aber sind wir gern bereit... Daß er die Mehrzahl seiner Landsleute als 'Verrückte' bezeichnet, ist nicht hübsch von ihm. Natürlich haben alle Angehörigen der vaterländischen Verbände an Krieg gedacht, ihre Geldgeber, die Freunde,

Anhänger, Offiziersbräute. Und wie steht es mit dem, der an Rüstung zu künftigen Kriegen denkt? Kein Verrückter wahrscheinlich: ein Patriot. Seit dem Jahre 1915 entschuldigen sich deutsche Minister, wenns nicht gut geht, gern mit Hindenburg — auch dieser. Mit dessen Fachmannschaft ist es so eine Sache. . . [4]Maximilian Harden hat hier neulich unangreifbares Material darüber beigebracht. Immerhin: einen geschlagenen General, und wie geschlagen! als Fachmann beizubringen und damit auch noch Erfolg zu haben —: man muß wohl an die Spree fahren, um das zu erleben.

«Der Reichswehrminister hat mit der Reichswehr dafür zu sorgen, daß Deutschland nicht zum Kampfplatz oder zur Etappe fremder Heere werde.» (Beifall). Das kann der Reichswehrminister gar nicht. Ob Deutschland einmal der Kampfplatz fremder Heere wird oder nicht, hängt in erster Reihe von seiner Politik ab. Besonders in einem Zukunftskrieg, der ganz anders aussehen wird, als man diesem «Fachmann» da zu erzählen für gut befunden hat.

Das Gerede von «geheimen deutschen Rüstungen ist lächerlich. Ein Volk, wie Deutschland, das einerseits viel zu arm ist, dessen Bewohner andererseits das Herz auf der Zunge tragen, ist für heimliche Rüstungen nicht geeignet.» Und da steht niemand auf und hält diesem mittleren Verwaltungsbeamten vor, wie gerüstet worden ist, wer gerüstet hat und mit wessen Unterstützung das vor sich gegangen ist — niemand. Das Gerede vom Deutschland, das zu arm ist, ist lächerlich. Ein Land, das die schlechtesten Arbeitslöhne Mitteleuropas zahlt, dessen Finanzsanierung nur mit einem der allerübelsten Bankrotte ermöglicht worden ist, ein Land, dessen Industrie Milliarden von der Regierung und von einer gänzlich ruinierten Konsumentenschicht geschluckt hat, ist ungesund, schlecht ausbalanciert — aber nicht arm. Tragen die biedern Deutschen das Herz auf der Zunge? Vielleicht die Unzähligen, Verärgerten, Dezahlten, die Patrioten, die am Potsdamer Platz zu Berlin in das Hotel Bellevue zu den französischen Kommissionen kamen, die sich vor Denunziationen nicht zu retten wußten. . .Das mag sein. Nein, das Land ist für «geheime» Rüstungen wirklich nicht geeignet. Aber es hat gerüstet. Und es wird weiter rüsten.

«Wir sind dazu gekommen, Zeitfreiwillige einzustellen, wegen der Unruhen, die damals in Thüringen und Sachsen ausgebrochen waren.» Herr Geßler, in dessen Verwaltungszeit [5]Hans Paasche ermordet worden ist, braucht nicht zu wissen, wer in Sachsen und Thüringen den öffentlichen Frieden in der schlimmsten Weise gestört hat, wie und von wem da gehaust worden ist. Und schließlich gibt ihm die Nachgiebigkeit seiner Landsleute recht, die sich die Versetzung des Offiziers nach Weimar gefallen lassen, der den charakterlosesten politischen Fehler Fritz Eberts exekutieren half.

«Ich verweise in dieser Beziehung auf eine Schrift eines schweizeri-

schen Generalstabsoffiziers, der alle auf ganz kurze Dienstzeit einge-
stellte Soldaten für militärisch wertlos erklärt.» Dann hat dieser Offi-
zier den Weltkrieg verschlafen.

«Ich bin auch gar nicht gegen einen gesunden Pazifismus.» Es ist
ziemlich gleichgültig, wogegen Herr Geßler ist und was er unter einem
gesunden Pazifismus versteht. Wahrscheinlich einen solchen, der eben-
bürtig dem Sozialismus dieser Sozialdemokraten, dem Republikanismus
dieser Republikaner ist: wenns zum Klappen kommt, wird nachgegeben.

«Deutschland ist friedlich, braucht aber deshalb nicht defaitistisch zu
sein.» Deutschland ist nicht friedlich, sondern vom ersten bis zum vor-
letzten Mann streng imperialistisch; die Hervorholung der dümmsten
französischen Vokabel, von allen verständigen Franzosen heute ver-
lacht, zeigt diesen echt teutschen Mann im eigenen Lichte.

«Die größte Heeresvorlage, die je einem Volk zugemutet worden ist,
ist diejenige, die [6]Herriot dem französischen Volke angesonnen hat.»
Welch freundliche Besorgnis um den Steuerzahler aus Lyon! Aber die
Franzosen, deren tiefe Friedlichkeit grade in allen mittleren und unteren
Schichten einer, der kaum über Nürnberg und Berlin herausgekommen
ist, nicht kennt, die Franzosen haben Angst! Man hat sie angegriffen —
und sie haben den Krieg im Lande gehabt; sie kennen den Krieg. Der da
kennt ihn nicht.

«Er kommt auf eine Broschüre der Liga für Menschenrechte zu
sprechen und erklärt, daß sie sehr schädlich für Deutschland sei, daß
er aber in ihr keinen Landesverrat sehe.» Glück muß der Mensch haben.
Und dann diese uralte, ausgeleierte Walze: «Das Verhängnisvolle sei,
daß das in der Broschüre niedergelegte Material von der uns feindlichen
Propaganda aufgegriffen werde und uns unendlichen Schaden bringe.»
Auf den Gedanken, daß sie *wahr* sein könne, kommt der Mann gar
nicht. Es gibt doch nur zwei Möglichkeiten: entweder die Verfasser der
Broschüre haben die Unwahrheit gesagt — dann soll man es ihnen nach-
weisen oder aber: der Inhalt ist wahr. Dann muß dieser Inhalt gesagt
und veröffentlicht werden, auch dann, wenn er von irgendwelchen an-
dern Imperialisten aufgegriffen werden kann. Daß ein Beamter nominell
an der Spitze der Reichswehr steht, der das nicht versteht, der noch
nicht eingesehen hat, daß dieses lächerliche Spiel der Geheimnistuerei
eine Sache von vorvorgestern ist, beweist, daß Deutschland nicht ge-
lernt hat.

«Auch den Vorwurf, daß die Reichswehr intime Beziehungen zu den
sogenannten vaterländischen rechtsradikalen Verbänden unterhalte, wies
der Minister zurück. Er erinnerte an den Fall [7]Zeigner.» Wir erinnern
an den Fall [8]Stahlhelm, Werwolf, an hundert andere, in deren Tätigkeits-
berichten das Wort «Reichswehr» immer wieder auftaucht. Intime
Beziehungen? Aber sie haben ja längst Kinder.

«Man wirft mir vor, ich hätte zu viel monarchisch gesinnte Offiziere

im Heer. Womit soll ich denn das Heer aufbauen?» Mit Republikanern, wenn denn schon aufgebaut werden muß. Die gabs nicht? Aber ihr hattet ja die Gewerkschaften, die sich im Jahre 1918, als die Sozialdemokratie ihren großen weltgeschichtlichen Augenblick verschlief und unentwegt wie hypnotisiert nach links stierte, der Republik Mann für Mann zur Verfügung gestellt hätten. Dann wäre eben euer Heer nicht militaristisch, sondern modern geworden. Weiß dieser Minister nicht, womit die Franzosen den Krieg gewonnen haben? Mit [9]Foch? Nein: mit dem gesunden Menschenverstand der Zivilisten — gegen die Militärs.

«Ihr Mißtrauen nehme ich nicht sehr tragisch. Ich trage als Wehrminister das Los Trotzkis gern mit.» Daß ein deutscher Minister ein Mißtrauensvotum des Parlaments tragisch nehmen sollte, wäre auch übertrieben. Aber welch ein geistiges Niveau! Was weiß der ehemalige Oberbürgermeister von Trotzki, von russischen Verhältnissen, wie kann sich dieser Untergebene [10]Seeckts mit einem Kopf und einer Persönlichkeit messen?!

«Die Republikaner müssen dafür sorgen, daß ihre Staatsform Gemütswerte erhält, wie sie die Monarchie unbestritten in sehr großem Ausmaße gehabt hat.»

Bis hierher war die Sache leicht komisch. Dies aber geht zu weit.

Weil sich in Deutschland kein demokratisches Blatt finden wird, das den Mut und die Überzeugungstreue hat, dem Minister zu erwidern, weil die Sozialdemokraten vor lauter Taktik keinen Schritt gehen können, nachgeben, wo sie etwas erreichen könnten, Gemeinplätze schreien, wo es sich nicht lohnt, von Niederlage zu Niederlage taumeln, und es nicht einmal merken, weil ein Teil der Pazifistenführer ihnen in diesem edeln Beispiel folgen, hochbeglückt, wenn sie in Frankreich reden dürfen, während sie doch in Deutschland zu schweigen haben — deshalb mag hier gesagt werden:

Die deutsche Monarchie war schließlich unbestritten das am tiefsten stehende und seelenloseste Gebilde Europas. Seine Gemütswerte waren die Leierkastentöne eines besoffenen Feldwebels, der belgische Frauen gequält und abends das 'Elterngrab' gegrölt hat. Diese Gemütswerte waren in einem Ausmaß vorhanden, die etwa dem Umfang des kaiserlichen Mundwerks entsprachen, und sie und nur sie haben den besten Teil der deutschen Seele in Grund und Boden ruiniert. Es gibt keine Brücke — es gibt nur ein: Entweder-Oder.

Die Reichswehr hat Traditionskompanien, und sie hat einen Traditionsminister, damit eine Tradition nicht verloren geht, deren Unwert erwiesen ist. Davon weiß Herr Geßler nichts und kann nichts davon wissen. Eingeschlossen von Generalstabsjesuiten, deren höchste geistige Blüte die 'Pflaume' ist (so heißt das berliner Jargonwort für eine unfaßbare spottende Ungezogenheit), völlig infiziert von einer soi-disant Geistigkeit, die die letzte Klugheit in der Falschheit sieht — so hat jüngst

12

jemand Herrn Geßler als Lob angekreidet, daß er auf die arglose Frage: «Wie denken Sie darüber, Herr Minister?» geantwortet habe: «Das wollte ich Sie gerade fragen —» eingefangen von einem Gesellschaftsbetrieb, dessen korrekten Stumpfsinn man kennen muß, um seine ganze Tiefe zu ermessen, ist dieser Mann nicht legitimiert, der deutschen Entwicklung die Wege zu weisen. Der nicht.

Vielleicht sieht er sich in seinen nächsten Ferien einmal in Frankreich um. Da wird er sehen, wie dieses durch und durch geistige Volk seine Offiziere grade noch gelten läßt, mit einem ganz leisen Anflug von Verachtung, «parce que ces gens-là ne sont pas très instruits!» Herr Geßler wird sichs übersetzen können, ob ers verstehen wird, ist eine andere Frage.

Die Sozialdemokraten haben Herrn Geßler das Gehalt verweigert. Sie haben gleich hinzugefügt: «Wir bewilligen aber den Etat der Reichswehr, um damit erkennen zu geben, daß wir sie für nötig halten und damit es im Ausland kein Mißverständnis gibt.» Keine Sorgen: es wird kein Mißverständnis geben. Die kindische Angst der sozialdemokratischen Führer, ja nicht etwa den Gegnern unliebsam aufzufallen, die kleinbürgerliche Sucht, es den aus Romanen und Salons angestaunten «Diplomaten» gleich zu tun, ölig zu reden wie ein Attaché und unverbindliches Zeug zu schwätzen wie ein Gesandter und so die Auftraggeber der Wahl zu betrügen — das sichert dieser Reichswehr den Bestand. Von dieser Seite her droht keine Gefahr. In Deutschland halten sich die einen für Realpolitiker, und die andern leben von diesem Irrtum. Herr Geßler auch.

An ihn habe ich mich hier nicht gewandt. Weil ich aber weiß, daß diese Zeilen im Ausland gelesen werden, so habe ich es für meine Pflicht gehalten, darzutun, daß es auch andere Deutsche gibt, als solche mit den Gemütswerten.

Der Pressestelle der Reichswehr aber empfehle ich, nunmehr den üblichen Prozeß in die Wege zu leiten. Ein System, das auf der Lüge aufgebaut ist, hat einen neuen Namen für die Wahrheit erfunden: Landesverrat.

COMMENTARY

Text: Kurt Tucholsky, *Gesammelte Werke 1907–1932* (Reinbek, 1960–1), II, 138–43.

1. *Geßler:* Otto Geßler (1875—1955) became Minister of Defence in 1920 and, together with General Seeckt (see note 10 below), reorganised the Reichswehr to restore its professional efficiency and the power of the officer class. Tucholsky was a vigorous opponent of a military that pursued its own private interests rather than serving the policies of the State. He demanded that the Reichswehr should become a People's Militia, that para-military bodies such as the Stahlhelm (the biggest War Veterans' Organisation) and the Freikorps (groups of military adventurers out to preserve the power of the army in politics) should be disbanded, and that the processes of justice—and with them the judiciary itself—should be rid of all militarist-monarchist elements. This article describes the situation of these army elements whose influence he wishes to see curbed.

2. *Listenwahlsystem:* the system by which deputies are elected, not, as in Britain, in their individual capacity, albeit with party allegiances, but through their inclusion on a party list of candidates which is up for election en bloc.

3. *der gegenwärtige Reichspräsident:* Field-Marshall Hindenburg.

4. *Maximilian Harden:* a senior political journalist who had contributed a great deal, chiefly through his periodical *Die Zukunft*, to undermining the prestige of Kaiser Wilhelm II in the years leading up to World War I.

5. *Hans Paasche:* a pacifist member of various *Volksräte* in the November revolution; he was found dead in 1921, allegedly shot by border guards.

6. *Herriot:* (1872–1957), French premier 1924–5 and again for two subsequent periods; his liberalism contrasted strongly with the intransigence of his predecessor Poincaré.

7. *Zeigner:* Erich Zeigner was SPD prime minister of Saxony and an opponent of the power of the Reichswehr.

8. *Stahlhelm, Werwolf:* on the Stahlhelm see the Commentary to the second passage below. The Werwolf was a smaller but similar half-political, half-military organisation founded in 1923.

9. *Foch:* French commander-in-chief during World War I.

10. *Seeckt:* General Hans von Seeckt (1866–1936) was appointed chief of the Reichswehr after the Kapp Putsch of March, 1920 and strove to retain an independent identity and power for the army. He had strong nationalist feelings and saw it as the army's role to help re-establish Germany's greatness, in particular by re-occupying those parts of Poland taken from Germany under the Treaty of Versailles.

Stahlhelm oder Filzhut?

Der Stahlhelm ist wieder aus Berlin abgezogen, und wenn die Zeitungen rechts und links nicht so ein furchtbares Geschrei von seinem kümmerlichen Aufmarsch gemacht hätten, wüßte ein gut Teil der Berliner überhaupt nicht, daß jemals ein paar abgetakelte Offiziere die Stadt haben erobern wollen.

Das Getriebe dieser Mannen erinnerte im großen ganzen an die Passage, die von den Linden nach der Friedrichstraße führt und die einen so unendlich abgestorbenen Eindruck macht. Ich sah einen Teil der jungen Helden in Potsdam auf der Straße wandeln. Sie gingen in angehaltenem Atem einher und befanden sich in eingebildeter Lebensgefahr, unschlüssig, ob sie Potsdam für die Sehnsucht ihrer Träume halten oder wie eine Stadt im besetzten Gebiet behandeln sollten. Verstaubt die blechernen Kreuze, verschlissen die Ordensschnallen, vergilbt die Bänder: Puppen eines Wachsfigurenkabinetts, die man zur Versteigerung auf die Straße gesetzt hat.

Berlin hat im allgemeinen dieser Gilde den Empfang bereitet, den sie verdient: nämlich gar keinen. Die Teilnahmslosigkeit war ungeheuer. Die Ausflügler zogen zu Hunderttausenden ins Freie und taten das nicht einmal aus Furcht vor Krawallen, sondern aus grenzenloser Langerweile über einen Klamauk, den wir hier bis zum Überdruß auswendig gelernt haben. Die Diskussionen, Verhandlungen, Zurufe, Zusammenstöße, Streitereien auf der Straße ... alles das steht in der Form und im Ablauf fest, bringt, bis auf die Schimpfwörter, nichts mehr Neues und wird sich nun wohl bald endgültig zu Tode gelaufen haben. «Sie Ochse!» — «Wahrscheinlich auch so einer, der den Krieg von hinten mitgemacht hat!» — «Mit Ihnen gebe ich mich überhaupt nicht ab, dazu sind Sie mir viel zu wenig!» — «Juden raus!» —, das muß ich schon einmal gehört haben ... Sieht man davon ab, daß selbst bei diesen kleinen Straßenzusammenstößen der Republikaner der vornehmere war, der klügere, der, weil er eine so gute Sache vertritt, immer nachgibt ... so ergibt sich die Eintönigkeit eines Bildes, das man nun bald nicht mehr sehen mag.

Wie die Deutschen jede spontane Regung sofort kodifizieren, weil sie gegen nichts solche Abneigung haben wie gegen die unliebsamen Überraschungen, die das Leben nun einmal jedem vorbehält, so haben sie auch die ihnen eigentlich fremde Form der Straßendemonstrationen zu einer beschaulichen Herren-Partie gemacht. Was 1919 noch von Blut erfüllt, von einer Flamme überflackert war, was aus Haß und echter Erregung sich zusammensetzte, das ist heute ein mäßiges Amü-

siervergnügen kleiner Vereinsmeier, die ihre Schläfrigkeit gegenseitig vergeblich wachzubrüllen versuchen. Jede Wahlrechtsdemonstration, die unter dem Kaiser mit Knüppeln auseinandergeschlagen wurde, ist echter, ursprünglicher, natürlicher als der kommandierte Auflauf, den die politischen Köche heute alle Sonntage servieren und der keinem mehr recht schmeckt.

Was dem Stahlhelm zujubelte, wohnte meistens in den westlichen Vororten Berlins, in Friedenau, in Lichterfelde, in dem grauslichen Steglitz, wo gelbsüchtige Stadträte, schwarzzahnige Obersekretäre, vermuffte kleine Beamte und ein paar Großverdiener der Inflation mit rosigem Schweinskopf ihre Fähnchen herausgesteckt hatten. In der Kaiserallee hatte sich Papa bei einer guten Zigarre die ingeniöse Idee erraucht, am Abend neben die alte Fahne die Lampe auf den Balkon zu stellen, und nun flackerte sie, wie eben eine echte und rechte Fahne der Inventur. Ausverkauf. Die verbissenen und kleinlichen Anstrengungen dieser verhetzten, ausgepowerten und moralisch verkommenen Kleinbürgerlichkeit, in der eine gewisse Sorte megärenhafter und erotisch mangelhaft befriedigter Hausfrauen die unangenehmsten Melodien mitkreischen, werden nichts helfen: mit den Idealen der Bataillonskommandeure und Bahnhofskommandanten, patriotischer Huren und lümmliger Offizierstypen ist es in dieser Form vorbei.

Als der Mißerfolg in Berlin eklatant wurde, bestellten sich [1]Hugenberg und Konsorten ff Referenzen aus dem Ausland. Kein Handelsblättchen in Amsterdam, keine Käsezeitung in Glasgow war unbedeutend genug, als daß nicht deren Vertreter von den «machtvollen Kundgebungen» berichtet hätten, die ja, wie bekannt, der Welt erst die wahre Liebe zu Deutschland einflößen. Nur imponieren! Aber imponieren wollen, dem Ausland dauernd in die Fresse schlagen und dabei von der Hochachtung desselben Auslandes zehren: das ist im oohloohten Sinne deutsch.

Berlin soll sich den Stahlhelmtag nicht als Sieg ankreiden.

Natürlich ist es unmöglich, daß irgend ein provinzialer Dummkopf dieser großen Stadt nun endlich beibringt, was [2]'Frontgeist' ist. Die lächerliche Lüge, als seien Frontsoldaten solche Männer, die sich ihr Schicksal ausgesucht hätten, und nicht vielmehr solche, die von der unsittlichen Staatsmacht ergriffen worden seien, um das Unsittlichste zu tun, das es gibt, nämlich einen Militärmord zu begehen: diese Lüge kann in Berlin nicht siegen, weil es so viele Dumme auf einen Haufen zusammen nicht gibt. Aber der Triumph der Republikaner über den Stahlhelm ist zwiefach falsch.

Wahr ist, daß der Stahlhelm in Berlin nichts zu melden hat.

Wahr ist aber auch, daß die Insel Berlin in den kleinen Provinzstädten nichts zu sagen hat: daß es dort eine Gegendemonstration gegen die kriegerischen und von der Reichswehr unterstützten Aufzüge nicht gibt;

daß dort der Kriegervereinsgeist aufs uneingeschränkteste dominiert, daß die Bezirkskommandos des Kriegsministeriums schalten und walten, wie sie wollen und daß sich die Rolle der so häufig verfluchten zentral-staatlichen [3]Wilhelmstraße eigentlich mehr auf Schikanen der unter-geordneten Behörden und auf freundliche Überredung der Lokalinstan-zen beschränkt. Die Wilhelmstraße denkt (was leicht übertrieben ist) — der Kreisausschuß lenkt.

Ich habe hier vor acht Tagen einem Föderalisten das Wort gegeben, weil man ehrliche Überzeugungen, soweit sie uns interressieren, immer zu Worte kommen lassen soll, aber ich halte es bei der Wesensart der Deutschen für eine unendliche Gefahr, statt eines Einheitsstaates das Land dezentralisierend aufzulockern. Wichtig ist immer die kleinste Zelle. Wenn es einen berliner Fortschrittsgeist gibt, was hat er dann in Fürsorgeanstalten, in kleinen Volksschulen, in ländlichen Amts-gerichten, in Gefängnissen, in großen Dörfern und in kleinen Städten zu vermelden? Ist nicht der dreimal gesiebte republikanische Landrat verraten und verloren, wenn er nicht auf Schritt und Tritt paktiert? Könnte sich denn auch nur einer von uns auf dem flachen Lande halten, wenn er dort ehrlich oppositionelle Lokalpolitik machte? Die Repub-likaner in der Deutschen Volkspartei und die Demokraten sind so ent-setzlich stolz, weil sie in Berlin Leitartikel schreiben dürfen. Das ist Makulatur, gut genug, den leeren Raum auszufüllen, den die Inserate nicht in Anspruch nehmen. Wenn es aber an den Ernst des Lebens geht: wenn die Asphaltlieferung vergeben wird, wenn ein neuer Haupt-lehrer angestellt wird, wenn über einen Unterstützungsfonds in der Stadt-verordneten-Versammlung abgestimmt wird — dann siegt der finsterste Kleinstadtgeist, dann siegen alle schlechten preußischen Eigenschaften, dann siegt die Reaktion; nicht der Stahlhelm. In Frankreich gibt es eine linke Provinz; in Deutschland —?

Die große Gefahr für den europäischen Frieden, die Deutschland durch den immanenten Explosivstoff, den es in sich birgt, heute noch ist, liegt nicht im Stahlhelm, nicht in einer Karnevalsgesellschaft von vorgestern, nicht allein bei der Reichswehr.

Die wirkliche Gefahr in Deutschland ist der interfraktionelle [4]Strese-mann-Typus, den man von den Deutschnationalen bis zur Demokra-tischen Partei in allen Schattierungen vorfindet. Es ist der lebenstüch-tige, verschlagene, grundsatzlose, großfressige und kleinmütige Kauf-mann, der Organisationshuber, der «Mann des realen Lebens», der gebildete Kaffer, dem es bei aller Liebe zur Republik ein bißchen mul-mig um die Brust wird, wenn einer gar zu sehr gegen die Ideale des alten Regimes vorgeht. Sie sehen immer noch das leere Katheder, der Lehrer ist schon eine ganze Weile hinausgegangen ... aber man kann nie wissen.

Die Diktatur dieser Bourgeoisie ist vollständig. Jener Typus des

Intellektuellen, der den sozialen Schäden ein willig Ohr leiht, der sich in den Dienst «der nationalen Gemeinsache» stellt, jener falsch-liberale, neudeutsche Mensch, der Kritiken zuläßt, soweit er nicht selber gemeint ist, und nur soweit Kritik ihm die Möglichkeit verschafft, seinen «Standpunkt» ausführlich darzulegen oder gar ein Amt anzutreten, dieser Mensch wird, wenn man ihm den neuen Krieg, die neue Verwicklung, die neue Diebsgenossenschaft nur plausibel genug macht, mit allen Fasern seines Herzens noch einmal dabei sein.

Die entsetzliche Blutschuld, die Deutschland wie jeder andre kriegführende Staat 1914 auf sich geladen hat, war nur möglich, weil die Geister für diesen Augenblick gedrillt, präpariert, eingepökelt waren. Nichts hat so gut geklappt, wie die Mobilmachung der Köpfe.

Diese Köpfe sind in Deutschland heute noch nicht abgerüstet. Der Stahlhelm gehört in einen Affenkäfig und nicht in einen politischen Leitartikel. Aber es ist nicht wahr, daß der normale Typus der Deutschen Volkspartei und der Indifferenten auf die ekelhaften Grundsätze des Imperialismus verzichtet hat; es ist nicht wahr, daß diese Typen, die heute die deutschen Geschicke lenken, andre Ideale als die eines schwachsinnigen Wettlaufes, einer rücksichtslosen Machtpolitik, einer kindlich antieuropäischen Wirtschaftsauffassung haben. Sie können sich persönliches Glück und nationales Wohlergehen nur so vorstellen, daß es den andern möglichst schlecht geht. Was übernationale Zusammenarbeit ist, wissen sie nicht.

Das Mißtrauen der Nachbarstaaten Deutschlands, insbesondre Frankreichs und des allzu aufgeregten Polens, ist begründet. Die Deutschen sind Landsknechtsnaturen: gibt ihnen der Unheilstifter England auch nur die leiseste Möglichkeit, ihre klobigen Meinungen auszutoben, so greifen sie zu und führen — zum wievielten Mal in der Geschichte! — die Geschäfte eines klugen Kaufmannes, der sich nicht selbst die Finger schmutzig macht. Dafür hat er seine Leute. Dafür hat er seine Deutschen.

Jede Nation hat einige [5]Kassandren, die es gleich gesagt haben, die man, weil sie unbequem sind, links liegen läßt, und die sich nicht einmal den kleinen Triumph gönnen dürfen, auf die Erfolge ihrer Prophezeiungen hinzuweisen. Ich gehöre seit dem Jahre 1913 zu denen, die den deutschen Geist für fast unwandelbar vergiftet halten, die nicht an eine Besserung glauben, die die verfassungsmäßige Demokratie für eine Fassade und für eine Lüge halten, und die auch heute noch, entgegen allen Zusicherungen und optimistischen Anwandlungen, einen hohlen Stahlhelm für lange nicht so gefährlich halten wie einen seidigen Zylinder.

COMMENTARY

Text: *ed. cit.* II, 787—90.

The Stahlhelm was an organisation of ex-Servicemen formed after the end of the Great War of 1914—18. Like all bodies of its kind, in whatever country, it stood politically on the extreme Right, and its tradition of discipline and adherence to the values of 'law and order' made it a ready ally of nationalist groups. It was of considerable use, for example, to the German Nationalist Party which formed the main opposition to the Social Democrats in the Republican Reichstag from 1920 to 1928, and it continually played on the theme of the Polish territories, whose military reconquest, to the approval of all right-wing bodies, it persistently urged. Its founder and leader Franz Seldte was one of those who joined with Hitler in October 1930 to form the so-called Harzburg Front against the republic. The Stahlhelm, symbolic of militarism as opposed to the civilian 'felt hat', was for Tucholsky a special object of hate.

1. *Hugenberg*: Alfred Hugenberg, one-time general manager of Krupps, owner of a publishing empire, a press service and Ufa, the biggest German film producers, became leader of the German National Party in 1929 and later of the Harzburg Front of 1931 and January 1933 which was influential in bringing Hitler to power.

2. *Frontgeist*: Ernst Jünger (p. 190 below) is the most prominent literary spokesman of those who believed in the character-forming virtues of being under fire in time of war. *Frontgeist* is a quality praised also by Max Scheler (see p. 86 above).

3. *Wilhelmstraße*: the former site of central government offices, corresponding to London's Whitehall. It is now called Otto-Grotewohl-Straße.

4. *Stresemann-Typus*: Gustav Stresemann (1878—1929) became German chancellor in August 1923 and played a moderate diplomatic role in the negotiation of the Treaty of Locarno in 1925, the admission of Germany to the League of Nations in the following year, and the acceptance of the Young Plan for reparations in 1929. No doubt he was more concerned—how could he be other in this age?—with pragmatism than with principle, and although he accepted the republic as a political reality, his personal sympathies lay with monarchism, but only an embattled radical like Tucholsky could attack him with the viciousness that this passage reveals. His work for German reconciliation with France received symbolic recognition in 1926 when he and Briand were together awarded the Nobel Peace Price.

5. *Kassandren*: Cassandra was a Trojan prophetess whose forebodings of evil were fated never to be heeded.

BENN (1886–1956)

Der neue Staat und die Intellektuellen (1933)

Züchtung II (1940)

To follow the career of Gottfried Benn—doctor, poet, novelist, essayist—through the declining years of the Wilhelmine era, the Great War, the Weimar Republic, the Nazi period and World War II, the years of Germany's defeat and the ensuing Economic Miracle, is to trace fifty years of German history through the experience of a singular intellectual. From his cycle of nine expressionist poems *Morgue und andere Gedichte* (1912), written at the age of twenty-six in the year he qualified as a doctor, down to his last public appearance a few months before his death—a radio discussion with Reinhold Schneider on the subject 'Soll die Dichtung das Leben bessern?'—he was never out of the public gaze, whether that gaze was admiring, disapproving or indifferent.

Emerging, like Rilke, George, Jünger and a mass of others, from beneath the shadow of Nietzsche and the style of 'Verlöschen des Inhalts zugunsten der Expression', as he put it, Benn asserted the autonomy of art and its power of 'Rausch' over the hideous so-called 'realities' of modern, mass-produced industrial society, and quickly became regarded as a leading figure in the literature of expressionism. As an explosive movement, expressionism lasted little beyond the end of World War I, but the effects of the explosion have never been effaced, whether from literature, art, music or dance. In middle age Benn declared the same allegiance in *Bekenntnis zum Expressionismus*, written at the end of 1933, when many of the writers and artists he defended had already been hounded by the Nazis as practitioners of 'entartete Kunst'. And two years before his death, in his introduction to the anthology *Lyrik des expressionistischen Jahrzehnts*, he still speaks the breathless language and parades the violent, ecstatic, pitiless imagery that sustained his poetry of thirty and forty years before.

Our concern here is not with the poetry of Gottfried Benn or with the significance of twentieth-century expressionism as an artistic phenomenon (see the section on Alfred Döblin, Vol. I. p. 265). Sufficient to

realise that Benn is not a run-of-the-mill 'expressionist' poet, one of the many faceless figures that fill the despairing pages of Kurt Pinthus' 'decline-of-the-west' anthology *Menschheitsdämmerung*, but, with Rilke, Trakl and George, a strong personality and a poet of considerable influence in modern German literature.

So much more significant, therefore, is his position vis-à-vis the historical and intellectual events of his time. An aesthetic, anti-rationalistic, anti-utilitarian tone pervades his literary essays of the 1920s (*Das moderne Ich*, 1920; *Über die Rolle des Schriftstellers in unserer Zeit*, 1929), while at the same time he sought to fuse his medical researches—he was a specialist in the field of venereal disease—with his thoughts on the personal and social constitution of the human psyche (*Der Aufbau der Persönlichkeit. Grundriß einer Geologie des Ich*, 1930); an admirable culmination of this latter activity came with *Goethe und die Naturwissenschaften*, his contribution to the celebrations in 1932 of the centennial of Goethe's death.

The following year, less than three months after Hitler's accession as Reichskanzler, Benn delivered on the Berlin radio the talk *Der neue Staat und die Intellektuellen*, from which his reputation and moral standing never fully recovered.

This infamous piece, published in the *Berliner Börsenzeitung* (April 25, 1933) the day after the broadcast, is included here as one of the most striking examples of the perversion of a subtle, cultured mind by the barbaric crudities and inhumanities of Nazism. Beyond this—and here we make contact with some of the strands in German history which can be traced in the form of an intellectual tradition—it may help us to understand something of what, from outside, often seems an incomprehensible capitulation of the intellect and the artistic sensitivity in the face of a power that stood for brutality, degradation and obscenity. The world slump of 1929–32 and the failure of the republican government, born of a so-called revolution little more than a decade earlier, to hold the nation together set the background for the willing acceptance of anything that bore the charisma of inspired authority and appealed to the irrational chthonic depths of man. 'Aura', 'inspiration', 'authority', 'irrationality' are all concepts, significantly, that lie at the heart of Benn's world, and worship of the power of 'Rausch' remained a vital need for him throughout his life (cf. 'das Irrationale', p. 176 below). Ernst Jünger, too, shares the cult of 'Rausch' (cf. *Der Friede*, p. 210 below).

A few weeks before Benn, of his own initiative and under no political pressure, gave his talk *Der neue Staat und die Intellektuellen*, all the most famous members of the *Preußische Akademie der Künste* in Berlin—Alfred Döblin, Georg Kaiser, Franz Werfel, Thomas Mann, Jakob Wassermann, René Schickele, Fritz von Unruh—had either resigned or been expelled. Benn remained. When challenged by Klaus Mann, writing

from exile in France, on his anti-liberal outburst, he bluntly reasserted his position—and this after the 'burning of the books' in the name of the Nazi State on May 10, 1933: 'Plötzlich öffnen sich Gefahren, plötzlich verdichtet sich die Gemeinschaft, und jeder muß einzeln hervortreten, auch der Literat, und entscheiden: Privatliebhaberei oder Richtung auf den Staat. Ich entscheide mich für das letztere und muß es für diesen Staat hinnehmen, wenn Sie mir von Ihrer Küste aus zurufen: Leben Sie wohl!' (*Antwort an die literarischen Emigranten: Gesammelte Werke* IV, 248). For 'Staat ist Machtstaat, ist nationaler Staat' (p. 172 below). A few months later Ernst Jünger, in the same spirit, also pledged himself 'zur positiven Mitarbeit am neuen Staat' (see p. 192 below).

Benn even invoked his medical authority in support of the Nazi campaign for selective human breeding, including the compulsory sterilisation of the mentally sub-normal in the interests of a eugenically and economically healthier nation. 'Es soll offenbar eine Gruppe staatlich ganz besonders wünschenswerter und subventionierter Ehen heraus-gesondert werden, die das wertvollste Erbmaterial des Volkes hüten und weiterführen' (*Geist und Seele künftiger Geschlechter*, 1933: *Gesammelte Werke* I, 234). From thoughts like these came Himmler's 'Aryan' breeding colony called 'Lebensborn', where strapping, blond, blue-eyed SS-men played stallion to strapping, blond, blue-eyed German maidens.

Yet unlike obedient Nazi sympathisers such as Hanns Johst (author of *Schlageter*), Kolbenheyer and Hans Grimm (*Volk ohne Raum*)—literary pygmies in Benn's company—and in spite of further utterances the following year in the same spirit, Benn met with little favour. Accused (on the basis of his name!) of being a Jew and struck off the list of 'approved' medical practitioners, he rejoined the army in 1935 as a medical officer, spurned by his former friends and distrusted by the Nazis. 'Die Armee ist die aristokratische Form der Emigration' was his bitter summary of his position. In the 1940s he wrote a number of essays, published after the war, full of anger at the Nazi regime, among them *Kunst und Drittes Reich* (1941), in which, in a similar manner to Ernst Jünger in *Der Friede* (see pp. 205–6 below), he talked of the intellectual unity of the European nations as the only productive pre-condition for the survival of German culture, and *Zum Thema Geschichte* (1943). This latter, written during the early years of World War II but only published posthumously, advances a diagnosis of Nazism, not as a demented outburst by a brood of perverted beasts but as an episode expressive of forces deeply embedded in the German national character.

In an essay of 1933 called *Züchtung*—not, unhappily, his only work in this vein—Benn had supported the Nazi programme of eugenics for achieving the biological characteristics of the 'Master Race'. In 1940 he retracted these views in a short piece known as *Züchtung II*, interesting less for Benn's recantation itself—it is hard to understand how a man of

sensitivity could ever have become, even for a moment, a herald of such a Brave-New-World nightmare—than for its return to Nietzsche, source of so much perverted Nazi pseudo-thought, as the progenitor of such ideas and for its reassertion of Benn's own earlier and perhaps never really relinquished faith in art, 'das zu Bildern verarbeitete Sein', as he calls it.

This is not the place for moral judgments. But from 1933 until his death, his countrymen, both those who went into exile and those who stayed in Germany, have not found it difficult to pass sentence on him. 'Wenn man wie ich', he wrote in 1948 to the editor of *Merkur*, 'die letzten fünfzehn Jahre lang von den Nazis als Schwein, von den Kommunisten als Trottel, von den Demokraten als geistig Prostituierter, von den Emigranten als Renegat, von den Religiösen als pathologischer Nihilist öffentlich bezeichnet wird, ist man nicht so scharf darauf, wieder in diese Öffentlichkeit einzudringen' (*Ausdruckswelt*, 1949, 118).

But, of course, he did, with neither hesitancy nor humility. If the Nazis, the communists, the democrats, the emigrés and the religious-minded were all wrong, who was right? It is a question that no-one who traces the course of twentieth-century German history can afford not to face.

BIBLIOGRAPHY

E. Buddenberg, *Gottfried Benn* (Stuttgart, 1961)
M. Hamburger, *Reason and Energy* (London, 1957)
G. Klemm, *Gottfried Benn* (Stuttgart, 1958)
E. Lohner, *Passion und Intellekt. Die Lyrik Gottfried Benns* (Neuwied/Berlin, 1961)
G. Loose, *Die Ästhetik Gottfried Benns* (Frankfurt, 1961)
E. Nef, *Das Werk Gottfried Benns* (Zurich, 1958)
D. Wellershoff, *Gottfried Benn. Phänotyp dieser Stunde* (Köln/Berlin, 1958)
F. W. Wodtke, *Gottfried Benn* (Stuttgart, 1962)

Der neue Staat und die Intellektuellen

Ich las kürzlich in einer Zeitung, im Besuchszimmer eines der neuen preußischen Ministerien sei ein Schild folgenden Inhalts angeschlagen: «Man kommt nicht in eigener Sache dorthin, wo ein neuer Staat aufgebaut wird.» Ausgezeichnet! Das soll heißen, wo die Geschichte spricht, haben die Personen zu schweigen. Es ist die konkrete Formel der neuen Staatsidee. Wendet man diese Formel auf unser Thema an, kann man berechtigterweise fragen, wieso konfrontieren sich jetzt die Intellektuellen mit dem neuen Staat? Er ist gegen sie entstanden. Der neue Staat ist gegen die Intellektuellen entstanden. Alles, was sich im letzten Jahrzehnt zu den Intellektuellen rechnete, bekämpfte das Entstehen dieses neuen Staates. Sie, die jeden revolutionären Stoß von seiten des Marxismus begeistert begrüßten, ihm neue Offenbarungswerte zusprachen, ihm jeden inneren Kredit einzuräumen bereit waren, betrachteten es als ihre intellektuelle Ehre, die Revolution vom Nationalen her als unmoralisch, wüst, gegen den Sinn der Geschichte gerichtet anzusehen. Welch sonderbarer Sinn und welche sonderbare Geschichte, Lohnfragen als den Inhalt aller menschlichen Kämpfe anzusehen. Welch intellektueller Defekt, welch moralisches Manko, kann man schon an dieser Stelle hinzufügen, nicht in dem Blick der Gegenseite über die kulturelle Leistung hinaus, nicht in ihrem großen Gefühl für Opferbereitschaft und Verlust des Ich an das Totale, den Staat, die Rasse, das Immanente, nicht in ihrer Wendung vom ökonomischen zum mythischen Kollektiv, in diesem allem *nicht* das anthropologisch Tiefere zu sehen! Von diesem Intellektuellen und in ihrem Namen spreche ich nicht

Ich spreche im Namen des Gedankens und derer, die sich ihm beugen. Wie sieht der Gedanke die heutige Lage an? Nicht der klägliche Gedanke, der lange genug im geschichtlichen Erbe als dem Nährgut der Nation herumschnüffelte, wo er einen Helden schwach und ein Opfer niedrig zeichnen könnte, sondern der notwendige Gedanke, diese überirdischste Macht der Welt, mächtiger als das Eisen, mächtiger als das Licht, immer in der Rufweite der Größe und im Flügelschlagen einer transzendenten Tat, wie sieht er die heutige Geschichte an? Kann er sie denn schon sehen?

Ja, denn so gewiß es historische Augenblicke gegeben haben mag, in denen auch der von politischen Leidenschaften unbewegte, der grundsätzlich denkende Geist es nicht vermochte, die Züge seiner Zeit zu erkennen, das Wesen seiner Epoche zum Gedanken zu erheben, in denen wirklich die Stunde der Dämmerung beginnen mußte und das Schattenwerfen der Dinge, um aus der Entfernung erst den Umriß des Verge-

henden zu sehen, so gewiß scheint mir unsere Gegenwart eine so klare geschichtliche Lage aufzuweisen, daß der Geist frei über den Augenblick in die Zukunft hinein seinen Blick und seine Berechnungen werfen kann fast schon in einer Art von Erkenntnis, die das Gesetzmäßige nährt. Wir sehen, daß der Sinn und die Propaganda für das Internationale, und zwar sowohl für die sozialistische wie industrielle Internationale, keine Vorstellung in uns erwecken, kein Gefühl in uns wachrufen konnte, das auf irgendeiner breiten Basis den Begriff des Staates hätte verdrängen können, und Staat ist Machtstaat, ist nationaler Staat. Wer geschichtlich denkt, wer politisch arbeitet, denkt und arbeitet mit dem Begriff des Staates. Alle Utopien, die über ihn hinauslangten, alle Theorien, die seine Auflösung voraussahen, haben politische Formen von Dauer nicht gefunden, ja, wir sehen exemplarisch, wie der europäische Staat, der sich vor sechzehn Jahren aufmachte, um prinzipiell den nationen- und klassenlosen Verband der Völker wachzurufen, der Machtstaat schlechthin geworden ist, der Tyrannenstaat; wie seine Moral, deren Ausgang die humanitäre Emphase von Gewerkschaftswerten und urchristlichen Phantasien war, als militärische und industrielle Expansion als [1]Imperialismus schärfster nationaler Prägung endet.

Wir sehen, wie dieses riesige, eben aktivierte Reich wider seinen Willen einbezogen wird in ein geschichtliches Gesetz, nach dem sich vor unseren Augen überall autoritäre Staaten bilden, sowohl in Asien wie in Europa, in der alten wie in der neuen Welt, ein neuer Fall des höchst seltsamen wirklichen Zusammenpulsierens der Menschheit (ein Ausdruck Burckhardts), für die es in der abendländischen Geschichte schon einige Vorgänge gibt: im sechsten Jahrhundert vor Christus die religiöse Bewegung von China bis Ionien, zur Zeit Luthers die religiöse Bewegung in Deutschland und Indien, im frühen Mittelalter das Einsetzen der Feudal- und Turnierzeit gleichzeitig in China, Persien, Rußland und der Languedoc; hier und heute ist also ein neuer Fall jener simultanen geschichtlichen Bewegung; ihre Formel heißt heute: intranationale Sammlung, Rückzug auf die gemeinsam von einem Volk geschichtlich durchlebte Landschaft, auf die sprachliche und kulturelle Tradition, und wir empfinden in dieser geschichtlichen Bewegung durchaus die vorwärtsgerichtete, ordnende, positive, die moderne Staatstendenz, die moderne Staatsidee, die den unfruchtbar gewordenen marxistischen Gegensatz von Arbeitnehmer und Arbeitgeber auflösen will in eine höhere Gemeinsamkeit, mag man sie wie [2]Jünger «Der Arbeiter» nennen oder nationalen Sozialismus. Und so gewiß einmal in einer anderen historischen Stunde ein hohes Ethos darin lag, die Ausgebeuteten gegen die Ausbeuter zu führen, und das Bebelpathos jener Stunde echt war, so klingt doch die noch kürzlich so aktuell gewesene Maxime: «Alle Macht dem internationalen Proletariat» uns heute schon wie: «Stell auf den Tisch die duftenden Reseden», nämlich märchenhaft fern, schwär-

merisch und vom europäischen Gesellschaftsstandpunkt aus neurotisch.

Die internationale Idee, einer langen Zeitspanne zur Entwicklung, einem bedeutenden geistigen Milieu zur Durchdringung gegenübergestellt, hat die politische Form ihres Wollens nicht gefunden. Sie beginnt ja nicht erst [3]mit den zehn Tagen, die die Welt erschütterten, oder dem Kommunistischen Manifest, sie durchzieht ja das neunzehnte, das achtzehnte Jahrhundert. Wir finden zum Beispiel [4]in den Aufsätzen von Schiller die bemerkenswertesten Äußerungen darüber, daß man seit Ablauf des Mittelalters in Europa sich anschickte, einem höheren Vernunftidol auch das Vaterland zu opfern, und trotz der bei ihm und seitdem immer wieder ausgesprochenen Einsicht, daß es sich dabei vielleicht um ein zukünftiges größeres Idol handele, stehen wir heute vor der Tatsache eines vollkommenen, geschichtlich logischen, von echten menschlichen Substanzen ernährten Sieges der nationalen Idee.

Die Intellektuellen sagen nun, dies sei der Sieg des Niederen, die edleren Geister seien immer auf der anderen, der Schillerschen Seite, zu sehen. Was sollten aber da die Maßstäbe für edel und niedrig sein? Für den Denkenden gibt es seit Nietzsche nur *einen* Maßstab für das geschichtlich Echte: sein Erscheinen als die neue typologische Variante, als die reale konstitutionelle Novität, also kurz gesagt als der neue Typ, und der, muß man sagen, ist da. Die typologische Majorität — wer könnte bezweifeln, daß sie vorhanden, auf seiten des neuen Staates vorhanden ist? Negativ wie positiv vorhanden: in dem, was sie bekämpft, und in dem, was sie errichtet. Eine echte neue geschichtliche Bewegung ist vorhanden, ihr Ausdruck, ihre Sprache, ihr Recht beginnt sich zu entfalten, sie ist typologisch weder gut noch böse, sie beginnt ihr Sein. Sie beginnt ihr Sein, und es tritt ein in ihr Sein die Diffamierung von seiten aller sich zu Ende neigender Geschlechter, *die* Kultur ist bedroht, *die* Ideale sind bedroht, *das* Recht, *die* Menschheit ist bedroht, so klingt wie Echo: aus der Lombardei, aus Ungarn, aus Versailles, als die Gallier kamen, die Goten, die Sansculotten, klang es schon so. Sie beginnt ihr Sein, und alles Feine, Abgestimmte, zu was Gelangte wirft sich ihr entgegen; aber es ist die Geschichte selber, die diese Angriffe entkräftet, ihr Wesen, das nicht abgestimmt und demokratisch verfährt. Die Geschichte verfährt nicht demokratisch, sondern elementar, an ihren Wendepunkten immer elementar. Sie läßt nicht abstimmen, sondern sie schickt den neuen biologischen Typ vor, sie hat keine andere Methode, hier ist er, nun handele und leide, baue die Idee deiner Generation und deiner Art in den Stoff der Zeit, weiche nicht, handele und leide, wie das Gesetz des Lebens es befiehlt. Und dann handelt dieser neue biologische Typ, und natürlich werden dabei zunächst gewisse Gesellschaftsverhältnisse verschoben, gewisse erste Ränge leergefegt, gewisse Geistesgüter weniger in Schwung gehalten; aber meistens richten sich derartige Bewegungen doch auch gegen eine Gesellschaft, die überhaupt

keine Maßstäbe mehr schafft, kein transzendentes Recht mehr errichtet, und verdient denn eine solche Gesellschaft etwas anderes als Joch und neues Gesetz?

Joch und neues Gesetz — da krümmt sich der Liberale, daß die Weltgeschichte nicht der Boden des Glückes sei, das geht ihm nicht ein; Freiheit — das ist sein Begriff oder was er darunter versteht: Unumschränktheit in Geschäften und Genuß. Zwei Vorwürfe oder zwei Forderungen erhebt er nun aus seinem Liberalismus gegen den neuen Staat, soweit dieser Liberalismus überhaupt noch Kraft hat, irgend etwas zu erheben, und nicht längst gerichtet ist durch eine neue Art von Intelligenz. Die erste Forderung heißt: der Staat solle verpflichtet sein, die Qualität als solche zu schützen, intellektuelle und künstlerische Qualität. Plötzlich nämlich gibt es für den Liberalen absolute Qualität, plötzlich sieht er Gut und Böse, plötzlich stellt er sich, als ob er Wurzel und Substanz besäße, die reine Gesetzestafel. Unser Gedanke antwortet ihm aber sofort, es gab niemals eine Qualität, die außerhalb des Historischen stand. Es gibt im Menschen, soweit wir seine Geschichte übersehen, gewisse formale Grundlagen von Dauer, gewisse Anordnungsforderungen seiner ästhetischen Anschauung, gewisse Wirkungsfolgen in ihm bei bestimmter quantitativer Gliederung, aber eine absolute inhaltliche Qualität gab es nie. Die inhaltliche Qualität schuf immer die Geschichte. Ja, es wäre eine schwächliche geschichtliche Macht, die sich nicht unterfinge, die Qualität zu bestimmen, die Qualität zu bilden, sie überzuleiten in neue inhaltliche Bindungen, sie zu prägen, sie zu richten. Im Grunde hat immer nur die Geschichte gedacht. Gedacht wurde auf dem Sinai, als der Dekalog herniederbrach und die Posaune ertönte und der Berg rauchte; gedacht haben die Meilensteine, die nach Rom und Byzanz die Wege wiesen; gedacht hat das jetzige neue Jahrhundert, als es das werdende Gesetz formte: der totale Staat. Immer prägte die Geschichte den Stil, immer war dieser Stil die Verwirklichung eines neuen historischen Seins. Beispiele dafür wären gewisse bekannte Tatsachen zum Beispiel aus der Kunstgeschichte: Das attische Reichsgefühl zerbrach die Mauer, die den ägyptischen Hof umschloß, entwickelte das Fernbild, den perspektivistischen Stil; aus der neuen Dynamik des Geistigen, die der Orient nicht kannte, brachen in Hellas die großen heroischen Götter, aus dem politischen Grundbegriff seines fünften Jahrhunderts, dem des Sieges, der dorische Tempel, die ⁵Nike und die Statue des Polyklet hervor. Wie sollte man also von einer neuen revolutionären Bewegung fordern können, daß sie alte Qualitäten schütze, die Bewegung tritt ja auf, sie erscheint ja, um eine neue anthropologische Qualität und einen neuen menschlichen Stil zu bringen, um aus ihrem politischen Grundbegriff heraus neue intelligible und ästhetische Formen zu entwickeln, sie selber in dem unendlichen Zug geschichtlicher Verwirklichungen.

Die zweite Forderung, mit der der liberale Intellektuelle an den Staat herantritt, heißt Geistesfreiheit. Er, der berauscht zu Füßen jedes russischen Agenten saß, der über die Ausrottung der bürgerlichen Psychologie methodisch vortrug, verlangt jetzt für sich vom nationalen Staat Gedankenfreiheit. Es kann nicht ausbleiben, daß der politische Gedanke auch dieser Forderung heute anders gegenübersteht. Gedankenfreiheit, Pressefreiheit, Lehrfreiheit in einem Sechzigmillionenvolk, von dem jeder einzelne den Staat für seine Unbeschädigtheit sittlich und rechtlich verantwortlich macht, — ist da der Staat nicht aus Rechtsbewußtsein verpflichtet, diese Freiheit aufs speziellste zu überwachen? Das Wort ist aber der stärkste physiologische Reiz, sagt Pawlow, den das Organische kennt, auch der unabsehbarste, muß man hinzufügen. Läßt sich da überhaupt ein Argument gegen einen Staat finden, der erklärt, die öffentliche Meinungsäußerung nur denen zu gestatten, die auch die öffentliche Staatsverantwortung tragen? Geistesfreiheit —: weil 1841 die Massenherstellung von Druckerschwärze begann und im Laufe des Jahrhunderts die Rotations- und Setzmaschinen hinzukamen, das wäre bei 3812 Tageszeitungen in Deutschland und 4309 Wochenschriften zuviel historischer Sinn. Geistesfreiheit —: daß an sie überhaupt die Entstehung von Kultur gebunden sei, daß diese Entstehung überhaupt an eine bestimmte Staatsform, eine bestimmte soziale Staatsstruktur gebunden sei, ist eine gänzlich erkenntnislose Betrachtung: alles, was das Abendland berühmt gemacht hat, seine Entwicklung bestimmte, bis heute in ihm wirkt, entstand, um es einmal ganz klar auszudrücken, in Sklavenstaaten. Säule, Tragödie, kubischer Raum, Geschichtsschreibung, erste Selbstbegegnung des Ich: Ägypten, Hellas, Rom: es handelte sich um eine Oberschicht, oft eine sehr geringe, und dann die Heloten. Man könnte mit Beispielen fortfahren: die Geschichte ist reich an Kombinationen von pharaonischer Machtausübung und Kultur; das Lied darüber ist drehend wie das Sterngewölbe; der Vers von heute lautet: Geistesfreiheit, um sie für wen aufzugeben? Antwort: für den Staat!

Wir sehen die beiden großen Phantome der bürgerlichen Ära, die geschichtslose Qualität und die wertindifferente Geistesfreiheit, in ihrem sinkenden Zauber über der zerfallenden europäischen Demokratie. Der Verfall dieser beiden objektiven Größen einer nahezu zweihundertjährigen Menschheitsgeschichte von teilweise glanzvollem Charakter deutet auf die ungeheure Schwere der Verwandlung, die sich in unserem Innern vollzieht. Man kann sie in ihren Folgen wohl gar nicht für unabsehbar genug halten, auch sich nicht darüber täuschen, daß hier ein echter Verfall vorliegt, irreparabel und von tiefen Erschütterungen umrahmt. Wir sehen die beiden Hauptpositionen der liberalen Intelligenz auf breiter Front durchbrochen, durchbrochen von einer neuen Intelligenz, einem ganz neuen kompositorischen Weltgefühl, das einer

Jugend angehört von verwandelter geschichtlicher Art. Einer Jugend, die aus dem Dunkel kam wie kaum eine zuvor: das Land geschlagen, die Väter gefallen, der Besitz verpfändet, die Berufe überfüllt, nur Wissen verhältnismäßig billig: Damenfriseure verlangten für ihre Novizen abgeschlossene Oberlyzealbildung, Detailgeschäfte für die Volontäre das Abitur zum Abmessen der Kattunstreifen. Betrat sie einmal das Theater, erblickte sie von geistesfreien Kritikern hochgerühmte Schmarren; stiegen die geistigen Heroen, die Wappentiere der Republik, einmal aus ihren Landhäusern hernieder zu einem Vortrag, gewährten sie Einblicke in gepflegte Abgründe und schlossen: was wollt ihr denn, seid doch ruhig, wir haben ja die völkerverklärende Demokratie. Eine feine Demokratie aber, sagte sich diese Jugend, die den meisten nichts zu fressen gibt, um sie dann auch noch gedanklich im Stich zu lassen; eine wahre Heldenschaft des Volkes, die sich im Augenblick des Angriffs nach unbemerkten Grenzübergängen umsieht und nach Grundstücken in Ascona, statt die Lenden zu gürten und die Wurfschaufel in die Hand zu nehmen und sich in Gefahr zu begeben, in die biologische Gefahr, ohne die Führung nicht möglich und auch vom Schicksal nicht bestimmt ist. Lange genug haben wir das jetzt mitangehört —: Helden, Opfer —, das ist ja alles irreal, wir wollen die Landhäuser behalten und alles das Erraffte; gepflegte Abgründe — gut, aber doch nicht gleich etwas Eisiges. Lange genug, sagte sich diese Jugend, haben wir das mitangehört, Geistesfreiheit: Zersetzungsfreiheit — antiheroische Ideologie! Aber der Mensch will groß sein, das ist seine Größe; dem Absoluten gilt unausweichlich sein ganzes inneres Bemühen. Und so erhob sich diese Jugend von den gepflegten Abgründen und den Fetischen einer defaitistisch gewordenen Intelligenz und trieb in einem ungeheuren, den Sechzigjährigen nicht mehr verständlichen neuen Generationsglück vorwärts in das Wirkende, den Trieb, in das formal noch nicht Zerdachte, das Irrationale, und rüstete sich: «der gekrümmte Bogen ist meine Lust», und opfert sich, wie das innere Gesetz es befahl, und wenn das historische Symbol der liberalen Ära ein Schloß mit Nippessachen war, die Tuilerien, und ein Ballspielhaus, das sie stürmten, für diese wurde es ein Paß: [6]Thermopylai.

Große, innerlich geführte Jugend, der Gedanke, der notwendige Gedanke, die überirdischste Macht der Welt, mächtiger als das Eisen, mächtiger als das Licht, gibt dir recht: die Intelligenz, die dir schmähend nachsieht, war am Ende; was sollte sie dir denn vererben; sie lebte ja nur noch von Bruchstücken und Erbrechen über sich selbst. Ermüdete Substanzen, ausdifferenzierte Formen, und darüber ein kläglicher, bürgerlich-kapitalistischer Behang. Eine Villa, damit endete für sie das Visionäre, ein Mercedes, das stillte ihren wertesetzenden Drang. Halte dich nicht auf mit Widerlegungen und Worten, habe Mangel an Versöhnung, schließe die Tore, baue den Staat!

COMMENTARY

Text: Gottfried Benn, *Gesammelte Werke* (Wiesbaden, 1965), I, 440–9.

1. *Imperialismus schärfster nationaler Prägung*: the imperialist nature of Russian Communism—a natural concomitant of Marxist internationalism—was already diagnosed by Oswald Spengler, whose philosophy of history made a powerful impression on Benn and his generation when the first volume of *Der Untergang des Abendlandes* thrust itself on a defeated Germany in 1918. In his introduction Spengler wrote: 'So sehr der heutige, noch wenig entwickelte Sozialismus sich gegen die Expansion auflehnt, er wird eines Tages mit der Vehemenz eines Schicksals ihr vornehmster Träger sein'. All such 'expansion', moreover, is an irreversible tendency of our age: 'Die expansive Tendenz ist ein Verhängnis, etwas Dämonisches und Ungeheures, das den späten Menschen des Weltstadtstadiums packt, in seinen Dienst zwingt und verbraucht, ob er will oder nicht, ob er es weiß oder nicht'. Benn's statement 'Die inhaltliche Qualität schuf immer die Geschichte' (p. 174 above) is pure Spengler. The 'national' socialism of the Third Reich was naturally incompatible with international Marxism.

2. *Jünger*: on Ernst Jünger's typological figure 'Der Arbeiter' (1932) see p. 192 below. Benn and Jünger had a good deal in common, for all the contrasts between their external careers and the apparent divergencies of their interests, but they did not meet until 1952, four years before Benn's death. The works of the two men are compared in Helmut Kaiser, *Mythos, Rausch und Reaktion* (Aufbau-Verlag, Berlin, 1962), readable, unfortunately, only by those who can accept such tendentious clap-trap as: 'Beide hatten, wie so manche Faschisten, nach 1945 einige Unbill zu ertragen, als es in den Westzonen noch um Gerechtigkeit und Wiedergutmachung ging . . .' (p. 6)

3. *mit den zehn Tagen, die die Welt erschütterten*: title of a famous film by Eisenstein on the ten days of revolution in Russia which culminated in the abdication of the Tsar on March 15, 1917.

4. *in den Aufsätzen von Schiller*: in his *Briefe über die ästhetische Erziehung des Menchen* Nos 3 and 5, Schiller writes of the eventual and inevitable supersession of the 'natural' State by the 'State of Reason'.

5. *Nike*: 'winged figure of victory'; Benn probably means the little temple to Athena Nike on the Acropolis in Athens, and 'der dorische Tempel' would be the Parthenon. As to Polyclitus, Benn would have known the Berlin copy of his statue of an Amazon.

6. *Thermopylai*: the defence of the pass of Thermopylae by the Spartans against the Persians (480 BC) is set against the attack on the palace of the Tuileries, residence of Louis XVI at the time of the Revolution, and the oath taken by the Third Estate in the *Jeu de Paume* (*Ballspielhaus*) to establish a republican constitution.

Züchtung II

Was die Lage des Menschen von 1940, der auf geistige Fragen und Folgerungen angewiesen ist, von der Nietzsches kennzeichnend unterscheidet, ist vor allem das, daß er die Beziehungen zum Öffentlichen und Pädagogisch-Politischen abgebrochen hat, die die Werke Nietzsches, namentlich der achtziger Jahre, leidenschaftlich pflegten. Es ist die öffentliche und pädagogisch-politische Verarbeitung, die Nietzsches Werk in Deutschland fand, sie, die Nietzsche selbst heraufbeschwor, zu sich herniederschrie, Gottheiten, wo immer er sie witterte, darum beschwörend, alle dialektischen Instinkte an sie verhaftend, die in ihm brannten. Nietzsche trug seine verfeinerten Forderungen der Allgemeinheit vor und rechnete auf deren öffentlich erklärtes Einvernehmen. Er rechnete mit dem Anpassungsvorgang der Erbmasse an den Organisator, ihn den Wählerischen, den Höheren, die höhere Rasse. Dies Einvernehmen blieb aus. Und nun begann bei ihm die Tonsteigerung in das Laute, Schrille, Agorale. Immer heftiger wird die Antithese variiert: hier der seltene Mensch und dort die geringen Naturen; hier der Hohe, zum Befehlen geboren; «wir», die Künstler; «wir», die Wanderer auf den Höhen; «wir», die Ausnahmen; «wir», die Gefahr — und dort die geschwächten, dünnen, ausgelöschten Persönlichkeiten, die Erkrankten des Willens, der niedere Mensch, der Prügel zu erwarten hat und hinzunehmen bereit ist, wenn der gnädige Herr mit dem Erfolg seiner Leistung nicht zufrieden ist, hier der Verschwender und dort die kleinen Leute. Aber diese kleinen Leute will er aufrütteln, heben, züchten, zerstören, erziehen. Eine unendliche Bedeutung legt er ihnen bei, immer sind sie in seinem Blick, ein Blick, der sucht, trennt, Strahlen des Hasses sendet, straft, rächt. Es gilt: unterwerfen, rauben — auf die Schiffe! — [1]se briser ou se broncher! Es gilt: Böses wollen; daraus folgt: zukünftig handeln; das Ganze heißt: züchten. Nietzsche will züchten. Zarathustra, die riesige Züchtungsvision! — Die «Erkenntnis» durchdringt das «Leben». Die Wahrheit «einverleibt» sich dem menschlichen Typ. Die Idee *verwirklicht* sich. *Verwirklichen* soll sich: Nietzsches Erkenntnis, Nietzsches Wahrheit, Nietzsches Idee! Das war die Lage der Züchtungsphilosophie bei Nietzsches Tod.

Dann sahen wir einen anderen Züchter kommen, nämlich fünfzig Jahre der Zeit und der vaterländischen Geschichte mit dem Ausgang in den totalen Staat. Der berief sich auf Nietzsche. Hier siegte Nietzsche. Wenn die Reaktion oder die Verwandlung, wenn 1940 sich selbst ausdrücken könnte, würde es dazu folgende Feststellungen treffen: Geschmackliche und moralische Verfeinerung, jedenfalls bei den Deutschen,

ist rassewidrig. Wer sie öffentlich fordert, ist neurotisch oder d'outre-mer. Ein tiefgreifendes Experiment, für das sich die Halluzination des Einsiedlers durch die Konzentrationslager und die Genickschüsse der Staatsverwaltung ergänzte, endet damit, dies klarzustellen und endet damit, daß die Worte, die auf Taubenfüßen kommen, weiter die Mächtigeren sind. Beim Ausmendeln zwischen Wahn und Rache erwies sich etwas anderes als dominant als das Wahrscheinliche und das Urgesunde: dominant ist der Rang. Man ist oder man ist nicht — nämlich angelegt, um in die Tiefe zu gelangen oder gar, um Objekte zu schaffen, durch Geburt und Schicksal. Das Hohe ist die Sache eines Kreises. Dieser ist abgezeichnet, eingezeichnet. Bei allen Völkern; die Generationen ergänzen ihn. Es bedarf keiner Lehre. Niemand bewegt sich in diesen Kreis infolge Bekehrung. [2]Rassenzüchtung als Politik ist die Kinderliebe von Kidnappern; «Ideen» «verwirklichen»: eine sich sichernde Selbstbegegnung im Milieu von Gangstern. In dem Widerstreit, das Leben zu bejahen oder das Urteil auszusetzen — eine Formulierung von Nietzsche —, hat das Urteil gesiegt. Das Bewußtsein, nach Nietzsche tierischer Natur und Herdenmerkzeichen, ist wacher und sublimer als je. Nichts hat das Leben zurückerobert, keine Züchtung auch nur einen Fußbreit der Ausdruckswelt zerstört. Wir erblicken Nietzsche heute nicht im Halbdunkel seiner pathetischen Wirklichkeitszüchtung, sondern im unfaßbar tiefen Glanz seiner Prosa als Verklärung der Verneinung. Wir sehen, daß Nietzsche in bezug auf die Idee der Züchtung naturalistisch dem Biologisch-Darwinistischen seines Lebenszeitalters verhaftet war, dessen Ergänzungsbedürftigkeit und dessen der Kritik zugänglichen Perspektiven. Verkündungspathetik, Religionsstifterembleme — Adler und Schlange —: unser Erstaunen wächst, wenn wir bei Nietzsche selber davon reden hören, daß Religionsstifter diejenigen seien, die um eine bestimmte Durchschnittsart von Seelen wissen, die sich selber als zusammengehörig noch nicht erkannt haben und nun im Verkünder, der sie zusammenführt, einander erkennen. Was wollte er denn, daß die Deutschen an sich, aneinander und an ihm selber zu praktischen Folgerungen erkennten? Eine seiner Hauptlehren ist doch: «Wir sind stets nur in unserer Gesellschaft» —: also der Durchschnitt in seiner, die Höheren in ihrer. Der Mittlere, das kranke, kränkliche krüppelhafte Tier, die Mißgeburt, das Halbe, das Schwache, das Linkische in seiner, der Spätgeborene, der Verschwender, der einsiedlerische und raubtierhafte Mensch in seiner. Eine hierarchische Welt. Warum also das ungeheur Pathetische seiner sich steigernden Aufrufung, Anklage, Aggressivität in dieser durch ein Jahrzehnt sich erneuernden Wiederkehr des Gleichen? Nach Goethe das größte weiße Genie, ein psychologischer Voyeur nie erreichten Ranges, und alles, was er sah, war in ihm, war wirklich, erlitt er so sehr. Die Räusche, die Träume wirklich in ihm, aber, sagen wir heute, nur in ihm, denn kein Außerhalb der Räusche und der Träume. Die große Ruhe im

Versprechen, das glückliche Hineinschauen in eine Zukunft —: allein in ihm, bei seinem Ende, und nur in ihm. Fünfzig Jahre brennen und strahlen, das ist ungeheuer, das ist kometenhaft: in ihm, doch nur in ihm. Der Rest ist persönliche Reizbarkeit und Überspielung. Was objektiv bleibt, ist nicht die Prophetie von Zukünften, sondern es sind die abgeschlossenen hinterlassungsfähigen Gebilde. Was bleibt, ist das zu Bildern verarbeitete Sein. Der Erfolg der Dynamik: Klassik! Hier halten wir, es ist 1940.

COMMENTARY

Text: Gottfried Benn, *Gesammelte Werke* (Wiesbaden, 1965) I, 295—8.

1. *Se briser ou se broncher*: there seems to be no French verb '*se* broncher'; perhaps 'broncher' (to falter) is meant.

2. *Rassenzüchtung als Politik* etc: the use of the word 'kidnappers' shows Benn to be thinking of Himmler's deportation in 1940 of Polish children of 'Nordic' appearance who could be 'Teutonicised' and made part of German ethnic stock. Such words as 'kidnappers' and 'gangsters' are a far cry from the support that Benn had given to Nazi eugenics only a few years earlier.

BRECHT (1898–1958)

Rede auf dem Ersten Internationalen Schriftstellerkongreß

zur Verteidigung der Kultur (1935)

The phenomenon of the politically committed writer has become a particularly familiar one in contemporary times, when politics underlie decisions on matters which are themselves far from political, and when there is pressure from many quarters towards the politicisation of all aspects of community life. *Littérature engagée* has come to stand as the proper involvement of art in, and with, life, and the artist's declaration of interests is seen as the guarantee of the 'relevance' of his message.

If one is looking among twentieth-century German writers for a figure whose ideological allegiance can be set against the nationalism of Max Scheler and Oswald Spengler, the austere militarism of Ernst Jünger, the (later recanted) Nazi sympathies of Gottfried Benn and the (never regretted) Nazi enthusiasms of Hannst Johst and Kolbenheyer, one quickly lights on Brecht and his utterances, artistic and programmatic, in the name of communism. Whether he is at his most sincere and most effectual—let alone his most successful—at those moments when his Marxism has a less than complete hold over his mind, may be a matter for discussion. One may also draw what conclusions one likes from the facts that, with a characteristically shrewd eye to his own interests, he used a period of exile in Vienna to obtain Austrian citizenship, lodged the copyright of his works with the West German publisher Suhrkamp, and after settling in East Berlin in 1949, had his foreign royalties from books and stage performances paid into a Swiss bank account. Like the hero of his *Leben des Galilei*, he turned to his advantage the philosophy of 'he who fights and runs away . . .'

But the mature Brecht's public commitment to Marxism is hardly open to dispute. From the beginning he showed an extreme irreverence and iconoclasm, together with a determined attachment to naive virtue and a crudely schematic presentation of the world as a battleground of black *versus* white. When these personal traits met the economic and social realities of the capitalistic Germany of the early 1920s and the politi-

cal disintegration which led to the rise of Hitler barely ten years later, the result was predictable. *Die Dreigroschenoper* of 1928 was resplendent with cynical amorality, anti-sentimentalism and destructive satire but it carried no socialist message, as 'orthodox' Marxist critics have resentfully conceded: Ernst Schumacher, author of the standard Marxist analysis of Brecht's dramas, regretfully concluded that the social criticism in the eighteenth-century *Beggar's Opera* was far more trenchant than in Brecht's modern transformation of it. The anarchic, indiscriminate aggressiveness of *Die Dreigroschenoper*, however, soon moved from a general anti-capitalism which, in common with Marxists and other left-wing intellectuals, he saw as bearing a prime responsibility for the emergence of Nazism, to a Communist *engagement*. His *Lehrstücke* of the 1930s—*Das Badener Lehrstück vom Einverständnis, Die Maßnahme, Die Ausnahme und die Regel* and others—accompany this conversion, yet even here his obstinate independence forces its way through his presentation of the need for subservience to the demands of 'the cause'.

During these same years Brecht began to lay down what he called a 'non-Aristotelian' theory of drama—epic drama rather than dramatic drama, with the principle of *Verfremdung* as the central agent. The 'Aristotelian' and 'non-Aristotelian' pairs—'handelnd: erzählend', 'Der Mensch als Fixum: Der Mensch als Prozeß', 'Gefühl: Ratio' etc.—which are dialectically laid out in his 'Anmerkungen' (1931) to *Aufstieg und Fall der Stadt Mahagonny*, and redefined in *Vergnügungstheater oder Lehrtheater?* (1936) and elsewhere, have become the most familiar formulation of Brechtian theory, though their meaning does not remain quite constant in his later years. We cannot here embark on a critique of 'epic theatre' (a centuries-old genre), but in the present context we should realise that neither *Verfremdung* nor 'epic theatre' has any necessary link with Marxism. Brecht chose to make them serve his Marxist ideology at this time, but in origin they represent his reaction to the 'bourgeois' theatrical philosophy of the great producer Max Reinhardt, and the Brechtian method that survives in the performances of the Berliner Ensemble is not a matter of revolutionary faith but of revolutionary dramatic production. Brecht's acceptance of Marxism is as contingent to his achievement of this revolution in production as is Schopenhauer's assumption of pessimism to the aesthetic philosophy of *Die Welt als Wille und Vorstellung*.

As an evident Marxist—though he later swore on oath that he had never been a member of the German Communist Party—he had no choice but to flee from Germany in 1933, and none of his works was either published or performed there during the Nazi period. He settled in Denmark, making frequent visits abroad to give lecture and to see performances of his plays. In 1940 he went to Finland, where he applied for a United States visa, travelling right across the Soviet Union to Vladivostok

and thence across the Pacific to California. Asked why he had not stay-
ed in Moscow, he answered only with a characteristically mocking eva-
siveness and the egocentric cunning that made him such an admirer
of Machiavelli.

In fact, Brecht's relationship to communism recalls that of Heine to
the radical movements of the mid-nineteenth century. Heine saw that
social revolution would come, the revolution for which Karl Marx,
who had a great respect for Heine, was to provide the Bible. But he also
saw that the revolution would lead to the rule of mediocrity and petty
tyranny, and that the individualist would have no chance of survival—
indeed, that the greater, hence more original, the individual talent, the
greater the determination of the ruling mediocrity to suppress its orig-
inality in the name of 'conformity to the public interest'. Heine, unlike
his one-time friend and fellow-exile Ludwig Börne, could not reconcile
himself to such a situation, and the dichotomy is apparent in his life
and work.

Similarly Brecht, who pilloried social injustice but had also tasted
capitalist success, preached the party-line in his *Lehrstücke* of the 1930s
yet shrank, with the invitation thrust upon him, from putting his talents
at the disposal of those who officially represented and administered the
values he was advocating. Nazism he opposed basically, if not solely,
in terms of the class struggle. He even refused to believe that Hitler's
anti-Semitism was directed towards the total extermination of the Jews:
the rich Jews, he said, would be spared as an invaluable group in capi-
talist society, and the entrepreneurs, Jews and Gentiles in concert, would
continue their exploitation of the working classes.

His plays written during the war years, among them *Mutter Courage
und ihre Kinder*, *Das Leben des Galilei* and *Der gute Mensch von Sezuan*, are
less obtrusively doctrinaire and have a humanitarian concern which on
the one hand is an uneasy companion of a revolutionary purpose, and,
complementarily, puts them among the most acceptable, and probably
most durable, of his works. Indeed, to judge from a few *obiter dicta* and
from his reaction to the crushing by Russian troops of the popular upris-
ing in East Berlin on June 17, 1953, he by no means unquestioningly
approved the actions of the regime under which he had chosen to spend
the last years of his life.

In a review of *Bert Brechts Hauspostille* in 1928 Kurt Tucholsky wrote:
'Sie vermitteln den stärksten Eindruck, den unsereiner in der letzten
Zeit in deutscher Lyrik gefunden hat'. And today there are still many
who would rank Brecht the poet, with his powerful yet subtle imagery
and his brutal, sometimes overwhelming directness, above Brecht the
sermonising dramatist. But it may well turn out to be as a producer
with his Berliner Ensemble, through the dramatic 'method' which he
and his wife Helene Weigel evolved in the bare, open Theater am

Schiffbauerdamm in Berlin, that he secures his real originality in literary history, while offering a paradigm of the problems and tensions that beset the creative artist committed to an all-consuming political cause. 'Um wie viel er heute überschätzt wird, um so viel wird er eines Tages unterschätzt werden, und beides sehr zu Unrecht', concluded Tucholsky (*Gesammelte Werke* II, 1062). Perhaps that still holds good today.

In June 1935 Brecht travelled to Paris to address the first conference of an international body of Communist and para-Communist writers pledged 'to the defence of culture'. Delegates from thirty-seven countries attended. A second conference was held two years later in various cities in Spain, the principal meeting taking place in Madrid during the Civil War; Brecht gave a brief address on this occasion also.

There is nothing particularly striking or original about these addresses, but their style has that starkness, ruthless logic and aggressiveness for which Brecht is famed. The piece reproduced below is characteristic of Brecht's orthodox Marxism in the 1930s and may be taken as a typical expression of anti-Fascist, i.e. Communist sentiments in the age of Mussolini and Hitler.

BIBLIOGRAPHY

M. Esslin, *Brecht: A Choice of Evils* (London, 1959)

F. Ewen, *Bertolt Brecht* (London, 1970)

R. Gray, *Brecht* (Edinburgh/London, 1961)

R. Grimm, *Bertolt Brecht und die Weltliteratur* (Nürnberg, 1961)

W. Haas, *Bert Brecht* (Berlin, 1958)

H. E. Holthusen, 'Versuch über Brecht'; in Holthusen, *Kritisches Verstehen* (Munich, 1961)

W. Jens, 'Poesie und Doktrin. Bertolt Brecht'; in Jens, *Statt einer Literaturgeschichte* (Pfullingen, 1958)

V. Klotz, *Bertolt Brecht, Versuch über das Werk* (Darmstadt, 1957)

H. Mayer, *Bertolt Brecht und die Tradition* (Pfullingen, 1961)

E. Schumacher, *Die dramatischen Versuche Bertolt Brechts 1918—1933* (Berlin, 1955)

Sinn und Form. Zweites Sonderheft Bertolt Brecht, 1957.

W. Weideli, *Bertolt Brecht* (Paris, 1961)

J. Willett, *The Theatre of Bertolt Brecht* (London, 1959)

Rede auf dem Ersten Internationalen Schriftellerkongreß

zur Verteidigung der Kultur

Eine notwendige Feststellung zum Kampf gegen
die Barbarei

Kameraden, ich möchte, ohne besonders Neues sagen zu wollen, etwas über die Bekämpfung jener Mächte sagen, welche heute sind anschicken, die westliche Kultur in Blut und Schmutz zu ersticken, oder die Reste der Kultur, welche ein Jahrhundert der Ausbeutung uns übriggelassen hat. Ich möchte Ihre Aufmerksamkeit nur auf einen einzigen Punkt lenken, über den meiner Meinung nach Klarheit herrschen muß, wenn man diese Mächte wirksam und vor allem bis zu ihrem Ende bekämpfen will.

Die Schriftsteller ,welche die Greuel des Faschismus erfahren, am eigenen Leibe oder am fremden Leibe, und darüber entsetzt sind, sind mit dieser Erfahrung und mit diesem Entsetztsein noch nicht ohne weiteres imstande, diese Greuel zu bekämpfen. Es mag mancher glauben, daß die Schilderung dieser Greuel genüge, besonders wenn großes literarisches Talent und echter Zorn die Schilderung eindringlich machen. In der Tat sind solche Schilderungen sehr wichtig. Hier geschehen Greuel. Das darf nicht sein. Hier werden Menschen geschlagen. Das soll nicht geschehen. Was braucht es da langer Erörterungen? Man wird aufspringen und den Peinigern in den Arm fallen. Kameraden, es bedarf der Erörterungen.

Man wird vielleicht aufspringen, das ist nicht so schwer. Aber dann kommt das In-den-Arm-Fallen, und das ist schon schwerer. Der Zorn ist da, der Gegner ist bezeichnet; aber wie bringt man ihn zu Fall? Der Schriftsteller kann sagen: Meine Aufgabe ist es, das Unrecht zu denunzieren, und er kann es dem Leser überlassen, damit fertig zu werden. Aber dann wird der Schriftsteller eine sonderbare Erfahrung machen. Er wird merken, daß der Zorn wie das Mitleid etwas Mengenartiges ist, etwas, was in der und der Menge vorhanden ist und ausgehen kann. Und das schlimmste ist: es geht aus in dem Maße, in dem es nötiger wird Kameraden sagten mir: Als wir zum ersten Male berichteten, daß unsere Freunde geschlachtet wurden, gab es einen Schrei des Entsetzens und viel Hilfe. Da waren hundert geschlachtet. Aber als tausend geschlachtet waren und

des Schlachtens kein Ende war, breitete sich Schweigen aus, und es gab nur mehr wenig Hilfe. So ist es: «Wenn die Verbrechen sich häufen, werden sie unsichtbar. Wenn die Leiden unerträglich werden, hört man die Schreie nicht mehr. Ein Mensch wird geschlagen, und der zusieht, wird ohnmächtig. Das ist nur natürlich. Wenn die Untat kommt, wie der Regen fällt, dann ruft niemand mehr halt.»

So also ist es. Wie ist dem zu steuern? Gibt es keine Mittel, den Menschen zu hindern, sich abzuwenden von den Greueln? Warum wendet er sich ab? Er wendet sich ab, weil er keine Möglichkeit des Eingreifens sieht. Der Mensch verweilt nicht bei dem Schmerz eines andern, wenn er ihm nicht helfen kann. Man kann den Schlag aufhalten, wenn man weiß, wann er fällt und wohin er fällt und warum, zu welchem Zweck er fällt. Und wenn man den Schlag aufhalten kann, wenn irgendeine selbst eine schwache Möglichkeit dazu besteht, dann kann man Mitleid haben mit dem Opfer. Man kann es auch sonst, aber nicht lang, jedenfalls nicht so lang, als auf das Opfer die Schläge sausen. Also: Warum fällt der Schlag? Warum wird die Kultur über Bord geworfen wie ein Ballast, jene Reste der Kultur, die uns übriggeblieben sind; warum das Leben von Millionen Menschen der allermeisten Menschen so verarmt, entblößt, halb oder ganz vernichtet?

Einige von uns beantworten diese Frage. Sie antworten: Aus Roheit. Sie glauben einen erschreckenden Ausbruch bei einem großen und immer größer werdenden Teil der Menschheit zu erleben, einen entsetzlichen Vorgang ohne erkennbare Ursache, plötzlich auftretend, vielleicht, hoffentlich, ebenso plötzlich wieder verschwindend, ein ungestümes Heraustreten einer lange unterdrückten oder schlummernden Barbarei von triebhaften Natur.

Die so antworten, fühlen natürlich selber, daß eine solche Antwort nicht sehr weit reicht. Und sie fühlen auch selbst, daß man der Roheit nicht den Anschein von Naturgewalten verleihen darf, unbesiegbaren Mächten der Hölle.

Sie sprechen also von vernachlässigter Erziehung des Menschengeschlechts. Irgend etwas wurde da versäumt oder konnte in der Eile nicht gemacht werden. Man muß es jetzt nachholen. Man muß gegen die Roheit die Güte einsetzen. Man muß die großen Wörter hervorrufen, die Beschwörungen, die schon einmal geholfen haben, die unvergänglichen Begriffe: Freiheitsliebe, Würde, Gerechtigkeit, deren Wirkung historisch verbürgt ist. Und sie wenden die großen Beschwörungen an. Was geschieht? Den Hinweis darauf, daß er roh sei, beantwortet der Faschismus mit dem fanatischen Lob der Roheit. Angeklagt, er sei fanatisch, antwortet er mit dem Lob des Fanatismus. Bezichtigt, er verletze die Vernunft, schreitet er wohlgemut zu einer Verurteilung der Vernunft.

Auch der Faschismus findet nämlich die Erziehung vernachlässigt. Er verspricht sich sehr viel von einer Beeinflussung der Gehirne und

Festigung der Herzen. Er fügt zu den Roheiten seiner Folterkeller die seiner Schulen, Zeitungen, Theater. Er zieht die ganze Nation, und er erzieht sie den ganzen Tag. Er hat nicht allzuviel zu vergeben an die große Mehrzahl, da heißt es viel erziehen. Er liefert kein Essen, da muß er zur Selbstzucht erziehen. Er kann seine Produktion nicht in Ordnung bringen und braucht Kriege, da muß er zum körperlichen Mut erziehen. Er braucht Opfer, da muß er zum Opfersinn erziehen. Das sind ebenfalls Ideale, Forderungen an den Menschen, einige davon sind sogar hohe Ideale, hohe Forderungen.

Nun, wir wissen, wozu diese Ideale dienen, wer da erzieht und wem diese Erziehung nützen soll — nicht den Erzogenen. Wie ist es mit unsern Idealen? Auch jene von uns, die das Grundübel in der Roheit, der Barbarei erblicken, sprechen, wie wir gesehen haben, nur von Erziehung, nur von Eingriffen in die Geister — keinen anderen Eingriffen jedenfalls. Sie sprechen von der Erziehung zur Güte. Aber die Güte wird nicht von der Forderung nach Güte kommen, nach Güte unter allen Bedingungen, *selbst den schlimmsten*, so wie die Roheit nicht von derRoheit kommen kann.

Ich selbst glaube nicht an die Roheit um der Roheit willen. Man muß die Menschheit in Schutz nehmen gegen die Beschuldigung, sie wäre auch roh, wenn dies nicht ein so gutes Geschäft wäre; es ist eine geistreiche Umbiegung meines Freundes [1]Feuchtwanger, wenn er sagt: Gemeinheit geht vor Eigennutz — aber er hat nicht recht. Die Roheit kommt nicht von der Roheit, sondern von den Geschäften, die ohne sie nicht mehr gemacht werden können. [2]In dem kleinen Land, aus dem ich komme, herrschen weniger erschreckende Zustände als in vielen anderen Ländern; aber jede Woche werden 5000 Stück besten Schlachtviehs destruiert. Das ist eine schlimme Sache, aber es ist kein Ausbruch plötzlichen Blutdurstes. Wäre es das, so wäre die Sache weniger schlimm. Die Destruktion von Schlachtvieh und die Destruktion von Kultur haben als Ursache nicht barbarische Triebe. In beiden Fällen wird von nicht ohne Mühe erzeugten Gütern *ein Teil* vernichtet, weil er zur Last geworden ist. Angesichts des Hungers, der alle fünf Weltteile beherrscht, sind solche Maßnahmen zweifellos Verbrechen, aber sie haben nichts mit Mutwillen zu tun, beileibe nicht. Wir haben heute in den meisten Ländern der Erde gesellschaftliche Zustände, in denen die Verbrechen aller Art hoch prämiiert werden und die Tugenden viel kosten. «Der gute Mensch ist wehrlos, und der Wehrlose wird niedergeknüppelt, aber mit der Roheit kann man alles haben. Die Gemeinheit richtet sich ein auf 10 000 Jahre. Die Güte dagegen braucht eine Leibwache; aber sie findet keine.»

Hüten wir uns, sie von den Menschen einfach zu verlangen! Möchten doch auch wir nichts Unmögliches verlangen! Setzen wir uns nicht dem Vorwurf aus, wir kämen, auch wir, mit Appellen an die Menschen,

Übermenschliches zu leisten, nämlich durch hohe Tugenden furchtbare Zustände zu ertragen, welche zwar geändert werden können, aber nicht geändert werden sollen! Reden wir nicht nur für die Kultur!

Erbarmen wir uns der Kultur, aber erbarmen wir uns zuerst der Menschen! Die Kultur ist gerettet, wenn die Menschen gerettet sind. Lassen wir uns nicht zu der Behauptung fortreißen, die Menschen seien für die Kultur da, nicht die Kultur für die Menschen! Das würde allzusehr an die Praxis der großen Märkte erinnern, wo die Menschen für das Schlachtvieh da sind, nicht das Schlachtvieh für die Menschen!

Kameraden, denken wir nach über die Wurzel der Übel!

Eine große Lehre nun, die immer größere Menschenmassen auf unserem Planeten, welcher noch sehr jung ist, ergreift, sagt, daß die Wurzel aller Übel unsere Eigentumsverhältnisse sind. Diese Lehre, einfach wie alle großen Lehren, hat jene Menschenmassen ergriffen, welche am meisten unter den bestehenden Eigentumsverhältnissen und den barbarischen Methoden, mit denen sie verteidigt werden, leiden. Sie wird [3]in einem Lande, das ein Sechstel der Erdoberfläche ausmacht, wo die Unterdrückten und Besitzlosen die Herrschaft ergriffen haben, in die Tat umgesetzt. Dort gibt es keine Destruktion von Nahrungsmitteln mehr und keine Destruktion von Kultur.

Viele von uns Schriftstellern, welche die Greuel des Faschismus erfahren und darüber entsetzt sind, haben diese Lehre noch nicht verstanden, haben die Wurzel der Roheit, die sie entsetzt, noch nicht entdeckt. Es besteht immerfort bei ihnen die Gefahr, daß sie die Grausamkeiten des Faschismus als unnötige Grausamkeiten betrachten. Sie halten an den Eigentumsverhältnissen fest, weil sie glauben, daß zu ihrer Verteidigung die Grausamkeiten des Faschismus nicht nötig sind. Aber zur Aufrechterhaltung der herrschenden Eigentumsverhältnisse sind diese Grausamkeiten nötig. Damit lügen die Faschisten nicht, damit sagen sie die Wahrheit. Diejenigen unserer Freunde, welche über die Grausamkeiten des Faschismus ebenso entsetzt sind wie wir, aber die Eigentumsverhältnisse aufrechterhalten wollen oder gegen ihre Aufrechterhaltung sich gleichgültig verhalten, können den Kampf gegen die so sehr überhandnehmende Barbarei nicht kräftig und nicht lang genug führen, weil sie nicht die gesellschaftlichen Zustände angeben und herbeiführen helfen können, in denen die Barbarei überflüssig wäre. Jene aber, welche auf der Suche nach der Wurzel der Übel auf die Eigentumsverhältnisse gestoßen sind, sind tiefer und tiefer gestiegen, durch ein Inferno von tiefer und tiefer liegenden Greueln, bis sie dort angelangt sind, wo ein kleiner Teil der Menschheit seine gnadenlose Herrschaft verankert hat. Er hat sie verankert in jenem Eigentum des einzelnen, das zur Ausbeutung des Mitmenschen dient und das mit Klauen und Zähnen verteidigt wird, unter Preisgabe einer Kultur, welche sich zu seiner Verteidigung nicht mehr hergibt oder zu ihr nicht mehr geeignet ist, unter Preisgabe aller

Gesetze menschlichen Zusammenlebens überhaupt, um welche die Menschheit so lang und mutig verzweifelt gekämpft hat.

Kameraden, sprechen wir von den Eigentumsverhältnissen!

Das wollte ich zum Kampf gegen die überhandnehmende Barbarei sagen, damit es auch hier gesagt sei oder damit auch ich es gesagt habe.

COMMENTARY

Text: Bertolt Brecht, *Schriften zur Literatur und Kunst 2*, (Frankfurt, 1967), 36—43.

1. *Feuchtwanger*: Lion Feuchtwanger (1884—1958), a writer who, like so many others, went into exile in 1933 and spent the years of World War II in the United States, where he died. Together with Brecht and Willy Bredel he was editor of the Marxist Journal *Das Wort*, founded in Moscow in 1936, and in 1945 he and Brecht wrote *Die Geschichte der Simone Machard*, a drama on Joan of Arc. He is remembered chiefly for his novel *Jud Süß* (1925). 'Gemeinheit geht vor Eigennutz' is a play on the proverb 'Gemeinnutz geht vor Eigennutz'.

2. *In dem kleinen Land* etc: Brecht had made his home in Denmark at this time.

3. *In einem Lande* etc: Russia was for Brecht, as for all Communists, the living example of socialism in practice, but he neither went there in 1933, when he could have done, nor stayed there longer than he could help in 1941 on his way to the United States.

ERNST JÜNGER (born 1895)

Der Friede (1941-3)

So closely is Ernst Jünger identified with prominent themes and attitudes in twentieth-century German culture that it is difficult—far more so than with, say, Hermann Hesse or Thomas Mann—to avoid regarding him as a remarkable, perhaps the most remarkable, spokesman on behalf of contentious and not always welcome values which have become inseparable from the intellectual climate of modern Germany. In the middle of the Second World War the journal *Nineteenth Century and After* described his novel *Auf den Marmorklippen* (1939) as 'a masterpiece of world literature', and in 1953, when Thomas Mann, Hesse, Brecht, Benn and Döblin were still alive, an English critic called him 'the most important author writing in Germany today'.

'My subject is war, and the pity of war', wrote Wilfred Owen. For Jünger the *credo* would read: 'My subject is war, and the glory of war.' Not war as an expression of a lust for power, still less as an act of national self-assertion or a means of territorial aggrandisement, but war, with its ally, suffering, as total personal commitment and sacrifice, the supreme test of human fibre, a means to self-realisation. 'Wars must take place from time to time; they are expressions of the will of nature' (*Das Wäldchen 125*, 1924, 176). Or: 'War is as much a feature of human life as the sexual urge: it is a law of nature, and we shall therefore never escape its power ... To live is to kill' (*Der Kampf als inneres Erlebnis*, 1922, 37, 38). War is thus not subject to the processes of reason or the challenge of morality, 'because it lies beyond the reach of the laws of a passing civilisation and is an immediate reflection of the eternal laws of nature herself' (*Das Wäldchen 125*, 50).

Jünger's own experience of war was forged in four years of active service in World War I, the source of his so-called *Fronterlebnis* as related in *In Stahlgewittern* (1920)—a view of war so different from that presented by Erich Maria Remarque in *Im Westen nichts Neues*. The mood of Jünger's *Fronterlebnis* and the virtues he associates with it recall the tone in which Max Scheler speaks of the Germans' peculiar right to think in military terms (*Gesinnungs- und Zweckmilitarismus*, 1916: *Gesammelte Werke* VI, 200 ff; cf. also p. 85 above).

This, however, like his frustrated attempt to join the Foreign Legion in North Africa when he was seventeen, was not a cause but a result. From the beginning he showed a contempt for bourgeois morality and middle-class values, branding a sense of security as cowardice, a readiness to compromise as lack of principles, and compassion for human failings as the refuge of pusillanimous irrelevance. At an adolescent level such postures may be absorbed as expressions of a spirit of adventure; above this they become part of a self-generating cult of ruthlessness and brutality in the name of a primitive, irrational, inhuman *Führerprinzip*. One need not invoke the author's intentions in order to fear the tendency underlying a declaration such as: 'Fighting is not simply an act of destruction but the masculine form of procreation. Thus even if a man fights for the wrong cause, he does not fight in vain' (*Der Kampf als inneres Erlebnis*; *Essays* I, 53–4). Eugen Gottlob Winkler, who also saw the human struggle, not as between right and wrong but as between the forces of life and the forces of death, talked the same language in his Jünger essay: 'Man muss also glauben, ohne den Inhalt des Glaubens zu kennen'. Not for nothing does the distaste often expressed for Jünger's work derive from the uncomfortable proximity of some of his explicit values to the realities of the Third Reich.

Behind these attitudes—and not too far behind—stands the figure of Nietzsche, source of so many manifestations in Germany and elsewhere of the cult of power and a contempt for humane values. Weakness is seen as despicable and to be eradicated: the masses are by definition uncomprehending, waiting to be led to 'higher' goals by a Nietzschean elite. 'True, it was only a few chosen spirits who experienced the meaning of war with such intensity, but at any time there are never more than a few who embody the true spirit of the age' (cf. also *Der Waldgang*, paragraph 11). It is its vision and its faith in the irrational power of the unconscious that gives this elite the right to rule: 'Wir aber lieben das Unbewußte, darum lockt uns der Wein, die Liebe und das Blut. Darum sind wir gerade Kerle, wie sie die Geschichte braucht, keine Stubenhokker, keine Grübler über Recht und Unrecht, sondern solche, die zupacken, wo es nötig ist' (Jünger, *Feuer und Blut*, 1925, 49).

And 'zupacken' is what Jünger has always done, confident of the values, individual and national, that he invokes. 'Der Krieg ist es, der die ,Menschen und ihre Zeiten zu dem machte, was sie sind . . . Der Kriegl aller Dinge Vater, ist auch der unsere; er hat uns gehämmert, gemeißet und gehärtet zu dem, was wir sind. Und immer, solange des Lebens schwingendes Rad noch in uns kreist, wird dieser Krieg die Achse sein, um die es schwirrt. Er hat uns zum Krieg erzogen und Kämpfer werden wir bleiben, solange wir sind' (*Der Kampf als inneres Erlebnis*; *Essays* I, 13–14). For such idealists the German defeat of 1918 was an unreality, or at most an irrelevance, and Jünger added his voice to that of the war vete-

rans' organisation Der Stahlhelm, a pillar of the anti-democratic, anti-republican cause in the 1920s, in calling the nation to the defence of national solidarity.

Jünger's position after Hitler came to power was equivocal. He rejected an invitation to join the *Deutsche Akademie der Dichtung* in 1933, and the aesthetic side of his being was offended by the crudities and vulgarities of the Nazis. Indeed, his first novel, *Auf den Marmorklippen* (1939), is an attack in allegorical form on the cruelty and primitivism of Nazi rule. Yet he was glad of the opportunity to emphasize, as he wrote to the secretary of the Academy, 'daß ich zur positiven Mitarbeit am neuen Staate, ungeachtet mancher persönlichen Verärgerung, wie etwa der Haussuchung, die in meinen Räumen stattgefunden hat, durchaus entschlossen bin' (J. Wulf, *Literatur und Dichtung im Dritten Reich*, 1963, 39). It is a sentiment that had been expressed by Gottfried Benn six months earlier (see pp. 168–9 above).

Most of World War II—an ironically calm interlude in his life—Jünger spent as an officer in the German garrison in Paris; his wartime diaries —it is in such forms, from both wars, that much of his most characteristic work is cast—speak the same language as before, and in *Der Friede*, written between 1941 and 1943, war becomes the 'seed' which is to outgrow the menace of nihilism and particularism, and from which a new European synthesis—not quite the same thing as the 'European unity' of which there is so much talk today—is to grow (see note 5 below). With characteristic independence, not to say arrogance, he refused to submit himself to 'de-nazification' after 1945, and publication of his books was banned over the next three years.

But when he speaks again it is the same voice we hear. *Der Waldgang* (1951) only confirms his attachment to the abstract irrationalism of forty years earlier. The fear of death must be overcome. 'Der Waldgang ist daher in erster Linie Todesgang' (*ed. cit.* 342). The *Waldgänger* takes his place alongside the *Arbeiter* and the Unknown Soldier in the body of what Jünger calls 'die großen Gestalten unserer Zeit' (see note 4 below). Thus he can say quite openly: 'Überhaupt muß ich meine Leser bitten, meine Autorschaft als Ganzes zu nehmen, in dem zwei Epochen, nicht aber Widersprüche zu unterscheiden sind. Ich möchte nicht zu denen gehören, die heute nicht mehr an das erinnert werden wollen, was sie gestern gewesen sind'. On the *Arbeiter* see p. 214 below.

The essay *Der Friede*, with its symbolic division into 'Die Saat' and 'Die Frucht', is composed of short sections jotted down at intervals in diary style during Jünger's three years (1941–4) as what Peter de Mendelssohn called a 'Flaneur in der Welt des Angenehmen und Schönen' with the German occupation troops in Paris. A number of privately-made copies circulated in 1944, chiefly among those who saw the retreat from Stalingrad in 1943 as final proof of Germany's inevitable defeat and

who talked of a negotiated peace with the Allies, but the work was not published until 1948.

Jünger was known to despise the Nazis, and it was his good fortune to find himself attached to the headquarters of the commander-in-chief in Paris, General Hans Speidel. Speidel was a supporter of the officers' opposition to Hitler; after the war he became a military spokesman in NATO and Inspector General of the German armed forces. Speidel's patronage—as one might almost call it—of Jünger was continued by his successor, General Heinrich von Stülpnagel, one of the officers implicated in the plot of July 20, 1944 to assassinate Hitler. He was hanged two months later (it was Stülpnagel who brought Rommel into the plot).

Yet wherever Jünger's sympathies lay, he seems to have had no dealings with the Paris resistance, nor did he publicly support the men of July 20. Certain parts of *Der Friede* are concerned with the particular desirability of reconciling France and Germany (pp. 210–11), but as in his earlier writings, he prefers to convert practical terms into abstracts. His recurrent vision of an unified Europe (pp. 205–6, 215, 218–19) is in some respects even more blurred than that of Novalis in *Die Christenheit oder Europa*; he does not define what Europe embraces in geographical and political terms, and the somewhat sanctimonious invocation of a religious authority to direct men's efforts towards this utopian goal (Section 13 to the end) only intensifies the abstraction. At the same time there are flashes of the powerful, ruthless, iridescent language for which his style is famed (cf. p. 196: 'Hinter den roten Fronten. . . etc.').

Jünger has left his own account of the role of *Der Friede* in the anti-Hitler, pro-Europe context: 'I regarded it as an honour to make my own contribution, and *Der Friede* took on the character of an appeal to European youth. It was also circulated among the small group waiting for the password[1] and was read by Rommel before he despatched his ultimatum. The wound he received on July 17, 1944 on his way to Livarot[2] robbed the plan of the only pair of shoulders that could have borne the terrible burden of both war and civil war.' (Preface to *Strahlungen*: *Werke* Vol. II, 1962, 18).

In September, 1944—he was already forty-nine—Jünger was demobilised. At the end of November his son Ernst was killed on the Italian front at the age of eighteen. 'Es war sein erster Tag im Feuer', he wrote

[1]The password *(Stichwort)* in the July plot was 'Abgelaufen'. When he received it, Stülpnagel ordered the immediate arrest of Gestapo and S.S.-leaders in Paris. The operation was carried out without a hitch—the only anti-Hitler revolt that ever was.

[2]Rommel, a great popular hero in Germany, was wounded in the early weeks of the Normandy campaign and hospitalised. When his involvement with the conspirators became known, Hitler offered him the choice between suicide and standing trial. He chose suicide.

to Speidel, 'auf den er sich sehr gefreut hatte. Er wollte immer in meinen Fußstapfen gehen und kam nun, gleich mit dem ersten Schritt, so unendlich über mich hinaus . . .' He dedicated *Der Friede* to his son's memory—tersely, admiringly, almost enviously. For death in war was fulfilment.

BIBLIOGRAPHY

F. Baumer, *Ernst Jünger* (Berlin, 1967)

E. Brock, *Das Weltbild Ernst Jüngers* (Zürich, 1945)

H. Gerber, *Die Frage nach Freiheit und Notwendigkeit im Werke Ernst Jüngers* (Zürich, 1965)

G. Loose, *Ernst Jünger* (Frankfurt, 1957)

K. O. Pastel, *Ernst Jünger, Weg und Wirkung* (Stuttgart, 1949)

H.-P. Schwarz. *Der konservative Anarchist. Politik und Zeitkritik Ernst Jüngers* (Freiburg, 1962)

J. P. Stern, *Ernst Jünger* (Cambridge, 1953)

Der Friede

Meinem lieben Sohn
Ernst Jünger
Geb. 1. 5. 1926. Gef. 29. 11. 1944
bei Carrara

I

DIE SAAT

«Der Haß, welcher durch Liebe
gänzlich besiegt wird, geht in
Liebe über; und die Liebe ist
dann stärker, als wenn ihr der
Haß nicht vorausgegangen wäre.»
Spinoza, *Ethik. 44. Lehrsatz*

1

Wohl niemals zuvor war eine so große Verantwortung einer menschlichen Generation und ihren denkenden und führenden Geistern auferlegt wie jetzt, wo dieser Krieg sich seinem Ende entgegenneigt. Gewiß hat es in unserer Geschichte an schweren und folgereichen Entschlüssen nie gefehlt. Doch niemals hing das Schicksal einer so ungeheuren Zahl von Menschen von ihnen ab. Von diesem Friedensschlusse wird jeder, der auf dem Planeten lebt, in seinem Wohl und Wehe betroffen werden, und nicht nur er, sondern noch seine fernen Nachfahren.

Man darf wohl sagen, daß dieser Krieg das erste allgemeine Werk der Menschheit gewesen ist. Der Friede, der ihn beendet, muß das zweite sein. Die Meister, die ihn aus dem Chaos stiften, müssen nicht nur die alten Bauten prüfen und verbessern, sondern auch neue schaffen, die sie überhöhend vereinigen. Von ihnen hängt es ab, ob dann im neuen Hause die guten Geister walten und ob die Menschen darinnen in Freiheit und Behagen wohnen, oder ob wieder Gefängnisse und Marterkammern unheilvoll in den Gründungen verborgen sind.

Wenn so der Friede für alle Segen bringen soll, dann muß er auf ganz einfachen und allgemeinen Fundamenten ruhen. Er kann sich nicht auf ein politisches und auch im höheren Sinne geistiges Werk beschränken, sondern er muß zugleich die Schöpfung guter, spendender Mächte sein.

So richtet er sich, logisch gesprochen, nach Grundsätzen und, theologisch gesprochen, nach Heilsworten aus.

Welches soll nun das Heilswort unserer Betrachtung sein? Es lautet: Der Krieg muß für *ALLE* Frucht bringen.

2

Wenn nun der Krieg für alle Frucht tragen soll, so müssen wir zunächst nach dem Samen fragen, aus dem denn solche Ernte erwachsen kann. Sie kann nicht gedeihen aus all dem Trennenden, aus der Verfolgung, dem Haß, den Ungerechtigkeiten unserer Zeit. Das ist das schlechte Korn, das überreich gesät wurde und dessen Spuren auszurotten sind.

Die wahre Frucht kann nur ersprießen aus dem gemeinsamen Gut des Menschen, aus seinem besten Kern, aus seiner edelsten, uneigennützigen Schicht. Diese ist dort zu suchen, wo er, ohne an sich und das eigene Wohl zu denken, für andere lebt und stirbt, für andere Opfer bringt. Das aber ist überreich geschehen; es ist ein großer Schatz von Opfern angesammelt als Grundstock zum neuen Bau der Welt.

Das Opfer — das fühlte wohl ein jeder — war jene Handlung, in der auch der Letzte und Einfachste uneingeschränkt zum Zuge kam. Die Dinge hatten einen drängenden, unheilvollen Gang, an dem Versäumnisse und Fehler nicht nur der Lebenden, sondern vieler Geschlechter mitwirkten. Sie trieben aufs Feuer zu, sie wollten sich in ihm klären und reinigen. Da sah sich auch der beste Wille, sie noch zum Guten zu wenden, bald an der Grenze angelangt. Dann blieb den Zahl- und Namenlosen nur noch das eine: ehrlich die Last zu tragen am Platz, auf den das Schicksal sie gestellt hatte.

Und es wird in der Erinnerung fernster Zeiten ein großes Schauspiel bleiben, wie sie in allen Ländern aufbrachen, als die Stunde gekommen war, zum Waffengange an den Grenzen, zum Treffen der Schiffe auf den Ozeanen, zur tödlichen Begegnung der Geschwader in der Luft. Da gab es bei jedem Volke, bei jedem Heere Überfluß an wunderbaren Taten, und altbewährtem Waffenruhm wurde in Fülle neuer Lorbeer zugefügt. In diesem Riesenkampf konnte jeder Gegner stolz auf den andern sein; und in dem Maße, in dem die Zeit die Feindschaft verwittern lassen wird, wird die Achtung, ja die geheime Liebe wachsen, die zwischen Überwindern und Überwundenen spielt. Inhalte wurden die einen für die anderen.

Hinter den roten Fronten, die zum ersten Mal die Kugel des Planeten mit glühenden Nähten schweißten, waren die grauen, lichtlosen Tiefen der Arbeitsheere ausgedehnt. In ihnen wurde die größte Summe an Leistung dargebracht, die jemals von Menschen an *EIN* Ziel geheftet worden ist. Voll Dankbarkeit, voll Rührung wird man ewig an diese Männer und Frauen denken müssen, an ihre mühevollen Tage im trüben Raume, an ihre Nachtwachen in dunklen Städten, an ihr entsagungsvolles Wri-

ken, von der Sorge um Brüder, Gatten, Kinder tief bedrückt. Unzählige sind so dahingestorben, verzehrt vom überschweren Werke, gebeugt von Last und Kummer, verlöscht wie Lichter, deren Namen niemand kennt.

Das gute Korn, das hier zerschroten wurde, darf nicht verloren gehen; es muß uns Brot gewähren für lange Zeit. Das wird nur sein, wenn wir den Sinn begreifen, den diese Arbeit birgt. Er liegt nicht darin, daß durch sie die Mittel der Tötung und Vernichtung geschaffen wurden, Mittel zur Niederstreckung von Menschen, zur Versenkung von Schiffen, zur Zerstörung von Städten in großer Zahl. Es lebte am Grunde dieser Herzen vielmehr der Sinn für echte Spende, für echtes Opfer, das höher als in der Welt des Hasses Blüten und Früchte trägt.

So muß, was aus getrennten, doch reinen Quellen entsprungen ist, im guten Frieden sich vereinigen. Es muß durch die Vernunft verwirklicht werden, was unklar, doch mächtig in der Sehnsucht ungezählter Millionen lebte, gleichviel in welchem Land der Erde ihr Schicksal sie geboren werden ließ: ein größeres und besseres Friedensreich.

3

Bei der Betrachtung des Opfers dürfen wir auch jene Schichten nicht vergessen, die in die Tiefen des reinen Schmerzes, des reinen Leides eintauchten. Die Zeit liegt auf den Schwachen, den Schuldlosen mit eisernem Gewicht.

Wer kennt die Heere derer, die an Hunger, an Seuchen, aus Erschöpfung, durch Mangel an Pflege gestorben sind? Und jene anderen Heere, die verdarben, als die Städte zerschmettert wurden, die unter den Trümmern ihrer Heime erlagen, die in den Kellern ertranken, erstickten oder in flüssigem Phosphor zerglüht wurden? Ganz endlos ist der Zug von Frauen, Kindern, Greisen, die so dahingegangen sind. Zahllosen wurden die Tage abgeschnitten, zahllose andere durften nie erfahren, was Leben heißt. Die Jugend wuchs in Höllen auf, in Reichen, die Dämonen eher als Menschen zur Wohnung dienen mochten, und die Kinder erfaßten ihre ersten Bilder in der Schreckenswelt. Sie hörten eher das Heulen der Sirenen als den Klang der Glocken, und ihrer Wiege nahte sich eher das Feuer als das Licht.

Auch jener müssen wir gedenken, die mit den Schiffen versunken sind, die in der Einsamkeit der Ozeane ertranken, die in eiskalter Flut erstarrten oder die der Tod ereilte in überhitzten Dämpfen, dem Strahl der Explosionen, den brennenden Ringen, die sich weithin um ihre Boote breiteten. Die Seefahrt war dunkel in dieser Zeit.

Doch selbst der Krieger mußte Lasten tragen, die bei weitem die seines Standes übertrafen und das, was Gegner innerhalb der Christenheit sich zufügten. Das wird nur der ermessen, der diesen Kampf nicht nur als Wehrgang zwischen Völkern und Staaten, zwischen Nationen und Rassen, sondern in noch weit höherem Maße als einen Weltbür-

gerkrieg begreift, der den Planeten nochmals in zwar geheimere, doch
um so schrecklichere Fronten spaltete.

Daraus erklärt sich, daß es im Verlaufe dieser schicksalsvollen Jahre
zu Treffen kommen mußte, die weit fürchterlicher waren als die Mate-
rial- und Feuerschlachten des Ersten Weltkrieges. Denn größere Unbarm-
herzigkeit ist dem zu eigen, der für Ideen und reine Lehren zu kämpfen
glaubt, als jenem, der allein die Grenzen des Vaterlandes schützt.

So wurden Schlachten möglich, in denen auch der Überwundene, der
Waffenlose mit Mitleid nicht rechnen durfte — Belagerungen und Ge-
fangenschaften, bei denen keine Aussicht auf Entrinnen war. Auf weiten
Ebenen und Feldern wetteiferten die Schrecken der Elemente mit einer
mörderischen Technik und einer unerschütterlichen Grausamkeit. Es
gab Bereiche, in denen man sich vernichtete wie Ungeziefer, und weite
Wälder, in denen es auf Menschen wie auf Wölfe zu jagen galt. Und
abgeschnitten von jeder Hoffnung wie auf einem kalten Sterne sah man
große Heere dem Tod entgegensiechen in den Leidensräumen der Kessel-
schlacht.

Zahllose mußten so die Bitterkeit erfahren, wie sie das Sterben auf
verlorenem Posten mit sich bringt, bei dem man den Tod von ferne,
doch unentrinnbar sich nähern sieht. Glücklich war da noch der zu
preisen, der im Gegner wirklich den Feind erkannte und fallen durfte,
ohne daß Zweifel in seiner Brust lebendig war. Doch viele, und gerade
die Besten, Tapfersten und Klügsten, sahen sich der Vernichtung preis-
gegeben, ohne daß sie dem Zauber der Fahnen und Zeichen unterlagen,
in deren Bannkreis das Leben hinzugeben ihr Schicksal war. Denn gerade
ihnen konnte nicht entgehen, daß sie in einem Kampfe standen, der
noch um Höheres als um die Grenzen des Vaterlandes ging — daß hier
im Bruderkrieg ein neuer Sinn der Erde ausgetragen wurde und daß
gar mancher von denen, die sich drüben tödlich nahten, dem hohen
Ziele inniger verschworen war als gleich zur Seite die Kameraden,
denen es dennoch die Treue zu halten galt.

So schnitt, besonders für die echten und reinen Geister, der Krieg
in tragische Bereiche ein, und unentwirrbar erschien gerade dem treuen
Sinne oft der Widerspruch, in dem die Stimmen der Zukunft und ver-
gangener Zeiten, der Welt und Heimat, der Pflicht und Einsicht sich
begegneten. Da gab es viele, denen der Tod auf freiem Felde, im ehrlichen
Gefecht die einzige, die schönste Lösung schien. In ihnen fiel das beste,
das volle Saatkorn in die Erde ein.

4

Noch düsterer wird das Bild des Leidens dort, wo die Welt sich rein
zum Schlachthaus wandelte, zur Schinderhütte, deren Ruch weithin die
Luft verpestete.

Im Treibhaus der Kriege und Bürgerkriege trugen [1]die großen The-

orien des vorigen Jahrhunderts Früchte, indem sie sich zur Praxis wendeten. Nun trat zutage, daß das kalte Denken sie erfunden hatte, sei es, daß sie die Gleichheit, sei es, daß sie die Ungleichheit der Menschen kündeten. Der Maßstab der Theorien wurde an die Individuen, die Rassen, die Völker angelegt. Wie immer in solchen Lagen wuchs, nachdem die ersten Opfer gefallen waren, der Blutdurst ins Ungemessene.

So brachen für weite und wachsende Gebiete des Erdballs Verfolgung und Rechtlosigkeit im stumpfen Widerspiel von Gewalt und Schrecken an. Bald mußten die letzten freien Stimmen schweigen, und dann verstummten selbst die Laute des Schreckens inmitten der fürchterlichen Stille, die Gefängnisse und Friedhöfe umgab. Nur dunkle Gerüchte kündeten die grauenhaften Feste, bei denen die Schergen und Folterknechte sich an der Angst, an der Erniedrigung, am Blute ihrer Opfer weideten. Das wird für ferne Zeiten ein Schandfleck unseres Jahrhunderts bleiben, und keinen wird man achten können, dem Herz und Auge fehlten für das, was dort geschah. Dies gilt vor allem für die kriegerische Jugend, denn immer bleibt der Schutz der Wehrlosen und Schwachen die höchste Blüte der Ritterschaft, und keiner kann Held vorm Feinde sein, den sie nicht ziert.

Wir lernten vom Fernen Osten bis an die Hesperiden, vom Süden bis an das Eismeer die Leiden, die Last des Menschen kennen in Räumen, in denen der Schrecken als oberstes Gesetz regiert. Ihn brachten die Kriege in ihrem dunklen Gefolge nicht minder als die Bürgerkriege, und in der Herrschaft von Klassen, Parteien oder fremden Heeren unterschied sich allein die Richtung, nicht aber das stets gleiche Antlitz der Tyrannei. Und wie bei großen Bränden bald dieser und bald jener Wind die Flammen nährt, so gab es Länder, in denen der weiße mit dem roten Schrecken wechselte und wo die Opfer bald unter den Streichen der eigenen Despoten fielen, bald unter denen der fremden Macht. So heizte die Gewalt wie eine Seuche, die durch ihre Keime stets neuen Haß entzündet und die, auf vielen Wegen sich verbreitend, doch stets die Armen und Schwachen trifft. Wie verschieden auch die Ideen sich verhüllen, in deren Namen man Köpfe fordert — die großen Massengräber sind einander gleich.

Gleich war auch das Schicksal der Zahl- und Namenlosen, die auf verlorenem Posten harrten, bis auch für sie die Stunde des Schreckens schlug. Dem Aussichtslosen des Widerstandes entsprach die Übermacht der Henker, und über viele Stufen führte der Weg zum Gipfel des Leidens auf. Besonders erschreckend war die kalte Mechanik der Verfolgung, die überlegte Technik der Dezimierung, die Ermittlung und Überwachung der Opfer durch die Listen und Kartotheken einer mitleidlosen Polizei, die sich zu Heeren vergrößerte. Es schien, daß alle Ordnung, alle Erfindung des Menschengeistes sich zum Rüstzeug der Unterdrückung wandelte.

So kündeten sich ungezählten Familien Jahre, Jahrzehnte des Schrek-
kens an. Die Häuser und Hütten lagen schutzlos dem Klassen- und
Bluthaß preisgegeben, der offenen Willkür und selbst der nackten Be-
stialität. Und diese Verdüsterung beschränkte sich nicht auf die Ränder
des Kontinents, sie drang in Länder ein, die seit vielhundert Jahren
durch Kenntnis und Übung des Rechtes glänzten und wo von alters
her die Freiheit eine gute Heimstatt gefunden hatte, soweit das unter
Menschen möglich ist.

Nun aber brach der Nebel ein und mit ihm das Schweigen der Unter-
drückten, über deren Ohnmacht die Tyrannis mit zügellosem Jubel
triumphiert. Die Farben der Heiterkeit verblaßten, und mit jedem neuen
Morgen stellte sich die Frage, ob noch der Abend die Familie vereint
am Tische finden würde oder in die verschleppten Glieder aufgelöst.
Und wenn des Nachts das Licht erlosch, so lauerte das Ohr, ob draußen
nicht die Stimmen der Häscher schon wisperten und gleich die Tür
von Stößen erdröhnen würde zum Zeichen, daß das Wild von seinen
Jägern nun aufgetrieben war.

Das waren Jahre, in denen die Gefängnisse nicht mehr genügten und
in denen die Heere der ohne Recht und Urteil Verschleppten in Zwin-
gern schmachteten, wo Tod die einzige Wohltat war. Und mancher wurde
ergriffen auf den Stufen des Gerichts, von dem er freigesprochen war.
Auch füllten sich die Lager, in denen nur die Vernichtung die Zwangs-
arbeit beendete als ihr gewolltes und vorbedachtes Ziel. Wer so ver-
kümmerte, der war den Seinen längst gestorben, denn die Umsicht
entarteter Gehirne wußte zu verhindern, daß aus den Marterhöhlen je
ein Lebenszeichen drang.

Dumpfer und grausiger als je zuvor war auch das Sterben, das die
Henker nach der Zerschlagung der Familien und nach dem Raube von
Gut und Freiheit den Schuldlosen bereiteten. Das Heimliche, dem Lichte
Ferne, die Metzeleien in Kellern und an üblen Orten und das Ver-
scharren der Opfer verrieten allzu deutlich, daß es sich hier nicht um die
Vollziehung gerechter Urteilssprüche, sondern um reine Meintat, um
frevelhafte Morde handelte.

Die Zahl der Schädelstätten, an denen die Entrechteten gemeuchelt
wurden, ist ungeheuer groß. Die Schuld, die man den Unglückseligen
zum Vorwurf machte, war einzig das Verbrechen ihres Daseins, das
Stigma der Geburt. Sie fielen als Söhne ihres Volkes, ihrer Väter, ihrer
Rasse, als Geiseln, als Bekenner ererbten Glaubens oder als Träger ihrer
Überzeugung, die über Nacht erfundene Gesetze zum Makel stempelten.
Aus dieser Landschaft des Leides ragen dunkel die Namen der großen
Residenzen des Mordes, an denen man in der letzten und äußersten
Verblendung versuchte, ganze Völkerschaften, ganze Rassen, ganze
Stände auszurotten und wo die bleierne Tyrannis im Bunde mit der
Technik endlose Bulthochzeiten feierte. Diese Mordhöhlen werden auf

fernste Zeiten im Gedächtnis der Menschen haften; sie sind die eigentlichen Mahnmale dieses Krieges wie früher der [2]Douaumont und Langemarck. Doch jene konnte neben dem Leid auch Stolz umweben; hier bleiben nur Trauer und Demut, denn die Schändung war derart, daß sie das menschliche Geschlecht berührt und keiner sich der Mitschuld entziehen kann. Dort endete der Fortschritt mit seinen Gedanken und Ideen; in diese Sümpfe mündete die allzu kluge, erfindungsreiche Zeit.

Wenn je ein neuer Hochmut auf die Ferne und Kühnheit unseres Fluges uns ergreifen sollte, auf unsere geistigen Flügel, unsere Flügel aus Stahl, so müßte es genügen, um uns zu heilen, den Blick auf jene Scharen zu richten, die gleich Schlachtvieh zu den Gräbern und Krematorien getrieben wurden, vor denen die Henker sie erwarteten. Sie wurden dort der Lumpen entkleidet, die sie trugen, und nackt gemeuchelt wie Schafe, die man geschoren hat. Auch wurden sie gezwungen, die Gräber selbst zu graben, wenn ihre Mörder nicht Steinbrüche und Schächte mit den Leichen füllten, deren Anfall gar zu gewaltig war. Auf diese Schreckensbilder, von denen dunkle Gerüchte von Mund zu Mund gehen, wird Licht erst fallen, wenn man die Kreaturen, die dort die Henker spielten, und ihre Auftraggeber vor den Gerichten zum Reden zwingt.

Doch wenn wir den Blick auf diese Marterstätten wenden, so sei er offen und voll gerechter Kraft. Dort war das Lemurengesindel tätig, das seine grauenhaften Künste im Dunkeln treibt. Und wir erlebten die künstliche Entrüstung anderer [3]Lemuren, die an die Luderplätze kamen, um das Verscharrte auszugraben und die verwesten Körper auszustellen, zu messen, zu zählen und abzubilden, wie es ihren Zwecken dienlich war. Die spielten die Kläger nur, um daraus für sich das Recht zu niederer Rache abzuleiten, die sie dann in den gleichen Orgien befriedigten. Auf diese Weise lösten sich die Metzeleien endlos im niederen Kreise ab.

Die Hand indessen, die dem Menschen helfen will und ihn aus der Verblendung führen, muß rein von Frevel sein.

5

Das Reich der Schmerzen ist von strenger Ordnung, mit seinen Rängen, Limben, Stufen, auf denen der Mensch hinuntersteigt. Hier sucht er die Brunnen des Lebens auf, und wie die Quellen in Seen und dann in Meere münden, so sammeln sich die Leiden in großen Gefäßen von reinerer Gestalt. Ganz ähnlich wie für die Gedanken ein Bewußtsein, so gibt es auch für die Schmerzen Formen, in denen sie sinnvoll werden und sich in tieferer Bedeutung vereinigen.

So war der Schmerz des Geistigen in diesen Jahren groß. Weit mehr als eigene Verfolgung kränkte ihn das Schauspiel, in dem das Niedere sich zur Herrschaft hob. Weniger waren es Kriege und Gefahren, die

ihn erschreckten, als vielmehr jener dumpfe Trieb der Massen, der sie zunächst mit wildem Jubel und dann im Haß- und Racheeifer auf ungewissen Bahnen vorwärtsdrängte, die bald im Feuer endeten.

Auch sah er eher und klarer, wie der Sinn der hohen Pflichten des Menschen sich verkehrte, wie Arbeit und Wissenschaften sich zum Dienst des Todes wandten, das Schwert das Unrecht schirmte, der Richter in plump verhülltem Schauspiel das Recht zum Werkzeug der Tribunen erniedrigte, die Lehrer, statt vorzuleuchten, in den Kindern das Gottesbild zerstörten und Ärzte, statt zu heilen, die Schwachen verstümmelten, die Kranken töteten.

Er sah das Werkzeug zur Herrschaft sich erheben in kalten Bauten, die ein titanenhafter Wille über Nacht hervortrieb als Paläste der Vernichtung und babylonischer Verwirrung und die man allzubald als kalzinierte Schemen in ausgebrannten Weiten den Triumph des Todes künden sah. So baut man in Brücken schon die Kammern zu ihrer Sprengung ein.

Daher ergriff ihn weniger der Sturz der Werkfassaden als der Verlust an altem Erbe, an überliefertem und wohlgeformtem Gut, das unersetzbar ist. Er sah in jedem der großen Brände die Welt verarmen und Zierat um Zierat aus der Krone fallen, die sie schmückt.

Er sah, wie alte und neue Schuld, wie Recht und Unrecht sich so unentwirrbar mischten, daß nur die Reinigung durch Feuerflammen blieb. Und wie in hohen Spiegeln die Bilder und Figuren sich wiederholen, so litt in stillem Anteil der Geist noch einmal die Brände, die Schmerzen der Feuerwelt.

Noch einmal und in der tiefsten Kammer endlich fanden alle diese Schmerzen ihren Abdruck in den Müttern; ihr Leiden war eines und in allen Ländern gleich. Sie sahen wie Niobe die Kinder sterben durch die Schärfe von Pfeilen, die das Schicksal aus dem Ungewissen schoß. Zahllose mußten ihr Liebstes geben, und mit jedem Monde, den das große Ringen währte, wuchs auch die Totenklage, die noch durch Jahre und Jahrzehnte nicht verstummen wird.

<div align="center">6</div>

Der zweite Gang des großen Kampfes, dem die Heraufkunft einer neuen Ordnung, einer neuen Einheit zugrunde liegt, war härter, opfervoller und unerbittlicher als jener erste, der an Gewalt und Umfang unüberbietbar schien. Das liegt nicht daran, daß in der kurzen Waffenpause die Ziele der Völker verschiedener geworden sind. Im Gegenteil, es näherten die Ziele sich einander an, verschmelzend im Brennpunkt des neuen Charakters, der den Völkern die Prägung gibt und ihre Unterschiede überdeckt. So geht es nicht mehr um die Ziele von Nationen, es handelt sich um das Ziel des Krieges selbst. Aus diesem Grunde schnitt das Leiden auch tiefer ein, es pflügte die Herzen gewaltiger,

denn zu den Schrecken des Völkerkampfes gesellten sich jene des Bruder-
zwistes, des Bürgerkrieges, die fürchterlicher sind. In ihrem Bannkreis
herrscht größere Gefahr, und manchen sah man hier zagen, der auf
dem Schlachtfeld mit Ruhm bestand.

Daher wird die symbolische Figur des zweiten Völkerringens noch
tiefer als die des ersten gegründet sein. Dort war es [4]der Unbekannte
Soldat, dem man im Zentrum aller Kapitalen Male errichtete, zum
Zeichen, daß der große Schatz des Leidens, den er im Feuer gesammelt
hatte, wärmend und spendend fortan den Mittelpunkt des Volkes bilden
sollte, so wie der Herd der Mittelpunkt des Hauses ist. Und in der
Tat erwuchs den Völkern in dieser an wahrem Sein so armen Zeit ein
Vorbild von formender und einigender Kraft.

Nun aber war das Leiden allgemeiner und dunkler verflochten; es
reichte tiefer in die mütterliche Schicht. Es näherte sich der ewigen
Wahrheit der großen kultischen Bilder an. [5]Aus diesem Grunde wird
es das Fundament zu Bauten bilden, die höher in das Licht emporragen.
So wie das Opfer, das im Unbekannten Soldaten Gestalt gewann, die
Völker in ihrem Sinn erhöhte, so wird das neue Opfer weit über ihre
Grenzen wirksam und bildend sein, als Erdopfer selbst.

Und später, wenn der Kampf verstummt ist, wird man begreifen,
daß der Verstand die neuen Ordnungen erkennen und erstreben konnte,
doch daß zu ihrer Schöpfung das Zusammenspiel der Leidenschaften,
des Schmerzes und des Feuers notwendig war. Die Mannigfaltigkeit
der Fronten verhüllte den Tätern und den Leidenden die Einheit des
großen Werkes, in dessen Bann sie wirkten — doch wird sie durch
ihre Zeugung, durch ihre Verwandlung zu Opfer offenbar. So wurden
sie fallend zum guten Korne, das vielfach fruchten wird.

II

DIE FRUCHT

«Nicht im Gleichmaß der bürger-
lichen Welt, sondern im apoka-
lyptischen Donner werden Reli-
gionen wiedergeboren.»
Walter Schubart,
Europa und die Seele des Ostens

1

Wir haben die Opfer dieses Krieges angeschaut. Zu ihrem dunklen
Zuge stellten alle Völker ihr Kontingent. Sie alle nahmen an den Leiden
teil, und daher muß auch ihnen allen der Friede Frucht bringen. Das
heißt, daß dieser Krieg von allen gewonnen werden muß.

Damit soll nicht gesagt sein, daß es nicht Sieger und Besiegte geben
wird. Es ist im Gegenteil zu wünschen, daß eine klare Waffenentscheidung
fällt und daß kein Winkel bleibt, der nicht durch Feuer gereinigt worden
ist. Nachdem die Dinge an das Forum der Gewalt als an die unterste
Instanz verwiesen wurden, müssen sie dort verweilen zur Klärung, an
der kein Zweifel bleibt. Je reiner, je mathematischer die Logik der
Gewalt sich äußert, je eindrucksvoller sie jene überzeugt, vor denen
keine anderen Gründe gelten, desto verläßlicher wird auch das Funda-
ment des Friedens gesichert sein. Die Waffen müssen Raum zur Ent-
scheidung schaffen, Raum für den geistigen Entwurf. In diesem Sinne
ist es für die Menschen besser, länger zu leiden, als Teile des Ganges
aufzuschieben, um zurückzukehren zur alten Welt. Es gibt, wie alle
Partner auch wohl begriffen haben, im Lauf zum Ziele keine Verstän-
digung.

Der Friede kann kein Verständigungsfriede sein.

2

Ebensowenig aber darf der Friede ein Gewaltfriede sein. Die Regeln
und Gesetze des Krieges dürfen nicht in den Frieden einfließen, sie
dürfen sich nicht in ihm verewigen. In diesem Falle würde es sich nur
um einen Scheinfrieden handeln, in dem der Kampf sich zunächst un-
sichtbar als Bürgerkrieg und fremde Unterdrückung und sodann offen
unter Zerfall der Welt in neue Bündnisgruppen fortsetzte. Aus diesem
Grunde ist es nicht nur für die Besiegten, sondern auch für die Sieger
wichtig, daß es zu festen, dauernden Verträgen kommt, bei denen die
Vernunft und nicht die Leidenschaft die Feder führt.

Das freilich scheint schwierig nach Jahren des totalen Krieges, die Feindschaften von einer Schärfe schufen, wie sie unter Völkern von alter Gesittung kaum je bekannt gewesen ist. Und dennoch glichen diese Jahre die Gegner auch in vielem einander an. Die Umformung der Welt, zunächst als Einebnung sichtbar, schritt weiter fort. So wie im Ersten Weltkrieg die Monarchien durch die Demokratien besiegt wurden, werden in diesem zweiten und mächtigeren Ringen die Nationalstaaten alten Stiles überwunden werden durch die Imperien. Dem kommt entgegen, daß der nationale Stoff der Völker im Feuer unter letzten und in dieser Form nie wieder vollziehbaren Opfern sich verzehrt. Das Positive an diesem Vorgang ist, daß er die alten Grenzen lockert und geistige Planung, die über ihren Rahmen hinausgreift, möglich macht.

Der Zug des großen Werdens, das Walten des Weltgeists, läuft auf Festigung hinaus. Wir dürfen hoffen, daß der Friede, der diesen Zwist beendet, von größerer Dauer, von höherem Segen sein wird als jener, der den Ersten Weltkrieg besiegelte. Denn damals zielte die Entwicklung auf Bildung der nationalen Demokratien und damit auf Abbau dessen, was an altem, verbindendem Gefüge noch in Europa lebendig war. Die neue Bildung von Imperien dagegen läuft auf Synthese, auf Zusammenschluß hinaus. Das ist ein Hinweis darauf, daß wir besserem Wetter, steigendem Barometerstand entgegengehen.

3

Wie aber ist es möglich, daß dieser Krieg von allen gewonnen wird — das heißt, daß er von niemand verloren werden darf? Hier stellt sich zunächst die Frage, was denn das Zeichen des gewonnenen Krieges ist? Die Antwort auf diese Frage lautet: der Sieg ist daran zu erkennen, daß durch ihn das Vaterland größer und mächtiger wird.

Wenn alle Vaterländer nun aus der Asche dieses Krieges größer und mächtiger auferstehen sollen, so leuchtet ein, daß das nicht auf der Ebene, auf der der Kampf entbrannte, möglich ist. Der Raum- und Machtgewinn der einen darf nicht durch Verminderung der anderen geschehen.

Die Vaterländer dürfen also nicht auf fremde Kosten sich neue Räume schaffen; ihr Zuwachs muß vielmehr im Einverständnis und mit Hilfe aller Beteiligten entstehen. Das heißt, die alten Grenzen müssen fallen durch neue Bünde, und neue, größere Reiche müssen die Völker einigen. Das ist der einzige Weg, auf dem der Bruderzwist gerecht und mit Gewinn für jeden beendet werden kann.

Wohlan, wenn jemals, so ist heute die Stunde zur Vereinigung gekommen und damit die Stunde, in der [6]Europa in der Vermählung seiner Völker sich gründet, sich Hoheit und Verfassung gibt. Die Sehnsucht nach dieser Einheit ist älter als die Krone Karls des Großen, doch

war sie nie so brennend, so dringend wie in unserer Zeit. Sie lebte in den Träumen der Cäsaren und in den großen Theorien, mit denen der Geist die Zukunft sich zu formen strebte, und doch sind weder Wille noch Verstand allein berufen, sie zu verwirklichen. Nur die Erfahrung kann den Menschen zwingen, das Notwendige zu tun.

Und wirklich lehrt das Bild der Erde auch stumpfe Augen, daß neue, stärkere Einheit notwendiger, wichtiger ist als Brot. Auch scheint es undenkbar, in den Zustand zurückzukehren, aus dem wir kommen: der Friede muß unverbrüchlich gesichert sein. Das ist nur möglich durch Verträge höchsten Ranges, die in ihrem Wesen der Ehe gleichen: durch Bündnisse von Leib und Gut, bei dem die einzelnen Nationen sich selbst zur Mitgift bringen dem neuen Hause, das nun das ihre wird.

Zwei Wege tun sich vor den Völkern auf. Der eine ist der des Hasses und der Vergeltung; und es ist sicher, daß auf ihm nach kurzer Ermattung der Streit von neuem und heftiger entbrennen wird, um in der allgemeinen Vernichtung zu endigen. Der rechte Weg dagegen führt zueinander: die Kräfte, die sich in tödlichem Widerspiel verzehrten, müssen sich zu neuer Ordnung, zu neuem Leben vereinigen. Hier sind allein die Quellen des wahren Friedens, des Reichtums, der Sicherheit, der Macht.

4

Daß dieser Krieg durch alle gewonnen werden muß, heißt also, daß er durch niemand verloren werden darf. Schon heute läßt sich prophezeien, daß, wenn er nicht durch alle gewonnen, er dann von allen verloren werden wird. Das Schicksal der Völker hat sich eng verflochten, es ist untrennbar geworden, und der Friede führt sie entweder höherer Ordnung oder wachsender Vernichtung zu.

So trägt, wer aus dem Streit als Waffensieger hervorgeht, hohe Verantwortung, wer immer es auch sei. Die Logik der Gewalt muß sich vollenden, damit die höhere Logik des Bundes sichtbar werden kann. Der Weltkrieg wird nur dann den Abschluß finden, wenn er sich im Weltfrieden krönt und so die Opfer sinnvoll macht. Das fordert den Aufstieg zu anderen Prinzipien, den Aufstieg vom Feuer in das Licht.

Hier ist der Übergang das schwerste — vor allem in jener Spanne, die zwischen die Niederlegung der Waffen und den Abschluß des Friedens fällt. Da werden sich immer Kräfte finden, die danach streben, den Geist des Zwiespalts zu verewigen. Der Friede wird um so dauerhafter sein, je weniger ein solches Streben zur Geltung kommt.

Wenn dieser Krieg durch alle gewonnen werden soll, und nur das führt zum Heile, dann kann der Sieg der Waffen nur die Bedeutung eines Auftrags haben; es wird in ihm ein Gut erworben, das allen mitzuteilen ist. So muß dem Geiste, den im Krieg die Leidenschaft beflügelte, nun, um die großen Friedenspläne zu vollenden, Wohlwollen

zur Seite stehen. Der Krieg wird gegeneinander entschieden, der Friede will miteinander gewonnen sein.

Das gilt besonders von diesem Kriege; der Einsatz war so hoch, daß keine Entschädigung genügt. Man muß den Gegner *ganz* haben — das aber kann nur mit seiner Zustimmung, mit seiner Einwilligung geschehen. In diesem Sinne liegt im Bündnis die größte Eroberung.

5

Vorzeichen der Einigung gibt die Figur des Krieges selbst. Er ist der zweite Weltkrieg, und stärker noch als im ersten tritt zutage, daß es sich nicht mehr um einen Zwiespalt handelt, der sich begrenzen ließe, sondern daß alle irdischen Nationen tätig und leidend an ihm beteiligt sind. Das ist kein Zufall; es ist das Zeichen, daß die Welt als Menschenheimat neue Form und neuen Sinn gewinnen will. Zum ersten Male ist die Erde, als Kugel, als Planet gesehen, Schlachtfeld geworden, und die Menschengeschichte drängt planetarischer Ordnung zu. Diese bereitet sich durch die Gliederung der Erde in große Lebensräume vor.

⁷Als Söhne der Erde stehen wir im Bürgerkriege, im Bruderzwist. Der uns bekannte Raum ist Schlachtfeld, ganz ähnlich wie in jenen großen Wirren, aus denen das römische Imperium entstand. In diesem Sinn ist es kein Zufall, daß wir im Feuer leben, wir stehen in der Schmelze und in den Schmerzen der Geburt. Uns preßt der Schicksalszwang.

Auch ist es kein Zufall, daß gerade in unseren Jahren der Kampf den Erdball überspannt. Seit langem bewegt sich unser Sinnen und Trachten, bewegt sich unser geheimster Wille auf Einheit zu. Er bringt sich zum Ausdruck durch die Technik, die geformtes Wissen, geformter Wille ist. Ihr Werkzeug ist durch einen weiten Geist ersonnen, auf große Räume zugeschnitten und auch als Rüstung für die Nationen alten Stils zu schwer. Der Erdball, in Stunden überflogen und in Sekunden zu überspannen mit Bildern, mit Signalen, mit Befehlen, liegt wie ein Apfel in des Menschen Hand.

Vor allem aber ist es ein Zeichen des auf Einheit zielenden Geistes, daß der Mensch trotz seiner Grenzen und Sonderungen neue Gestalt gewinnt. Man könnte sagen, er wird vorgeformt zum Bürger neuer Reiche in Arbeitsgängen wunderlicher Art. Das ist ein Vorgang, der sich aus großen Tiefen speist. Von dort kommt die Verwandlung unserer Zeit, ihr innerer Prozeß, der alle äußeren bestimmt. Sie wird die Elemente, die sehr verschiedene Herkunft tragen, zusammenschmelzen, auch wo der Wille widerstrebt.

6

Die Gründe, aus denen es zur Bildung von großen Reichen kommen muß, sind geistiger Natur, und sie beruhen auf den Prinzipien der Zeit. Sie werden in den Einzelheiten des Lebens sichtbar, und zwar zunächst

15

im Negativen, im Unzuträglichen, im Mangel: das alte Kleid ist drückend geworden über dem neuen Körper, der sich in ihm bewegt.

Was die Symptome angeht, so sind sie altbekannt. Sie zeigen sich vor allem darin, daß das technische Instrumentarium den Staaten, wie sie uns überliefert wurden, unangemessen geworden ist. Der Zuwachs an Menschen und Energien drängt auf Sprengung des alten Rahmens hin. Die Industrien kehren sich gegeneinander im gleichen Maße, in dem die Mittel wachsen: Heere von Arbeitslosen lösen Heere der Rüstung ab. So sehen wir Menschen und Maschinen nur voll beschäftigt, wo es Vernichtung gilt. Der Handel vermag nicht auszugleichen, was die Wirtschaft an Gütern bringt: hier ruhen die Maschinen aus Mangel an Arbeit und die Hände sind müßig, während in anderen Gebieten der Welt die Scheuern unter der Last der Ernte bersten und man den Überfluß ins Meer wirft oder dem Feuer übergibt.

Nicht minder ist der Verkehr auf größeren Kreislauf angelegt. In seinen Mitteln und Wegen vor allem ist weiträumiges Denken und Wille zum Grenzenlosen ausgeprägt. Was Dampfmaschine, Kohle, Eisenbahn und Telegraph für die Entwicklung und Einigung der Nationalstaaten bedeutet haben, das wiederholen auf neuen Ebenen, in anderen Bereichen Elektrotechnik, Motor, Flug und Funk und Kräfte, die aus den Atomen zuströmen. Entsprechend wiederholen sich die Klagen, daß die alte Welt zu eng geworden sei. Dem freien Zug der Mittel widersprechen die Grenzen, widerspricht der Wechsel von Staats- und Wirtschaftsformen, der den Austausch von Menschen und Gütern hemmt.

Das gilt vor allem für Europa, das reich an altem Erbe ist und das in vielfacher Zerklüftung die Last erlebter und erlittener Geschichte trägt. So wird verständlich, daß hier, von seiner Mitte aus, die ungeheuren Kriege entbrannten, die die Welt verheerten: es ist der schwächste, doch auch zugleich der Herz- und Schicksalspunkt des Körpers, an dem sein Leiden sichtbar wird. So muß auch hier die Heilung ansetzen.

Europa muß Partner der großen Imperien werden, die auf dem Planeten sich bilden und ihre endgültige Form anstreben. Es muß teilnehmen an der höheren Freiheit, die dort bereits dem Raum und der Geschichte gegenüber gewonnen ist.

Freilich liegt in der Unabhängigkeitserklärung Europas ein geistigerer Akt. Der Erdteil muß sich zugleich befreien von vielem, was in ihm versteinert ist, vor allem im Denken und in alten Zwisten — doch gerade deshalb wird der Sieg für alle fruchtbar sein. Die Erde wird an ihm teilhaben.

7

Seit langem hat der Menschengeist gespürt, daß es der Änderung bedarf. Doch ist die menschliche Natur derart beschaffen, daß Einsicht ihr zur Vollziehung des Notwendigen nicht genügt — es ist vor allem der Schmerz, der sie belehrt.

So reichte das theoretische Bemühen nicht hin, die Einheit, die der Geist erkannte und forderte, auch in den Territorien zu vollziehen. Das spiegelt sich in der Entwicklung der Prinzipien von 1789 wider, die geistig siegten, doch mit den Waffen scheiterten. Die Heere, die damals aufgebrochen waren, begleitete ein übernationaler Auftrag, der wohl verstanden wurde und ihren Marsch begünstigte.

Aus diesem Grunde haben sich auch in allen Ländern geheime Kapellen zur Verehrung Napoleons erhalten — schien doch in diesem Fürsten der alte Traum der großen und einen Monarchie sich zu verwirklichen. Doch wurde in seinen Kriegen, in seiner Meteorenlaufbahn mehr der Same der neuen Freiheit ausgestreut als ihre Frucht geerntet — und junge Staaten blühten aus der Erschütterung hervor. Dem folgte die Erstarrung, und der Wiener Kongreß erhärtete die Grenzen im Sinne der alten Legitimität.

Die zweite große Möglichkeit, Europa zu schmieden, nachdem es glühend gewesen, bot der Friede von Versailles. Doch leider vermehrte er, anstatt zu neuen Ordnungen zu führen, die Quellen des Konflikts. Er blieb, als Bau betrachtet, Stückwerk, und kaum läßt sich sagen, daß er den Krieg beendete. Der Erste und der Zweite Weltkrieg hängen zusammen wie zwei Feuerkontinente, die eine Kette von Vulkanen mehr verbindet als voneinander trennt. Der Teil des Friedensvertrages, der dem Ganzen gewidmet war, blieb teils rhetorische Fassade, teils leere Theorie.

Die Konzeption des Völkerbundes konnte, obwohl unklar gefaßt, für alle fruchtbar werden, wenn sie als oberste Idee auf jede Einzelfrage einwirkte. Das freilich hätte die Schöpfung einer Spitze mit großen Befugnissen sowohl in der Gesetzgebung als auch in der Verwaltung vorausgesetzt. Statt dessen entstand ein Scheingebilde von friedensrichterlicher Art, das nur ein Spiegel, ein machtloses Forum für Streitigkeiten war, die üppig wucherten — denn während es dem Friedensbau an tragenden Elementen fehlte, erstaunte er durch eine Fülle von Einzelheiten, die die neuen Grenzen, die den Besiegten auferlegten Lasten und die Sicherungen scharfsinnig regelten. So ging es diesem Frieden wie allen Werken, in denen zu wenig Herz und allzuviel Verstand regiert: es strahlte kein Segen von ihm aus, und auch die Sieger wurden seiner nach kurzem Jubel kaum jemals froh.

Auch wirkte er unheilvoll, vergiftend auf die innere Politik der Staaten ein, die er als zweiten Ranges behandelte: er gab dem Niederen, der Rache, dem Bluthaß billige Nahrung und lieferte Wasser auf die Mühlen der Demagogie. Rückblickend erkennen wir, wie winzig jeder Vorteil, der durch diesen Frieden gesichert wurde, im Verhältnis zum Schaden war, den er für alle stiftete. So war der Anlaß, aus dem der zweite Krieg entbrannte, die Zugehörigkeit von Danzig — und Städte dieser Größe gingen dann in einer einzigen Nacht in Flammen auf.

Der Friede von Versailles hat die Grenzen nur spürbarer gemacht. Im Mißverhältnis der Wirtschaft, der Währungen, des Handels nicht minder als in der nach kurzer Ermattung noch drohenderen Rüstung verriet sich der wachsende Zerfall der Ordnung des Kontinents, der immer hoffnungsloser sich in seine Staaten spaltete. Dann tauchten unverkennbar die Zeichen des zweiten Krieges auf — die Menschen schreckend, doch zugleich auch zwingend mit schicksalhaftem Bann.

Noch hätte in dieser Lage ein Akt geschehen können, der der Einberufung der Generalstände von 1789 geglichen hätte, und es wird immer [8]ein Ruhmestitel des amerikanischen Präsidenten bleiben, daß er seine Stimme in diesem Sinn erhob. Freilich hätte auch eine solche Konferenz den Gang durchs Feuer vielleicht verzögert, nicht erspart. Für Änderungen, wie sie hier notwendig waren, genügte keine Reformierung — sie forderten die Revolution. Sie preßten die Parteien auf letzte Auseinandersetzungen und auf die Klärung durch Flammen zu. Wie immer in solchen Fällen entschieden hier die dunklen, drängenden Kräfte und nicht die Stimmen der Vernunft.

8

Als dann die Waffen zu sprechen begannen, war noch im Jahre 1940 zur Abwendung des Äußersten Gelegenheit. Noch waren große Teile der Erde in Ruhe, zum andern waren die Fesseln des Versailler Vertrages gelöst und damit die Bahn für neue Entwicklung frei. Dazu kam, daß, wenn auch nicht rechtlich, so doch tatsächlich die Grenzen in einem großen Teil Europas gefallen waren und daß die Völker nach Sicherheit dürsteten. Es konnte nun die gerechte Lösung gefunden werden, um die scheinbare Einheit, die die Gewalt geschaffen hatte, abzulösen durch die aus freiem Willen begründete.

Um eine solche Verfassung zu schaffen, durfte es freilich weder Sieger noch Besiegte geben, denn dieser Krieg war seiner Gestalt nach kein Eroberungs-, sondern ein Einigungskrieg. Alle Eroberungen trugen demgegenüber zufälligen Charakter, und es war das Unglück des Siegers, daß er dies nicht sah.

So wiederholte Deutschland die Fehler von Versailles. Wie damals vom Völkerbund, so sprach man jetzt vom Neuen Europa, das doch im Grunde nur die imperiale Verkleidung eines kämpfenden Nationalstaates war, nicht aber ein auf gleichen Rechten und Pflichten begründeter Bund. So mußte Deutschland auch die wesentliche Last des Kampfes allein bewältigen und jeden Beitrag mit Zwang eintreiben, den die Propaganda zwar immer rühriger, doch immer dürftiger bemäntelte.

Besonders betrüblich war es, daß das Verhältnis zwischen Deutschland und Frankreich sich verschlechterte. Es gab hier gleich nach dem Waffenstillstand eine Spanne, in der man erkannte und anerkannte, in wel-

chem Maße die beiden Länder einander zu ergänzen geschaffen sind, und
von Herzen zum Eintritt in eine neue Ordnung gesonnen war.

Das spärliche Maß an Widerstand, das dort die Heere geleistet hatten,
verglichen etwa mit den Taten der Kämpfer vom Douaumont, bezeugte,
daß man den Konflikt nicht mehr als einen solchen begriff, in dem es
sich bis zum letzten zu schlagen gilt. In seiner Eigenschaft als National-
staat hatte sich Frankreich schon in den ungeheuren Opfern des Ersten
Weltkriegs erschöpft, und andererseits floß seinem Denken und Handeln,
im Gegensatz etwa zu England, aus imperialen Räumen kein Kraftstrom
zu.

In Deutschland dagegen war der nationale Stoff noch nicht verzehrt.
Und darin liegt der Grund verborgen, aus dem das Ringen sich erneute
und nun in seine eigentliche Fragestellung einzumünden schien. Er
liegt darin, daß Deutschland den Eroberungskrieg, den es in seiner
Eigenschaft als Nationalstaat führte, verlieren mußte — und entspre-
chend sah man die Widerstände wachsen im Maß, in dem es seine An-
strengung entfaltete. Es kommt nun darauf an, daß es zusammen mit
allen anderen den Krieg in seiner Eigenschaft als Einheitskrieg gewinnt.

Doch hat die schnelle Beendigung des Treffens in Frankreich der
Menschheit viel erspart. So wurde die Zerstörung der Stadt Paris ver-
mieden, die als ein Kunstwerk höchsten Ranges uns allen unersetzbar
ist. Sie möge als eine mit alten und schönen Dingen überreich gefüllte
Arche aus dieser Sintflut den Strand der neuen Sicherheit erreichen, um
fernere Geschlechter zu erfreuen.

Auch wird man erkennen, daß die Besetzung trotz aller Leiden, die
sie brachte, auch Samen der Freundschaft hinterließ. Zwar war fast
alles verfehlt, was man von Staat zu Staat versuchte — schon deshalb,
weil die Freiheit mangelte, die ja die Quelle des Einvernehmens ist.
Auch fehlte es nicht an Übergriffen, Beugung des Rechtes, Gewalttat
jeder Art. Es ist für beide Länder wichtig, daß sie gesühnt werden.

Doch lernten sich auch die Besten der Völker kennen, denn immer
bieten solche Schicksalszeiten auch zur Hilfe Gelegenheit. Die Achtung,
die Freundschaft und auch die Liebe spannen eine Fülle von feinen
Fäden, die fester haften werden als mancher Staatsvertrag.

9

Inzwischen wiesen fürchterliche Lehren den Menschen auf den Weg
der Ordnung hin. Wenn diese nicht in einem neuen vereinten Leben
nach höherem Gesetz zum Ausdruck kommen wird und wenn statt des-
sen die Leidenschaften den Frieden trüben, dann wiederholt sich das
Schauspiel, in dem wir leben, in wütenderer Form.

Der Mensch darf nie vergessen, daß die Bilder, die ihn jetzt schrecken,
das Abbild seines Innern sind. Die Feuerwelt, die ausgebrannten Häuser
und Ruinenstädte, die Spuren der Zerstörung gleichen dem Aussatz,

dessen Keime lange im Innern sich vermehrten, ehe er an die Oberfläche schlug. So hat es seit langem in den Köpfen und in den Herzen ausgesehen. Es ist der rote Stoff des Menschen, der sich im Weltbild widerspiegelt, so wie die innere Ordnung im äußeren Frieden sichtbar wird. Daher muß Heilung zunächst im Geist erfolgen, und nur *der* Friede kann Segen bringen, dem die Bezähmung der Leidenschaften vorausgegangen ist.

Das ist besonders zu bedenken, wo von Bestrafung der Schuldigen die Rede ist. Es werden gerade jene sich zum Amt des Richters drängen, die stark im Willen, doch schwach im Urteil sind. Daher ist es vor allem wichtig, daß hier Vernunft und Kenntnis des Ganzen regieren, nicht aber blinde Rachsucht der Parteien, die neues Unrecht zu altem fügt.

Auch muß man wissen, daß in solchen Konflikten viel Schicksalhaftes spielt — sie reißen gleich Strudeln die Geister an sich und führen sie dem Verhängnis zu. Dennoch ist immer vom Menschen zu verlangen, daß er Tat und Untat unterscheidet und daß er, auch unter eigener Gefährdung, dem Frevel widersteht. Das Böse kann weder dadurch entschuldigt werden, daß es erzwungen wurde, noch dadurch, daß die Zeit es forderte. Für diese Fälle gilt [9]das Wort Matthäi: «Ärgernis muß ja kommen, aber weh dem, der Ärgernis gibt.»

Doch darf auf keinen Fall die Rache hier führend sein. Viel weniger darauf, daß die Opfer Rache finden, kommt es an, als auf die Wiederherstellung des Rechts und insbesondere des Rechtsgefühles, das in weiten Räumen betäubt, geknebelt worden ist. Der Wille, Recht zu schaffen, muß auf Ordnung, muß auf Gesundung gerichtet sein. Es müssen von der Oberfläche der Erde die Gebiete verschwinden, in denen Furcht regiert und Menschen wohnen, die ohne Recht und Urteil dem Zugriff auf Leib und Leben, auf Gut und Freiheit ausgeliefert sind. In diesem Sinn gleicht das Recht dem Lichte, das weithin die Finsternis durchdringt.

Aus diesem Grunde freilich ist es wichtig, daß es zum Urteil kommt. In keinem Volke stirbt ja der Rechtssinn gänzlich, und mächtig wird er belebt, wenn sich bewährt, daß Unrecht nicht dauern kann und daß die Untat Sühne findet, in welcher Übermacht sie auch begangen sei. Damit dies recht zutage trete, dürfen weder Parteien noch Nationen über ihre Gegner zu Gericht sitzen. Der Kläger kann nicht zugleich der Richter sein.

Es ist vorauszusehen, daß sich die fürchterlichen Klüfte, die die Gewalt geöffnet hat, nicht schließen werden, ohne daß es zu Rachestürmen der Unterdrückten kommt. Doch wird sich auf diesem Wege Recht nicht bilden; die Übeltaten können ihre Sühne nur vor Gerichten finden, in denen nicht Haß das Urteil lenkt. Nur dort kann unterschieden werden, wer als Soldat und wer als Henker, als Kämpfer oder Mörder betrachtet werden muß und wer als Gegner im Völkerstreit der Ach-

tung oder als Vergießer schuldlosen Blutes des Galgens würdig ist. Maßen sich aber Parteien die Unterscheidung an, so wandeln sie Verbrecher zu Märtyrern und Nationalheroen um.

Das soll nicht heißen, daß nicht gründlich Justiz geschaffen werden muß. Es gibt zuviel an stumpfer, sinnloser Tyrannei und Unterdrückung von Wehrlosen, zu viel Henker und Henkersknechte, zu viele große und kleine Schinder, als daß der Abgrund sich schließen könnte, ehe das volle Maß der Strafe gefunden ist.

Doch kommt es darauf an, daß die Verbrechen für alle Zeiten auch sichtbar werden, und das wird nur durch Recht, niemals durch Rache möglich sein. Das Recht hat Lichtnatur, die auch die Schatten deutlicher macht. Je weniger sich in seiner Quelle die Leidenschaften spiegeln, desto klarer tritt das Verbrechen in seiner Häßlichkeit hervor.

10

Die Sühne gehört zu den Voraussetzungen des neuen Bundes; der Einigung geht Reinigung voraus.

Der Friede selbst indessen muß ganz und gar der Zukunft gewidmet sein. Es sind in ihm die Ziele zu erfassen, die im Kriege als Ganzes eingeschlossen sind. Die Erde drängt in ihm zu neuen Formen, an denen alle Mächte Mitarbeiter sind. Aus diesem Grunde lebt auch in jeder der Parteien, und sei es unter den Schlacken der Gewalt verborgen, ein guter Rechtsanspruch. Ihn gilt es herauszuheben und in höherem Sinne zu verwirklichen.

Wenn wir nun ohne Leidenschaft die Ziele betrachten, die ausgefochten werden, so werden wir finden, daß fast alle Probleme, die Menschen bewegen, im Spiele sind. Doch lassen sich drei Kardinalfragen erkennen, deren Lösung vom Frieden erwartet werden muß. Die erste ist die Raumfrage, denn es gibt Mächte, die um Raum kämpfen, und das sind die gleichen, die man auch die Angreifer- oder die totalen Staaten nennt. Ihre Bewegung ist ein Zeichen dafür, daß die Aufteilung der Erde, wie sie sich historisch entwickelte, der Änderung bedarf. Daher verspricht kein Friede Aussicht auf Dauer, der diese Unruhe nicht auf gerechte Weise stillt. Doch müssen die auf Naturrechte gestellten Forderungen auf höherer Ebene befriedigt werden — nicht durch Eroberungen, sondern durch Bündnis, durch Vertrag. Die Erde muß für alle Brot haben.

Die zweite große Frage ist die des *Rechtes* — insofern andere Mächte für sich in Anspruch nehmen, daß sie um Recht kämpfen. Und ohne Zweifel bleibt die Rechtsbeschränkung, wie sie die totalen Staaten dem Menschen auferlegten, nicht ihre innere Angelegenheit allein. Vielmehr strahlt jede Freiheitsminderung nach außen, wo sie als Drohung sichtbar wird. Ebenso wie der Anspruch, am Raum und an den Gütern der Erde in gerechter Weise teilzuhaben, begründet ist, so auch der Anspruch,

daß die Rechte, die Freiheit und die Würde des Menschen geachtet werden, in welchem Lande es immer sei. Es kann kein Friede dauern als der, der zwischen freien Völkern geschlossen ist.

Die dritte Frage endlich ist die Frage der Verwirklichung der *neuen Ordnung* — das heißt der Lebensformen des Arbeiters. In dieser Hinsicht sind die Völker sich sehr ähnlich geworden und gleichen sich täglich mehr an, insofern die totale Mobilmachung, in die sie eingetreten sind, demselben großen Rhythmus unterliegt. Es handelt sich hier nicht allein um Rüstungsfragen, sondern um tiefgreifende Umformungen. So bildet die Entladung dieses Arbeitsprozesses an den Fronten auch nur die eine seiner Seiten; die andere, unsichtbare, aber nicht minder wirkungsvolle spielt im Innern der Völker selbst. Auf diese Weise wird keine der Nationen aus dem Kriege in den gleichen Formen entlassen werden, in denen sie in ihn eingetreten ist. Er ist die große Schmiede der Völker, wie er die der Herzen ist.

Der Sinn des Friedens ist es, diese drei großen Ziele aufeinander abzustimmen — sie bilden die Elemente zu seinem Bau. Die Elemente müssen einander stützen — so wird sich zeigen, daß die Raumordnung mit der Rechtsordnung auf das engste zusammenhängt. Die Lösung der einen zieht die Lösung der andern nach. [10]Die Völker ohne Raum von ihrem Übel heilen heißt, ihnen Möglichkeit der Rechtsgesundung geben, und damit wieder löst sich ihr gefährlicher Charakter auf. Die Kräfte, die aus der Rüstung entlassen werden, werden für alle produktiv.

Und wiederum, damit die Raum- und Rechtsfrage gerecht entschieden werde, bedarf es der frischen Sinngebung, und diese kann nur der neue Mensch, der Arbeiter erteilen — derselbe, der sich bereits gewaltige Arbeitspläne stellte und dem allein die Kühnheit und Übersicht für die weltweite Friedensplanung gegeben ist. Er ist der einzige, der schon in Kontinenten denken kann und dessen Begriffe und Symbole planetarisch verständlich sind. Daher wird er auch das Ferment der Einigung sein.

Der Friede ist dann gelungen, [11]wenn die Kräfte, die der totalen Mobilmachung gewidmet waren, zur Schöpfung freiwerden. Damit wird das heroische Zeitalter des Arbeiters sich vollenden, das auch das revolutionäre war. Der wilde Strom hat sich das Bett gegraben, in dem er friedlich wird. Zugleich wird die Gestalt des Arbeiters, aus dem Titanischen sich wendend, neue Aspekte offenbaren: es wird sich zeigen, welches Verhältnis sie zur Überlieferung, zur Schöpfung, zum Glück, zur Religion besitzt.

11

Raumordnung wird in allen Kontinenten zu schaffen sein. Doch liegt ihr Schwerpunkt in Europa, von wo, wie von dem Zentrum eines großen Bebens, die beiden letzten Kriege ausstrahlten. Hier also bedarf es vor allem der Atemluft.

Nun wird sich jedes Land mit Recht dagegen sträuben, für andere

Lebensraum zu sein. Raumordnung kann daher nicht mit Gewalt, nicht durch Diktat geschaffen werden, und Raum wird nicht gewonnen, indem er dem einen genommen, dem andern gegeben wird.

Die wahre Lösung liegt einzig im Vertrage, im Friedensbunde, in der Zusammenlegung unter neuer Sinngebung. Nur sie beugt auch dem Zirkel von Rüstungs- und Arbeitslosenheeren vor, den jede Ordnung alten Stiles weiterzubilden droht. Die Völker bringen, was sie an Raum besitzen, als Mitgift ein. Es wird sich zeigen, daß man auf solchem Grunde besser, reicher und vor allem sicherer leben kann.

Europa muß aus den Gliedern geschaffen werden, dann stellen sich das neue Leben, der starke Atem, der weitere Kreislauf ein. Der Mensch steht hier vor einem prometheischen Werk. Doch fehlt es an Vorgängen und Vorbildern nicht. Hierher gehört die Bildung der Einheitsstaaten durch Bismarck und Cavour, wie früher schon durch Cromwell und Richelieu. Wie damals aus Dynastien und Splittern alter Reiche die Nationen geboren wurden, so müssen sie heute zusammenschmelzen zum Imperium. An Mustern und Modellen ist kein Mangel, die Welt kennt Staaten, in denen sich die verschiedensten Völker, Rassen und Sprachen vereinigen. Zu ihnen gehören die Schweiz, die Vereinigten Staaten von Amerika, die Sowjetunion und das englische Imperium. In diesen Gebilden hat sich eine Summe politischer Erfahrungen kristallisiert. Auf sie läßt sich zurückgreifen.

Es handelt sich bei der Gründung Europas darum, einem Raume, den die geschichtliche Entwicklung gliederte, geopolitische Einheit zu verleihen. Die großen Schwierigkeiten liegen im Alter der Überlieferung, im eigenen Leben, das sich in den Völkern bildete. [12]In diesem Sinne sah schon Goethe, daß Amerika es besser hatte als unser Kontinent. Dennoch ist jetzt die Zeit gekommen, in der die Formen flüssig zu neuem Guß geworden sind. Es hat jetzt Sinn, die Aufgabe zu stellen; die Hoffnung der Völker ruht in ihr.

12

Die Raumnot wird durch die Vereinigung der Völker behoben; auch gibt es keine Lösung, die gerechter ist. Die Formen des Miteinanderlebens im neuen Hause werden durch die Verfassung eingeführt.

Hierüber in Einzelheiten einzutreten, hat keinen Sinn. Doch gibt es zwei oberste Prinzipien, die in der Verfassung zum Ausdruck kommen müssen, wie immer sie in ihrem Aufbau beschaffen sei. Die beiden Prinzipien sind das der Einheit und das der Mannigfaltigkeit. Das neue Reich muß einig in seinen Gliedern sein, doch unter Achtung ihrer Eigenart.

In dieser Verbindung werden sich zugleich die beiden großen Richtungen versöhnen, die die Demokratie in unserer Zeit gewonnen hat, und zwar im autoritären und im liberalen Staat. Beide sind wohlbegründet, doch kann das Leben weder völlig diszipliniert noch völlig dem

freien Willen anheimgegeben sein. Es gilt vielmehr, die Schichten zu trennen, die beiden angemessen sind.

Die Formen des autoritären Ordnungsstaates sind dort am Platze, wo Menschen und Dinge technisch organisierbar sind. Dagegen muß Freiheit walten, wo tieferes Wachstum herrscht. So bildet die Natur die Muscheln: mit harter, strahlig ausgeprägter Schale und zartem Inneren, in dem die Perlen verborgen sind. In dieser Unterscheidung liegt die Wohlfahrt der Staaten und das Glück der Einzelnen.

Einheitlich zu organisieren ist alles, was die Technik, die Industrie, die Wirtschaft, den Verkehr, den Handel, das Maß und die Verteidigung betrifft. Diese Zweige ähneln den großen Straßen und Schienenwegen, die ein Reich durchstrahlen und die sich in allen seinen Marken und Gauen gleichen, wie immer auch Land und Leute beschaffen sind. Der Mensch als Kind der Zeit und als zivilisiertes Wesen kann sich auf ihnen bewegen, ohne auf Grenzen zu stoßen, und er wird überall zu Hause sein.

Freiheit dagegen hat zu walten im Mannigfaltigen — dort, wo die Völker und Menschen verschieden sind. Das gilt für ihre Geschichte, ihre Sprache und Rasse, für ihre Sitten, Gebräuche und Gesetze, für ihre Bildung, ihre Kunst und ihre Religion. Hier können nicht zuviel Farben auf der Palette sein.

So muß die Europäische Verfassung die kulturellen und zivilisatorischen Schichten kunstreich scheiden wie Bild und Rahmen, um ihren Vorteil für den Menschen zu vereinigen. Sie hat die raumpolitische Einheit zu schaffen unter Wahrung der historischen Verschiedenheit. Zugleich bedeutet das Abgrenzung zwischen technischer und organischer Welt. Der Staat als oberstes Symbol der Technik fängt die Völker mit seinem Netz ein, doch leben sie in Freiheit unter seinem Schutz. Dann wird Geschichte, werden neue Inhalte hinzutreten. Europa kann Vaterland werden, doch bleiben viele Mutterländer, bleibt manche Heimat in seinem Raum.

In diesem Rahmen werden die großen und kleinen Völker kräftiger blühen als bisher. Indem die Konkurrenz der Nationalstaaten erlischt, kann etwa der Elsässer als Deutscher oder als Franzose leben, ohne zu dem einen oder dem andern gezwungen zu sein. Vor allem aber kann er als Elsässer leben, wie es ihm gefällt. Das ist ein Wiedergewinn an Freiheit, der bis in die Völkersplitter, die Stämme und Städte sichtbar werden wird. Im neuen Hause kann man, freier als in den alten, Bretone, Welfe, Wende, Pole, Baske, Kreter, Sarde oder Sizilianer sein.

13

Der Friede darf nicht allein auf menschliche Vernunft gegründet sein. Er kann nicht dauern, beschränkt auf seine Eigenschaft als Rechtsvertrag, der unter Menschen geschlossen wurde, wenn er nicht zugleich als heiliger Vertrag besteht.

Und nur auf diese Weise ist die tiefste Quelle des Übels zu erreichen, die aus dem Nihilismus springt. Was helfen Verträge, wenn sich hier nichts ändern soll? Wir sahen Reiche, die sich mit hohen Bauten, mit kühnen Konstruktionen schmückten und heute in Trümmerhalden verwandelt sind. So zeigt sich wieder, daß kein Segen auf babylonischer Arbeit ruht.

Es ist kein Zufall, daß der Nihilismus philosophisch von Nietzsche und im Roman von Dostojewski geschildert wurde, denn wenn er auch in allen Ländern Schule machte, so schlug er doch in Deutschland und in Rußland die Residenzen auf. So waren hier auch die Verwandlungen am tiefsten, die Zerstörungen am furchtbarsten. Und damit fand auch zwischen diesen beiden Völkern der Krieg die reinste Darstellung.

Das bleibt um so erstaunlicher, als die Erfahrung lehrte, in welchem Maße beide Reiche auf Austausch angewiesen sind und welchen Segen für beide die Freundschaft bringt. Auf ihr kann wie auf Atlas' Schultern der Friede der Welt bestehn. Doch schlugen mit der wachsenden Verkörperung des technischen Denkens immer stärkere Wellen des Schreckens hin und zurück. Sie schwangen gleich einem Echo, das die Stimmen entseelte und verstärkte, zwischen Ost und West. Der Russe begann dort Ernst zu machen wo in Europa die Dinge keimhaft und in der Theorie gehalten wurden oder wo die im Laufe der Geschichte erworbenen Gegengifte sie am Riesenwuchse hinderten. Nun gab die Furcht, die aus dem Osten strahlte, dem Nihilismus, der sich durch Generationen in Deutschland vorbereitet hatte, die praktische Verwirklichung, die nicht nur die Welt entsetzte, sondern auch die eigenen Kenner des Landes selbst.

Hier blieb nur *die* Heilung möglich, die sich im Schmerz verbirgt. Und darin liegt auch der Grund, aus dem die neue Ordnung nicht durch vernünftige Verhandlung und durch Vertrag zu schaffen war, obwohl die Wunden des Ersten Weltkriegs noch bluteten. Hier wurden die Träumer von Macht und Übermacht auf jene Bahn gewiesen, auf der man scheitert und die [13]im 73. Psalm beschrieben ist.

So werden wir trotz aller Gerichte und Verträge tiefer in die Vernichtung schreiten, wenn die Wandlung eine humanitäre bleibt und nicht von einer theologischen begleitet wird. Doch gibt es Hoffnung auf große Wendungen. So steht die russische Revolution vor der Entfaltung neuer Phänomene, und viele Zeichen künden, daß sie, nachdem sie als technisch-politische Umwälzung begann, sich metaphysisch vollenden wird. Die Wendung ist nicht nur von den großen Dichtern dieses Landes in ihren Einzelheiten prophetisch beschrieben worden, sondern sie ist vor allem am russischen Menschen zu erraten, den gleich der Oberfläche seiner Erde die Technik noch kaum anschürfte. Ihm stehen die Ernten noch bevor. Im Laufe dieser Verwandlung wird Sicherheit, wie vordem Schrecken, von ihm ausstrahlen.

Desgleichen hält der Deutsche noch starke Reserven im Hintergrund. Sie werden sich offenbaren, wenn die Technokraten abdanken. Es wird erscheinen, was an Geist, an Adel, an Wahrheit und Güte in diesem Volk lebendig ist. Dann wird auch sichtbar werden, welcher Mut dazu gehörte, in diesen Jahren Deutscher zu bleiben — Mut, der den an den Fronten bewährten noch überbieten mußte im Widerstand gegen die Mächte der Vernichtung, von deren geheimen Schrecken die Welt noch keine Vorstellung besitzt. Auch wird, im Osten wie im Westen, der Ruhm von Märtyrern aufleuchten, deren Namen noch in den Herzen verborgen sind.

Die Völker werden sich in ihrer wahren Gestalt erkennen, wenn die Schemen des Hasses dahingeschwunden sind, dessen das Niedere zu seinem Regiment bedarf. So wird auch der Anteil sichtbar werden, der Frankreich an jeder friedlichen Einigung zufallen muß. Seit langem strebt der Geist in diesem Lande auf große Einheit, in der auch seine Arbeit ihre Krönung erfahren wird. Für den Franzosen wird der Schritt zum Europäer am wenigsten schmerzhaft, am wenigsten verändernd sein, weil er ihn geistig und in den Lebensformen schon vollzog. Sein Vorrat an geformter entspricht dem deutschen Überfluß an ungeformter Kraft, und beide reichen weit über den eigenen Bedarf. Auch hier wird freilich der Schatten des Krieges nur schwer zu bannen sein. Es wird der besten Köpfe und nicht geringen Mutes bedürfen, um das Notwendige zu tun.

In dieser Hinsicht, in der Wendung zur Sache, nachdem die Waffen gesprochen haben, besitzt der Brite das glücklichste Temperament, wie es vortrefflich Washington Irving in seinem Skizzenbuch unter dem Titel «John Bull» gezeichnet hat. Daher ruht auch in vielem, was die kühle Vernunft und den gesunden Sinn betrifft, die Hoffnung bei seinem Land. Es ist vor allem auf lange, ruhige Entwicklung angewiesen, und daher kann nur ein Friede, der einigt, ihm von Vorteil sein. Auch wird sich seine traditionelle Politik insofern ändern oder transponieren, als sie nunmehr auf Einheit an Stelle der Verschiedenheit der Nationen Europas angewiesen ist, da nicht mehr das Gleichgewicht von Völkern, sondern von Kontinenten und Imperien die Ordnung der Welt erhält.

Im Augenblick, in dem Europa sich zum Kontinent erhebt, wird auch die Schwerkraft Amerikas fühlbarer. Mit der Zertrümmerung unserer Städte hat das Verhältnis des Goethewortes sich verändert insofern, als jetzt Amerika die Tradition im Aufbau, wie er bei uns notwendig geworden ist, besitzt. Napoleon prophezeite, in unseren Tagen werde die Welt republikanisch oder kosakisch sein. Hätte er unsere Lage schon in den Einzelheiten vorausgesehen, so würde er gesagt haben: «amerikanisch oder russisch», wie dies auch [14]Tocqueville schon früh verkündete. Obwohl Amerika und Rußland mächtigen Einfluß auf Europa üben werden, wird keine dieser Möglichkeiten eintreten. Dem wirkt die ungeheure

Schwerkraft der Geschichte entgegen, der Schatz an altem Erbe, der nicht nur durch Geist und Kunst gebildet, sondern auch in den Menschen noch lebendig ist. In diesem Sinne sind die großen Reiche vielmehr Möglichkeiten, die Europa aus sich heraus verwirklichte, sind Lebensmotive aus seinem Geist und Blut. Und wie ein Echo kehren die Motive vereinfacht, doch oft zwingender zurück. Das wird sich besonders bei den großen Veränderungen zeigen — so wurde es im Einfluß Amerikas auf die Verkündung der Menschenrechte offenbar. Und so ist heute Europa eines anderen [15]Lafayette bedürftig, zur Beratung bei den großen Raum- und Verfassungsfragen seiner Staatenvereinigung.

14

Wenn die Bekämpfung des Nihilismus gelingen soll, so muß sie sich in der Brust des Einzelnen vollziehen. Ein jeder ist beteiligt, und es gibt keinen, der nicht der Heilung bedürfte, die durch die Welt des Schmerzes vorbereitet ist.

Hierzu ist nötig, daß auch im Leben des Einzelnen die Technik in ihr Gebiet verwiesen wird, genau so, wie es in der Staatsverfassung geschehen muß. Die Mittel und Methoden des technischen Denkens dürfen nicht dorthin übergreifen, wo dem Menschen Glück, Liebe und Heil erwachsen soll. Die geistig-titanischen Kräfte müssen von den menschlichen und göttlichen getrennt und ihnen unterstellt werden.

Das ist nur möglich, wenn die Menschen sich metaphysisch stärken im gleichen Maße, in dem die Technik wächst. Und hier beginnt das weite, unangebaute Feld der Neuen Theologie als erster Wissenschaft, als Kenntnis der tiefsten Gründe und der höchsten Ordnung, nach der die Welt geschaffen ist.

Das Weltbild hat sich seit Kopernikus geöffnet und mit ihm die Pforten zu Titanenreichen, zu ihm mechanischem Insektenwesen und mörderischer Anarchie, wie sie die Visionen von [16]Bosch und seinen Schülern voraussahen. Daß diese Pforten sich schließen werden, kündet sich in den Wissenschaften an, in denen die Horizonte sich runden und festigen. Wer philosophisch, wer als Künstler, wer in den Einzelwissenschaften heute zu den Eliten zählt, ist auch am nächsten am Unerklärlichen — dort, wo Erkenntnis der Offenbarung weichen muß.

Gleichzeitig ist die Gefahr so groß geworden, daß man vom Einzelnen Entscheidung, das heißt Bekenntnis verlangen muß. Wir haben den Punkt erreicht, an dem vom Menschen, wenn nicht Glauben, doch Frömmigkeit, Bestreben, im höchsten Sinn gerecht zu leben, gefordert werden kann. Die Toleranz muß ihre Grenzen haben, und zwar insofern, als den reinen Technikern die Menschenführung nicht zugebilligt werden kann. Wer nur auf Menschen und Menschenweisheit schwört, kann nicht als Richter sprechen, wie er als Lehrer nicht weisen, als Arzt nicht heilen kann. Das führt auf Wege, die damit enden, daß Henker die gro-

ßen Herren sind. Der Staat verfährt zu seinem eigenen Wohle, wenn er nicht nur die großen Heilslehren fördert, sondern wenn er zugleich nur jenen seiner Bürger, die sich zum Glauben an eine höhere als an die menschliche Vernunft bekennen, Vertrauen schenkt. Im Maße, in dem sich das verwirklicht, wird auch das Sinken des Nihilismus, das Schwinden der Wüste zu erkennen sein — genau so, wie die Glaubensverfolgungen dort blühten, wo er am stärksten war.

Immer ist ja der Staat auf Glauben angewiesen, wenn er nicht in kurzer Zeit verfallen oder sich in Feuer verwandeln will. So sahen wir ihn Ehrfurcht vor sonderbaren Dingen fordern — vor Theorien, die sich die Landschullehrer vor fünfzig Jahren an den Stiefelsohlen abgelaufen hatten, vor materialistischen Philosophemen und vor dem Geschreibsel verblasener Gehirne, vor seinen Maschinen und Konstruktionen, kurzum vor Fetischen des Geistes jeder Art. Und unermüdlich sah man die Propaganda tätig, diese Narrengewänder auszuflicken, die der gesunde Verstand gleich dem Gewebe der Penelope allnächtlich wieder auflöste. Träume sind wirklicher als dieser Wind.

Der Mensch ist willig, und es wird sich lohnen, wenn man ihn vom Absurden zur Wahrheit kehrt.

15

Noch weit verbreitet ist die Meinung, daß die Rückkehr zum liberalen Staate zur Begründung der Ordnung ausreiche. Das hieße jedoch nur in die Ausgangsstellung zurückkehren. In der Polemik, wie sie die alten Liberalen gegen die Nihilisten führen, gleichen sie den Vätern, die über die mißratenen Kinder klagen, ohne zu sehen, daß die Schuld an der verfehlten Erziehung liegt. Ebenso eitel ist die Kritik derjenigen, die dem fürchterlichen Gange vom sicheren Balkon aus zuschauen.

Die wahre Besiegung des Nihilismus und damit der Friede wird nur mit Hilfe der Kirchen möglich sein. Genau so wie die Zuverlässigkeit der Menschen im neuen Staat nicht etwa auf seiner Internationalität, sondern auf seiner Nationalität beruht, muß seine Erziehung auf Bekenntnis, nicht aber auf Indifferenz gerichtet sein. Er muß die Heimat kennen, und zwar im Raum wie im Unendlichen, in der Zeit wie in der Ewigkeit. Und diese Bildung zum vollen Leben, zum ganzen Menschen muß wurzeln auf höherer Gewißheit, als sie der Staat mit seinen Schulen und seinen Universitäten begründen kann.

Dazu bedürfen auch die Kirchen der Erneuerung, und zwar in jenem Sinne, der zugleich die Rückkehr zu den Fundamenten in sich schließt, denn jede echte Gesundung, jedes neue Leben muß auf die Quellen zurückgreifen. Freilich ist das nur möglich im zeitlichen Gewande, und daher sind es neue Formen, in denen der Theologe auf den Menschen zu wirken hat.

Der Mensch von heute *will* glauben; er hat das durch die Kraft be-

wiesen, mit der er seinen Sinn selbst an das Absurde, an flüchtige Hirngespinste heftete. Doch ist er ein rationales Wesen, das es zunächst auf rationale Weise zum Heil zu wenden gilt. Um dem gerecht zu werden, darf freilich nicht mehr das theologische ein Studium zweiten Ranges sein. Es sollten vielmehr der Theologie als oberster der Wissenschaften nicht nur die besten Herzen, sondern auch die besten Köpfe, die feinsten Geister zuströmen — jene, die in den Einzeldisziplinen und selbst in der Philosophie nicht ihr Genügen finden, sondern die dem Ganzen, dem Universum sich zuwenden.

Dann handelt es sich auch nicht mehr darum, die Ergebnisse der Einzelwissenschaften zu widerlegen, sondern sie auszuwerten, sie zu überflügeln nach Pascals Art. Erst so auch werden die Wissenschaften nicht nur geistig, sondern selbst ökonomisch fruchtbar, bewahrt vor jenem seltsamen Verlust, der trotz wachsender technischer Leistung den Menschen immer mehr beraubt. Es ist, als gösse er Wasser in einen Krug, von dem er nicht sieht, daß er in Scherben liegt. Ein solcher Zustand ist nur zu heilen durch Geister, die im Ganzen der Schöpfung leben; nur dort ist Überfluß.

Das macht begreiflich, warum der Staat vor allen Forschungen und Studien dem theologischen als der Ermittlung der höchsten Gültigkeit Vorrang gewähren muß. Der Staat, wie alle Bauten von Menschenhand, muß sich am hohen Bau der Schöpfung Maß nehmen.

16

Genau so wie eine Mannigfaltigkeit von Völkern, Rassen und Nationen kann Europa auch eine Mannigfaltigkeit von Kirchen besitzen, gleichviel, in welchen Formen und Symbolen die Verehrung sich darbietet. Man darf niemandem verwehren, dem Glauben anzuhängen, den seine Väter ihm vererbt haben oder zu dem er sich bekehrt. Auch wenn man vom Menschen fordert, daß er eine höchste Idee besitze, muß man ihm Freiheit lassen in der Art, in der er sich zu ihr erhebt.

Wir wissen nicht, ob neue Kulte auftauchen. Vorerst hat in Europa die christliche Kirche nur Gegner, die verneinen und die sie überdauern wird, denn immer noch ist sie das stärkste der alten Bänder, welche die Zeiten der nationalen Trennung überdauerten. Auch faßt sie in ihrem Schoß die größte Summe von Glauben, die noch lebendig geblieben ist. Sie zeigte sich in den Feuerwelten und in den Malstromwirbeln des Nihilismus als Macht, die noch das Heil von Millionen beschirmte, nicht nur vor ihren Kanzeln und Altären, sondern auch in den Geistesdomen ihrer Lehre und in der Aura, die den Gläubigen umgibt und die ihn auch in der Stunde des Todes nicht verläßt. Es zeugten neue Märtyrer für sie.

Auch mußte der Mensch erfahren, daß ihm inmitten der Katastrophe keines der ausgeklügelten Systeme und keine seiner Lehren und Schriften Rat gewährte, es sei denn zum Schlimmeren. Sie führten alle auf Tö-

tung zu und auf Verehrung der Gewalt. Dagegen trat in den Wirbeln des Unterganges deutlicher als jemals die Wirklichkeit der großen Bilder der Heiligen Schrift und ihrer Gebote, Verheißungen und Offenbarungen hervor. In den Symbolen des göttlichen Ursprungs, der Schöpfung, des Sündenfalles, in den Bildern von Kain und Abel, von der Sintflut, von Sodom und vom Turm zu Babel, in den Psalmen, Propheten und in der den niederen Gesetzen der Schreckenswelt höchst überlegenen Wahrheit des Neuen Testaments ist uns das Muster, das ewige Gradnetz vorgezeichnet, das menschlicher Historie und menschlicher Geographie zugrunde liegt. Daher läßt sich auf diesem Buche auch jeder Bund beschwören, so wie es die Männer von Pitcairn taten, die Überlebenden von Schiffbrüchigen auf einer Insel des Stillen Ozeans. Sie hatten dort wie Wölfe einander nachgestellt, bis endlich die höhere Natur in ihnen zum Frieden Kraft gewann.

Auf jenem Eiland erkannte man die Rückkehr zur Bibel als moralische Notwendigkeit und gründete auf sie die Institution. Das zeichnet sich auch für unsere Lage vor.

17

Aus diesen Gründen kann der Friedensvertrag nicht lediglich die Formen einer staats- und völkerrechtlichen Verfassung tragen, in der Rechts-, Raum- und Ordnungsfragen ausgeglichen werden, sondern er muß zugleich in einer Synodalverfassung Frucht bringen.

Die Einheit des Abendlandes, zum ersten Male seit dem Reiche Karls des Großen verwirklicht, darf sich nicht auf die Zusammenfügung von Ländern, Völkern und Kulturen beschränken, sondern sie muß auch in der Kirche wiederauferstehen. Die Reformation bedarf der Kirche, so wie die Kirche der Reformation bedarf. Die Ströme, die in getrennten Betten flossen, müssen sich wieder vereinigen.

Das ist ein hohes Ziel, und es bedeutet schon viel, es zu erkennen und zu sehen. Das aber taten die Kirchen, denn ihre Front im Kampfe gegen den Nihilismus war gemeinsam, und diese Gemeinsamkeit muß ihre sichtbare Krönung finden, wenn die politische Vielfalt, auf der sie leben, sich aus den Gliedern zur Einheit auferbaut. Das Schisma, das die Geburt der Nationen begleitete, verliert mit ihrem Untergang den Sinn.

18

Es zeichnet den gerechten Frieden aus, daß er den Sinn der Zeit erfüllt. Ihn gilt es zu verwirklichen, politisch, geistig, kultisch — gleichviel, ob diese oder jene Gruppe von Mächten als Sieger aus dem Streit hervorgeht, und gleichviel, ob der Kampf zu Ende gefochten oder ob diplomatisches Genie den Völkern Teile des Ganzen zu ersparen wissen wird.

Doch besser ist es, länger zu kämpfen, länger zu leiden als zurückzukehren zur alten Welt. Mögen die Städte fallen, wenn in ihnen nicht Recht und Freiheit, mögen die Dome stürzen, wenn in ihnen nicht Andacht

möglich ist. Der Friede ist nur zu wünschen, wenn sich alles zu ihm vereinigt, was menschlich noch Rang und Würde hat.

Wenn aber der Verstand nach technischen Prinzipien entscheiden
sollte, wird die Beendigung des Krieges nur scheinbar sein. Er wendet
sich dann zum Bürgerkrieg, zur reinen Schlächterei. Die Tyrannei und
damit die Furcht wird wachsen, die Dunkelheit sich weiter ausbreiten
und in noch kürzerer Spanne neue Fronten, neue Konflikte zeitigen.

Dabei ist zu bedenken, daß die Technik in der Entfaltung der in die
Elemente gebannten Kräfte noch fortschreitet. Und damit werden auch
die Möglichkeiten der Vernichtung zunehmen. Sie suchen heute die
Massen zu erreichen, wie es besonders beim Angriff auf die Städte deutlich geworden ist. Doch läßt sich schon der Wille erkennen, darüber
hinauszugehen zur Totalvernichtung, das heißt zur Austilgung des
Lebens überhaupt. So zählen schon heute Träume von der Ausrottung
ganzer Länder und ganzer Völkerschaften zur nihilistischen Ideenwelt.

Das ist die Hoffnung, die dieser Geist zu spenden hat, der große Triumph
des Todes, nach dem er lechzt. An seinem von den Massen bejubelten
Gelüste nach Haß, nach Spaltung, nach Vernichtung erkennt man ihn.

19

Es bleibt die Frage, was denn der Einzelne zum Frieden beitragen kann.
Sie stellt sich um so dringender, als heute der Einzelne den Rang, der
ihm verliehen ist, leicht unterschätzt.

Das Wüten der Elemente läßt ihn an seiner Kraft verzagen; er läßt
die Hände sinken vor dem ungeheuren Brand. Indem er auf den Willen
verzichtet, macht er sich hilflos und damit untertan der Furcht und jenen
starken Dämonen, deren Macht im Widerspiel von Haß und Schrecken
begründet liegt. Sie denken den Menschen zu ihrem Instrument zu machen, und sie erwarten noch eine Art von wildem Jubel, mit dem er sich
der Verantwortung begeben soll. Damit versetzt er sich in einen Zustand,
in dem ihm die Unterscheidung von Recht und Unrecht verlorengeht
und er zum Spielball der Leidenschaften wird.

Demgegenüber ist zu sagen: die Verantwortung des Einzelnen ist
ungeheuer groß, und niemand kann sie ihm abnehmen. Vor seinem Forum muß die Welt erscheinen, und er ist der Richter über gerechte und
ungerechte Tat.

Sodann vermag er heute mehr als jemals Gutes zu tun. Die Welt ist
von Gewalt erfüllt, voll von Verfolgten, Gefangenen und Leidenden.
Wie leicht, mit wie geringen Mitteln läßt sich hier trösten, mildern, Schutz
verleihen. Hierzu hat auch der Einfachste Gelegenheit, und das Verdienst wächst im Verhältnis mit der gebietenden Befugnis, über die er an
seinem Platz verfügt. Die echte Macht erkennt man an dem Schutz,
den sie verleiht.

Vor allem muß der Einzelne begreifen, daß der Friede nicht aus der

Müdigkeit erwachsen kann. Auch trägt die Furcht zum Kriege und zur Verlängerung des Krieges bei. Nur so erklärt sich der Ausbruch des Zweiten Weltkrieges nach so kurzer Frist. Zum Frieden genügt nicht, daß man den Krieg nicht will. Der echte Friede setzt Mut voraus, der den des Krieges noch übertrifft: er ist ein Ausdruck geistiger Arbeit, geistiger Macht. Sie wird erworben, wenn man das rote Feuer in sich selbst zu löschen und sich zunächst im Eigenen vom Haß und seiner Spaltung zu lösen weiß.

So gleicht der Einzelne dem Lichte, das, sich entzündend, zu seinem Teile die Verdunkelung bezwingt. Ein kleines Licht ist größer, ist zwingender als sehr viel Dunkelheit.

Das gilt auch für den, der fallen muß. Er schreitet im guten Stande in die Ewigkeit. Der eigentliche Kampf, in dem wir stehen, spielt sich ja immer deutlicher zwischen den Mächten der Vernichtung und den Mächten des Lebens ab. In diesem Kampfe stehen die gerechten Krieger Schulter an Schulter wie je die alte Ritterschaft.

Der Friede wird währen, wenn das zum Ausdruck kommt.

COMMENTARY

Text: Ernst Jünger, *Werke* (Stuttgart, 1960), V, 203–64

1. *die großen Theorien des vorigen Jahrhunderts*: Marxism, theories of racialism (Gobineau) and anti-Semitism, visions of national self-fulfilment – these and other patterns of ideas with a Darwinian background of an inexorable evolutionary movement, and the ruthlessness that accompanies it, form the context in which Jünger speaks out against the political and racial persecution under Hitler. His tone is not compassionate: emotional warmth is not one of his characteristics, and the energies of sex are channelled into the activities of war. Rather his case rests on the barbarism that results from mob rule—'jener dumpfe Trieb der Massen' (p. 202)—and the subjugation of intellectual values which cannot but be the property of an elite. Stefan George's opposition to the Nazis sprang from the same source.

2. *Douaumont und Langemarck*: the village of Douaumont, with its fort, was one of the focal points in the bloody struggle for Verdun in 1916–17; Langemarck, near Ypres, was the scene of fierce fighting in 1914 and again in 1917. The thought that, in one sense or another, the whole people shares the guilt for the extermination of the Jews and for the concentration camps which Jünger sees as the monuments to World War II, as the battlegrounds of Verdun and the Somme are the monuments to World War I, is profoundly discussed by Karl Jaspers in *Die Schuldfrage* (1946).

3. *Lemuren*: 'spirits of the dead', a word also used elsewhere by Jünger of the Nazis, whose Germany he called a 'Lemuren-Reich'.

4. *der Unbekannte Soldat*: a central symbolic figure to Jünger. In *Der Wald-gang* (1951) he writes: 'Wir nannten den Arbeiter und den Unbekannten Soldaten als zwei der großen Gestalten unserer Zeit. Im "Waldgänger" erfassen wir eine dritte, die immer deutlicher erscheint' (*Essays* I, 316). Hitler, especially in the years following World War I, used his experience as a *Frontkämpfer* to portray himself as Man of the People and the embodiment of the Unknown Soldier.

5. *Aus diesem Grunde* etc: sacrifice and suffering in war are still for Jünger the prime catalysts in the achievement of human nobility, cf. his related rejection of compromise ('Der Friede kann kein Verständigungsfriede sein', p. 204) and the forceful language of his chosen quotation from Walter Schubart's Russo-European study *Europa und die Seele des Ostens* at the head of 'Die Frucht'.

6. *Europa*: like so many writers who have invoked a vision of a united Europe, Jünger does not define his terms. In what way united? What do terms like 'Synthese' and 'Zusammenschluß' (p. 205) mean in such a context? And what—geographically, politically, culturally—is Europe? Is it medieval Christendom, or Sully's 'Grand Dessein'—which excluded Russia—or William Penn's European utopia—which included it—or 'Western European democratic society' of the mid-twentieth century, or some other grouping? To describe it as 'einen Raum, den die geschicht-liche Entwicklung gliederte' (p. 215) begs so many questions that one is tempted to question Jünger's seriousness. The inclusion of religion—'Die Einheit des Abendlandes muß auch in der Kirche wiederauferstehen' (p. 222)—is no more productive of definition, and his lip-service to a 'Weltstaat' carries little weight.

7. *Als Söhne der Erde* etc.: a paragraph characteristic of Jünger's readiness to treat concrete realities, including war, in abstract, universal, often allegorical terms. Here, as in his section on the persecution of the Jews (p. 198 f.), there is no concern with the immediate German context, let alone with a specifically German responsibility; the opening sentence of Section 8 even suggests that some 'arrangement' could still have been made with Hitler in 1940—as Rudolf Hess thought when he landed in Britain the following year. Instead, with metaphorical slogans like 'Bürgerkrieg' and 'Bürgerzwist' he quietly posits a common human guilt in which any special German ingredient can be unobtrusively absorbed. Section 7 follows the same line: the victors in the war—Jünger realised that Germany would be defeated—must put aside all thoughts of vengeance and make it their task to establish a better peace than they had done at Versailles. No doubt there *was* a measure of common responsibility for the events that led up to the war. No doubt it *was* the Allies' task to ensure a lasting peace. But it was Germany that set up concentration camps; Germany that killed 6 million Jews; Germany that marched into Austria, Czechoslovakia and Poland; Germany that invaded Belgium, France, Holland, Norway; Germany that launched the indiscriminate bombing of cities. It hardly becomes Jünger to sermonise on the moral responsibilities of the rest of the world. And it is with a feeling close to contempt that one finds him trying to avoid the accusations

—which he knows will come—of 'crimes against humanity' by protesting: 'Der Kläger kann nicht zugleich der Richter sein' (p. 212).

8. *Ein Ruhmestitel des amerikanischen Präsidenten*: in fact, Franklin D. Roosevelt, going counter to the isolationist mood of America in the 1930s, warned of the threat of Germany, Italy and Japan to United States security. Anxious to avoid war, he proposed, in addition to an embargo on the sale of arms to aggressor states, a total quarantining of such states, but it was only with arms sales to the Allies in 1939 and American entry into the war two years later that the real intentions of this policy were translated into national action. Yet as late as the beginning of 1940—albeit, as it now appears, with an eye to his election for a third term—he embarked, through Secretary of State Sumner Welles, on a last attempt at appeasement in Europe, which was rudely terminated by Hitler's invasion of Norway and Denmark. This is probably the particular source of the 'Ruhmestitel'—an ironical honour for an attempt to appease an aggressor—which Jünger accords to Roosevelt; meanwhile he says nothing of Roosevelt's anti-Nazi policies, and the comparison with the French Etats-Généraux of 1789 is thoroughly misleading. See also note 7 above. The cult of the irrational, of 'Rausch', at the end of this paragraph, is characteristic of Jünger, Benn (see p. 167 above), the expressionists and many others across whom the shadow of Nietzsche falls.

9. *das Wort Matthäi*: Matthew XVIII, 7: 'For it must needs be that offences come; but woe to that man by whom the offence cometh'.

10. *Die Völker ohne Raum*: Hans Grimm's novel *Volk ohne Raum* (1926), with its plea for German expansion and its defence of what the Nazis called 'Aryan' culture, became a literary 'classic' under Hitler.

11. *wenn die Kräfte, die der totalen Mobilmachung gewidmet waren*: Jünger's work *Die totale Mobilmachung* (1928) ends with the words: 'Tief unter den Gebieten, in denen die Dialektik der Kriegsziele von Bedeutung ist, begegnete der Deutsche einer stärkeren Macht: er begegnete sich selbst. So war dieser Krieg ihm zugleich und vor allem das Mittel, sich selbst zu verwirklichen. Und daher muß die neue Rüstung, in der wir bereits seit langem begriffen sind, eine Mobilmachung des Deutschen sein — und nichts außerdem.'

12. *In diesem Sinne sah schon Goethe* etc: Goethe discussed the development of the United States with Eckermann (February 2, 1827) à propos Alexander von Humboldt's views on a projected Panama Canal.

13. *im 73. Psalm*: Jünger read a great deal in the Bible and other religious works during his years in Paris, and the tone of Sections 13–19 of *Der Friede* reflects this; cf. Section 16 in particular.

14. *Tocqueville*: in his famous *La démocratie en Amérique* (1835), the first penetrating study of American politics.

15. *Lafayette:* the French general who played an influential role in the American War of Independence and was later active in the French Revolutions of 1789 and 1830.

16. *Bosch*: the Dutch artist Hieronymus Bosch (1453—1516) painted prophetically nightmarish pictures haunted by the terrors of hell and grotesquely surrealist in style.

THOMAS MANN (1875–1955)

Deutschland und die Deutschen (1945)

Thomas Mann's address *Deutschland und die Deutschen*, delivered, in English translation, in the Coolidge Auditorium of the Library of Congress on May 29, 1945, just three weeks after the end of World War II, is probably one of the most perfect texts for drawing together, through the mind of one of the greatest of modern German writers, the many and heterogeneous strands of the German intellectual and spiritual tradition. The intellectual biography of the then seventy-year-old Mann—from the Wilhelminian age at the turn of the century, through the Kaiser's war, the Weimar Republic and the coming of Hitler to the years of exile and the eventual acceptance of American citizenship—together with the atmosphere of 1945 and the despair over the future of Germany, combine to give this document a peculiar power. Furthermore, the quarter of a century that has since elapsed gives us a new perspective from which to view both Mann's verdict on the German past and his assessment of Germany's chances of recovery after her defeat.

The heart of Thomas Mann's work is a German heart. The most powerful formative influences on his art—Schopenhauer, Nietzsche, Wagner, Goethe were German, and the European importance that he has acquired is seen, in Europe at large perhaps more readily than in Germany itself, to rest on emphatically German foundations. Indeed, it is one of the many ironies, cultivated and circumstantial, which attend his work, that these foundations are even narrower. For the world of *Buddenbrooks* (1901), his first novel and the focus of international acclaim, is the provincial, Protestant *Bürgertum* of the Lübeck of his birth and upbringing, whose inhabitants saw themselves caricatured in what they took to be a *roman à clef*. They only reluctantly forgot their precocious son's effrontery, while from all over Europe, not least from the Catholic, Mediterranean south, people were writing to tell him how true the Buddenbrooks story was to their own lives. The reason lies in the stature of the author himself, who, achieving national and international success in story after story and essay after essay, observed that through Thomas and Hanna Buddenbrook, Tonio Kröger, Gustav Aschenbach, Hans Castorp, the Goethe figure of *Lotte in Weimar*, Jacob the patriarch, Adrian Leverkühn,

Serenus Zeitblom and many more, he had really dealt with but the single subject of his own self—we might add, his own German self.

The outbreak of the Great War of 1914–18 found Thomas Mann, like Sombart, Scheler, Spengler and many other German intellectuals, shouting patriotically for the Kaiser's Germany. It also marked the bitter political and philosophical controversy with his left-wing brother Heinrich. Coining the word 'Zivilisationsliterat' for the object of his particular scorn, he still maintained in *Betrachtungen eines Unpolitischen* (1918) his defence of a self-sufficient 'bürgerliches Deutschland' against the ideological invasion of what he called 'Politisierung, Literarisierung, Intellektualisierung und Radikalisierung', which threatened the primacy of the individual in the name of 'democratic progress'. 'Aller deutsche Geist war konservativ von je und wird es bleiben, sofern er nämlich er selbst bleibt und nicht demokratisch, das heißt abgeschafft wird' (*Betrachtungen: Stockholmer Gesamtausgabe*, 1956, 576). The impersonal catchword 'Demokratie' he wanted to replace by 'Volksstaat', and a quarter of a century later, in *Deutschland und die Deutschen*, he still doubts the Germans' power to evolve a political democracy out of the ruins of the Third Reich.

With the establishment of the Weimar Republic, however, his tone changed. *Der Zauberberg* (1924), not itself a political novel in the narrow sense, shows, above all through Hans Castorp's repulsion, and the ultimate destruction, of the elitist, sick, death-oriented creature Naphta, the acceptance of a democratic, humanistic, middle-of-the-road philosophy for Germany. Thomas Mann made this philosophy explicit in an address to the PEN Club in Warsaw in 1927: 'Der Traum der Humanität, die Idee des Ausgleichs und der Vereinigung ist es, die uns Deutsche hindert, in diesem historischen Widerstreit voreilig und einseitig Partei zu ergreifen. Unsere Mitte grenzt an den Osten sowie an den Westen, unsere Seelenlage hat teil an beiden Sphären, und unsere Freiheit ist Vorbehalt gegen extreme und militante Alternativen, sie zielt ab auf ein letztes, auf ein endgültig Menschliches' (*Gesammelte Werke*, Frankfurt, 1960, XI, 407).

Ironically—yes, again!—when Thomas Mann was awarded the Nobel Prize for Literature in 1929, it was specifically for the *Buddenbrooks* of thirty years earlier, not for the contemporary *Zauberberg*, with its diagnosis of the malady of the European, above all German, spirit, its Nietzschean praise of suffering as a mode of knowledge and its deliberately discordant finale as the non-hero Hans Castorp emerges from his seven-year 'visit' to the sanatorium and finds a new purposefulness — in war.

Thomas Mann's emphasis of humane intellectual values against the rising tide of emotional nationalism and irrationality that finally swept Hitler to power grew stronger as the impending disintegration of the Republic grew more evident. Against the inward-looking chauvinism of

Ernst and Friedrich Georg Jünger, Hanns Johst, Wilhelm Stapel and others he appealed to the noble cultural ideals that had always underlain the international fraternity of the European intelligentsia, and arrived in 1930 at a firm declaration of support for the social democracy on which the Weimar Republic was based. His *Appell an die Vernunft*, a speech given in Berlin shortly after the elections of September 1930 had suddenly made the National Socialists the second largest party in the Reichstag, was interrupted by Nazi agitators, and when Hitler became Chancellor on January 30, 1933, Mann knew that he could no longer stay in Germany. In February of that year he went to Switzerland; in 1936 his German citizenship was withdrawn, and at the beginning of 1937 Goebbels forbade the German press to make any further reference to him or his works.

In the six years of his voluntary exile in the U.S.A. from 1939 to 1945 his voice was listened to, both by his fellow-emigrés and by the outside world at large, as that of one of the leading German intellectuals of the age, and in his many speeches and articles on the contemporary world he never sought to dissociate himself from the fate of his native country. In 1937, as one sees from his answer to the decision by the University of Bonn to withdraw his honorary doctorate, he had seen the inevitability of war but still believed that the first German defeat would provoke a civil war in which the 'true' Germany would rid itself of Hitler. And in his wartime radio talks relayed to Germany by the B.B.C. he consistently distinguished between the Nazis and the German 'Volk', refusing to accept that, once they realised the real meaning and nature of Nazi tyranny, the 'people' would not rise in a spontaneous act of honorable self-assertion. Many Germans did not know what the outside world knew; and most who knew found ways of living with their knowledge. A handful of army officers and a few civilian groups may have plotted against the regime. But Hitler was destroyed from without, not from within.

It is impossible to measure the impact of Thomas Mann's wartime speeches on those Germans who may have heard them—we cannot even tell how many did in fact hear them. Some later claimed to have drawn strength and consolation from them; others found an almost irrelevant intellectual remoteness about them, an unreal, at times rather naively idealistic concern with the nature of democracy, communism, the German psyche and a future European internationalism. Through the 1920s and 1930s, both up to the time of his emigration and afterwards, his voice had been that of an individualist, never that of the representative of a committed philosophy, still less of a defined ideological group, so that there was little by way of a prepared and anxious public waiting to be addressed.

But of Thomas Mann's own abiding preoccupation with the salvation

of Germany—the Germany of Bach and Beethoven, which he constantly distinguished from the Germany of Hitler—there can be no doubt. His great novel *Doktor Faustus*, which dominated his mind through most of the war years, has Germany as its real hero, and the chronicle of its gestation, the autobiographical *Entstehungsgeschichte des Doktor Faustus*, shows how close he was to the day-to-day course of the war and the fate of his country. The keenly analytical, scrupulously honest and touchingly sincere essay *Deutschland und die Deutschen* is part of the same autobiographical corpus.

At the time, 1945, it was far from warmly received in a physically and morally defeated Germany. The Protestant existentialist German novelist Manfred Hausmann, indignant at the strictures on the German character that it contained, went so far as to refuse to join the *Deutsche Akademie für Sprache und Dichtung* so long as Thomas Mann remained an honorary member of that body. But, as always, Mann did not exclude himself from the often weak, often perverse, often blind Germany he was describing, while on the side of optimism there persists a confidence in 'die Masse des Guten' in the German people (see pp. 246-7 below) to overcome the destructive tendencies from which the world has been made to suffer, and to seek its fulfilment in the service of international ideals.

With the end of the war many not unnaturally expected, both inside and outside Germany, that Mann would return to Germany. He did not. On his first visit to Europe after the war, in 1947, he did not even set foot in Germany, and it was not until the Goethe year of 1949 that he visited, first Frankfurt in the West, then, to Western resentment and accusation of pro-communist sympathies, Weimar in the East. The understandable, though sometimes far from elevating argument between the 'internal, i.e. spiritual emigration' of anti-Nazi writers who had stayed in Germany under Hitler, like Walter von Molo and Frank Thieß, and the 'external emigration' of the many who had taken the chance to leave, centred on Thomas Mann and his refusal—explained at length in *Warum ich nicht nach Deutschland zurückgehe*—to take up residence again in Germany although the possibility, earnestly desired by a not inconsiderable number of intellectuals, was there. His naive attempt to 'understand', and to abstract the 'humanitarian' aspects of, communism—here, as at other moments, he resembles his much-admired Franklin D. Roosevelt—led him to assume the practicability of a Germany reunited by amicable East-West agreement, and was accompanied by a distrust of many of those who were gaining power in the Federal German Republic. His respect and gratitude to the United States never wavered but the McCarthy era filled him with anxiety about the future of American democracy and played an important part in his decision to leave: he returned in 1952 to the same Swiss canton in which he had found political asylum in 1933, and lived out his remaining few years there.

'Was mich persönlich angeht,' wrote Mann to Ernst Bertram on November 19, 1933, 'so trifft mich der Vorwurf nicht, dass ich Deutschland verlassen hätte. Ich bin daraus verstossen worden. Beschimpft, angeprangert und ausgeplündert von den fremden Eroberern *meines* Landes (denn ich bin ein älterer und besserer Deutscher als diese), muss ich zusehen, wie ich mir in einer meinem Wesen freundlicheren Welt eine neue Lebensbasis für meine alten Tage schaffe'. This is the personal background to *Deutschland und die Deutschen*, the personal background of one of the keenest German minds of the twentieth century. But it is also the background of the 'real' Germany, which found herself in her own Hitlerian exile. The interest and the value of the essay need no further pleading.

BIBLIOGRAPHY

W. Berendsohn, *Thomas Mann: Künstler und Kämpfer in bewegter Zeit* (Lübeck, 1965)

H. Eichner, *Thomas Mann. Eine Einführung in sein Werk* (Bern, 1961)

(ed.) H. Hatfield, *Thomas Mann: A Collection of Critical Essays* (Eaglewood Cliffs, N. J., 1964)

E. Heller, *The Ironic German. A Study of Thomas Mann* (London, 1958)

R. J. Hollingdale, *Thomas Mann* (London, 1972)

K. Sontheimer, *Thomas Mann und die Deutschen* (Munich, 1961)

H. Stresau, *Thomas Mann und sein Werk* (Frankfurt, 1963)

R. H. Thomas, *Thomas Mann. The Mediation of Art* (Oxford, 1956)

Deutschland und die Deutschen

Meine Damen und Herren, wie ich hier vor Ihnen stehe, ein Siebzig-jähriger, unwahrscheinlicherweise amerikanischer Bürger seit einigen Monaten schon, englisch redend, oder doch bemüht, es zu tun, als Gast, nein, sogar als amtlich Zugehöriger eines amerikanischen Staatsinstituts, das Sie zusammengeladen hat, mich zu hören, — wie ich hier stehe, habe ich das Gefühl, daß das Leben aus dem Stoff ist, aus dem die Träume gemacht sind. Alles ist so seltsam, so wenig glaubhaft, so unerwartet. Erstens habe ich nie gedacht, es zu patriarchalischen Jahren zu bringen, obwohl ich es theoretisch schon früh für wünschenswert hielt. Ich dachte und sagte, wenn man schon einmal zur Welt geboren sei, wäre es gut und ehrenwert, lange darin auszuhalten, ein ganzes, kanonisches Leben zu führen und, als Künstler, auf allen Lebensstufen charakteristisch frucht-bar zu sein. Aber ich hatte geringes Vertrauen zu meiner eigenen biolo-gischen Berufenheit und Tüchtigkeit, und die Ausdauer, die ich trotzdem bewährt habe, erscheint mir weniger als Beweis meiner eigenen vitalen Geduld, denn der Geduld, die der Genius des Lebens mit mir gehabt hat, als ein Hinzukommendes, als Gnade. Gnade aber ist immer er-staunlich und unerwartet. Wer sie erfährt, glaubt zu träumen.

Träumerisch mutet es mich an, daß ich bin und wo ich bin. Ich müßte kein Dichter sein, um es mir selbstverständlich vorkommen zu lassen. Nur ein wenig Phantasie gehört dazu, um das Leben phantastisch zu finden. Wie komme ich her? Welche Traumwelle verschlug mich aus dem entferntesten Winkel Deutschlands, wo ich geboren wurde und wohin ich doch schließlich gehöre, in diesen Saal, auf dieses Podium, daß ich hier als Amerikaner stehe, zu Amerikanern redend? Nicht als ob es mir unrichtig schiene. Im Gegenteil, es hat meine volle Zustim-mung, — das Schicksal hat für diese Zustimmung gesorgt. Wie heute alles liegt, ist meine Art von Deutschtum in der gastfreien Kosmopolis, dem rassischen und nationalen Universum, das Amerika heißt, am pas-sendsten aufgehoben. Bevor ich Amerikaner wurde, hatte man mir erlaubt, Tscheche zu sein; das war höchst liebenswürdig und dankens-wert, aber es gab keinen Reim und Sinn. Ebenso brauche ich mir nur vorzustellen, daß ich zufällig Franzose oder Engländer oder Italiener geworden wäre, um mit Befriedigung wahrzunehmen, wieviel richtiger es ist, daß ich Amerikaner geworden bin. Alles andere hätte eine zu enge und bestimmte Verfremdung meiner Existenz bedeutet. Als Ameri-kaner bin ich Weltbürger — was von Natur der Deutsche ist, unge-achtet der Weltscheu, die zugleich damit sein Teil ist, seiner Schüch-ternheit vor der Welt, von der schwer zu sagen ist, ob sie eigentlich auf

Dünkel oder auf angeborenem Provinzialismus, einem völkergesellschaftlichen Minderwertigkeitsbewußtsein beruht. Wahrscheinlich auf beidem.

Über Deutschland und die Deutschen soll ich heute abend zu Ihnen sprechen — ein waghalsiges Unternehmen; nicht nur, weil der Gegenstand so verwickelt, so vielfältig, so unerschöpflich ist, sondern auch angesichts der Leidenschaft, die ihn heute umwittert. [1]*Sine ira et studio*, rein psychologisch von ihm zu handeln, könnte fast unmoralisch scheinen angesichts des Unsäglichen, das dies unglückselige Volk der Welt angetan hat. Sollte man als Deutscher heute dieses Thema meiden? Aber ich hätte kaum gewußt, welches denn sonst ich mir für diesen Abend hätte setzen sollen, ja, mehr noch, es ist heute kaum irgendein über das Private sich erhebendes Gespräch denkbar, das nicht fast unvermeidlich auf das deutsche Problem, das Rätsel im Charakter und Schicksal dieses Volkes verfiele, welches der Welt unleugbar so viel Schönes und Großes gegeben hat und ihr dabei immer wieder auf so verhängnisvolle Weise zur Last gefallen ist. Das grausige Schicksal Deutschlands, die ungeheure Katastrophe, in die seine neuere Geschichte jetzt mündet, erzwingt Interesse, auch wenn dies Interesse sich des Mitleids weigert. Mitleid erregen zu wollen, Deutschland zu verteidigen und zu entschuldigen wäre gewiß für einen deutsch Geborenen heute kein schicklicher Vorsatz. Den Richter zu spielen aus Willfährigkeit gegen den unermeßlichen Haß, den sein Volk zu erregen gewußt hat, es zu verfluchen und zu verdammen und sich selbst als das «gute Deutschland» zu empfehlen, ganz im Gegensatz zum bösen, schuldigen dort drüben, mit dem man gar nichts zu tun hat, das scheint mir einem solchen auch nicht sonderlich zu Gesichte zu stehen. Man *hat* zu tun mit dem deutschen Schicksal und deutscher Schuld, wenn man als Deutscher geboren ist. Die kritische Distanzierung davon sollte nicht als Untreue gedeutet werden. Wahrheiten, die man über sein Volk zu sagen versucht, können nur das Produkt der Selbstprüfung sein.

Schon bin ich, ohne recht zu wissen wie, in die komplexe Welt deutscher Psychologie hineingeglitten mit der Bemerkung über die Vereinigung von Weltbedürftigkeit und Weltscheu, von Kosmopolitismus und Provinzialismus im deutschen Wesen. Ich glaube das richtig zu sehen, glaube es von jung auf erfahren zu haben. Eine Reise etwa aus dem Reich über den Bodensee in die Schweiz war eine Fahrt aus dem Provinziellen in die Welt, — so sehr es befremden mag, daß die Schweiz, ein enges Ländchen im Vergleich mit dem weiten und mächtigen Deutschen Reich und seinen Riesenstädten, als «Welt» empfunden werden konnte. Es hatte und hat aber damit seine Richtigkeit: Die Schweiz, neutral, mehrsprachig, französisch beeinflußt, von westlicher Luft durchweht, war tatsächlich, ihres winzigen Formats ungeachtet, weit mehr «Welt», europäisches Parkett, als der politische Koloß im Norden, wo das Wort

«international» längst schon zum Schimpfwort geworden war und ein dünkelmütiger Provinzialismus die Atmosphäre verdorben und stockig gemacht hatte.

Das war die modern-nationalistische Form deutscher Weltfremdheit, deutscher Unweltlichkeit, eines tiefsinnigen Weltungeschicks, die in früheren Zeiten zusammen mit einer Art von spießbürgerlichem Universalismus, einem Kosmopolitismus [2]in der Nachtmütze sozusagen, das deutsche Seelenbild abgegeben hatte. Diesem Seelenbild, dieser unweltlichen und provinziellen deutschen Weltbürgerlichkeit hat immer etwas Skurril-Spukhaftes und Heimlich-Unheimliches, etwas von stiller Dämonie angehaftet, das zu empfinden meine persönliche Herkunft mir ausnehmend behilflich gewesen sein mag. Ich denke zurück an den deutschen Weltwinkel, aus dem die Traumwelle des Lebens mich her verschlug und der den ersten Rahmen meines Daseins bildete: Es war das alte [3]Lübeck, nahe dem Baltischen Meer, einst Vorort der Hansa, gegründet schon vor der Mitte des zwölften Jahrhunderts und von Barbarossa zur Freien Reichsstadt erhoben im dreizehnten. Das außerordentlich schöne Rathaus, in dem mein Vater als Senator aus und ein ging, war vollendet [4]in dem Jahr, als Martin Luther seine Thesen anschlug ans Tor der Schloßkirche von Wittenberg, also bei Anbruch der neuen Zeit. Aber wie Luther, der Reformator, nach Denkungsweise und Seelenform zum guten Teil ein mittelalterlicher Mensch war und sich zeit seines Lebens mit dem Teufel herumschlug, so wandelte man auch in dem protestantischen Lübeck, sogar in dem Lübeck, das ein republikanisches Glied des Bismarck'schen Reiches geworden war, tief im gotischen Mittelalter, — und dabei denke ich nicht nur an das spitz getürmte Stadtbild mit Toren und Wällen, an die humoristisch-makabren Schauer, die von der Totentanz-Malerei in der Marienkirche ausgingen, die winkligen, verwunschen anmutenden Gassen, die oft noch nach alten Handwerkszünften, den Glockengießern, den Fleischhauern, benannt waren, und an die pittoresken Bürgerhäuser. Nein, in der Atmosphäre selbst war etwas hängengeblieben von der Verfassung des Menschengemütes — sagen wir: in den letzten Jahrzehnten des fünfzehnten Jahrhunderts, Hysterie des ausgehenden Mittelalters, etwas von latenter, seelischer Epidemie. Sonderbar zu sagen von einer verständig-nüchternen modernen Handelsstadt, aber man konnte sich denken, daß plötzlich hier eine Kinderzug-Bewegung, ein Sankt-Veits-Tanz, eine Kreuzwunder-Exzitation mit mystischem Herumziehen des Volkes oder dergleichen ausbräche, — kurzum, ein altertümlich-neurotischer Untergrund war spürbar, eine seelische Geheimdisposition, deren Ausdruck die vielen «Originale» waren, die sich in solcher Stadt immer finden, Sonderlinge und harmlos Halb-Geisteskranke, die in ihren Mauern leben und gleichsam wie die alten Baulichkeiten zum Ortsbilde gehören: ein gewisser Typus von «altem Weib» mit Triefaugen und Krückstock, im halb

spaßhaften Geruch des Hexentums stehend; ein Kleinrentner mit purpur-
ner Warzennase und irgendwelchem tic nerveux, lächerlichen Gewohn-
heiten, einem stereotyp und zwanghaft ausgestoßenen Vogelruf; eine
Frauensperson mit närrischer Frisur, die in einem Schleppkleide ver-
schollener Mode, begleitet von Möpsen und Katzen, in irrer Hochnäsig-
keit die Stadt durchwandert. Und dazu gehören die Kinder, die Gassen-
jungen, die hinter diesen Figuren herziehen, sie verhöhnen und, wenn
sie sich umwenden, in abergläubischer Panik vor ihnen davonrennen...

Ich weiß selbst nicht, warum ich heute und hier diese frühen Erin-
nerungen beschwöre. Ist es, weil ich «Deutschland» zuerst, visuell und
seelisch, in Gestalt dieses wunderlich-ehrwürdigen Stadtbildes erlebte
und weil mir daran liegt, eine geheime Verbindung des deutschen Ge-
mütes mit dem Dämonischen zu suggerieren, die allerdings eine Sache
meiner inneren Erfahrung, aber nicht leicht zu vertreten ist? Unser
größtes Gedicht, Goethe's «*Faust*», hat zum Helden den Menschen an
der Grenzscheide von Mittelalter und Humanismus, den Gottesmen-
schen, der sich aus vermessenem Erkenntnistriebe der Magie, dem Teufel
ergibt. Wo der Hochmut des Intellekts sich mit seelischer Altertümlich-
keit und Gebundenheit gattet, da ist der Teufel. Und der Teufel, Lu-
thers Teufel, Faustens Teufel, will mir als eine sehr deutsche Figur er-
scheinen, das Bündnis mit ihm, die Teufelsverschreibung, um unter
Drangabe des Seelenheils für eine Frist alle Schätze und Macht der
Welt zu gewinnen, als etwas dem deutschen Wesen eigentümlich Na-
heliegendes. Ein einsamer Denker und Forscher, ein Theolog und
Philosoph in seiner Klause, der aus Verlangen nach Weltgenuß und
Weltherrschaft seine Seele dem Teufel verschreibt, — ist es nicht ganz
der rechte Augenblick, Deutschland in diesem Bilde zu sehen, [5]heute,
wo Deutschland buchstäblich der Teufel holt?

Es ist ein großer Fehler der Sage und des Gedichts, daß sie Faust nicht
mit der *Musik* in Verbindung bringen. Er müßte musikalisch, müßte Musi-
ker sein. Die Musik ist dämonisches Gebiet,—[6]Sören Kierkegaard, ein gro-
ßer Christ, hat das am überzeugendsten ausgeführt in seinem schmerzlich-
enthusiastischen Aufsatz über Mozarts *Don Juan*. Sie ist christliche Kunst
mit negativem Vorzeichen. Sie ist berechnetste Ordnung und chaos-
trächtige Wider-Vernunft zugleich, an beschwörenden, inkantativen Ges-
ten reich, Zahlenzauber, die der Wirklichkeit fernste und zugleich die
passionierteste der Künste, abstrakt und mystisch. Soll Faust der Re-
präsentant der deutschen Seele sein, so müßte er musikalisch sein; denn
abstrakt und mystisch, das heißt musikalisch, ist das Verhältnis des
Deutschen zur Welt, — das Verhältnis eines dämonisch angehauchten
Professors, ungeschickt und dabei von dem hochmütigen Bewußtsein
bestimmt, der Welt an «Tiefe» überlegen zu sein.

Worin besteht diese Tiefe? Eben in der Musikalität der deutschen
Seele, dem, was man ihre [7]Innerlichkeit nennt, das heißt: dem Ausei-

nanderfallen des spekulativen und des gesellschaftlich-politischen Elements menschlicher Energie und der völligen Prävalenz des ersten vor dem zweiten. Europa hat das immer gefühlt und auch das Monströse und Unglückliche davon empfunden. 1839 schrieb Balzac: «Les Allemands, s'ils ne savent pas jouer des grands instruments de la Liberté, savent jouer naturellement de tous les instruments de musique.» Das ist klar beobachtet und unterschieden, und es ist nicht die einzige treffende Bemerkung dieser Art, die der große Romancier gemacht hat. In *Cousin Pons* sagt er von dem deutschen Musiker Schmucke, einer wundervollen Figur: «Schmucke, der wie alle Deutschen in der Harmonie sehr stark war, instrumentierte die Partituren, deren Singstimme Pons lieferte.» Richtig; die Deutschen sind ganz vorwiegend Musiker der Vertikale, nicht der Horizontale, größere Meister der Harmonie, in die Balzac die Kontrapunktik einschließt, als der Melodik, Instrumentalisten mehr als Verherrlicher der menschlichen Stimme, dem Gelehrten und Spirituellen in der Musik weit mehr zugewandt als dem Gesanghaft-Volksbeglükkenden. Sie haben dem Abendland — ich will nicht sagen: seine schönste, gesellig verbindendste, aber seine tiefste, bedeutendste Musik gegeben, und es hat ihnen Dank und Ruhm dafür nicht vorenthalten. Zugleich hat es gespürt und spürt es heute stärker als je, daß solche Musikalität der Seele sich in anderer Sphäre teuer bezahlt, — in der politischen, der Sphäre des menschlichen Zusammenlebens.

Martin Luther, eine riesenhafte Inkarnation deutschen Wesens, war außerordentlich musikalisch. Ich liebe ihn nicht, das gestehe ich offen. Das Deutsche in Reinkultur, das Separatistisch-Antirömische, Anti-Europäische befremdet und ängstigt mich, auch wenn es als evangelische Freiheit und geistliche Emanzipation erscheint, und das spezifisch-Lutherische, das Cholerisch-Grobianische, das Schimpfen, Speien und Wüten, das fürchterlich Robuste, verbunden mit zarter Gemütstiefe und dem massivsten Aberglauben an Dämonen, Incubi und Kielkröpfe, erregt meine instinktive Abneigung. Ich hätte nicht [8]Luthers Tischgast sein mögen, ich hätte mich wahrscheinlich bei ihm wie im trauten Heim eines Ogers gefühlt und bin überzeugt, daß ich mit [9]Leo X, Giovanni de' Medici, dem freundlichen Humanisten, den Luther «des Teufels Sau, der Babst» nannte, viel besser ausgekommen wäre. Auch erkenne ich den Gegensatz von Volkskraft und Gesittung, die Antithese von Luther und dem feinen Pedanten Erasmus gar nicht als notwendig an. Goethe ist über diesen Gegensatz hinaus und versöhnt ihn. Er ist die gesittete Voll- und Volkskraft, urbane Dämonie, Geist und Blut auf einmal, nämlich Kunst ... Mit ihm hat Deutschland in der menschlichen Kultur einen gewaltigen Schritt vorwärts getan — oder sollte ihn getan haben; denn in Wirklichkeit hat es sich immer näher zu Luther als zu Goethe gehalten. Und wer wollte leugnen, daß Luther ein ungeheuer großer Mann war, im deutschesten Stil, groß und deutsch

auch in seiner Doppeldeutigkeit als befreiende und zugleich rückschlägige Kraft, ein konservativer Revolutionär. Er stellte ja nicht nur die Kirche wieder her; er rettete das Christentum. Man ist in Europa gewohnt, der deutschen Natur den Vorwurf der Unchristlichkeit, des Heidentums zu machen. Das ist sehr anfechtbar. Deutschland hat es mit dem Christentum am allerernstesten genommen. In dem Deutschen Luther nahm das Christentum sich kindlich und bäuerlich tiefernst zu einer Zeit, als es sich anderwärts nicht mehr ernst nahm. Luthers Revolution konservierte das Christentum — ungefähr wie der New Deal die kapitalistische Wirtschaftsform zu konservieren gemeint ist, — wenn auch der Kapitalismus das nicht verstehen will.

Nichts gegen die Größe Martin Luthers! Er hat nicht nur durch seine gewaltige Bibelübersetzung die deutsche Sprache erst recht geschaffen, die Goethe und Nietzsche dann zur Vollendung führten, er hat auch durch die Sprengung der scholastischen Fesseln und die Erneuerung des Gewissens der Freiheit der Forschung, der Kritik, der philosophischen Spekulation gewaltigen Vorschub geleistet. Indem er die Unmittelbarkeit des Verhältnisses des Menschen zu seinem Gott herstellte, hat er die europäische Demokratie befördert, denn «Jedermann sein eigener Priester», das ist Demokratie. Die deutsche idealistische Philosophie, die Verfeinerung der Psychologie durch die pietistische Gewissensprüfung, endlich die Selbstüberwindung der christlichen Moral aus Moral, aus äußerster Wahrheitsstrenge — denn das war die Tat (oder Untat) Nietzsches —, dies alles kommt von Luther. Er war ein Freiheitsheld, — aber in deutschem Stil, denn er verstand nichts von Freiheit. Ich meine jetzt nicht die Freiheit des Christenmenschen, sondern die politische Freiheit, die Freiheit des Staatsbürgers — die ließ ihn nicht nur kalt, sondern ihre Regungen und Ansprüche waren ihm in tiefster Seele zuwider. Vierhundert Jahre nach ihm sprach der erste Präsident der Deutschen Republik, ein Sozialdemokrat, das Wort: «Ich hasse die Revolution wie die Sünde». Das war echt lutherisch, echt deutsch. So haßte Luther den Bauernaufstand, der, evangelisch inspiriert, wie er war, wenn er gesiegt hätte, der ganzen deutschen Geschichte eine glücklichere Wendung, die Wendung zur Freiheit hätte geben können, in dem aber Luther nichts als eine wüste Kompromittierung seines Werkes, der geistlichen Befreiung sah und den er darum bespie und verfluchte, wie nur er es konnte. Wie tolle Hunde hieß er die Bauern totschlagen und rief den Fürsten zu, jetzt könne man mit Schlachten und Würgen von Bauernvieh sich das Himmelreich erwerben. Für den traurigen Ausgang dieses ersten Versuchs einer deutschen Revolution, den Sieg der Fürsten nebst allen seinen Konsequenzen, trägt Luther, der deutsche Volksmann, ein gut Teil Verantwortung.

Damals lebte in Deutschland ein Mann, dem meine ganze Sympathie

gehört, [10]Tilman Riemenschneider, ein frommer Kunstmeister, ein Bildhauer und Holzschnitzer, hochberühmt für die treue und ausdrucksvolle Gediegenheit seiner Werke, dieser figurenreichen Altarbilder und keuschen Plastiken, die, vielbegehrt, über ganz Deutschland hin die Andachtsstätten schmückten. Ein hohes menschliches und bürgerliches Ansehen hatte der Meister sich in seinem engeren Lebenskreise, der Stadt Würzburg, auch erworben und gehörte ihrem Rate an. Nie hatte er gedacht, sich in die hohe Politik, die Welthändel zu mischen, — es lag das seiner natürlichen Bescheidenheit, seiner Liebe zum freien und friedfertigen Schaffen ursprünglich ganz fern. Er hatte nichts vom Demagogen. Aber sein Herz, das für die Armen, die Unterdrückten schlug, zwang ihn, für die Sache der Bauern, die er für die gerechte und gottgefällige erkannte, Partei zu nehmen gegen die Herren, die Bischöfe und Fürsten, deren humanistisches Wohlwollen er sich leicht hätte bewahren können; es zwang ihn, ergriffen von den großen und grundsätzlichen Gegensätzen der Zeit, herauszutreten aus seiner Sphäre rein geistiger und ästhetischer Kunstbürgerlichkeit und zum Kämpfer zu werden für Freiheit und Recht. Seine eigene Freiheit, die würdige Ruhe seiner Existenz gab er daran für diese Sache, die ihm über Kunst und Seelenfrieden ging. Sein Einfluß war es hauptsächlich, der die Stadt Würzburg bestimmte, der «Burg», dem Fürstbischof die Heeresfolge gegen die Bauern zu verweigern und überhaupt eine revolutionäre Haltung gegen ihn einzunehmen. Er hatte furchtbar dafür zu büßen. Denn nach der Niederwerfung des Bauernaufstandes nahmen die siegreichen historischen Mächte, gegen die er sich gestellt, grausamste Rache an ihm; Gefängnis und Folter taten sie ihm an, und als gebrochener Mann, unfähig hinfort, aus Holz und Stein Schönes zu erwecken, ging er daraus hervor.

Auch das gab es in Deutschland, auch das hat es immer gegeben. Aber das spezifisch und monumental Deutsche ist es nicht. Dieses stellt Luther dar, der musikalische Theolog. Er brachte es im Politischen nicht weiter, als daß er beiden Parteien, den Fürsten und den Bauern, unrecht gab, was nicht verfehlen konnte, ihn bald dahin zu führen, daß er nur noch und bis zur berserkerhaften Wut [11]den Bauern unrecht gab. Seine Innerlichkeit hielt es ganz und gar mit dem Paulinischen [12]«Sei untertan der Obrigkeit, die Gewalt über dich hat». Aber das hatte sich ja auf die Autorität des römischen Weltreiches bezogen, das die Voraussetzung und der politische Raum war für die christliche Weltreligion, während es sich im Falle Luthers um die reaktionäre Winkelautorität der deutschen Fürsten handelte. Seine antipolitische Devotheit, dies Produkt musikalisch-deutscher Innerlichkeit und Unweltlichkeit, hat nicht nur für die Jahrhunderte die unterwürfige Haltung der Deutschen vor den Fürsten und aller staatlichen Obrigkeit geprägt; sie hat nicht nur den deutschen Dualismus von kühnster Spekulation und politischer

Unmündigkeit teils begünstigt und teils geschaffen. Sie ist vor allem repräsentativ auf eine monumentale und trotzige Weise für das kerndeutsche Auseinanderfallen von *nationalem* Impuls und dem Ideal *politischer* Freiheit. Denn die Reformation, wie später die Erhebung gegen Napoleon, war eine *nationalistische* Freiheitsbewegung.

Lassen Sie uns doch einen Augenblick von der Freiheit reden: die eigentümliche Verkehrung, die dieser Begriff unter einem so bedeutenden Volk wie dem deutschen gefunden hat und bis zum heutigen Tage findet, gibt allen Grund zum Nachdenken. Wie war es möglich, daß sogar der nun in Schanden verendende Nationalsozialismus sich den Namen einer «deutschen Freiheitsbewegung» beilegen konnte, — da doch nach allgemeinem Empfinden ein solcher Greuel unmöglich etwas mit Freiheit zu tun haben kann? Es kam in dieser Benennung nicht nur herausfordernde Frechheit, es kam eine von Grund aus unglückselige Konzeption des Freiheitsbegriffes darin zum Ausdruck, ein psychologisches Gesetz, das sich in der deutschen Geschichte immer wieder geltend gemacht hat. Freiheit, politisch verstanden, ist vor allem ein moralisch-innerpolitischer Begriff. Ein Volk, das nicht innerlich frei und sich selbst verantwortlich ist, verdient nicht die äußere Freiheit; es kann über Freiheit nicht mitreden, und wenn es die klangvolle Vokabel gebraucht, so gebraucht es sie falsch. Der deutsche Freiheitsbegriff war immer nur nach außen gerichtet; er meinte das Recht, deutsch zu sein, nur deutsch und nichts anderes, nichts darüber hinaus, er war ein protestierender Begriff selbstzentrierter Abwehr gegen alles, was den völkischen Egoismus bedingen und einschränken, ihn zähmen und zum Dienst an der Gemeinschaft, zum Menschheitsdienst anhalten wollte. Ein vertrotzter Idealismus nach außen, im Verhältnis zur Welt, zu Europa, zur Zivilisation, vertrug sich im Inneren mit einem befremdenden Maß von Unfreiheit, Unmündigkeit, dumpfer Untertänigkeit. Er war militanter Knechtssinn, und der Nationalsozialismus nun gar übersteigerte dies Mißverhältnis von äußerem und innerem Freiheitsbedürfnis zu dem Gedanken der Weltversklavung durch ein Volk, das zu Hause so unfrei war wie das deutsche.

Warum muß immer der deutsche Freiheitsdrang auf innere Unfreiheit hinauslaufen? Warum mußte er endlich gar zum Attentat auf die Freiheit aller anderen, auf die Freiheit selbst werden? Der Grund ist, daß Deutschland nie eine Revolution gehabt und gelernt hat, den Begriff der Nation mit dem der Freiheit zu vereinigen. Die «Nation» wurde in der Französischen Revolution geboren, sie ist ein revolutionärer und freiheitlicher Begriff, der das Menschheitliche einschließt und innerpolitisch Freiheit, außenpolitisch Europa meint. Alles Gewinnende des französischen politischen Geistes beruht auf dieser glücklichen Einheit; alles Verengende und Deprimierende des deutschen patriotischen Enthusiasmus beruht darauf, daß diese Einheit sich niemals bilden konnte.

Man kann sagen, daß der Begriff der «Nation» selbst, in seiner geschicht-
lichen Verbundenheit mit dem der Freiheit, in Deutschland landfremd
ist. Man kann es fehlerhaft finden, die Deutschen eine Nation zu nennen,
mögen sie nun selbst es tun oder andere. Es ist verfehlt, auf ihre vater-
ländische Leidenschaft das Wort «Nationalismus» anzuwenden, — es
heißt französieren und Mißverständnisse schaffen. Man soll nicht zwei
verschiedene Dinge mit demselben Namen zu treffen suchen. Die deut-
sche Freiheitsidee ist völkisch-antieuropäisch, dem Barbarischen immer
sehr nahe, wenn sie nicht geradezu in offene und erklärte Barbarei aus-
bricht wie in unseren Tagen. Aber das Ästhetisch-Abstoßende und Rüde,
das schon ihren Trägern und Vorkämpfern zur Zeit der Freiheitskriege
anhaftet, [13]dem studentischen Burschenschaftswesen und solchen Typen
wie Jahn und Maßmann, zeugt von ihrem unglücklichen Charakter.
Goethe war wahrhaftig nicht fremd der Volkskultur und hatte nicht
nur die klassizistische *Iphigenie*, sondern auch so kerndeutsche Dinge
wie *Faust I*, *Götz* und die *Sprüche in Reimen* geschrieben. Dennoch war
zur Erbitterung aller Patrioten sein Verhalten zum Kriege gegen Napo-
leon von vollkommener Kälte, — nicht nur aus Loyalität gegen seinen
Pair, den großen Kaiser, sondern auch weil er das barbarisch-völkische
Element in dieser Erhebung widerwärtig empfinden mußte. Die Verein-
samung dieses Großen, der jede Weite und Größe bejahte: das Über-
nationale, das Weltdeutschtum, die Weltliteratur in dem patriotisch-
freiheitlich aufgeregten Deutschland seiner Tage ist nicht peinvoll genug
nachzuempfinden. Die entscheidenden und dominierenden Begriffe, um
die sich für ihn alles drehte, waren Kultur und Barbarei, und es war
sein Los, einem Volk anzugehören, dem die Freiheitsidee, weil sie nur
nach außen, gegen Europa und gegen die Kultur gerichtet ist, zur
Barbarei wird.

Hier waltet ein Unsegen, ein Fluch, etwas fortwirkend Tragisches,
das sich noch darin äußert, daß selbst die abweisende Haltung Goethe's
gegen das politische Protestantentum, die völkische Rüpel-Demokratie,
— daß selbst diese Haltung auf die Nation und besonders auf ihren
geistig maßgebenden Teil, das deutsche Bürgertum, hauptsächlich die
Wirkung einer Bestätigung und Vertiefung des lutherischen Dualismus
von geistiger und politischer Freiheit geübt, daß sie den deutschen Bil-
dungsbegriff gehindert hat, das politische Element in sich aufzunehmen.
Es ist sehr schwer, zu bestimmen und zu unterscheiden, wie weit die
großen Männer einem Volkscharakter ihr Gepräge aufdrücken, ihn vor-
bildlich formen — und wie weit sie selbst bereits seine Personifikation,
sein Ausdruck sind. Gewiß ist, daß das Verhältnis des deutschen Gemü-
tes zur Politik ein Unverhältnis, ein Verhältnis der Unberufenheit ist.
Es äußert sich das historisch darin, daß alle deutschen Revolutionen
fehlschlugen: die von 1525, die von 1813, die 48er Revolution, die an
der politischen Hilflosigkeit des deutschen Bürgertums scheiterte, und

endlich die von 1918. Es äußert sich aber auch in dem plumpen und
sinistren Mißverständnis, dem die Idee der Politik bei den Deutschen
so leicht verfällt, wenn der Ehrgeiz sie antreibt, sich ihrer zu bemäch-
tigen.

Man hat die Politik die «Kunst des Möglichen» genannt, und tatsäch-
lich ist sie eine kunstähnliche Sphäre, insofern sie, gleich der Kunst,
eine schöpferisch vermittelnde Stellung einnimmt zwischen Geist und
Leben, Idee und Wirklichkeit, dem Wünschenswerten und dem Not-
wendigen, Gewissen und Tat, Sittlichkeit und Macht. Sie schließt viel
Hartes, Notwendiges, Amoralisches, viel von «expediency» und Zuge-
ständnis an die Materie, viel Allzumenschliches und dem Gemeinen
Verhaftetes ein, und schwerlich hat es je einen Politiker, einen Staats-
mann gegeben, der Großes erreichte und sich nicht danach hätte fragen
müssen, ob er sich noch zu den anständigen Menschen zählen dürfe.
Und dennoch, sowenig der Mensch nur dem Naturreich angehört, so-
wenig ist die Politik nur im Bösen beschlossen. Ohne ins Teuflische
und Verderberische zu entarten, ohne zum Feind der Menschheit zu
verfratzen und ihr oft zugeständnisvolles Schöpfertum in schändliche
und verbrecherische Unfruchtbarkeit zu verkehren, kann es sich ihres
ideellen und geistigen Bestandteils niemals völlig entäußern, niemals
ganz den sittlichen und menschenanständigen Teil ihrer Natur verleug-
nen und sich restlos aufs Unsittliche und Gemeine, auf Lüge, Mord,
Betrug, Gewalt reduzieren. Das wäre nicht mehr Kunst und schöp-
ferisch vermittelnde und verwirklichende Ironie, sondern blinder und
entmenschter Unfug, welcher nichts Wirkliches stiften kann, sondern
nur vorübergehend schreckhaft reüssiert, während er schon auf kür-
zere Dauer weltvernichtend, nihilistisch und auch selbstzerstörerisch
wirkt; denn das vollkommen Unsittliche ist auch das Lebenswidrige.

Die zur Politik berufenen und geborenen Völker wissen denn auch
instinktiv die politische Einheit von Gewissen und Tat, von Geist und
Macht wenigstens subjektiv immer zu wahren; sie treiben Politik als
eine Kunst des Lebens und der Macht, bei der es ohne den Einschlag
von Lebensnützlich-Bösem und allzu Irdischem nicht abgeht, die aber
das Höhere, die Idee, das Menschheitlich-Anständige und Sittliche nie
ganz aus den Augen läßt: eben hierin empfinden sie «politisch» und
werden fertig mit der Welt und mit sich selbst auf diese Weise. Ein solches
auf Kompromiß beruhendes Fertigwerden mit dem Leben erscheint dem
Deutschen als Heuchelei. Er ist nicht dazu geboren, mit dem Leben
fertig zu werden, und er erweist seine Unberufenheit zur Politik, indem
er sie auf eine plump ehrliche Weise mißversteht. Von Natur aus durch-
aus nicht böse, sondern fürs Geistige und Ideelle angelegt, hält er die
Politik für nichts als Lüge, Mord, Betrug und Gewalt, für etwas voll-
kommen und einseitig Dreckhaftes und betreibt sie, wenn er aus welt-
lichem Ehrgeiz sich ihr verschreibt, nach dieser Philosophie. Der

Deutsche, als Politiker, glaubt sich so benehmen zu müssen, daß der Menschheit Hören und Sehen vergeht — dies eben hält er für Politik. Sie ist ihm das Böse, — so meint er denn um ihretwillen recht zum Teufel werden zu sollen.

Wir haben es erlebt. Verbrechen sind geschehen, denen keine Psychologie und Entschuldigung verhilft, und am wenigsten kann es ihnen zur Entschuldigung dienen, daß sie überflüssig waren. Denn das waren sie, zur Sache gehörten sie nicht, Deutschland hätte sie sich schenken können. Seine Macht- und Eroberungspläne hätte es verfolgen können ohne sie. In einer Welt, in der es Trusts und Ausbeutung gibt, war schließlich der Gedanke monopolistischer Exploitierung aller anderen Völker durch den [14]Göring-Konzern nicht ganz und gar fremd. Das Peinliche an ihm war, daß er das herrschende System durch plumpe Übertreibung allzusehr kompromittierte. Überdies aber kam er, als Gedanke, freilich verspätet — heute, wo überall die Menschheit der ökonomischen Demokratie zustrebt, um eine höhere Stufe ihrer sozialen Reife ringt. Die Deutschen kommen immer zu spät. Sie sind spät wie die Musik, die immer von allen Künsten die letzte ist, einen Weltzustand auszudrücken — wenn dieser Weltzustand schon im Vergehen begriffen ist. Sie sind auch abstrakt und mystisch wie diese ihnen teuerste Kunst — beides bis zum Verbrechen. Ihre Verbrechen, sage ich, gehörten nicht notwendig zu ihrem verspäteten Ausbeutungsunternehmen; sie waren ein Hinzukommendes, ein Luxus, den sie sich leisteten aus theoretischer Anlage, zu Ehren einer Ideologie, des Rassenphantasmas. Klänge es nicht wie abscheuliche Beschönigung, so möchte man sagen, sie hätten ihre Verbrechen aus weltfremdem Idealismus begangen. —

Zuweilen, und nicht zuletzt bei Betrachtung der deutschen Geschichte, hat man den Eindruck, daß die Welt nicht die alleinige Schöpfung Gottes, sondern ein Gemeinschaftswerk ist mit jemandem anders. Man möchte die gnadenvolle Tatsache, daß aus dem Bösen das Gute kommen kann, Gott zuschreiben. Daß aus dem Guten so oft das Böse kommt, ist offenbar der Beitrag des anderen. Die Deutschen könnten wohl fragen, warum gerade ihnen all ihr Gutes zum Bösen ausschlägt, ihnen unter den Händen zu Bösem wird. Nehmen Sie ihren ursprünglichen Universalismus und Kosmopolitismus, ihre innere Grenzenlosigkeit, die als seelisches Zubehör ihres alten übernationalen Reiches, des Heiligen Römischen Reiches Deutscher Nation, zu verstehen sein mag. Eine höchst positiv zu wertende Anlage, die aber durch eine Art von dialektischem Umschlag sich ins Böse verkehrte. Die Deutschen ließen sich verführen, auf ihren eingeboren Kosmopolitismus den Anspruch auf europäische Hegemonie, ja auf Weltherrschaft zu gründen, wodurch er zu seinem strikten Gegenteil, zum anmaßlichsten und bedrohlichsten Nationalismus und Imperialismus wurde. Dabei merkten sie selbst, daß

sie mit dem Nationalismus wieder einmal zu spät kamen, daß dieser sich bereits überlebt hatte. Darum setzten sie etwas Moderneres dafür ein: die [15]Rassenparole — die sie denn prompt zu ungeheuerlichen Missetaten vermocht und sie ins tiefste Unglück gestürzt hat.

Oder nehmen Sie die vielleicht berühmteste Eigenschaft der Deutschen, diejenige, die man mit dem sehr schwer übersetzbaren Wort «Innerlichkeit» bezeichnet: Zartheit, der Tiefsinn des Herzens, unweltliche Versponnenheit, Naturfrömmigkeit, reinster Ernst des Gedankens und des Gewissens, kurz alle Wesenszüge hoher Lyrik mischen sich darin, und was die Welt dieser deutschen Innerlichkeit verdankt, kann sie selbst heute nicht vergessen: die deutsche Metaphysik, die deutsche Musik, insonderheit das Wunder des deutschen Liedes, etwas national völlig Einmaliges und Unvergleichliches, waren ihre Früchte. Die große Geschichtstat der deutschen Innerlichkeit war Luthers Reformation — wir haben sie eine mächtige Befreiungstat genannt, und also war sie doch etwas Gutes. Daß aber der Teufel dabei seine Hand im Spiel hatte, ist offensichtlich. Die Reformation brachte die religiöse Spaltung des Abendlandes, ein ausgemachtes Unglück, und sie brachte für Deutschland den Dreißigjährigen Krieg, der es entvölkerte, es verhängnisvoll in der Kultur zurückwarf und durch Unzucht und Seuchen aus dem deutschen Blut wahrscheinlich etwas anderes und Schlechteres gemacht hat, als es im Mittelalter gewesen sein mag. Erasmus von Rotterdam, der das *Lob der Torheit* schrieb, ein skeptischer Humanist von wenig Innerlichkeit, sah wohl, wovon die Reformation trächtig war. «Wenn du furchtbare Wirrnisse in der Welt wirst entstehen sehen», sagte er, «dann denke daran, daß Erasmus sie vorausgesagt hat.» Aber der gewaltig innerliche Grobian von Wittenberg war kein Pazifist; er war voll deutscher Bejahung tragischen Schicksals und erklärte sich bereit, das Blut, das da fließen würde, «auf seinen Hals zu nehmen.» —

Die deutsche Romantik, was ist sie anderes als ein Ausdruck jener schönsten deutschen Eigenschaft, der deutschen Innerlichkeit? Viel Sehnsüchtig-Verträumtes, Phantastisch-Geisterhaftes und Tief-Skurriles, auch ein hohes artistisches Raffinement, eine alles überschwebende Ironie verbindet sich mit dem Begriff der Romantik. Aber nicht dies ist es eigentlich, woran ich denke, wenn ich von deutscher Romantik spreche. Es ist vielmehr eine gewisse dunkle Mächtigkeit und Frömmigkeit, man könnte auch sagen: Altertümlichkeit der Seele, welche sich den chthonischen, irrationalen und dämonischen Kräften des Lebens, das will sagen, den eigentlichen Quellen des Lebens nahe fühlt und einer nur vernünftigen Weltbetrachtung und Weltbehandlung die Widersetzlichkeit tieferen Wissens, tieferer Verbundenheit mit dem Heiligen bietet. Die Deutschen sind ein Volk der romantischen Gegenrevolution gegen den philosophischen Intellektualismus und Rationalismus der Aufklärung — eines Aufstandes der Musik gegen die Lite-

ratur, der Mystik gegen die Klarheit. Die Romantik ist nichts weniger als schwächliche Schwärmerei; sie ist die Tiefe, welche sich zugleich als Kraft, als Fülle empfindet; ein Pessimismus der Ehrlichkeit, der es mit dem Seienden, Wirklichen, Geschichtlichen gegen Kritik und Meliorismus, kurz mit der Macht gegen den Geist hält und äußerst gering denkt von aller rhetorischen Tugendhaftigkeit und idealistischen Weltbeschönigung. Hier ist die Verbindung der Romantik mit jenem Realismus und Machiavellismus, der in Bismarck, dem einzigen politischen Genie, das Deutschland hervorgebracht hat, seine Siege über Europa feierte. Der deutsche Drang zur Einigung und zum Reich, von Bismarck in preußische Bahnen gelenkt, war mißverstanden, wenn man nach gewohntem Muster eine Einigungsbewegung national-demokratischen Gepräges in ihm sah. Er hatte das, um das Jahr 1848, einmal zu sein versucht, obgleich schon die großdeutschen Diskussionen des Paulskirchenparlaments von mittelalterlichem Imperialismus, Erinnerungen ans Heilige Römische Reich angeflogen gewesen waren. Aber es erwies sich, daß der europa-übliche national-demokratische Weg zur Einigung der deutsche Weg nicht war. Bismarcks Reich hatte im tiefsten nichts mit Demokratie und also auch nichts mit Nation im demokratischen Sinn des Wortes zu tun. Es war ein reines Machtgebilde mit dem Sinn der europäischen Hegemonie, und unbeschadet aller Modernität, aller nüchternen Tüchtigkeit knüpfte das Kaisertum von 1871 an mittelalterliche Ruhmeserinnerungen, die Zeit der sächsischen und schwäbischen Herrscher an. Dies eben war das Charakteristische und Bedrohliche: die Mischung von robuster Zeitgemäßheit, leistungsfähiger Fortgeschrittenheit und Vergangenheitstraum, der hochtechnisierte Romantizismus. Durch Kriege entstanden, konnte das unheilige Deutsche Reich preußischer Nation immer nur ein Kriegsreich sein. Als solches hat es, ein Pfahl im Fleische der Welt, gelebt, und als solches geht es zugrunde.

Die geistesgeschichtlichen Verdienste der deutschen romantischen Gegenrevolution sind unschätzbar. Hegel selbst hatte großartigsten Anteil daran, indem seine dialektische Philosophie den Abgrund überbrückte, den die rationalistische Aufklärung und die Französische Revolution zwischen Vernunft und Geschichte aufgerissen hatten. Seine Versöhnung des Vernünftigen mit dem Wirklichen brachte dem geschichtlichen Denken einen mächtigen Auftrieb und schuf geradezu die Wissenschaft von der Geschichte, die es bis dahin kaum gegeben hatte. Romantik ist wesentlich Versenkung, besonders Versenkung in die Vergangenheit; sie ist die Sehnsucht nach dieser und zugleich der realistisch anerkennende Sinn für alles wirklich Gewesene in seinem Eigenrecht, mit seiner Lokalfarbe und Atmosphäre — kein Wunder, daß sie der Geschichtsschreibung außerordentlich zustatten kam, sie in ihrer modernen Form eigentlich erst inaugurierte.

Reich und faszinierend sind die Verdienste des Romantizismus um die Welt des Schönen, auch als Wissenshaft, als ästhetische Lehre. Was Poesie ist, weiß der Positivismus, weiß die intellektualistische Aufklärung überhaupt nicht; erst die Romantik lehrte es eine Welt, die im tugendhaften Akademismus vor Langerweile umkam. Die Romantik poetisierte die Ethik, indem sie das Recht der Individualität und der spontanen Leidenschaft verkündete. Märchen- und Liederschätze hob sie aus den Tiefen völkischer Vergangenheit und war überhaupt die geistvolle Schutzherrin der Folkloristik, die in ihrem farbigen Lichte als eine Abart des Exotismus erscheint. Das Vorrecht vor der Vernunft, das sie dem Emotionellen, auch in seinen entlegenen Formen als mystischer Ekstase und dionysischem Rausch einräumte, bringt sie in eine besondere und psychologisch ungeheuer fruchtbare Beziehung zur Krankheit — wie denn noch der Spätromantiker Nietzsche, ein selbst durch Krankheit ins Tödlich-Geniale emporgetriebener Geist, nicht genug den Wert der Krankheit für die Erkenntnis feiern konnte. In diesem Sinn ist selbst noch die Psychoanalyse, die einen tiefen Vorstoß des Wissens vom Menschen von der Seite der Krankheit her bedeutete, ein Ausläufer der Romantik.

Goethe hat die lakonische Definition gegeben, [16]das Klassische sei das Gesunde und das Romantische das Kranke. Eine schmerzliche Aufstellung für den, der die Romantik liebt bis in ihre Sünden und Laster hinein. Aber es ist nicht zu leugnen, daß sie noch in ihren holdesten, ätherischsten, zugleich volkstümlichen und sublimen Erscheinungen den Krankheitskeim in sich trägt, wie die Rose den Wurm, daß sie ihrem innersten Wesen nach Verführung ist, und zwar Verführung zum Tode. Dies ist ihr verwirrendes Paradox, daß sie, die die irrationalen Lebenskräfte revolutionär gegen die abstrakte Vernunft, den flachen Humanitarismus vertritt, eben durch ihre Hingabe an das Irrationale und die Vergangenheit, eine tiefe Affinität zum Tode besitzt. Sie hat in Deutschland, ihrem eigentlichen Heimatland, diese irisierende Doppeldeutigkeit, als Verherrlichung des Vitalen gegen das bloß Moralische und zugleich als Todesverwandtschaft, am stärksten und unheimlichsten bewährt. Sie hat als deutscher Geist, als romantische Gegenrevolution dem europäischen Denken tiefe und belebende Impulse gegeben, aber ihrerseits hat ihr Lebens- und Todesstolz es verschmäht, von Europa, vom Geist der europäischen Menschheitsreligion, des europäischen Demokratismus, irgendwelche korrigierenden Belehrungen anzunehmen. In ihrer realistisch-machtpolitischen Gestalt, als Bismarckismus, als deutscher Sieg über Frankreich, über die Zivilisation und durch die Errichtung des scheinbar in robustester Gesundheit prangenden deutschen Machtreiches hat sie der Welt zwar Staunen abgenötigt, sie aber auch verwirrt, deprimiert und sie, sobald nicht mehr das Genie selbst diesem Reiche vorstand, in beständiger Unruhe gehalten.

Eine kulturelle Enttäuschung war das geeinte Machtreich außerdem. Nichts geistig Großes kam mehr aus Deutschland, das einst der Lehrer der Welt gewesen war. Es war nur noch stark. Aber in dieser Stärke und unter aller organisierten Leistungstüchtigkeit dauerte und wirkte fort der romantische Krankheits- und Todeskeim. Geschichtliches Unglück, die Leiden und Demütigungen eines verlorenen Krieges nährten ihn. Und, heruntergekommen auf ein klägliches Massenniveau, das Niveau eines Hitler, brach der deutsche Romantizismus aus in hysterische Barbarei, in einen Rausch und Krampf von Überheblichkeit und Verbrechen, der nun in der nationalen Katastrophe, einem physischen und psychischen Kollaps ohnegleichen, sein schauerliches Ende findet.

Was ich Ihnen in abgerissener Kürze erzählte, meine Damen und Herren, ist die Geschichte der deutschen «Innerlichkeit». Es ist eine melancholische Geschichte — ich nenne sie so und spreche nicht von «Tragik», weil das Unglück nicht prahlen soll. Eines mag diese Geschichte uns zu Gemüte führen: daß es nicht zwei Deutschland gibt, ein böses und ein gutes, sondern nur eines, dem ein Bestes durch Teufelslist zum Bösen ausschlug. Das böse Deutschland, das ist das fehlgegangene gute, das gute im Unglück, in Schuld und Untergang. Darum ist es für einen deutsch geborenen Geist auch so unmöglich, das böse, schuldbeladene Deutschland ganz zu verleugnen und zu erklären: «Ich bin das gute, das edle, das gerechte Deutschland im weißen Kleid, das böse überlasse ich euch zur Ausrottung». Nichts von dem, was ich Ihnen über Deutschland zu sagen oder flüchtig anzudeuten versuchte, kam aus fremdem, kühlem, unbeteiligtem Wissen; ich habe es auch an mir, ich habe es alles am eigenen Leibe erfahren.

Mit anderen Worten: was ich hier, gedrängt von der Zeit, zu geben versuchte, war ein Stück deutscher Selbstkritik — und wahrhaftig, ich hätte deutscher Tradition nicht treuer folgen können als eben hiermit. Der Hang zur Selbstkritik, der oft bis zum Selbstekel, zur Selbstverfluchung ging, ist kerndeutsch, und ewig unbegreiflich wird bleiben, wie ein so zur Selbsterkenntnis angelegtes Volk zugleich den Gedanken der Weltherrschaft fassen konnte. Zur Weltherrschaft gehört vor allem Naivität, eine glückliche Beschränktheit und sogar Vorsatzlosigkeit, nicht aber ein extremes Seelenleben wie das deutsche, worin sich der Hochmut mit der Zerknirschung paart. Den Unerbittlichkeiten, die große Deutsche, Hölderlin, Goethe, Nietzsche, über Deutschland geäußert haben, ist nichts an die Seite zu stellen, was je ein Franzose, ein Engländer, auch ein Amerikaner seinem Volk ins Gesicht gesagt hat. Goethe ging, wenigstens in mündlicher Unterhaltung, so weit, die deutsche Diaspora herbeizuwünschen. [17]«Verpflanzt», sagte er, «und zerstreut wie die Juden in alle Welt müssen die Deutschen werden!» Und er fügte hinzu:» — um die Masse des Guten, die in ihnen liegt, ganz und zum Heile der Nationen zu entwickeln.»

Die Masse des Guten — sie ist da, und in der hergebrachten Form des nationalen Staates konnte sie sich nicht erfüllen. Der Zerstreuung über die Welt, die Goethe seinen Deutschen wünschte und zu der sie nach diesem Kriege wohl eine starke Neigung spüren werden, wird die Immigrationsgesetzgebung der anderen Staaten einen eisernen Riegel vorschieben. Aber bleibt nicht, trotz aller drastischen Abmahnung von übertriebenen Erwartungen, die uns die Machtpolitik zuteil werden läßt, die Hoffnung bestehen, daß zwangsläufig und notgedrungen nach dieser Katastrophe die ersten, versuchenden Schritte geschehen werden in der Richtung auf einen Weltzustand, in dem der nationale Individualismus des neunzehnten Jahrhunderts sich lösen, ja schließlich vergehen wird und welcher der im deutschen Wesen beschlossenen «Masse des Guten» glücklichere Bewährungsmöglichkeiten bieten mag als der unhaltbar gewordene alte? Es könnte ja sein, daß die Liquidierung des Nazismus den Weg freigemacht hat zu einer sozialen Weltreform, die gerade Deutschlands innersten Anlagen und Bedürfnissen die größten Glücksmöglichkeiten bietet. Weltökonomie, die Bedeutungsminderung politischer Grenzen, eine gewisse Entpolitisierung des Staatenlebens überhaupt, das Erwachen der Menschheit zum Bewußtsein ihrer praktischen Einheit, ihr erstes Ins-Auge-Fassen des Weltstaates — wie sollte all dieser über die bürgerliche Demokratie hinausgehende soziale Humanismus, um den das große Ringen geht, dem deutschen Wesen fremd und zuwider sein? In seiner Weltscheu war immer so viel Weltverlangen, auf dem Grunde der Einsamkeit, die es böse machte, ist, wer wüßte es nicht! der Wunsch, zu lieben, der Wunsch, geliebt zu sein. Zuletzt ist das deutsche Unglück nur das Paradigma der Tragik des Menschseins überhaupt. Der Gnade, deren Deutschland so dringend bedarf, bedürfen wir alle.

COMMENTARY

Text: Thomas Mann, *Gesammelte Werke (Stockholmer Gesamtausgabe), Reden und Aufsätze* II (1965), 313–35. The English text is in *Thomas Mann's Addresses Delivered at the Library of Congress 1942-9* (Washington D. C., 1963).

1. *Sine ira et studio*: 'impartially'; a phrase from Tacitus, *Annales* I, *1*.
2. *in der Nachtmütze*: a reference to the 'Deutscher Michel', caricature personification of the national German character, corresponding to England's John Bull, America's Uncle Sam and so on.
3. *Lübeck*: Thomas Mann's birthplace. Mann's history is at fault here: Bar-

barossa (the Emperor Friedrich I) died in 1190; it was in fact his grand-son Friedrich II who made Lübeck a free city in 1226.

4. *in dem Jahr* etc.: Luther posted his articles on the church door in Witten-berg in 1517. The schematic custom of dating modern times from the beginning of the sixteenth century should not blind us to the fact that, as Mann points out, there is a great deal about Luther, for all his apparent progressiveness, that is still backward-looking, 'medieval' in character.

5. *heute* etc.: Mann was writing his text in February and March; the final German surrender was on May 8, and he actually delivered his address on May 29.

6. *Sören Kierkegaard*: Danish religious thinker (1813–55), who is often re-garded as the fountain-head of the modern 'existentialist' line of thought that leads through Nietzsche to Heidegger, Jaspers, Sartre, Gabriel Marcel and the humanistic Protestantism of Karl Barth, Paul Tillich and others.

7. *Innerlichkeit*: this equation of 'inwardness' with the 'musicality of the German soul' has become a *locus classicus* for modern studies of the German national character. The tradition of Romanticism in German art and life through the nineteenth century, from Wackenroder and Novalis to Wagner and Nietzsche, reveals in its most characteristic form the domination of cultural values by—indeed, virtually their identification with—the ethos of music. In philosophy this equivalence finds its most complete expres-sion in Schopenhauer (see Vol. I, p. 189), who sets music at the heart of the cosmic mystery and makes the world ultimately apprehensible through the inner nature of music. In the arts it has its grandest moment in the music-dramas of Wagner. Wagner's encounter with Schopenhauer's *Die Welt als Wille und Vorstellung* was the greatest spiritual experience of his life. Nietzsche's encounter with Wagner's music was the fulcrum of his intellectual development. And Thomas Mann lived successively through the worlds of Schopenhauer, of Wagner and of Nietzsche, revealing his experience both in fiction and in critical essays, and synthesising, through a figure like Adrian Leverkühn in *Doktor Faustus* and through an analysis of national character like *Deutschland und die Deutschen*, what he saw as the dominant, ever-present, ineradicable forces behind the cultural and political history of Germany.

An interesting contrast to Mann's conception of German *Innerlichkeit* is Max Scheler's essay *Von zwei deutschen Krankheiten*, written in 1918–19—the moment of Germany's defeat in World War I, as Mann's *Deutschland und die Deutschen* was written at the moment of her defeat in World War II. The first of Scheler's 'maladies' is the German proneness to swing violently from one extreme to the other, from overbearing pride in vic-tory to abject servility in defeat—what Scheler calls 'die Krankheit der Abwechslung von Protest und maßloser Hingabe' (*Gesammelte Werke* VI, 1963, 207). The other is 'falsche Innerlichkeit', a dishonest aversion from social and political reality, a flight into irresponsibility and arbitrary values, creating a false distinction between 'Macht' and 'Geist' and dividing the nation at a time when it needs above all to be united. Like Mann, Scheler traces '*Innerlichkeit*' back to Luther and the German mystics, and forwards to the Romantic nineteenth century, and does not deny the reality of the

elements that constitute the phenomenon—though, with good cause and no little pleasure, he calls the term itself 'eine der unerträglichsten Wortbildungen neudeutschen Sprachgebrauchs' (*ed. cit.* 208). But he objects to the divisive and destructive results that follow from allowing such values to govern personal and corporate life, and he demands the removal of this hindrance to the achievement of national unity.

8. *Luthers Tischgast*: Luther's attitudes and opinions in the latter years of his life are reflected in his *Tischreden*.

9. *Leo X*: the Medici Pope (1475–1521), who was in office at the time of Luther's rebellion against the Church and who excommunicated him in 1521. His political ruthlessness was offset by his great patronage of art and learning. Heine gives a not dissimilar portrait of him, as well as of Luther and of the relationship between the two, in Book I of *Zur Geschichte der Religion und Philosophie in Deutschland*.

10. *Tilman Riemenschneider*: (1468–1531), sculptor, a native of Würzburg, whose altarpieces mark the transition, under Italian influence, from the stark Gothic style to the softer forms of the Renaissance.

11. *den Bauern unrecht gab*: Luther's most violent attack on the rebellious peasants came in his pamphlet *Wider die rauberischen und mörderischen Rotten der Bauern*.

12. *'Sei untertan der Obrigkeit'* etc.: 'Let every soul be subject unto the higher powers' (Romans XIII, 1).

13. *dem studentischen Burschenschaftswesen* etc: the *Burschenschaften* were in the forefront of patriotic agitation in the early nineteenth century. The rabid nationalist Ludwig ('Turnvater') Jahn devoted himself to promoting the health of the young by mass physical exercise (the Hitler Youth found him a congenial ancestor), and his work was continued by Hans Ferdinand Massmann, also remembered as a distinguished medieval literary scholar.

14. *Göring-Konzern*: i.e. the German Wehrmacht. Hermann Goering, second in command to Hitler, was commander of the Luftwaffe; he was condemned to death by the Nuremberg Tribunal in 1946, but poisoned himself the day before the execution was due to be carried out.

15. *Rassenparole*: Nazi racialism rested on the dual foundation of anti-Semitism and 'Aryan', Teutonic supremacy, derived mainly from the writings of Count Gobineau (*Essai sur l'inégalité des races humaines*, 1853–5) and Houston Stewart Chamberlain (*Grundlagen des 19. Jahrhunderts*, 1899), and repeated by Hitler in *Mein Kampf*.

16. *das Klassische sei das Gesunde* etc.: Goethe to Eckermann, April 2, 1829.

17. *'Verpflanzt und zerstreut'* etc. : '. . . . der beste Rat, der zu geben sei, ist die Deutschen, wie die Juden, in alle Welt zu zerstreuen, nur auswärts seien sie noch erträglich' (Goethe, in a letter to Wilhelm von Humboldt, November 17/18, 1808).

ADORNO (1903-69)

Das Bewußtsein der Wissenssoziologie (1953)

Prominent among the thinkers whose authority the young radicals of the so-called New Left invoked in the 1950s and 1960s was the Jewish philosopher, sociologist and musicologist Theodor Wiesengrund Adorno (the family name was Wiesengrund). This statement of context adumbrates both his contemporary significance and his line of intellectual descent. Or, put in another way, it both defines the modern form in which his particular allegiance to the German intellectual tradition manifests itself, and suggests an impermanence, or at least an inconstancy, in the influence which his writings have had, an influence which owes a great deal to the atmosphere of ideological crisis which enveloped the German university world in the 1950s and whose density has only slightly dissipated since that time.

A dual career as sociologist and writer on music was implicit in Adorno from the beginning. He studied composition with Alban Berg in Vienna in 1925, and edited the Viennese music journal *Anbruch* from 1928 to 1932. During the same period he became associated with the *Institut für Sozialforschung* in Frankfurt. This Institute, founded in 1923 and affiliated to the University of Frankfurt, was from the very beginning in the hands of Marxists, and although the growing emphasis on Hegelianism tended to loosen the more doctrinaire Marxist tenets, the radical Left-wing bias has remained unshaken. In this the Institute stands in marked contrast to the liberal *Deutsche Hochschule für Politik*, born in 1920 out of Friedrich Naumann's *Staatsbürgerschule*, as well as to the later *Institut für Zeitgeschichte* in Munich. Under its first president, Carl Grünberg, the Frankfurt *Institut für Sozialforschung* launched itself as a centre for changing society through the principles of Marxian sociology, and the same direction was followed by Max Horkheimer, who succeeded Grünberg in 1931 and worked closely with Adorno on many projects. As well as Horkheimer and Adorno, Erich Fromm, Henryk Grossmann, Walter Benjamin and Herbert Marcuse were among those who worked and lectured at the Institute in the few years before Hitler's assumption of power in 1933 brought its activity to an abrupt end.

In 1934 Adorno emigrated from Germany to England, and in 1938 he

rejoined the newly-constituted Institute for Social Research, as it was now called, which Horkheimer had set up in New York under the wing of Columbia University. He moved with the Institute and Horkheimer to California—haven of so many refugees from Hitler—in 1941, and these years in the United States greatly widened his reputation (America has always been a profitable stamping-ground for sociologists: even the 'father of sociology', Max Weber, had to be 'discovered' in the United States before the true extent of his importance was realised in Europe, particularly in Germany). In 1949 he returned to Germany, becoming Professor of Sociology at Frankfurt and director of the *Institut für Sozialforschung,* now back in its original home and centre once more of the intense Leftist activity of the 'Frankfurt School' and its disciples.

Adorno's intellectual origins lie in Hegel and the Hegelian dialectic, on which was superimposed the epistemological influence of Husserl. In his formative years the cultural Marxism of Georg Lukács and Walter Benjamin made a deep impression on him, but the nature of his own thought has reflected uncompromisingly non-conformist attitudes in whatever fields occupied his attention. He opposed the approaches of phenomenology and ontology, and was particularly outspoken in his attacks on Jaspers and Heidegger. His own pursuit of the sociology of knowledge was not by means of patterns of thought proper to individual social groups but by seeking the sociological and historical forces inherent in philosophical problems and making these forces into objects of study in their own right, as though they were themselves philosophies. The pursuit of truth and the study of sociology thus fuse into a single activity, and whatever theories emerge are based on the study of individual concrete examples and sets of such examples.

Since philosophy, sociology and aesthetics were inseparably linked, both in his principles and in his methods, he was naturally drawn to the use of psychoanalytical methods, whether the subject were literary (*Noten zur Literatur,* 1958 and 1961), philosophical (*Kierkegaard,* 1962; *Negative Dialektik,* 1966), musical (*Versuch über Wagner,* 1954; *Philosophie der neuen Musik,* 1949; *Einleitung in die Musiksoziologie,* 1962; *Mahler,* 1960), or sociological (*The Authoritarian Personality,* 1950, with N. R. Sanford and others—an examination of fascist tendencies as traits of character, rather than as phenomena of history or politics). Investigations of method went hand-in-hand with investigations of content, and the results were presented in an intense, heavily metaphorical, frequently almost impenetrable style.

It is probably in the sociology of music that Adorno's most substantial and original work is to be found. Those who have ventured into this sphere have emerged with results either embarrassingly naive, like Wilfrid Mellers *(Music and Society)* or distortedly tendentious, like Marxist 'socialist realists'. Adorno, for all his limitations and dogma-

tisms, offers something rather more sophisticated, and certainly more challenging. Like Horkheimer, he looked on art essentially as a social product and was concerned with the 'Kulturindustrie'—as, incidentally, had been the early Wagner in his *Kunst und Revolution*. This Marxist slant puts his writings on music, most of which, apart from those mentioned above, are in short essay- or review-form, into the company of such works as Walter Benjamin's *Das Kunstwerk im Zeitalter seiner technischen Reproduzierbarkeit*, Ernst Fischer's *Von der Notwendigkeit der Kunst*, and Arnold Hauser's *Sozialgeschichte der Kunst und Literatur*, as well as of the earlier extended literary studies of Lukács.

The nature, function and reception of music in the present age—or of the arts in general, for that matter—are not, of course, problems peculiar to Germany, but partly because of the rich tradition of German music, coupled with the historico-philosophical 'musicality of the German soul', as Thomas Mann called it (see p. 235 above), and partly through the activities of Adorno and the Frankfurt School, they have a persistent importance in the context of modern German thought and the development of the German intellectual tradition. The assumptions of 'art as communication' and of the artist as 'a man with something to say' are under attack. On the one hand the lurid pseudo-metaphysical importunings of Stockhausen and his acolytes claim to demonstrate the liberation, both in theory and in practice, of the creative musician. On the other, Adorno and his politically-oriented disciples talk in an involved jargon of music as a 'Kulturprodukt' and seek a dogma of the 'Produktionsverhältnisse' apart from which, they maintain, the work of art can have neither life nor meaning. The former, particularly in its frequent recourse to a rarefied, quasi-mystical terminology, seems to belong in part to the other-wordly, idealistic strain in German thought, from the Middle Ages through Luther and Leibniz down to the Romantics, Hegel and the nineteenth-century Hegelian tradition; the latter recalls the concern with a moral, society-based, national cultural life as assumed, in their different ways, by Lessing, Marx, Thomas Mann and Brecht.

Ironically, the 'New Music' of electronic sound-production, 'prepared' instruments and 'free', unpredictable effects appears itself to be in danger—some would say fortunately—of becoming a fashionable consumer product in Adorno's sense. It attracts an identifiable clientele, numerically more-or-less stable, of the vociferous avant-garde from within the younger generations, and its inward-looking attitudes and procedures—this has its parallels in social and political contexts—seem meant for a coterie of converts who may eventually be seen to be the only real market for its goods. And when this volatile market takes its spending power elsewhere, the production line will come to a halt. The German intellectual and cultural tradition is not poor in spiritual and artistic bankruptcies.

Adorno's essay *Das Bewußtsein der Wissenssoziologie* was originally written in 1937 but not published at the time; later it was revised, and first appeared in the journal *Aufklärung* in 1953, subsequently to be included in *Prismen* (1955), one of the volumes in which his shorter pieces were collected and published as his thoughts and methods began to become fashionable. In essence it is a critique of the work of his fellow-sociologist and fellow-exile from Nazi Germany, Karl Mannheim (see Commentary Note 1 below), more particularly of Mannheim's *Mensch und Gesellschaft im Zeitalter des Umbaus* (1935). In tone and manner, language and style, it is utterly typical. At the same time, by virtue of its subject it affords us a view, albeit a highly personal and one-sided view, of the work of a very different sociologist of the same generation, and thus helps to round out the picture of social thought in twentieth-century Germany to which other works in the present volume also contribute.

BIBLIOGRAPHY

(ed.) M. Horkheimer, *Zeugnisse. T. W. Adorno zum 60. Geburtstag* (Frankfurt, 1963)

Über T. W. Adorno — essays by various hands (Frankfurt, 1968)

Das Bewußtsein der Wissenssoziologie

) Die von [1]Karl Mannheim vertretene Wissenssoziologie beginnt abermals in Deutschland zu wirken. Das verdankt sie dem Gestus der harmlosen Skepsis. Sie stellt, gleich ihren existenzphilosophischen Gegenspielern, alles in Frage und greift nichts an. Intellektuelle, die sich vom wirklichen oder vermeintlichen «Dogma» abgestoßen fühlen, sind angeheimelt vom Klima einer Vorurteilslosigkeit und Voraussetzungslosigkeit, die ihnen obendrein etwas vom Pathos der selbstbewußt-einsam ausharrenden Rationalität [2]Max Webers als Wegzehrung fürs schwankende Bewußtsein ihrer Autonomie spendet. Bei Mannheim so gut wie bei seinem Antipoden [3]Jaspers kommen manche Impulse der Weberschen Schule zutage, die einstmals dem polyhistorischen Bau eingemauert waren. Deren wichtigster ist der zur Abwehr der Ideologienlehre in ihrer authentischen Gestalt. All das mag rechtfertigen, auf ein älteres Buch Mannheims wie *Mensch und Gesellschaft im Zeitalter des Umbaus* zurückzukommen. Es wendet sich an eine breitere Leserschicht als das Ideologiebuch. Es ist nicht auf jegliche seiner Formulierungen festzulegen. Um so mehr trägt es zur Einsicht in die Wirkung bei.

Die Gesinnung ist «positivistisch»: gesellschaftliche Phänomene werden «als solche» hingenommen und dann klassifikatorisch nach Allgemeinbegriffen aufgeteilt. Damit sind die sozialen Antagonismen tendenziell nivelliert: sie erscheinen bloß noch als subtile Modifikationen eines Begriffsapparates, dessen abdestillierte «Prinzipien» sich selbstherrlich installieren und sich schattenhafte Kämpfe liefern: «Die letzte Wurzel aller Konflikte im gegenwärtigen Zeitalter des Umbaus läßt sich in eine einfache Formel fassen. Es geht auf der ganzen Linie um Spannungen, die aus dem unbewältigten Nebeneinanderwirken des 'laisser-faire-Prinzips' und des neuen Prinzips der Regulierung entstehen.» Als ob nicht alles davon abhinge, wer wen reguliert. Oder es wird für die Nöte des Zeitalters «das Irrationale» an Stelle bestimmter Menschengruppen oder einer bestimmten Beschaffenheit der Gesellschaft verantwortlich gemacht; das Anwachsen der Antagonismen heißt nobel «disproportionale Entwicklung der menschlichen Fähigkeiten», wie wenn es sich um Persönlichkeiten handelte und nicht um die anonyme Maschinerie, welche das Individuum abschafft. Die Nivellierung trifft Gerechte und Ungerechte gleichermaßen; aus ihnen wird der «Durchschnittsmensch» ausabstrahiert und diesem, als «von je vorhanden», «Engstirnigkeit» zugeschrieben. Mannheim gesteht von der «experimentierenden Selbstbeobachtung», deren Namen er exakteren Wissenschaften entlehnt, frank zu: «Alle diese Formen der Selbstbeobachtung haben eine Tendenz

zur Nivellierung und verzichten auf individuelle Differenzen, weil sie am Generellen des Menschen und seiner Wandelbarkeit interessiert sind.» Nicht aber an seinen besonderen Verhältnissen und seiner realen Verwandlung. Die generalisierende Ordnung von Mannheims Begriffswelt ist in ihrer Neutralität der realen wohlgesinnt: sie bedient sich der sozialkritischen Termini und nimmt ihnen zugleich den Stachel.

Nivelliert wird vorab der Begriff der Gesellschaft als solcher, vermöge einer Redeweise, die den aufs äußerste kompromittierten Terminus «Integration» beschwört. Er tritt nicht zufällig auf. Der Rekurs auf die gesellschaftliche Totalität hat bei Mannheim weniger die Funktion, die verstrickte Abhängigkeit der Menschen im Ganzen hervorzuheben, als den gesellschaftlichen Prozeß selber im Sinne eines mittleren Ausgleichs der Widersprüche im Ganzen zu verklären, durch welchen theoretisch die Widersprüche verschwinden, in denen doch gerade der Lebensprozeß «der» Gesellschaft besteht. «So sieht man es einer sich durchsetzenden Meinung in der Gesellschaft nicht ohne weiteres an, daß sie das Ergebnis eines Selektionsprozesses ist, der viele in dieselbe Richtung strebende Lebensäußerungen integriert»: in solchem Begriff der Selektion verschwindet die Tatsache, daß Lebensnot unter immerwährender katastrophischer Bedrohung und aberwitzigen Opfern den Mechanismus stöhnend im Gange erhält. Die prekäre und irrationale Selbsterhaltung der Gesellschaft wird umgefälscht zu einer Leistung ihrer immanenten Gerechtigkeit oder «Vernünftigkeit».

Wo integriert wird, sind auch die Eliten nicht weit. Die «Kulturkrise», zu welcher bei Mannheim Terror und Grauen eilends sich sublimieren, wird ihm zum «Problem der Elitenbildung». Er weiß vier «Prozesse» herauszupräparieren, in denen dies Problem sich kristallisieren soll: die wachsende Zahl der Eliten und die daraus entstehende Schwächung ihrer Stoßkraft; die Zerstörung der Geschlossenheit der Elitegruppen; der Wandel im Selektionsprozeß der Eliten; der Wandel in ihrer Zusammensetzung. Es stehen dabei zunächst die benutzten Kategorien in Frage. Der Positivist, der *sine ira et studio* die Tatsachen registriert, ist bereit, mit ihnen die Phrasen hinzunehmen, welche die Tatsachen verschleiern. Eine solche Phrase ist der Elitebegriff selber. Seine Unwahrhaftigkeit besteht darin, daß die Privilegien bestimmter Gruppen teleologisch für das Resultat eines wie immer gearteten objektiven Ausleseprozesses ausgegeben werden, während niemand die Eliten ausgelesen hat als etwa diese sich selber. Mannheim aber sieht bei der Verwendung des Elitebegriffs von der gesellschaftlichen Macht ab. Er gebraucht ihn lediglich formalsoziologisch «deskriptiv». Das erlaubt es ihm, auf die je Privilegierten alles erwünschte Licht fallen zu lassen. Zugleich aber ist der Elitebegriff so gewandt, daß die gegenwärtige Not durch irgendwelche gleichfalls «neutrale» Störungen des Elitemechanismus ohne Rücksicht auf die politische Ökonomie von oben her deduzierbar wird.

Dabei gerät Mannheim in offenen Konflikt mit den Fakten. Wenn er behauptet, es sei in der «massendemokratischen» Gesellschaft für jedermann stets leichter geworden, in alle gesellschaftlichen Wirkungssphären Zutritt zu finden, und es werde damit den Eliten «ihre zur Ausformung der geistig-seelischen Impulse nötige Exklusivität genommen», so widerspricht dem die bescheidenste vorwissenschaftliche Erfahrung. Die mangelnde Homogenität der Eliten ist eine Fiktion, verwandt der marktgängigen vom Chaos der Wertewelt und der Zersetzung aller festen Ordnungen. Wer nicht hereinpaßt, wird draußengehalten. Noch diejenigen Differenzen der Überzeugung, in denen sich solche der realen Interessen ausprägen, taugen dazu, über die Einigkeit im Entscheidenden zu täuschen. Nichts ist dabei dienlicher als das Gerede von der Kulturkrise, in das Mannheim ohne Zögern einstimmt. Es verzaubert das reale Leiden in die Schuld des Geistes, denunziert die Kultur und kommt meist der Barbarei zugute. Kulturkritik hat ihre Funktion gewechselt. Längst ist der Bildungsphilister nicht mehr der Fortschrittsmann, [4]die Figur, als welche Nietzsche David Friedrich Strauß identifizierte. Sondern er hat Tiefsinn und Pessimismus gelernt, verleugnet in deren Namen die Humanität, die mit seinen gegenwärtigen Interessen unvereinbar ward, und sein altehrwürdiger Zerstörungsdrang kehrt sich gegen die gleichen Güter, deren Untergang er sentimental bejammert. Den Bildungssoziologen der Kulturkrise ficht das wenig an. Seine heroische ratio hat nicht einmal Bedenken, die abgeleierte These vom Erlöschen der stilbildenden Kraft der europäischen Kunst seit dem Ende des Biedermeiers romantisch-reaktionär gegen die Moderne zu wenden.

Hingenommen wird mit der Elitetheorie auch deren spezifische Färbung. Zu den konventionellen Begriffen schickt sich der naive Respekt vor dem, wofür sie einstehen. Mannheim nennt als Selektionsprinzipien der Eliten «Blut, Besitz und Leistung», ohne daß die Leidenschaft zur Destruktion von Ideologien ihn etwa dazu bewöge, diesen Prinzipien selber die Legitimation abzuverlangen; ja er weiß zu Hitlers Lebzeiten von einem «echten Blutprinzip» zu erzählen, das früher «die Reinheit edler Zuchtminoritäten und deren Traditionen» garantiert habe. Von da ist zum [5]Neuadel aus Blut und Boden nur ein Schritt. Ihn zu vollziehen, wird Mannheim durch allgemeinen Kulturpessimismus abgehalten. Für ihn gibt es noch zu wenig Blut. Seine Angst ist eine «Massendemokratie», in der Blut und Besitz als Selektionsprinzipien wegfielen: durch den allzu raschen Wechsel der Eliten sei die Kontinuität bedroht. Besonders aber liegt ihm am Herzen, daß es mit der Esoterik des «echten Blutprinzips» nicht mehr recht stimme: man sei «in dieser Beziehung demokratisch geworden und möchte den offenen Gruppen der großen Massen das Privileg des leistungslosen Emporkommens gewährleisten». So wenig die Edlen je edler waren als die anderen, so wenig sind sie objektiv in der Lage oder subjektiv gewillt, vom Prinzip des Privilegs im

Ernst etwas nachzulassen. — Vereint die invariantenfrohe Elitetheorie historisch verschiedene Stufen dessen, was die Soziologen heute soziale Differenzierung nennen, wie die feudale und die kapitalistische, als «Blut- und Besitzprinzip», so reißt sie dafür ebenso gutwillig auseinander, was zusammengehört: Besitz und Leistung. Max Weber hatte dargetan, daß [6]der Geist des Frühkapitalismus beide identifiziert: daß die Leistungs- fähigkeit im rational konstituierten Arbeitsprozeß meßbar wird an ihrem materiellen Erfolg. Die Gleichsetzung von Leistung und materiellem Erfolg hat ihren psychologischen Niederschlag in der Bereitschaft gefunden, den Erfolg als solchen zum Fetisch zu machen. Mannheim erhebt das zum «Geltungstrieb». In der Ideologie treten Besitz und Lei- stung erst auseinander, wenn offenkundig der «Leistung» als der ökono- mischen ratio des Einzelnen nicht mehr der «Besitz» als ihr möglicher Er- folg entspricht. Dann erst werden die Bürger wahrhaft zu Edelmän- nern. — Mannheims «Selektionsmechanismen» sind danach Erfindun- gen: willkürlich gewählte Bezugssysteme, distanziert vom Lebens- prozeß der tatsächlichen Gesellschaft.

Sie müssen zu Konsequenzen herhalten, die den verdrossenen Vor- stellungen der [7]Sombart und [8]Ortega y Gasset fatal ähnlich sehen. Mann- heim redet von einer «Proletarisierung der Intelligenz». Richtig wird zunächst die Überfüllung des kulturellen Marktes konstatiert: es seien mehr «kulturell», nämlich bildungsmäßig Qualifizierte vorhanden als ihnen angemessene Positionen. Dadurch aber soll der soziale Wert der Kultur fallen, denn es sei «ein soziologisches Gesetz, daß der soziale Wert des Geistes sich nach der sozialen Geltung derer richtet, die ihn produzieren». Zugleich nehme der «soziale Wert» der Kultur zwangs- läufig darum ab, weil die Rekrutierung des intellektuellen Nachwuchses mehr und mehr auf niedrige Schichten, zumal des kleinen Beamtentums, sich erstrecke. — Der Begriff des Proletarischen ist dabei formalisiert: er erscheint als bloße Bewußtseinsstruktur, etwa so, wie die obere Bour- geoisie den, der die Spielregeln nicht kennt, einen Proleten schimpft. Die Genesis bleibt außer Betracht. Das resultiert in ihrer Verfälschung. Indem eine «strukturelle» Angleichung des Bewußtseins an das der un- teren Schichten festgestellt wird, ist die Schuld stillschweigend diesen und ihrer angeblichen massendemokratischen Emanzipation zugeschrie- ben. Verdummung wird aber nicht durch die Unterdrückten bewirkt, sondern Unterdrückung macht dumm: die Unterdrückten und — worauf Mannheim wenig Wert legt — wesentlich auch die Unterdrücker. Die Überfüllung der intellektuellen Berufe ist durch die Überfüllung der wirtschaftlichen, im Grunde durch die technologische Arbeitslosigkeit bedingt. Mit der von Mannheim behaupteten Demokratisierung der Eliten hat sie nichts zu tun; die intellektuelle Reservearmee übt auf diese am letzten Einfluß aus.

Im übrigen bietet das soziologische Gesetz von der Abhängigkeit

18*

der sogenannten Geltung einer Kultur von der ihrer Träger den Schul-
fall einer falschen Generalisierung. Sei nur an die Musik des achtzehn-
ten Jahrhunderts erinnert, deren kulturelle Relevanz im damaligen
Deutschland außer Zweifel steht. Während die Musiker, außer den den Hö-
fen besonders attachierten Maestri, Primadonnen und Kastraten, gering
geschätzt waren; während Bach als subalterner Kirchenbeamter, der
junge Haydn als Bedienter existierte, gewannen die Musiker soziale Gel-
tung erst, als ihre Produkte der unmittelbaren Gebrauchsfähigkeit sich
entäußerten, der Komponist der Gesellschaft als selbstherrliches Indi-
viduum sich entgegensetzte: mit Beethoven. Der Grund für den Fehl-
schluß liegt im Psychologismus der Methode. Die individualistische
Fassade der Gesellschaft verdeckt für Mannheim, daß sie ihr Wesen
gerade darin hat, Formen zu entwickeln, die sich sedimentieren und die
Individuen zu bloßen Agenten der objektiven Tendenz herabsetzen.
Der desillusionierten Attitüde zum Trotz gehört die Wissenssoziologie
auf einen vorhegelischen Standpunkt. Ihr Rekurs auf die eine Gruppe
bildenden Menschen — im Falle jenes «Gesetzes»: die Kulturträger —
setzt eine Übereinstimmung von gesellschaftlichem und individuellem
Sein gewissermaßen transzendental voraus, deren Nichtexistenz einen
der vordringlichsten Gegenstände der kritischen Theorie bildet. Sie ist
nur insoweit die Lehre von den Beziehungen der Menschen, wie sie
auch die Lehre von der Unmenschlichkeit ihrer Beziehungen ist.

Die wissenssoziologischen Verzerrungen gründen in der Methode.
Diese übersetzt die dialektischen Begriffe in klassifikatorische. Indem
in die einzelnen logischen Klassen jeweils das gesellschaftlich Wider-
spruchsvolle eingeht, verschwinden die gesellschaftlichen, und das Bild
des Ganzen gerät harmonistisch. Wenn etwa im dritten Abschnitt der
Schrift drei Stufen des Bewußtseins: Finden, Erfinden und Planen er-
dacht werden, so ist damit nichts anderes versucht, als das dialektische
Schema der Epochen als das fließend wechselnder Verhaltensweisen des
vergesellschafteten Menschen schlechthin zu interpretieren, in denen die
bestimmenden Gegensätze verschwinden: «Es ist klar, daß der Über-
gang vom erfindenden, unmittelbare Ziele rational verwirklichenden
Denken zum planenden Denken flüssig ist. Niemand wird angeben
können, bei welcher Art der Voraussicht und bei welcher Verlängerung
der Reichweite der bewußten Fernregelung der Übergang von der Stufe
der erfindenden zu der des planenden Denkens beginnt.» Der Vorstel-
lung eines bruchlosen Überganges von der liberalen zu der «planen-
den» Gesellschaft entspricht die Auffassung jenes Überganges als eines
zwischen verschiedenen Weisen von «Denken». Erweckt wird der
Glaube, der geschichtliche Prozeß sei von einem in sich einstimmigen
gesellschaftlichen Gesamtsubjekt gesteuert. Die Übersetzung der dialek-
tischen in klassifikatorische Begriffe abstrahiert von den Bedingungen
der realen gesellschaftlichen Macht, von denen allein jene Stufen des

Denkens abhängen. «Das Neue der soziologischen Betrachtung von Vergangenheit und Gegenwart ist es, die Geschichte als ein Experimentierfeld für regulierendes Eingreifen anzusehen»: als ob die Möglichkeit solchen Eingreifens jeweils mit der Stufe der Einsicht zusammenfiele. Solche Nivellierung der gesellschaftlichen Kämpfe auf formal definierbare und vorweg spiritualisierte Verhaltensweisen erlaubt erbauliche Aussagen über die Zukunft: «Nun bliebe noch ein anderer Weg offen, daß nämlich die einheitliche Planung auf Grund von Einverständnishaltung und Kompromiß zustandekommt, d. h. daß jene Mentalität auch an der Gesellschaftsspitze sich durchsetzt, die eigentlich vorher nur innerhalb der Gesellschaft in den befriedeten Enklaven möglich war.» Durch die Idee des Kompromisses werden die gleichen Widersprüche weitergeschleppt, die durch die Planung aufgehoben werden sollten: der abstrakte Begriff des Planens verdeckt sie vorweg und ist selber Kompromiß zwischen dem konservierten Laisser faire und der Einsicht in dessen Insuffizienz.

Dialektische Begriffe sind nicht in formalsoziologische «übersetzbar», ohne an ihrer Wahrheit Schaden zu nehmen. Mannheim kokettiert mit dem Positivismus insofern, als er meint, auf objektiv vorgegebene, aber, nach seiner einigermaßen laxen Redeweise, «unartikulierte» Tatsachen sich stützen zu können, die durch den soziologischen Denkmechanismus «verarbeitet» und zu allgemeinen Begriffen erhoben werden können. Er bequemt sich darin der gängigen Wissenschaftslogik an. Die Klassifikation nach Ordnungsbegriffen wäre aber ein zureichendes Verfahren der Erkenntnis nur, wenn die vermeintlich unmittelbar gegebenen Tatsachen abstraktiv so leicht von ihrem Grunde sich ablösen ließen, wie sie einem naiven «ersten Zugriff» sich darbieten. Nicht aber wenn die gesellschaftliche Realität eine jeglichem theoretischen «Zugriff» vorgeordnete und höchst «artikulierte» Beschaffenheit hat, von der das szientifische Subjekt samt den Gegebenheiten seiner Erfahrung selber abhängt. Je weniger die Ausgangs «tatsachen» als deskriptive Selbstgegebenheit vor der fortschreitenden Analyse bestehen, um so weniger hat Soziologie die Freiheit, klassifizierend über sie je nach Bedarf zu verfügen. Die notwendige Korrektur der «Tatsachen» im Fortgang der theoretischen Erkenntnis der Gesellschaft bedeutet nicht bloß, daß andere subjektive Ordnungsschemata gewählt werden müssen, als es der naiven Erfahrung scheint, sondern daß die vermeintlichen Gegebenheiten selber mehr als bloßes Material zur begrifflichen Verarbeitung darstellen, nämlich daß sie vom Ganzen geprägt und dadurch an sich «strukturiert» sind. Der Idealismus wäre dann erst verlassen, wenn die Freiheit der abstrahierenden Begriffsbildung preisgegeben wäre. Die These vom Primat des Seins übers Bewußtsein schließt die methodische Forderung ein, Begriffe nicht nach dem Maßstab denkpraktisch-zweckmäßiger Merkmaleinheiten zu bilden und zu verifizieren, sondern in ihrer Bildung

und Bewegung die Bewegungstendenzen der Wirklichkeit auszudrücken. Das Bewußtsein der Wissenssoziologie hat dieser Forderung sich gesperrt. Die Abstraktionsschnitte sind ihm willkürlich, solange sie nur in Übereinstimmung mit einer differenzierenden und korrigierenden Erfahrung bleiben. Mannheim verbietet sich die Konsequenz, daß die «vorurteilslose» Registrierung der Tatsachen fiktiv ist; daß der Sozialforscher nicht ein unqualifiziertes, chaotisches Erfahrungsmaterial zu ordnen hat, sondern daß das Material seiner Erfahrung die soziale Ordnung ist, ein «System» im härteren Sinne als je die Philosophie eines erfand; und daß über Recht und Unrecht seiner Begriffe nicht sowohl deren Allgemeinheit und andererseits deren Annäherung an «reine» Fakten entscheidet als vielmehr, ob sie die realen Bewegungsgesetze der Gesellschaft zureichend fassen und die widerspenstigen Fakten auf jene transparent machen. Auf einem durch Begriffe wie Integration, Elite, Artikulation definierten Koordinatensystem erscheinen jene bestimmenden Gesetze samt allem, was sie fürs Dasein der Menschen bedeuten, als kontingent oder akzidentiell, als bloße soziologische «Differenzierungen»; darum wirkt die generalisierende und differenzierende Soziologie wie Hohn auf die Realität. Sie schreckt vor Formulierungen wie «abgesehen von der Konzentration und Zentralisation des Kapitals» nicht zurück. Solche Abstraktionsschnitte sind nicht «neutral». Wovon bei einer Theorie abgesehen und nicht abgesehen wird, das macht ihre Qualität aus. Man könnte, wäre es mit dem Absehen getan, eine Analyse etwa der «Eliten» auch durch Betrachtung von Gruppen wie der Vegetarianer oder der [9]Mazdaznan-Anhänger vollziehen und diese Analyse dann durch begriffliche Verfeinerung so korrigieren, daß ihre offene Absurdität verschwände.

Aber keine Korrektur könnte darüber hinweghelfen, daß die Wahl der Grundkategorien falsch: daß die Welt nicht nach jenen Kategorien eingerichtet ist. Diese Falschheit verschöbe noch in aller Korrektur die Akzente so gründlich, daß die Wirklichkeit aus den Begriffen herausfiele: die Eliten blieben immer noch «Gruppen von der Form Mazdaznan» mit der zusätzlichen Qualität «gesellschaftliche Macht». Wenn Mannheim einmal sagt, «daß es im Kulturellen (eigentlich auch im Wirtschaftlichen) niemals einen absoluten Liberalismus gab in jenem Sinne, daß neben den freiwaltenden gesellschaftlichen Kräften nicht auch Regulierung etwa im Bildungswesen bestanden hätte», so ist er offensichtlich bemüht um eine differenzierende Korrektur des Glaubens, das längst als Ideologie durchschaute Laisser-faire-Prinzip habe je ungeschmälert geherrscht. Es wird aber, eben durch die Wahl jenes erst nachträglich differenzierten Ausgangsbegriffes, das Eigentliche entstellt: die Einsicht, daß das Laisser-faire-Prinzip auch unter dem Liberalismus bloß die wirtschaftliche Verfügung verdeckte und daß demgemäß die Selektion der «Kulturgüter» wesentlich nach dem Maß von

deren Konformität mit den herrschenden gesellschaftlichen Interessen erfolgte. Die Einsicht in einen Grundtatbestand der Ideologie verflüchtigt sich zur bloßen Finesse: die Methode will konziliant zeigen, daß sie auch das Konkrete nicht vergesse, anstatt vorab, und ohne die unvermeidlichen Allgemeinbegriffe zu verselbständigen, aufs Konkrete sich zu richten.

Die Unzulänglichkeit der Methode wird an ihren Polen manifest: beim Gesetz und beim «Beispiel». Wenn die widerspenstigen Fakten, als bloße Differenzierungen, von der Wissenssoziologie unter die obersten generellen Einheiten subsumiert werden, so wird dafür eben diesen willkürlichen Allgemeinheiten, als sozialen «Gesetzen», vom Typus etwa jener Relation von Kulturgut und sozialer Geltung der kulturell Produzierenden, selbständige Macht über die Fakten zugeschrieben. Sie werden hypostasiert. Zuweilen nehmen sie ausschweifenden Charakter an: «Nun gibt es aber ein entscheidendes Gesetz, in dessen Zeichen wir gerade im gegenwärtigen Augenblick stehen. Ungeplante, durch natürliche Selektion regulierte Felder einerseits, zielbewußt erfundene und bedachtsam eingefügte Gebilde andererseits, können nur so lange reibungslos nebeneinander bestehen, als die Felder des Ungeplanten überwiegen.» Quantifizierte Sätze von dieser Gestalt sind um nichts evidenter als solche [10]der Baaderschen Metaphysik, vor denen sie lediglich den Mangel an Phantasiekraft voraus haben. — Die Hypostasierung der Allgemeinbegriffe wird präzis als Fehler faßbar an den von Mannheim zwischengeschalteten «principia media», zu welchen er die dialektischen Bewegungsgesetze erniedrigt. Da heißt es denn: «So stark man freilich die «principia media» und die in ihnen verwendeten Begriffe («Hochkapitalismus», «strukturelle Arbeitslosigkeit», «Angestelltenideologie») historieren und differenzieren muß, so darf man doch niemals übersehen, daß sich in ihnen dennoch abstrakte und generelle Bestimmungen (allgemeine Wirkkräfte) differenzieren und individualisieren. Sie sind in einem bestimmten Sinne nichts anderes als zeitweilig verfestigte Bündel von Ursachenreihen, die dann in ihrer Geschlossenheit wie ein einziger Ursachenkomplex wirken. Daß es sich ihnen im wesentlichen um historisierte und individualisierte generelle Wirkkräfte handelt, läßt sich an unseren Beispielen erweisen. Hinter der ersten Beobachtung steht das allgemeine Prinzip des Funktionierens einer Gesellschaftsordnung mit frei kontrahierenden Rechtspersonen: hinter der zweiten die allgemeinen psychologischen Wirkungen der «Arbeitslosigkeit» überhaupt und hinter der letzteren das allgemeine Gesetz, wonach bestehende Aufstiegshoffnungen auf Gruppen und Individuen im Sinne der Verdeckung ihrer kollektiven Lage zu wirken tendieren.» Es sei kein geringerer Fehler, als wenn man mit Vorstellungen vom Menschen überhaupt auskommen zu können glaube, wenn «man in den konkreten Verhaltungsweisen dieser historischen Typen die allgemeinen Prinzipien menschlicher

Psyche vernachlässigt und überspringt». Danach scheint das historische Ereignis teilweise von «allgemeinen» und teilweise von «besonderen» Ursachen determiniert, die irgendwelche «Bündel» zusammen bilden. Das impliziert aber die Verwechslung von Abstraktionsgraden mit Ursachen. In der Verkennung der «generellen Kräfte» sieht Mannheim die entscheidende Schwäche dialektischen Denkens — als ob nicht die Warenform für alle bei ihm behandelten Fragen «generell» genug wäre.

Jedoch solche «generellen Kräfte» sind überhaupt nicht selbständig im Gegensatz zu irgendwelchen «besonderen», so als ob etwa ein konkretes Ereignis einmal durch den Kausalsatz «verursacht» würde und dann durch die spezifische «historische Situation». Kein Ereignis wird durch generelle Kräfte oder gar Gesetze verursacht: Kausalität ist nicht die «Ursache» von Ereignissen, sondern die oberste begriffliche Allgemeinheit, unter welcher konkrete Verursachungen zusammengefaßt werden können. Auch die Newtonsche Beobachtung am fallenden Apfel hat nicht den Sinn, daß dabei allgemeine Gesetzmäßigkeit der Kausalität in einer Komplexion mit Faktoren von niedrigerem Abstraktionsgrad «wirkte». Nur im Besonderen und nicht zusätzlich zu diesem setzt Kausalität sich durch. Einzig soweit kann der fallende Apfel überhaupt «Ausdruck des Fallgesetzes» genannt werden: das Fallgesetz ist vom Fallen dieses Apfels so gut abhängig wie umgekehrt. Das konkrete Kräftespiel läßt sich auf Schemata verschiedener Allgemeinheitsstufen reduzieren, aber es gibt nicht verschränkte «allgemeine» und «besondere» Kräfte. Der Mannheimsche Pluralismus freilich, bei dem das Eine und Entscheidende als bloß e i n e Perspektive unter vielen möglichen erscheint, mag der Addition allgemeiner und besonderer Wirkkräfte nicht gerne entraten.

Dafür wird das Faktum, vorweg «Einmaligkeitssituation» getauft, zum bloßen Beispiel — während die dialektische Theorie den Begriff des Beispiels so wenig wie schon Kant gelten lassen könnte. Die Beispiele fungieren als beliebige auswechselbare Illustrationen; deshalb sind sie oft aus bequemer Distanz von den wahren Nöten der gegenwärtigen Menschheit gewählt oder aus den Fingern gesaugt. Dafür ereilt sie rasch die Strafe. Mannheim meint etwa: «Ein klärendes Beispiel für Störungen, die aus der substantiellen Irrationalität kommen, liegt vor, wenn z. B. die Diplomaten eines Landes eine Aktionsreihe sorgfältig durchgedacht und auf andere geplante Handlungsreihen abgestimmt haben, und wenn dann einer von ihnen durch einen plötzlichen Nervenzusammenbruch gegen den Plan handelt und ihn zerstört.» Müßig, solche privaten Begebenheiten als «Wirkkräfte» auszumalen: nicht bloß ist der «Aktionsradius» des einzelnen Diplomaten romantisch überschätzt; jede solche Fehlhandlung ließe mit einem Telefonat in fünf Minuten sich beheben, es sei denn, daß sie selber im Zuge politischer Entwicklungen liegt, die stärker sind als die Erwägungen der Diplomaten. — Oder,

mit der Anschaulichkeit der Kinderbücher: «Ich werde meine Triebre-
gungen und Wünsche als Soldat in ganz anderem Maße zu kontrollieren
haben, als wenn ich ein freier Jäger bin, der nur ab und zu fluktuierend
zielgerichtet handelt und sich nur gelegentlich in der Gewalt haben
muß — im Augenblick etwa, wenn er auf das Wild schießen muß.»
Anstelle des Jägerberufs ist bekanntlich in neuerer Zeit der Jagdsport
getreten, aber selbst ein Sportjäger, der sich nur in der Gewalt hat «im
Augenblick, wo er auf das Wild schießen muß», offenbar, um nicht
über den Knall der eigenen Flinte zu erschrecken, wird schwerlich etwas
zur Strecke bringen; wahrscheinlich das Wild verscheuchen; vielleicht
es nicht einmal bloß aufspüren. Die Nichtigkeit solcher Beispiele steht
mit der Wirkung der Wissenssoziologie im engsten Zusammenhang.
Subjektiv möglichst «neutral» gewählt und darum vorweg unwesentlich,
lenken sie ab. Soziologie meinte an ihrem Ursprung Kritik der Prinzi-
pien der Gesellschaft, der sie sich gegenüberfand. Wissenssoziologie
begnügt sich mit Reflexionen über den Jägersmann im grünen oder
den Diplomaten im schwarzen Frack.

Worauf der Formalismus solcher Begriffsbildung inhaltlich hinaus-
läuft, zeigt sich, sobald programmatische Forderungen lautwerden. Für
die Durchorganisation der Gesellschaft wird ein «Optimum» verlangt,
ohne daß des Bruchs gedacht wäre, der von diesem Optimum trennt.
Wenn man sich nur vernünftig zusammensetzt, soll alles in Ordnung
kommen. Dem entspricht Mannheims Ideal einer «erwünschten Linie»
zwischen «unbewußtem Konservatismus» und «schlechter Utopie»:
«Von hier aus wird aber zugleich eine mögliche Lösung der gegenwärtigen
Spannungen in ihren Umrissen sichtbar, nämlich eine Art autoritärer
Demokratie mit Planung, die aus den heutigen gegeneinander-laufenden
Prinzipien ein ausbalanciertes System schafft.» Dazu paßt die Hinauf-
stilisierung der «Krise» zum «Problem des Menschen», in der Mannheim
trotz seiner Erklärung gegen die neudeutsche Anthropologie mit ihr
und den Existentialphilosophen einig geht.

Zwei Züge aber sind es vor anderen, die den Konformismus der
Mannheimschen Wissenssoziologie markieren. Einmal: sie bleibt Sym-
ptomdenken. Sie ist durchwegs geneigt, die Bedeutung der Ideologien
zu überschätzen gegenüber dem, wofür sie einstehen. Friedlich teilt sie
mit ihnen jene äquivoke Auffassung «des» Irrationalen, an der gerade
der kritische Hebel anzusetzen wäre: «Ferner muß man einsehen, daß
das Irrationale nicht unter allen Umständen etwas Schädliches ist, im
Gegenteil, es ist vielleicht das Wertvollste im Vermögen des Menschen,
wenn es etwa als mächtiger Antrieb zur Erreibung rationaler objek-
tiver Ziele wirkt oder in Gestalt von Sublimierungen und Kultivation
Kulturwerte schafft, oder aber auch als pure Vitalität die Lebensfreude
steigert, ohne das Gesellschaftsleben planlos zu zerstören.» Man er-
fährt nicht näher, was das Irrationale sei, das da durch Kultivation

Kulturwerte schaffe, die doch ex definitione das Produkt von Kultivation sind, oder eine Lebensfreude «steigere», die ohnehin schon irrational ist. Jedenfalls aber wirkt unheilvoll die Gleichsetzung der Triebmacht mit dem «Irrationalen». Denn der Begriff deckt die Libido und die Figur ihrer Verdrängung gleichermaßen und «wertfrei». Das Irrationale scheint bei Mannheim den Ideologien eine Substantialität zu verleihen, die zwar väterlichen Tadel erfährt, aber nicht durch Hinweis aufs Verhüllte selber zerstört wird. Dem positivistischen Hinnehmen der Symptome, der leisen Achtung vorm Anspruch der Ideologien aber ist verschwistert der Vulgärmaterialismus herrschender Praxis: während die Fassade intakt bleibt im Glanze der willigen Betrachtungsweise, ist es die letzte Weisheit dieser Soziologie, daß im Innern des Hauses keine Regung gedeihen könne, die über dessen abgesteckten Umkreis ernsthaft hinausdrängte: «Faktisch überschreitet der vorgegebene Ideenschatz (darin dem Wortschatz durchaus ähnlich) den Horizont und den Aktionsradius der existierenden sozialen Gemeinschaft niemals.» Dann freilich vermag, was immer «überschreitet», leicht als «Ausrichtung auf Stimmungserweckung seelischer Werte usw.» zu erscheinen. Dieser Materialismus, verwandt dem eines Familienoberhauptes, das es von vornherein für ausgeschlossen hält, daß sein Sprößling je einen neuen Gedanken denken könne, da ohnehin alles schon gedacht sei, und das diesem daher empfiehlt, lieber ordentlich Geld zu verdienen — dieser wohlerfahrene und demütigende Materialismus ist das Reversbild eines Idealismus der Geschichtsbetrachtung, dem Mannheim in der Konstruktion insbesondere von «Rationalität» und Fortschritt sonst verschworen bleibt, und demzufolge Änderungen des Bewußtseins es gar vermögen sollen, «das Aufbauprinzip der Gesellschaft sozusagen von innen heraus aus ihren Angeln» zu heben.

Die eigentliche Attraktionskraft der Wissenssoziologie darf nun darin gesucht werden, daß jene Änderungen des Bewußtseins, als Leistungen von «planender Vernunft», zur Vernunft der heute Planenden in unmittelbare Beziehung gesetzt werden: «Die Tatsache, daß das Durchdenken der Handlungsreihen in der funktionell durchrationalisierten Gesellschaft sich nur in den Köpfen weniger Organisatoren vollzieht, sichert diesen eine Schlüsselstellung in der Gesellschaft.» Es verrät sich hier ein Motiv, das weiter reicht als das Bewußtsein der Wissenssoziologie: der objektive Geist als der jener «wenigen Organisatoren» spricht aus ihr. Während die Wissenssoziologie von neuen akademischen Arbeitsgebieten träumt, dient sie ahnungslos denen, die keinen Augenblick gezögert haben, die Arbeitsgebiete zu kassieren. Mannheims vom altliberalen common sense genährte Überlegungen laufen schließlich alle darauf hinaus, gesellschaftliches «Planen» zu empfehlen, ohne zum gesellschaftlichen Grund durchzudringen. Es sollen die Folgen des offenbar gewordenen Widersinns, von Mannheim bloß an der Ober-

fläche und als «Kulturkrise» gewährt, von oben her, nämlich durch die Verfügenden beschwichtigt werden. Das bedeutet aber nichts anderes, als daß der Liberale, der keinen Ausweg sieht, zum Sprecher einer diktatorialen Einrichtung der Gesellschaft sich macht, noch während er ihr zu opponieren denkt.

Wohl wird der Wissenssoziologe entgegnen, die Instanz seiner Planung sei nicht Macht, sondern Vernunft und zu ihr gelte es die Mächtigen zu bekehren. Indessen sollte man seit den Platonischen Philosophiekönigen gelernt haben, was es mit solcher Bekehrung auf sich hat. Wenn Mannheim die Intelligenz früher als die freischwebende bestaunte, so wäre dem nicht sowohl mit dem reaktionären Postulat ihrer «Seinsverwurzelung» zu widersprechen als mit der Erinnerung daran, daß eben die Intelligenz, die frei zu schweben vorgibt, in dem gleichen Sein gründlich verwurzelt ist, das es zu verändern gilt und dessen Kritik sie bloß fingiert. Vernünftig heißt ihr das optimale, nämlich die Katastrophe aufschiebende Funktionieren des Getriebes, gleichgültig dagegen, ob es nicht etwa in seiner Totalität die optimale Unvernunft sei. Planend es am Leben zu erhalten, führt in den totalitären Systemen jeglicher Gestalt dazu, die Widersprüche, die es zwangsläufig produziert, mit barbarischem Druck unter die Oberfläche des gesellschaftlichen Seins zu drängen. Die Advokaten solcher Planung sprechen die Macht im Namen der Vernunft denen zu, denen sie im Namen der Verblendung ohnehin gehört. Die Macht der Vernunft des Heutigen ist die blinde Vernunft der heute Mächtigen. Wie sie aber der Katastrophe zusteuert, verführt sie den Geist, der sie mit Maß verneint, dazu, vor ihr zu abdizieren. Er nennt sich noch liberal, aber schon ist für ihn Freiheit «soziologisch gesehen nichts anderes als eine Disproportionalität zwischen dem Wachstum des Wirkradius der zentral organisierbaren Beeinflussungsmechanismen einerseits und dem Wachstum des Umfanges der zu beeinflussenden Gruppeneinheit andererseits». Die Wissenssoziologie richtet der obdachlosen Intelligenz Schulungslager ein, in denen sie lernen soll, sich selber zu vergessen.

COMMENTARY

Text: Theodor W. Adorno, *Prismen* (Frankfurt, 1955), 32—50.
1. *Karl Mannheim*: a distinguished sociologist and social psychologist (1895–1947) who emigrated from Frankfurt to London in 1933 and taught at the London School of Economics from then until his death. Starting from

Marxist principles and building on the then new conclusion of sociological research that man is most readily influenced through his group ties, he approached the study of the sociology of knowledge in terms of an historicism which sees categories of thought as functions of social groups and classes. His method was to apply psychological analysis to the interpretation of historical and social situations, and thus to arrive at a comprehensive synthesis of 'fact-finding' sociology—which he regarded as an arid pursuit, because 'facts' divorced from life were meaningless—and modern dynamic psychology. On the one hand this *Wissenssoziologie* seeks the elucidation *qua* theory of the relationship between knowledge and existence; on the other, as historico-sociological research, it aims at providing techniques by which this relationship can be studied in particular historical cultures. Beyond his 'objective' work as a social scientist (not that there really is such a thing, since all such work takes its direction from the researcher's own convictions and prejudices) lay his concern with the reform of society in the direction of what he called 'militant democracy': not a system of complete democratic *laissez-faire*, which was bound to lead to some form of totalitarianism, but a society regulated so as to guarantee—and to assert, hence the militancy—the rights of the individual.

The quotations which Adorno takes as the starting-points for his own counter-arguments are from *Mensch und Gesellschaft im Zeitalter des Umbaus* (1935), the second of Mannheim's major works. The first is *Ideologie und Utopie* (1929)—the work Adorno calls the 'Ideologiebuch' later in this paragraph.

2. *Max Weber*: Weber was Mannheim's teacher at the University of Heidelberg and provided above all the methodological foundations of Mannheim's work. See above p. 64 ff.

3. *Jaspers*: like Mannheim, Karl Jaspers (see Vol. I, p. 278) learnt many fundamentals from Weber. Although Jaspers' 'existential' position is a long way from that of Mannheim, Jaspers and the earlier phenomenologists (Husserl and his school) laid an emphasis on the accurate observation of the phenomena of human experience which kept Mannheim's attention on concrete realities and helped to strengthen his anti-Hegelian position. Adorno's own intellectual origins are in Hegel, and this provides one of his basic points of conflict with Mannheim.

4. *die Figur, als welche Nietzsche* etc.: David Friedrich Strauß, the iconoclastic theologian and man of letters chiefly remembered for his sensational *Leben Jesu* (1835), is the subject of Nietzsche's first *Unzeitgemäße Betrachtung*.

5. *Neuadel aus Blut und Boden*: a sneering reference to the 'Aryan' racist theories adopted—but by no means invented—by the Nazis. The whole question of elitism is central to Mannheim's sociology, but there is something almost grotesque about invoking associations of the Third Reich in a discussion of a man who fled as soon as Hitler came to power.

6. *der Geist des Frühkapitalismus*: Max Weber's famous work on the sociology of religion. *Die protestantische Ethik und der Geist des Kapitalismus* was published in 1904 and 1905, many years before Tawney's *Religion and the Rise of Capitalism* (1922), the work that made the subject familiar to English readers.

7. *Sombart*: Werner Sombart (1863–1941), economic historian, author of various works on capitalism (*Die deutsche Volkswirtschaft im 19. Jahrhundert*, 1903; *Der Bourgeois*, 1915) and of a tendentious series of 'patriotische Besinnungen' called *Händler und Helden* (1915), which presented World War I as the conflict between the pragmatic, materially minded 'nation of shopkeepers' (the English 'Händler') and the heroic, idealistically-inclined German 'Helden'.

8. *Ortega y Gasset*: José Ortega y Gasset (1883–1955), Spanish philosopher and critic. Adorno has in mind Ortega's best-known work *The Revolt of the Masses* (1932), which examines the modern social phenomenon of the growth, coinciding with that of liberal democracy and technological advance, of uncultured, mediocre, mass-minded man whose only urge is to extend his mediocrity to others, including the cultured minority. Ortega demands that this minority should seize again the power that it properly and beneficially exercised before the rise of 'mass-man', and that 'mass-man' should surrender his position of (temporary) leadership. One sees here the renewed relevance of Mannheim's concern with élites.

9. *Mazdaznan-Anhänger:* Zoroastrians (Ahura Mazda = Good Lord).

10. *der Baaderschen Metaphysik*: the quasi-mystical religious philosophy of Franz Xaver von Baader (1765—1841) was a strong force in nineteenth-century Catholic theology.

BIBLIOGRAPHICAL NOTE

To compile a general bibliography for a volume of this kind would virtually mean writing a second book as long as the first. The individual bibliographies to each author and text suggest a few readily accessible works through which the study of the many subjects involved can be taken further, but readers may also find it useful to refer to the following more general modern studies of German culture—each of which, in turn, has its own historical, philosophical, political and literary bibliography —as a means of drawing together the diverse strands of development which the present work has been concerned to reveal.

D. M. van Abbé, *Image of a People* (London, 1964)
R. Aron, *German Sociology* (transl. M. and T. Bottomore, London, 1964)
G. Barraclough, *The Origins of Modern Germany* (Oxford, 1946)
L. Bergsträsser, *Geschichte der politischen Parteien in Deutschland* (11th ed. by W. Mommsen, 1965)
—*Politik in Wissenschaft und Bildung* (Freiburg, 1961)
H. P Bleuel, *Deutschlands Bekenner. Professoren zwischen Kaiserreich und Diktatur* (Berne, 1968)
E. R. Curtius, *Deutscher Geist in Gefahr* (Stuttgart/Berlin, 1932)
R. Dahrendorf, *Society and Democracy in Germany* (London, 1967)
L. Dehio, *Germany and World Politics in the Twentieth Century* (transl. D. Pevsner, London, 1959)
R. Eschenburg, *Staat und Gesellschaft in Deutschland* (Stuttgart, 1956)
P. Gay, *Weimar Culture. The Outsider as Insider* (London, 1968)
T. Geiger, *Die soziale Schichtung des deutschen Volkes* (Stuttgart, 1932)
R. D. Gray, *The German Tradition in Literature 1871—1945* (Cambridge, 1965)
A. Grosser, *Germany in our Time* (London, 1972)
H. Kohn, *The Mind of Germany* (London, 1961)
L. Krieger, *The German Idea of Freedom: History of a Political Tradition* (Boston, 1957)
F. Lion, *Romantik als deutsches Schicksal* (Stuttgart, 1947)
G. Lukács, *Die Zerstörung der Vernunft* (Neuwied, 1962)
W. M. McGovern, *From Luther to Hitler. The History of Fascist-Nazi Political Philosophy* (Boston/New York/Chicago, 1941)

F. Meinecke, *The German Catastrophe: Reflections and Recollections* (transl. S. B. Fay, Cambridge, Mass., 1950)

G. L. Mosse, *The Crisis of German Ideology* (New York, 1964)

W. K. Pfeiler, *War and the German Mind* (New York. 1941)

K. S. Pinson, *Modern Germany: Its History and Civilisation*, (2nd ed. New York, 1966)

H. Plessner, *Die verspätete Nation: Über die politische Verführbarkeit bürgerlichen Geistes* (Stuttgart, 1959)

F. K. Ringer, *The Decline of the German Mandarins* (Cambridge, Mass., 1969)

G. Ritter, *Das deutsche Problem* (Munich, 1962)

R. H. Samuel and R. H. Thomas, *Education and Society in Modern Germany* (London, 1949)

K. Schwabe, *Wissenschaft und Kriegsmoral. Die deutschen Hochschullehrer und die politischen Grundfragen des Ersten Weltkrieges* (Göttingen, 1969)

F. C. Sell, *Die Tragödie des deutschen Liberalismus* (Stuttgart, 1953)

L. L. Snyder, *German Nationalism. The Tragedy of a People* (Harrisburg, 1952)

F. Stern, *The Politics of Cultural Despair* (Berkeley, 1961)

S. D. Stirk, *The Prussian Spirit. A Survey of German Literature and Politics 1914–1940* (London, 1941)

E. Vermeil, *L'Allemagne contemporaine* 1890—1950 (Paris, 1953; Engl. trans. London, 1956)